International Marketing

高等院校经济与管理专业教材

国际市场营销

□ 于　丹　高俊云　主编
□ 白国玉　唐崇美　副主编

人民邮电出版社
北　京

图书在版编目（C I P）数据

国际市场营销 / 于丹，高俊云主编. -- 北京 : 人民邮电出版社，2014.5
高等院校经济与管理专业教材
ISBN 978-7-115-32337-8

Ⅰ. ①国… Ⅱ. ①于… ②高… Ⅲ. ①国际营销－高等学校－教材 Ⅳ. ①F740.2

中国版本图书馆CIP数据核字(2013)第243346号

内 容 提 要

本书从国际市场分析、国际市场营销战略、国际市场营销策略 3 个层面对国际市场营销的理论和实务问题进行系统而深入的阐述，系统地介绍了国际市场营销的基本概念、国际市场营销的环境分析、国际市场营销调研、国际目标市场选择、国际市场营销组合策略和国际市场营销管理，并配有国际营销典型案例，展示了国际市场营销的研究成果和发展方向。此外，本书还对国际网络市场营销进行扩展性研究，进一步拓展了读者的视野。

本书适合高等院校电子商务、市场营销、国际经济与贸易、工商管理、商务英语、商务管理等专业的学生使用，也可作为企业经理和营销管理人员的培训教材。

◆ 主　　编　于　丹　高俊云
副 主 编　白国玉　唐崇美
责任编辑　韩旭光
责任印制　焦志炜

◆ 人民邮电出版社出版发行　　北京市丰台区成寿寺路 11 号
邮编　100164　　电子邮件　315@ptpress.com.cn
网址　http://www.ptpress.com.cn
北京昌平百善印刷厂印刷

◆ 开本：787×1092　1/16
印张：18.5　　2014 年 5 月第 1 版
字数：458 千字　　2014 年 5 月北京第 1 次印刷

定价：32.00 元

读者服务热线：(010)81055256　印装质量热线：(010)81055316
反盗版热线：(010)81055315

前言

Foreword

本书在全面借鉴国内外最先进的国际市场营销理论、方法和技术的基础上，结合我国社会主义市场经济发展的客观环境，系统论述了国际市场营销的基本理论、方法和技术。旨在让读者系统深入地了解和掌握国际市场营销的含义；了解和掌握国际市场营销的发展过程及其重要性；帮助读者认识在我国开展国际市场营销理论研究和实践活动的必要性和意义；同时，帮助读者全面理解国际市场营销的理论体系，懂得国际市场营销环境，包括国际经济环境，国际政治环境，国际法律环境，国际文化环境，国际科技、自然和人口环境等；了解世界市场的基本格局，掌握分析世界市场的基本方法；掌握国际市场营销的战略，懂得如何开展市场调研预测和评估，进行国际市场细分和定位策略，采取正确的方法进入国际市场，实施国际市场的业务战略和竞争战略；掌握国际市场营销的策略，正确使用国际产品策略、国际定价策略、国际销售渠道策略和国际促销策略等方法和技术，实现国际市场营销目标；使读者既牢固树立国际意识，同时又具有开展国际市场营销的相应知识和能力。本书在经济全球化的大背景下，结合国际市场营销理论的发展与国际市场营销实践活动的经验，在对主要国际市场营销理论进行系统讲解外，引入案例教学，强调并突出实用性。

本书由辽宁石油化工大学于丹、王兴、白国玉，湖北仙桃职业技术学院高俊云、唐崇美编写，全书共分 12 章，其中第 1～第 4 章由于丹编写，第 5～第 7 章由高俊云编写，第 8 章由唐崇美编写，第 9～第 12 章由白国玉编写，全书由王兴审阅。主要内容包括国际市场营销概述、国际市场营销环境、国际市场调查与预测、国际市场需求分析、国际市场竞争分析、国际目标市场选择与进入、国际市场营销组合策略等。在编写方式上，为方便教师授课和学生学习，每章开头设置了“引导案例”模块，并在每章末尾附有案例分析及形式多样的练习题。本书可作为高校的国际贸易、市场营销、国际金融、经贸管理等专业的教学用书，也可作为成人函授教育或经营管理人员、国际贸易人员的培训教材。在编写过程中我们也参考、吸收、采用了国内外众多学者的研究成果，在此表示衷心的感谢。由于编者水平有限，书中难免有不当之处，恳请广大读者批评指正。

目录

Contents

目录

目录

第一章 国际市场营销概述

【引导案例】

麦当劳国际市场营销行为

1940年，理查德·麦当劳与莫里斯·麦当劳兄弟在美国加利福尼亚州的圣贝纳迪诺创建了“Dick and Mac McDonald”餐厅，是今日麦当劳餐厅的原型。1960年，雷·克洛克正式将“Dick and Mac McDonald”餐厅更名为“McDonald's”。汉堡大学在伊利诺斯州的埃尔克格罗夫村成立，为全世界的麦当劳经理提供专门训练。1962年，麦当劳售出第10亿个汉堡包，罗纳德麦当劳叔叔在华盛顿市首度亮相。1967年，麦当劳在加拿大开设第一家国际餐厅。1968年，“巨无霸”面世，麦当劳成立国际业务部。1972年，麦当劳资产值达到10亿美元。1973年，第一间麦当劳叔叔之家在宾夕法尼亚州费城设立。麦当劳正式在全国餐厅中增加多款套餐。1980年，麦当劳成立25周年，麦当劳在香港开设第1 000家国际餐厅，国际营业额首次突破10亿美元。1988年，第10 000家麦当劳餐厅成立；1989年，麦当劳在中国（深圳）及苏联（莫斯科）开设第一家餐厅；1992年，麦当劳在中国北京开设第一家餐厅。

麦当劳公司旗下最知名的麦当劳品牌拥有超过32 000家快餐厅，分布在全球121个国家和地区。在世界各地的麦当劳按照当地人的口味对餐点进行适当地调整。另外，麦当劳公司现在还掌控着其他一些餐饮品牌，例如，午后浓香咖啡（Aroma Cafe）、Boston Market、Chipotle墨西哥大玉米饼快餐店、Donatos Pizza和Pret a Manger。麦当劳公司2001年的总收入达到148.7亿美元，净利润为16.4亿美元。

麦当劳的黄金准则是“顾客至上，顾客永远第一”。提供服务的最高标准是质量（Quality）、服务（Service）、清洁（Cleanliness）和价值（Value），即QSC&V原则。这是最能体现麦当劳特色的重要原则。Quality是指麦当劳为保障食品品质制定的极其严格的标准。

为了使各加盟店都能够达到令消费者满意的服务与标准化，除了上述理念和规范以外，麦当劳公司还建立了严格的检查监督制度。麦当劳体系有3种检查制度：一是常规性月度考评，二是公司总部的检查，三是抽查（在选定的分店每年进行一次）。公司总部统一检查的表格主要有食品制作检查表、柜台工作检查表、全面营运评价表和每月例行考核表等；公司总部的抽查资料有分店的账目、银行账户、月报表、现金库和重要档案等，详略不等。而对每个分店的一年一次的检查一般主要由地区督导主持，主要检查现金、库存和人员等内容。

麦当劳非常重视员工培训，并建立了较完备的培训体系。这为受许人成功经营麦当劳餐厅、塑造“麦当劳”品牌统一形象提供了可靠保障。麦当劳的培训体系是在职培训与脱产培训相结合。脱产培训主要是由位于芝加哥的汉堡大学（Hamburger University）完成。汉堡大学是对分店经理和重要职员进行培训的基地。1992年在北京开办的中国第一家麦当劳餐馆的4名管理人员就毕业于汉堡大学。汉堡大学提供两种课程的培训：一种是基本操作讲座课程（BOC），目的是教育学员制作产品的方法、生产及质量管理、营销管理、作业与资料管理和利润管理等；另一种是高级操作讲习课程（AOC），主要用于培训高层管理人员培训上，其内容包括 QSC&V 的研究、提高利润的方式、房地产、法律、财务分析和人际关系等。

麦当劳公司的收入主要来源于房地产营运收入、从加盟店收取的服务费和直营店的盈余3部分。由于加盟者一般都没有足够的资金支付3万美元的土地费用和4万美元的建筑费用，也常无力争取贷款。麦当劳公司就负责代加盟商寻找合适的开店地址，并长期承租或购进土地和房屋，然后将店面出租给各加盟店，获取其中的差额。这实质是麦当劳房地产公司（为实施房地产策略而成立的公司）用各加盟店的钱买下房地产，然后再把它租给出钱的加盟店。这种房地产经营策略，实际上是把第一债权人的权利转让给了麦当劳房地产公司，以使它能具备从银行取得贷款的资格。这既解决了加盟者开店的资金困难，又增加了麦当劳公司的收益。同时，通过控制房地产，更有利于麦当劳加强对受许人的管理。

（资料来源：百度百科，http://baike.baidu.com/view/4676.htm，2011-9-12，有修改）

国际市场营销学是市场经济发展过程中逐渐建立起来的一门多学科边缘交叉的应用性科学。它既包含了从事国际营销理论研究学者对国际市场营销规律的研究成果，也凝聚了许多企业家在营销实践中积累起来的经验。它是一门研究企业如何适应国际市场、引导和创造需求的学问。在我国，随着经济体制改革的不断深入，国际经济交流的迅速增加，进入国际市场的国际营销企业越来越多，面对新的形势、新的环境，深入研究和学习国际市场营销学，对于广大学生、经济管理人员和企业管理者更新知识结构、涉足新的领域、带来效益、迎接新的挑战，都是至关重要的。通过本章的学习，可以掌握本书最基本的理论知识和概念。本章是全书的导引，通过国际营销的产生与发展介绍，给出一个关于国际营销的整体图景，以便读者能够对国际营销有一个比较全面而准确的认识，便于深入地学习。

第一节　市场营销的产生与发展

一、市场营销与市场营销观念的发展

1．市场营销的定义

市场营销学在高校里分为两本书讲授：一本讲授国内营销，另一本讲授国际市场营销。国际市场营销学是市场营销学的一个分支学科，是最近几十年才建立起来的一门新兴学科。学习国际市场营销理论应先掌握市场营销学的基本知识。市场营销学可以说是一门实践科学，它涉及政治经济学、西方经济学、现代管理学、数理经济学、消费经济学、国际经济学、金融学、会计学、统计学、价格学、社会学、心理学等学科的基本理论和基础知识。它是通过对参与市场经营活动的成功企业家的经营思想和经营理念的概括和总结，在吸收管理科学、行为学、经济学、数学等理论基础上，形成的一门内容完整的、对企业的经营实践具有指导作用的、自成体系的一门应用性学科。市场营销（Marketing）又称为市场学、市场行销或行销学，简称“营销”，是指个人或集体通过交易其创造的产品或价值，以获得所需之物，实现双赢或多赢的过程。它有两种含义，一种是动词理解，指企业的具体活动或行为，

这时称之为市场营销或市场经营；另一种是名词理解，指研究企业的市场营销活动或行为的学科，称之为市场营销学、营销学或市场学等。

美国现代营销学之父菲利普·科特勒（Philip Kotler）下的定义是：市场营销是个人和集体通过创造并同他人交换产品和价值以满足需求和欲望的一种社会和管理过程。市场营销学的定义有多种表述，如美国市场营销协会下的定义是：营销是创造、沟通与传送价值给顾客，及经营顾客关系以便让组织与其利益关系人（Stakeholder）受益的一种组织功能与程序。麦卡锡于 1960 年也对微观市场营销下了定义：市场营销是企业经营活动的职责，它将产品及劳务从生产者直接引向消费者或使用者以便满足顾客需求及实现公司利润，同时也是一种社会经济活动过程，其目的在于满足社会或人类需要，实现社会目标。这一定义虽比美国市场营销协会的定义前进了一步，指出了满足顾客需求及实现企业赢利成为公司的经营目标，但这两种定义都说明，市场营销活动是在产品生产活动结束时开始的，中间经过一系列经营销售活动，当商品转到用户手中就结束了，因而把企业营销活动仅局限于流通领域的狭窄范围，而不是视为企业整个经营销售的全过程，即包括市场营销调研、产品开发、定价、分销广告、宣传报导、销售促进、人员推销、售后服务等。还有一些学者认为“营销是在一种利益之上，通过相互交换和承诺，建立、维持、巩固与消费者及其他参与者的关系，实现各方的目的”。它以满足消费者需求为前提，研究企业如何在特定的营销环境中，制定并实施以产品（Product）、定价（Price）、渠道（Place）、促销（Promotion）为核心内容的市场营销策略，从而实现企业短期的利润最大化目标和长期的可持续发展。在市场营销实践中，需要研究的 3 个基本问题是消费者消费决策、生产者的生产决策、中间商销售决策。

2．市场营销的观念及其发展

要深刻理解国际市场营销这一概念，必须首先深刻理解市场营销的概念、市场营销的理论、市场营销的研究方法和观念转变的历程。在经济全球化的浪潮下，企业间的竞争越演越烈。因此，市场营销观念及其发展，日益受到企业及各界人士的重视。从理论上看，市场营销学之所以具有很强的生命力，根本原因还在于它作为一门学科在理论上的不断发展创新，而且这种发展或创新动力总是源于市场经济之需要，几乎同时又能指导或服务企业的市场经营活动。

人们对市场的认识起源于商品交换，市场一词的拉丁文的原意就是交易、交换。最初，市场作为商品物物交换的场所，并没有固定的市场，而作为市场经营者的商人一开始就没有社会地位，受到其他阶层的歧视，以此为生的人也很少。作为商品交换的场所，市场的商业功能只是一部分，人们来到市场更主要的目的是观看和参与各种节日活动、宗教活动、娱乐活动、与亲朋好友相会、进行思想文化交流等，商业意识比较淡薄。很显然，在轻商时期，市场的商业功能是在文化的背景下实现的，市场的商业功能只能以低调的方式表达出来。这种方式的最大优点是人们能在轻松愉快的方式下完成交易，但其交易的效率很低，而且缺乏竞争意识，人类的早期市场经营活动，从市场出现就开始了。随着商品经济的不断发展，市场成为丰富人们生活的一个重要场所，市场有了固定的场所，市场中也容纳了形式多样的商品。由于生产力不发达，商品供给不足，市场中生产者占有主导地位，消费者只能被动接受生产者提供的产品，没有选择的机会，也就是卖方市场。到 19 世纪，市场营销还没有成为一门独立学科。在19世纪，资本主义固有矛盾日趋尖锐，不断发生周期性的经济危机，经济危机几乎是欧美国家的家常便饭，这迫使企业日益关心产品销售，研究如何更有效地应付竞争，在实践中不断探索市场营运的规律。到19世纪末20世纪初，世界主要资本主义国家先后完成了工业革命，垄断组织加快了资本的积聚和集中，使生产规模迅速扩大。在这一时期，以泰罗为代表的以提高劳动生产率为主要目标的"科学管理"理论及方法应运而生，受到企业重视。一些大型企业实施科学管理的结果，生产效率提高，有效地降低成本。

到20世纪初，美国的国内市场规模迅速扩大，生产技术水平提高，大规模生产出现，商业得到迅速发展，市场分销渠道不断拓宽。同时，由于市场中的产品越来越丰富，消费者的选择能力越来越强，卖方市场开始向买方市场转化，市场竞争开始加剧。这一时期，市场信息、市场促销对企业赢得市场变得越来越重要，从而需要运用科学的调查研究方法，预测市场变化趋势，制订有效的生产计划和销售计划，控制和调节市场销售量，指导企业的经营行为。福特公司从1914年开始生产的T型车，就是在"生产导向"经营哲学的指导下创造出奇迹的。它使T型车生产效率趋于完善，降低成本，使更多人买得起。在这种客观条件下，市场营销学作为一门独立的经营管理学科在20世纪初的美国诞生了。后来流传到欧洲、日本和其他国家，在实践中不断完善和发展。它的形成阶段大约在1900年到1930年。

1902年，美国市场营销学界的先驱人物威斯康星大学的教授爱德华·D·琼斯开设了"美国分销管理产生"的课程，被认为是在美国讲授的第一门市场营销课。后来，在美国出现了大量研究市场营销理论的学者，如加州大学经济学教授西蒙·李特曼在1903年开设了市场营销课程，伊里诺斯大学教授乔治·M·费斯克在1905年开设了市场营销课程，俄亥俄大学教授詹姆斯·E·海杰蒂在1905年开设了"产品销售学"。1910年，执教于威斯康星大学的巴特勒教授正式出版《市场营销方法》一书，首先使用市场营销（Marketing）作为学科名称。而后，弗莱德·克拉克（Fred E·Clark）于1918年编写了《市场营销原理》讲义，被多所大学用作教材并于1922年出版；L·S·邓肯于1920年出版了《市场营销问题与方法》。这些学者的研究最后形成了一些独特的研究流派，如威斯康星学派、纽约学派、哈佛学派、中西部学派等。这一时期的市场营销学，其内容局限于流通领域，真正的市场营销观念尚未形成。然而，将市场营销从企业生产活动中分离出来作为专门研究，无疑是一个创举。

市场营销观念（Marketing Concept）是指企业进行经营决策，组织管理市场营销活动的基本指导思想，也就是企业的经营哲学。它是一种观念、一种态度或一种企业思维方式。企业市场营销观念的产生、发展与社会经济发展阶段有着极为密切的关系。1929年的世界经济危机，以美国为例，美国国民生产总值从2 036亿美元降为1 415亿美元（按1958年价格计算），降幅高达30%。工商企业倒闭86 500多家，工业生产下降55.6%，进出口贸易锐减77.6%，企业利润从100亿美元下降至10亿美元。危机最严重时，美国主要工业企业基本停止运行。汽车工业开工率仅为5%，钢铁工业15%。农业也惨遭劫难，谷物价格下降2/3，农业货币总收入由1929年的113亿美元减少为47.4亿美元。银行系统首当其冲，破产数高达10 500家，占全部银行的49%。黄金外流，存款被挤兑，到1933年整个银行系统陷入瘫痪。失业率（不含半失业者）高达25%。1933年以后，美国经济进入长时间的所谓"特种萧条”时期。尽管有“新政”等缓和危机的措施，美国经济仍然复苏乏力，一直到第二次大战爆发以后的 1941 年，美国国民生产总值才超过危机前的 1929 年。这段时期，迫使企业将产品的销售作为经营决策的重要的组成部分，企业的经营观念也由生产观念转为推销观念，例如，美国皮尔斯堡面粉公司的口号由原来的“本公司旨在制造面粉”改为“本公司旨在推销面粉”，并第一次在公司内部成立了市场调研部门，派出大量推销人员从事推销活动。推销观念与生产观念和产品观念一样，也是建立在以企业为中心的“以产定销”，而不是满足消费者真正需要的基础上。因此，推销观念、生产观念和产品观念被称之为市场营销的旧观念。

此时，市场的总体形势还是卖方市场，但有一些产品出现了买方市场，这一阶段表现在 1920～1945 年第二次世界大战结束以前。在 1945 年以后，市场形势发生了质的变化，由卖方市场转化为买方市场。因为第二次世界大战结束后，欧美国家进入快速发展的经济时期，国民个人收入迅速提高，社会生产力迅速发展，加剧了同类产品不同品牌间的竞争，趋向供过于求的买方市场。企业为了在竞争中胜出，开始注意到企业的产品应适应市场和客户的需求，即“客户需要什么就生产什么”，由推销观念转化为市场营销观念，市场营销理论研究已成体系，在资本主义国家迅速传播，从而进一步拓展和深化了对市场营销学的研究。

20 世纪 50 年代，被当代市场营销学泰斗科特勒称为市场营销学发展的黄金年代。1957 年，美国通用电气公司(General Electric Company)约翰 ·麦基特里克(John B Mckitterick)提出企业的生产经营活动应以顾客的需求为出发点，以满足消费者需求来获取利润，这一理论被公认为现代市场营销学的“第一次革命”。这一“革命”要求企业把市场在生产中的位置颠倒过来，过去市场是生产过程的终点，而现在市场则成为生产过程的起点，过去是“以产定销”，而现在是“以销定产”。重视消费者需求并以之为起点的市场营销活动，使消费者实际上参与了企业生产、投资、开发与研究等计划的制订。这些新概念和新理论不仅导致了销售职能的扩大和强化，而且促使企业的组织结构发生了相应的巨大变化，销售部门不仅从企业的其他职能部门中独立出来，而且成为企业市场活动的核心部门。

市场营销学术界每隔几年就有一批有创见的新概念出现。这些概念推动了市场营销学从策略到战略、从顾客到社会、从外部到内部、从一国到全球，得到全面系统地发展和深化。

20 世纪 60 年代是市场营销学发展的又一个黄金的十年。它们使 20 世纪 50 年代诞生的“市场营销观念”进一步系统与深化。1960 年，麦卡锡提出了著名的 4P 组合。麦卡锡认为，企业从事市场营销活动，一方面要考虑企业的各种外部环境，另一方面要制订市场营销组合策略，通过策略的实施，适应环境，满足目标市场的需要，实现企业的目标。麦卡锡绘制了一幅市场营销组合模式图，图的中心是某个消费群，即目标市场，中间一圈是 4 个可控要素：产品(Product)、地点(Place)、价格(Price)、促销(Promotion)，即 4P 组合。菲利普 · 科特勒于 1967 年出版《市场营销管理》，成为最受欢迎的教材，受到世界各国管理学界和企业界的高度重视。菲利普 · 科特勒认为，市场营销管理是一个分析、计划、执行和控制的过程，旨在创造、建立和保持与目标市场之间的紧密联系，从而实现组织的经营目标。

20 世纪 70 年代是第二次世界大战后经历了黄金发展时期后，西方国家经济发展重新面临动荡不定的年代，能源危机、环境污染、资源短缺、人口爆炸、通货膨胀和忽视社会服务等问题日益严重，要求企业顾及消费者整体利益与长远利益的呼声越来越高。在西方市场营销学界提出了一系列新的理论及观念，如战略营销（Strategic Marketing）、宏观营销（Macromarketing）、理智消费（Intelligent Consumption）、生态主宰观念（Ecological Imperative Concept）等。这一时期值得特别指出的一个新概念是 G.L. 休斯塔克（G.LynnShostack）于 1977 年在美国《市场营销杂志》（Journal of Marketing）上提出的"服务营销"（Services Marketing），她对此概念的论述反映了西方发达国家 20 世纪 70 年代后期以来产业结构日益服务化对市场营销的影响。这些理论其共同点都是认为，企业生产经营不仅要考虑消费者需要，而且要考虑消费者和整个社会的长远利益。这类观念统称为"社会营销观念"。社会营销观念的基本核心是：以实现消费者满意以及消费者和社会公众的长期福利作为企业的根本目的与责任。理想的营销决策应同时考虑到：消费者的需求与愿望的满足，消费者和社会的长远利益，企业的营销效益。

菲利普・科特勒于 20 世纪 80 年代掀起现代市场营销学的"第二次革命"。科特勒在 10P 组合——产品（Product）、价格（Price）、地点（Place）、促销（Promotion）、政治力量（Power）、公共关系（Public Relations）、市场研究（Probing）、市场细分（Partitioning）、目标优选（Prioritizing）、产品定位（Positioning）。在此基础上加上第 11 个"P"，即人（People），意指理解人和向人们提供服务。这个 P 贯穿于市场营销活动的全过程，它是实施前面 10 个 P 的成功保证。从市场营销战略的高度重申了从顾客出发，尊重顾客价值，满足顾客需求的核心理念。

1992 年，菲利普・科特勒对大市场营销观念进行了重新整合，提出了整体市场营销（Total Marketing）。他认为企业市场营销活动的对象应包括供应商、分销商、职员、财务公司、政府、同盟者、竞争者、传媒、一般大众等所有利益相关的群体，营销的最终目的是使这些群体形成一个整体的利益同盟，都能享受到企业发展的成果。如企业应将供应商看作合作伙伴，设法帮助他们提高供货质量及其及时性，搞好经营管理，而不是让他们之间进行价格竞争来减轻自己成本上升的压力。

1994 年，菲利普・科特勒进一步提出了"顾客让渡价值"的新概念。他认为顾客在消费过程中是为了获得"顾客让渡价值"，这一价值取决于顾客购买某一商品的总价值与为了实施这一购买行为而付出的总成本之间的比较。顾客总价值包括产品价值、服务价值、人员价值和形象价值等。顾客总成本包括货币成本、时间成本、精神成本和体力成本等。由于顾客实施某一消费行为时，总希望把有关成本降到最低限度，而同时又希望从中获得更多价值，以使自己得到最大限度的满足。因此，顾客在选购产品时，往往从价值与成本两个方面进行比较分析，从中选择"顾客让渡价值"最大的产品。根据这一观念，企业要在竞争中战胜对手，吸引更多的潜在顾客，就必须根据不同顾客群的需求特点，有针对性地设计和增加"顾客让渡价值"更大的产品。

20 世纪 90 年代更是市场营销发展史上具有伟大划时代意义的年代。Internet 在市场营销领域的应用将我们带入了一个全新的电子商务（Electronic Commerce，EC）时代。互联网自身及其在市场营销领域的迅猛发展对市场营销观念与行为产生巨大影响。企业的市场营销观念经历了从最初的生产观念、产品观念、推销观念到市场营销观念和社会市场营销观念的发展和演变过程。真正的营销观念形成于第 4 个阶段的市场营销观念，这是市场营销观念演变进程中的一次重大飞跃。本章总结了市场营销理论发展期间的典型人物事件，便于学生参考学习，如表 1-1 所示。

表 1-1　市场营销理论发展期间的典型人物事件

时间或年代	代表人物	营销典型事件	营销观点
1923 年	A.C.尼尔森	创建专业的市场调查公司研究食品杂货店的货架，计算货物的流动	理性营销时代的开始
20 世纪 50 年代	霍华德和 P·科特勒	《营销管理》一书出版	营销管理从经济学母体中分离
20 世纪 50 年代以后	邓白氏营销信息服务公司		市场研究发展为专业服务产业
1956 年	温德尔·史密斯	市场细分	市场细分不应停留在产品差异上
1960 年	J·麦卡锡	产品、价格、通路、促销理论	4P 理论
20 世纪 50 年代初	雷斯	UPS 理论	独特的销售主张
20 世纪 60 年代	大卫·奥格威	品牌形象理论	描绘品牌形象比强调产品差异更重要
20 世纪 70 年代		社会营销观或道德营销观	营销要兼顾企业和社会的利益
1969 年	科特勒和西德尼·莱维	广义的营销	营销学不仅适用于产品和服务，也适用于组织、意识形态、政府、学校、政党、政治等
20 世纪 80 年代	日本	顾客满意度	企业营销应追求“整体顾客满意”
20 世纪 80 年代末	大卫·A·艾克	品牌资产	通过品牌忠诚、品牌知名度、心目中的品质、品牌联想和其他资产构筑
1983 年	西奥多·莱维特	全球营销	呼吁跨国公司向世界提供统一的产品、并采用统一的沟通手段
20 世纪 90 年代		4C 理论	营销从请顾客注意到请注意顾客
20 世纪 90 年代	《整合营销传播》一书出版	整合营销传播 IMC	整合各种营销工具
1985 年	巴巴拉·本和德·杰克逊	关系营销——回归到人	营销的人文性
20 世纪 90 年代末		互联网营销	互联网营销

世界经济的全球化，使企业进入全球竞争时代。市场竞争的全球化，要求企业进行跨国化、集团化、网络化的国际化经营。20 世纪 80 年代，社会主义国家推行市场体制改革，市场营销学在社会主义国家受到理论界和企业界的普遍重视和推广。我国在推行改革开放

制度之后，市场营销理论在我国也经历了传播、广泛应用到自我发展的 3 个阶段，如图 1-1 所示。

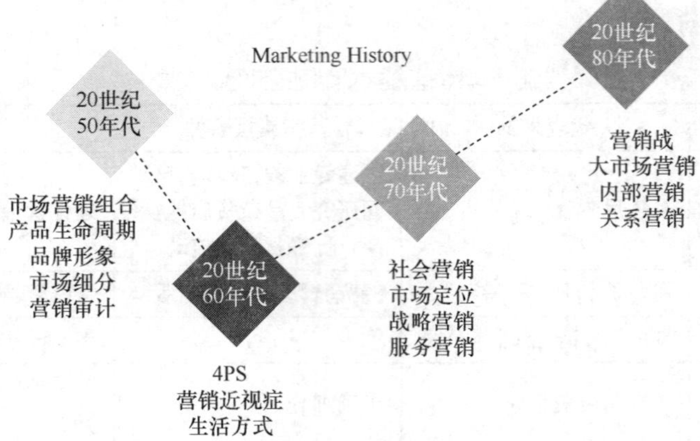

图 1-1　市场营销理论发展路径

二、国际市场、国际市场营销及其与国内市场营销的关系

1．国际市场的定义

国际市场（International Markets）也称世界市场，是指不同国家的商品生产者、经营者，在国家分工的基础上，遵循一定的原则，采取适当的方式发展经济、技术、劳动交往活动所反映出的各种经济关系的总和。它是商品交换在空间范围上扩展的产物，它表明商品交换关系突破了一国的界限。国际市场又是不同的文明、文化在时间、空间上交织而成的多维概念。从时间上看，国际市场是一个历史的概念，有其萌芽、形成和发展的过程；从空间上看，国际市场是一个地理的概念，它总是相对于某一个具体范围内的市场而言，即探讨商品交换、劳务交换和资源配置在一定范围内的特征。国际市场细分具有两个层次的含义，即宏观细分与微观细分。

宏观细分是要决定在世界市场上应选择哪个国家或地区作为进入的市场。这就需要根据一定的标准将整个世界市场划分为若干子市场，每一个子市场具有基本相同的营销环境，企业可以选择某一组或某几个国家作为目标市场。国际市场宏观细分的标准有地理标准、经济标准、文化标准和组合法。

微观细分类似于国内市场细分，即当企业决定进入某一海外市场后，它会发现当地市场顾客需求仍有差异，需进一步细分成若干市场，以期选择其中之一或几个子市场为目标市场。消费品市场有地理环境、人口状况、消费者心理、购买情况 4 大标准，工业品市场有地理环境、用户状况、需求特点和购买行为 4 大标准。

如同对市场的理解一样，国际市场也可以有不同的解释，它可以被理解为国际产品交换的场所，也可以被理解为国际商品购买者或购买集团的总和，还可以被理解为国际商品交换所反映的经济关系和经济活动现象的总和。这些理解均有其合理性和适用性。但是，当我们把国际市场作为国际营销的环境考虑时，应该把它看作一个系统，即国际市场是一个与商品经济相联系，由国际市场主体、客体、载体、媒体等各种要素组成的有结构、有功能的有机统一整体。国际市场比国内市场更加复杂，国外消费者的需求比国内消费者更加多样化，因此，国际市场消费者对产品的要求也就更优质化、同档化、自动化。

2．国际市场营销学的内涵

国际市场营销（International Marketing）是指商品和劳务流入一个以上国家的消费者手中的过程。换而言之，国际市场营销是一种跨国界的社会和管理过程，是企业通过计划、定价促销和引导，创造产品和价值并在国际市场上进行交换，以满足多国消费者的需要和获取利润的活动。

对国际市场营销这一概念的理解应把握好以下 3 个要点：一是国际市场营销是跨国营销活动，只有将产品和劳务销往国外或境外市场才是国际市场营销；二是国际市场营销是企业的跨国销售活动管理过程，跨国公司、出口企业等是国际市场营销的主体；三是国际市场营销活动是为了满足国外消费者的需求，必须注意产品和劳务的市场适销性。国际市场营销学是关于跨国企业如何从顾客的需求和欲望出发，有计划、有组织、有目的地将产品、技术、资本和劳务迅速转移到消费者手中，达到顾客的最大满足，以实现企业的利润目标的科学。

国际市场营销的基本思想是企业的全部活动必须以国外消费者为中心，以满足国外消费者的需求和欲望为出发点。通过满足国外消费者的需求，吸引更多的顾客和拥有更大的市场占有率，以达到企业的营销目标，并同时兼顾社会公众利益，保护环境，提高社会福利，促进人类的共同发展。

3．国际市场营销与国内市场营销的关系

国际市场营销与国内市场营销之间，既有联系，又有区别。

首先，国际市场营销和国内市场营销相比，从营销原理和营销方法上看是大体相同或相通的。企业在国内营销中所开展的工作，如市场调研、营销战略的制订、细分市场的划分、目标市场的选择、产品的定价、销售渠道的决策、促销的实施，也适用于国际市场营销。两者都是以消费者为中心，研究其未被满足的需求，寻求进入市场的机会，从而选择目标市场并作出相应的营销组合决策。所以，国内市场营销的基本原理和国际市场营销的基本原理是相同或相通的。

其次，国际市场营销是从国内市场营销的基础上发展起来的，国内市场营销是国际市场营销的基础，国内市场营销一经越过国境就成为国际市场营销，但在内容与形式上更加丰富多彩。

最后，国内市场营销是国际市场营销的先导，企业的营销重心是从国内市场向国际市场转移，转向多国而至全球市场营销。国内市场营销为其开展国际市场营销作了组织上、业务上的准备，为开展国际市场营销奠定了基础。

国际市场营销与国内市场营销的区别如下。

第一，国际营销者与国内营销者面临着完全不同的环境因素。

国内营销是在企业熟悉的营销环境（包括人口、经济、社会文化、政治法律及竞争环境）中开展，其面临的是一种平面的市场环境结构，国际市场营销则要在一国以上的不熟悉的营销环境中开展，企业不仅要受到本国环境条件的制约，而且还要在更大程度上受目标市场国家的地理位置、资源状况、政治、法律法规、经济制度、生产力发展水平、文化背景等环境条件的制约，要遵守目标国家有关安全、卫生、商务等方面的规定，在某些方面还适应当地的风俗习惯。国际市场营销面临复杂多变的国际环境，交换关系复杂、不可控因素较多，这种复杂多变的环境条件也增加了市场管理的难度，使国际营销的计划、决策、调控和管理目标更加难以统一。例如，几乎没有一个国家或企业会预料国际原油价格因海湾危机而出现持续、大幅度上升的局面。另外，国际市场营销的风险要比国内市场营销大得多，这些风险主要包括政治风险、交易风险、运输风险、价格风险、汇率风险等。正因为如此，企业在正式进入国际市场以前，要慎重决策。需要考虑的因素主要有：① 要不要进入国际市场开展国际市场营销活动；② 要进入哪些国际市场、哪个行业，销售什么产品，也就是要进行市场选择；③ 采用什么方式进入目标市场；④ 市场营销组合的规划和选择；⑤ 进行哪些市场调研及其相应的决策；⑥ 组建国际营销组织机构，选派合格的营销人员。

第二，市场营销组合策略有区别。

在国际市场营销中，企业面对国际市场营销活动受到双重环境，尤其是各国环境的影响，使营销组合策略复杂得多，难度也比较大。

（1）在产品策略方面，国际市场营销面临产品标准化与差异化策略的选择。在大多数情况下，因各国和地区市场需求的不同，多采用差异化产品策略，只有在市场需求相同时，才选择标准化产品策略。如果忽略国际市场需求的多样性，将制约企业的发展。

（2）在定价策略方面，国内市场定价要比国内定价复杂得多。国际市场定价不仅要考虑成本，还要考虑不同国家市场需求及竞争状况，运输费、关税、货币变动、保险费、通货膨胀等，此外还要考虑各国政府对价格调控的法规。

（3）在分销渠道方面，企业对国内分销渠道较熟悉，较容易做出选择分销渠道的决策。由于各国营销环境的差异，造成了不同的分销系统与分销渠道，各国的分销机构的形式、规模不同，从而增加了管理的难度。我国的大多数外贸出口都是订单贸易。由于缺乏自己的国际分销渠道网络和销售终端，中国企业与最终客户的直接联系往往被一些外国的贸易中间商所割断，不仅是大部分的贸易利润被中间商截取，也影响了中国贸易企业的自主发展能力和出口竞争力。由于各国营销环境的差异，造成了不同的分销系统与分销渠道，各国的分销机构的形式、规模不同，分销渠道的长短不同。当然随着竞争的加剧，企业也在不断的调整分销渠道策略。例如，随着日本汽车对美国汽车业的冲击，以及美国通用的破产，美国的汽车销售业也开始着手降低成本以及销售利润，希望通过简化分销渠道、优化分销渠道模式的竞争力，复苏美国汽车业。

（4）在促销策略方面，由于各国文化、政治法律、语言、媒体、风俗、价值观、宗教、信仰、生产成本等不同，使企业在选择促销策略的时候更复杂、难度更大。例如，在中国，家乐福分店蔬菜的切法决不会是欧洲的横切法，一定是中国的斜切法或竖切法；在巴西，家乐福的鸡蛋决不会是层层叠加，因为按当地的习俗，鸡蛋应该单层放叠。家乐福 90%以上的商品是从当地的供应商购买的，其陈列也是按当地的消费习惯和消费心理而设。在中国，消费者喜欢从大量的商品中选择自己喜爱的商品，然后购买。为迎合中国消费者的这一爱“挑选”的习惯，家乐福的货架上增加了同类商品的供应量，以方便顾客选购。

第二节 国际市场营销的特点与发展阶段

一、国际市场营销的特点

1929～1933 年发生了席卷资本主义世界的经济危机，主要资本主义国家为了各自利益，纷纷采取贸易保护措施，如外汇管制、提高关税及采取数量限制等，以加强在国际市场上的竞争，结果却导致了国际贸易壁垒林立，贸易障碍大大增加，使“一战”后初具规模的世界一体化市场重新被割裂，严重影响了世界贸易与国际经济的发展，也使采取保护措施的各国深受其害。“二战”后，有关国家为恢复国内经济，重建国际经济秩序，吸取教训，纷纷朝着贸易自由化方向发展。国际经济合作形式有两种：一种是世界性的，如联合国经济社会理事会、国际货币基金组织、世界银行、世界贸易组织等；另一种是区域性的，如欧盟、东南亚国家联盟等。近十多年来国际市场的发展与变化和世界政治、经济形势的变化与发展紧密相联，从 1983 年开始，西方国家的经济进入了持续增长期，受其影响，国际分工深化，国际合作加强，国际市场产品丰富，世界贸易量不断地扩大。现今，在知识经济及经济全球化环境下，消费者、竞争者、中间商的市场行为发生了巨大的变革，市场环境出现了新的特征。

1．世界市场的多层次性

国际分工形式的多样化，使国际分化的程度加深。国际市场是以国际分工和国际交换为前提的，它自然随着国际分工的扩大与加深而不断扩大。世界各国经济、技术发展不平衡，特别是科学技术高度发展的今天，任何一个国家都不可能拥有本国经济所需要的一切资源，更不可能拥有发展需要的所有先进技术。要加速发展本国经济，就需要积极开展国际市场营销，将国内产品打入国际市场，顺利实现产品的价值并获得更多利益，通过出口创汇，引进先进、科学的技术和设备，加速本国的经济发展。英国作为最发达的资本主义国是第一个实现城市工业化的国家，英国的主要进口国前 6 名国家为：德国、美国、中国、荷兰、法国、挪威。2011 年 1～3 月对以上 6 国的进口额分别为 399.56 亿美元、294.94 亿美元、254.47 亿美元、214.06 亿美元、190.79 亿美元、189.84 亿美元。自 20 世纪初，德国、美国和日本也相继进入了工业化的快速发展阶段，特别是在“二战”后到 20 世纪 70 年代，发达国家进入了工业化的全盛时期。工业化国家拥有大工业、大农业、高科技，以此为基础发展现代化经济，使本国市场国际化、企业国际化、全球化。工业化进程中的发展中国家，经济发展速度快，积极参与国际分工与协作，促进国际市场的发展，它们既向国际市场提供大量的产品，也从国际市场采购大量产品。2005 年，我国加工贸易进出口总额 6 905.1 亿美元，增长 25.6%。其中，出口 4 164.8 亿美元，增长 27.0%；进口 2 740.3 亿美元，增长 23.6%，加工贸易国内增值率达到 52%。少数以小商品生产为主的国家，国内政局不稳，民族矛盾复杂，经济落后，这些国家需要从国际市场购买工业制成品，并向国际市场提供自然资源等初级产品。例如，拥有丰富矿产的非洲国家纳米比亚 2005 年的矿产出口额占到该国总出口额的 55%，但在其国内生产总值中所占比重仅为 10%，赞比亚 2005 年的矿产出口额占到了该国总出口额的 75%。

2. 国际市场正面临科技竞争

当今，各国大部分企业经营活动已纳入全球经济范围，诸如技术、研究、资本、投资、生产、营销、分销及沟通网络均纳入全球范围，每个企业都不可避免地在全球市场中参加竞争。从 1986 年开始的世界性科学技术革命的试验和行动，至今已有 17 年之久，第三次科技革命，从核能、电子计算机、宇航 3 大技术开始，而后汇入了一批批新技术，从而形成了一个宏大的技术群，数量之多、规模之大，是空前的。它使世界生产力发展到相当高的水平，这种巨大的生产力绝非一个国家可以驾驭和独享，这在客观上要求各国加强合作以适应生产力的飞速发展。由于大量科技产品的问世，使人们的消费方式、精神风貌和价值观念都发生了变化，国际市场格局也发生了巨大的改变。

3. 国际市场需求结构发生巨大变化

例如，消费品结构发生了变化，为饱腹而购买食物，传统的消费是为遮体防寒而购买服装，如今，购买食品要求营养、绿色、非转基因，购买衣服要求美观、舒适、彰显个性、体现消费者的身份地位，国际工业品市场的需求结构使出口国极力提高工业制成品率。目前，我国农产品贸易结构发生了显著变化，在过去近 20 年中，我国经济保持了高速增长的态势。居民收入水平不断提高，消费者对某些食物（如肉类、水产类、蔬果类等）支出增长的速度显著高于对谷物类主食的需求增长速度。特别是消费水平较低的农村居民，在此条件下收入增长会显著拉动对农产品的需求。在农村市场上，这主要表现为副食品消费增长；而在城市市场上，增加需求将集中在优质农场品及其加工品上。到 2010 年，城市居民人均收入将由目前的 5 160 元上升到 11 000 元（1997 年不变价格），实现年增长 4%的目标。因而今后我国将出现农产品总量的适度增长伴随着显著的需求结构调整。在理想的情况下，农产品需求增长会在一定程度上导致农产品价格相对上升，这将通过农民收入提高产生的收入效应强化对农产品的需求，从而形成良性循环。

以中国主要农产品出口的典型国家来看，亚洲的日本、韩国、马来西亚、印度尼西亚，美洲的美国、加拿大、巴西和墨西哥，欧洲的德国、英国、法国、荷兰以及大洋洲的澳大利亚都对农产品存在着不同程度的需求。尤其是美国、韩国、日本等国家对农产品存在着巨大的需求。1992 年～1994 年美国的进口额为 359.4 亿美元，日本为 331.3 亿美元，韩国为 76.4 亿美元，与此相对照，2004 年～2005 年美国的进口额增至 595.1 亿美元，日本为 471.8 亿美元，韩国为 131.5 亿美元；相应地，我国对其市场占有份额分别由 1.7%、9.1%、10.5%，上升为 4.5%、15.3%、18.9%。这主要是发达国家和一些中等收入的国家居民收入水平提高促使消费者对肉类、水产品、蔬菜等收入弹性较高的食品需求扩大。对美国而言，巨大的市场需求容量是我国对之出口增加的一个重要因素；我国对日本、韩国存在着地理、文化及区位上的优势，使得我国对其农产品出口额的提升空间较大。

4. 国际市场信息现代化

国际营销要求国际通信技术高度现代化、市场设施现代化、服务现代化、信息处理现代化。信息技术的迅猛发展，既为国际企业带来发展契机，又使企业面临更加激烈的市场竞争，在企业中推广信息化管理是增强企业的综合实力、全面提高企业的经营管理水平和经济效益、增强企业国际市场竞争能力的必经之路。在国际市场营销中，谁在信息革命中领先一步，谁就在未来的国际竞争中占据优势。企业要积极应对经济全球化和市场化所带来的战争。因为今天的竞争不再是规模经济的竞争，而是速度的竞争，只有加快企业信息化进程，才能快速响应市场，赢得竞争的主动权。

5．品牌全球化

近年来，品牌全球化趋势在国际投资、国际贸易、消费等领域得到了突出的体现。品牌全球化是企业在进行跨国生产经营的活动中推出全球化的品牌，并占领世界市场的过程。即企业在全球性的营销活动中，树立自己的品牌定位形象，达到一个全球化的目标。不仅要利用本国的资源条件和市场，还必须利用国外的资源和市场，进行跨国经营，即在国外投资、生产、组织和策划国际市场营销活动。当一个品牌发展成为全球化品牌，这意味着它有潜在的市场、广阔的顾客群和良好的市场形象。如汽车行业的美国通用公司、福特公司，德国大众，日本丰田等；饮料行业的美国可口可乐；IT 行业的微软公司；日用消费品行业的宝洁，他们的销售收入在行业中处于世界领先地位，其销售收入的大部分来自于海外。由于世界经济一体化的逐步加深，各国之间的贸易壁垒逐步减小，促进了资本、技术的进一步流通。由此，世界性经营范围带来规模经济效益——在许多行业，这被认为是获得竞争力的决定性因素。全球化品牌策略使得广告、促销、包装以及品牌的其他方面的设计宣传获得规模效益，全球化品牌能获得更大的国际市场。如可口可乐、麦当劳、索尼等企业在全球各地采取了统一的广告宣传。可口可乐通过全球化的广告宣传，20 多年里节省了 9 000 万美元的营销成本。

品牌全球化表现为不同国家、领域的消费者在消费观念、消费对象和时尚观念上的日渐趋同。在世界各地，到处可以看到全球化品牌，从可口可乐到麦当劳，从潘婷到力威，从苹果到奔驰，品牌全球化使得全球市场都在向一些少数的全球性品牌集中，国内市场、国际市场的界限日趋模糊。

6．贸易保护主义加强

在传统的保护贸易政策下，受保护的商品主要是农产品及劳动密集型产品，如服装类。在新贸易保护主义下，被保护的产品还包括汽车、钢铁等高档耐用工业品以及高科技产品。进入 20 世纪 80 年代，美国对日本汽车实行进口限制，迫使日本实行汽车的“自愿出口限额”，加拿大、原联邦德国采取汽车实行进口限制，并且各国加强了服务贸易领域的贸易保护，有些国家采取了更为隐蔽的手段，绕过关贸总协定的基本原则和规则，设置阶梯关税、关税壁垒和非关税壁垒，不合理征收“反补贴税”和“反倾销税”，把“反补贴税”和“反倾销税”变成一种限制进口的手段。

随着国际金融危机不断升级，世界经济、贸易和投资陷入衰退，各国经济普遍低迷，失业剧增，贸易保护主义抬头。2008 年全球反倾销调查的数量比 2007 年增加了 15%，被裁定的反倾销案件数量增加了 22%，美国奥巴马政府的歧视性政府采购，要求 7 870 亿美元的经济刺激方案中任何基础设施项目，要获得新经济方案的资金支持，其使用的钢铁产品必须是美国国内生产的产品。同样，法国汽车制造商也被告知要购买法国产零部件，并且不得关闭国内的工厂。印度对钢铁、汽车零件和中国玩具实行进口许可证，没有政府颁发的许可证，这些产品不能进口。欧盟、美国等相继对我国部分商品实施贸易保护措施，美国政府将美国制造业工人的失业归咎于中国商品的倾销，贸易保护壁垒冲击我国产品的出口，尤其体现在我国出口的劳动密集型产品，如玩具、纺织品及各类初级加工制成品。2006 年，欧盟对中国皮鞋及童鞋征收为期两年的16.5%反倾销税。2009年9月11日，美国总统奥巴马批准对从中国进口的汽车轮胎实施连续3年的惩罚性关税，此外，美国对中国油井管征收最高99.14%的反倾销进口关税和10.36%～15.78%的反补贴税。美国商务部2010年2月5日决定，对中国大陆产的礼品盒以及包装丝带，征收最高超过231%的反倾销税。面对国内一些利益集团的诉求，各国均采取了贸易保护主义措施，从政治角度考虑，贸易保护措施是深得发起国人心，但是从经济角度考察贸易保护的做法是不正确的，会形成恶性循环，这是国际市场营销必须注意的。

二、国际市场营销的发展及分类

1．国际市场营销的产生与发展

原始社会生产力低下，没有剩余劳动产品，没有私有制，不存在国家，所以不存在国际贸易。原始社会末期到奴隶社会初期，生产力有了一定的发展，可供交换的剩余产品产生，国家也随之出现，商品交换一旦超越了国界，国际贸易也就产生了。国际营销的历史同国际贸易一样悠久，因为这样的市场策划活动是伴随着国际贸易的出现而产生的。

封建社会使生产力有了迅速发展，商品交换的地域范围不断扩大，东西方贸易日趋频繁。自公元前5世纪起就有了丝绸"国际营销"，历史不比西方短。丝绸之路通常是指欧亚北部的商路，与南方的茶马古道形成对比，西汉时张骞和东汉时班超出使西域开辟的以洛阳为起点，往西一直延伸到罗马。在通过这条漫漫长路进行贸易的货物中，以我国的丝绸最具代表性，"丝绸之路"因此得名。丝绸之路不仅是古代亚欧互通有无的商贸大道，还是促进亚欧各国和中国的友好往来、沟通东西方文化的友谊之路。历史上一些著名人物，如出使西域的张骞，投笔从戎的班超，西天取经的玄奘，他们的一些故事都与这条路有关。自从张骞出使西域以后，中国和中亚及欧洲的商业往来迅速增加。通过这条贯穿亚欧的大道，中国的丝、绸、绫、缎、绢等丝制品，源源不断地运向中亚和欧洲，因此，希腊、罗马人称中国为赛里斯国，称中国人为赛里斯人，所谓"赛里斯"即"丝绸"之意。19世纪末，德国地质学家李希霍芬将张骞开辟行走的这条东西大道誉为"丝绸之路"。1405～1433年，明朝初期明成祖派郑和7次下西洋。郑和下西洋时间之长、规模之大、范围之广都是空前的。它不仅在航海活动上达到了当时世界航海事业的顶峰，而且对发展中国与亚洲各国家政治、经济和文化上友好关系，做出了巨大的贡献，中国从此成为国际市场不可分割的重要组成部分。

15世纪以后，随着封建经济的急速发展，商品货币关系开始从内部侵蚀封建自然经济的基础，瓦解封建制度，促进资本主义萌芽。明代中国工艺技术不仅普遍高于亚洲周边国家，也比西方国家先进精致，商品成本低、质量高，很多商品在世界市场上有着强悍的竞争力，出口商品的种类极为丰富，各种史料所载者达数百种。按大类说，主要是农产品及其加工品，但经过加工的制成品和半制成品占绝大比例，未经任何加工的初级产品只占很小比例。就具体商品的相对重要性而言，最重要的是丝织品、瓷器，其次则为铜钱、书籍、药材、棉布和蔗糖。至于茶叶则是到了清代才成为大众出口商品。而西方输往东北的主要商品是价值低廉的谷物、毛织品、亚麻布和建筑材料。当时，商品交换十分广泛，这就需要大量货币。东西方发展跨国贸易的结果是，欧洲的黄金和白银大量流入东方。西欧社会各阶层，尤其商人和资产阶级，非常热衷于追求金银、财富，然而欧洲大陆所产金银有限，于是他们把注意力转到了东方。当时欧洲流传很广的一部书《马可·波罗行记》(马可·波罗是意大利威尼斯商人，青年时代随其父叔到中亚、印度和中国等地经商，元世祖时在中国朝廷做官，在中国住了 17 年。回国后，参加了威尼斯与热那亚的海战，威尼斯战败，马可·波罗被捕下狱，在狱中他口述了在东方的见闻，由比萨作家罗斯蒂生记录整理成书，广为流传)，该书对印度、南洋和中国的财富做了夸张描述，进一步激发了欧洲上层分子到东方寻金的热情，这些人迫切希望开辟东西方海上通道。

15 世纪半叶，葡萄牙人先后开辟了非洲好望角、东北和印度西海岸的航路，历史上称为“新航路的发现”。同期，哥伦布西航计划得到西班牙国王和王后的支持，抵达西印度岛、中美洲和南美洲，历史上称为“新大陆的发现”。这两次探险与日后葡萄牙航海家所完成的人类历史上的第一次环球航行，在历史上统称为“地理大发现”。西班牙和葡萄牙通过新航路，垄断了欧洲对东亚、南亚的贸易，成为海上强国。16 世纪与中国进行瓷器贸易的欧洲人主要是葡萄牙和西班牙人。严中平甚至断言，“实际上，中国对西班牙殖民帝国的贸易关系，就是中国丝绸流向菲律宾和美洲，白银流向中国的关系”，由于中国丝绸在美洲市场上对西班牙纺织品形成了强有力的竞争，以致西班牙国王及墨西哥总督多次呼吁禁止中国生丝的进口。“地理大发现”对资本主义经济的产生和发展具有极为深远的意义，它结束了新旧大陆相互隔绝的局面，通过新航丝将欧亚大陆及整个世界市场连接起来。

17 世纪到 18 世纪，英、法等国资产阶级革命的胜利，为生产力的发展扫清了道路，资本主义工场手工业的发展和科学技术的发明、创造，为向机器大工业过渡准备了条件。随着市场的扩大，以手工技术为基础的工场手工业日益不能满足需要，资产阶级为追求更多的利润，广泛采用了新技术。欧洲强国一面向外输出以铁、毛、麻为原料的工业制品；一面从亚洲和美洲输入茶叶、橡胶、丝棉织品、糖、烟草，以欧洲为中心的国际贸易市场得到迅速的发展。到 19 世纪末，重工业在世界工业中开始占主导地位。继英国之后，美、法、德、日等先进国家实现了工业化，成了以重工业为主导的工业国。工业的进步和资本主义经济体系向全世界的扩展，促进了交通运输和国际贸易的发展，欧洲列强为争夺世界市场和瓜分世界领土及势力范围的激烈竞争在世界各地展开。

如果说古代商人的营销不是真正意义上的国际营销，它并不是有计划地引导产品从生产者到消费者的企业活动，那么真正意义上的国际市场营销在产业革命之后出现了。产业革命之前，资本主义国家的市场或贸易是由商业资本控制，产业资本比较弱小，还不能支配自己的国内外市场。完成产业革命后，资本主义生产力空前提升，尤其是国际市场的问题，成为大工业和产业资本发展的首要问题。产业资本为了争夺国内、国际市场，开始支配和控制自己的市场营销活动，摆脱商业资本的控制并反过来控制商业资本，完成商业资本从属于产业资本的转变。当这种营销活动面对的是国际消费者时，它就是现代国际市场营销。

1870 年以后，科学技术的发展突飞猛进，各种新技术、新发明层出不穷，并被迅速应用于工业生产，大大促进了经济的发展，这就是第二次工业革命。在这个阶段，以电力的发明和使用为标志的第二次科学技术革命的发生，极大地提高了生产的社会化程度。伴随着资本主义世界经济体系的形成，国际市场得到了进一步发展，第二次工业革命推动主要资本主义国家向垄断资本主义过渡，列强加紧对外侵略扩张，掀起瓜分世界的高潮，世界被瓜分殆尽，世界市场最终形成。19 世纪 70 年代后，随着资本主义制度已牢牢地取得世界统治地位，资本主义在经济、政治和征服世界方面取得了巨大的成就。资本主义世界市场再度急剧扩大，迫使生产领域进一步实行相应的变革，工业革命进入新的时期，造成社会生产力进一步提高，资本主义各国争先恐后地争夺殖民地，划分势力范围，以便为本国经济发展获得更多的市场，20 世纪初世界差不多被瓜分完毕，一个统一的世界市场最终形成。构成这一市场的既有西欧和北美的少数工业化国家，他们拥有高度发达的工农业和大量的资本，又有占有世界面积和人口大多数的殖民地和半殖民地国家，它们已成为某些工业化国家的商品销售市场和工业原料及粮食的供应基地。

综上所述，国际营销学的产生是营销学发展的结果，市场营销学的问世大大促进了各国工商业的发展。第二次世界大战以后，国际宏观经济环境基本是和平、稳定的，它为经济的发展提供了前提，并且科学技术的飞越进步和国际劳动分工的深化，使得国与国之间的贸易交往日益扩大和深入。在经济全球化的背景下，各个国家和地区的社会劳动通过国际间的互换而成的世界社会劳动的一部分，各个国家和地区的商品及劳动价值通过国际间的交换而转化为国际价值。无论是发达国家还是发展中国家，越来越多地卷入到国际贸易中去，世界各国政府在国际贸易上的博弈已经成为现代国际关系的重要组成部分。国际贸易领域中错综复杂的斗争，瞬息万变的形势，给企业进入国际市场带来一系列新问题，而这些问题，不是仅仅应用市场营销学的原理就能解决得了。现实的需要，呼唤着营销学的新发展，于是一门能应对国际市场新挑战的应用学科——国际营销学便应运而生了。

由于第三次科学技术革命的发生和以核电力、电子技术、石油化工为代表的新型工业部门的建立，国际市场发展到前所未有的新高度，具体表现在以下两方面。

（1）国际市场规模扩大化

"二战"后，国际市场规模扩大化，国际贸易出现了飞速增长，其速度和规模都远远超过了 19 世纪工业革命以后的贸易增长。从 1950～2000 年的 50 年中，全世界的商品出口总值从约 610 亿美元增加到 61 328 亿美元，增长了将近 100 倍。即使扣除通货膨胀因素，实际商品出口值也增长了 15 倍多，远远超过了工业革命后乃至历史上任何一个时期的国际贸易增长速度。而且，世界贸易实际价值的增长速度（年平均增长 6%左右）超过了同期世界实际 GDP 增长的速度（年平均增长 3.8%左右），这意味着国际贸易在各国的 GDP 中的比重在不断上升。

（2）国际市场内容多元化

第一是市场主体多元化，目前全世界 193 个独立主权国家中，有 128 个建立于第二次世界大战后。战后新兴国家绝大部分属于第三世界。随着第三世界国家的独立与发展，参加到国际市场中的国家急速增加，在世界贸易地位增强。国际贸易的迅速增长有力地支持了战后西方经济的相对稳定和持续发展，而第三世界新兴市场在战后世界贸易中扮演了重要的角色。

第二是多元化的市场客体格式逐步构成，当前的国际市场不是单一的商品市场，还包括资本市场、技术市场、劳务市场、房地产市场、信息市场等多种市场类型和交易客体。根据摩根银行的统计，1986 年国际金融市场上国际借贷总金额为 3 万亿美元，每年国际资本交易额相当于国际贸易总额的 25 倍，国际资本已脱离世界生产和国际贸易而独立流动。可见，国际资本已脱离世界生产和国际贸易而独立流动，资本市场也不再从属于商品市场，而是与其平行，共同发展。其他市场，如技术市场、特别是高技术市场，交易日益活跃。

2. 国际市场的分类

一个企业进入国际市场，由于营销目标、实力以及营销经验的不同，国际营销开展的程度也不同，为此可以把国际市场营销分为4个类型。

（1）被动的国际市场营销

这类企业的目标市场在国内，内部未设专业的出口机构，也不主动面向国际市场，只是在国外企业或本国外贸企业求购订货时，产品才考虑进入国际市场。其产品虽进入国际市场，但显然是被动而非主动出击，因此，属于最低层次的国际市场营销。

（2）偶然的国际市场营销

这类企业的目标市场仍然在国内，一般也不设立对外出口的机构，但在某一特等情况下却主动面向国际市场。企业偶然面向国际市场，主要是因为某一时期国内市场供过于求、竞争激烈或因其他原因一次性外销产品，视国外市场为短期销售地。当国内供求及竞争趋于缓和时，趋于又转向国内，生产本国市场所需要的产品。

（3）固定的国际市场营销

这类趋于的目标市场既有国内市场也有国际市场，一般成立专门的出口机构，甚至在国外成立分销机构。在不放弃国内市场的前提下，制订国际市场营销战略，专门开发国外消费者所需的产品，针对国际市场营销环境，制订国际市场营销组合策略，参与国际竞争，企图在市场上建立持久的市场地位。

（4）完全的国际市场营销

这类趋于完全把国际市场作为目标市场，甚至把本国市场视为国际市场的一个组成部分。它们一般在本国设立公司总部，在世界各国发展参股比例不等的子公司，并在这些国家从事生产经营活动，其产品、资源在国际市场流通，依靠国际市场获得利润。

以上4个类型，反映了国际市场营销的历史进程。其中，前两种类型属于国际市场营销的初级形式，后两种类型则属于国际市场营销的高级形式。由于各个企业处于国际市场营销发展的不同阶段，因而必须据此来确定自己的营销策略，以便达到预期的目标。

此外，按照历史逻辑的演进和国际市场交换关系所涉及空间范围的大小，国际市场可以细分为外国市场、国际区域市场和世界市场3个不同的层面。其中，外国市场是指商品交换的范围突破国别的界限，与某个外国之间的商品交换关系构成的市场，通常，外国市场即指国别市场，如美国市场、日本市场等；国际区域市场是指商品交换关系进一步扩大，由若干个国家或地区构成的统一市场，如欧盟、北美自由贸易区等；世界市场是指全球的统一市场，是在世界范围内的所有国家或地区之间，在国际分工基础上交换商品、交换劳务和进行资源配置的所形成的统一体。按照地区划分，可以分为欧洲市场、北美市场、亚洲市场、非洲市场、拉丁美洲市场和大洋洲市场。

按照不同类型的国家划分，国际市场可以分为发达资本主义国家市场、发展中国家市场和社会主义国家市场等。

按照经济集团划分，国际市场可以分为欧洲联盟市场、中美洲市场、东南亚联盟市场、西非国家经济共同体市场、阿拉伯共同市场等。

按照商品构成情况划分，国际市场可以分为工业制成品市场、半制成品市场和初级产品市场。工业制成品市场又可分为机械产品市场、电子产品市场、纺织品市场等。

按照交易对象划分，国际市场可以分为商品市场、劳务市场、技术市场、资本市场、劳动力市场等。

按照垄断程度划分，国际市场又可以分为垄断性市场、半垄断性市场和非垄断性市场等。

第三节 国际市场营销与国际贸易的关系

国际市场是应国与国之间商品交换需要而产生，并随商品经济和国际贸易发展而发展的。国际贸易是历史范畴，它的诞生已有数千年的历史，是人类社会发展到一定阶段的产物。国际贸易（International Trade）是指不同国家（和/或地区）之间的商品和劳务的交换活动。国际贸易是商品和劳务的国际转移。国际贸易也叫世界贸易。国际贸易由进口贸易（Import Trade）和出口贸易（Export Trade）两部分组成，故有时也称为进出口贸易。

1．相同点

国际贸易与国际市场营销都是以获得利润收入为目的而进行的超越国界的经济活动。

（1）所面临的经营环境是相同的。

（2）部分理论基础相同："比较利益学说"、"国际产品的生命周期理论"等。

2．区别

国际贸易与国际营销两者都借助着市场的大舞台，相得益彰，共同促进世界经济的发展，但两者又是有区别的。

（1）业务范围不同

国际贸易由世界各国的对外贸易构成，而每一个国家的对外贸易又都有进口贸易和出口贸易，因此，国际贸易包括购进和售出两个主要方面。而国际市场营销则主要是销售方面，即通过了解国际市场需求，向国际市场销售适销对路的产品或劳务，从而获得收益。

（2）交易的主体不同

国际贸易是国家之间的产品和劳务的交换，是站在国家的立场上进行的活动。国际贸易中，国家要依据国际收支状况、外汇需求和国际经济合作等方面的情况做出符合国家整体利益的决策。而国际市场营销则是企业的产品和劳务等内容与国际市场需求的不断适应的过程，卖主是企业（或其海外子公司），买主则可能是国家，也可能是这个国家的企业或个人，还可能是本企业的海外子公司或附属机构。国际市场营销一般是站在企业的立场上，由企业组织实施的。

（3）超越国界的方式不同

国际贸易中，产品和劳务的交换必须是超越国界的，即参加交换的产品和劳务必须真正从一个国家转到另一个国家。而国际市场营销中，作为超越国界的市场营销活动，是指这些活动超越国界，而不是指产品和劳务超越国界。企业在进行国际市场营销时，其产品和劳务可以超越国界，也可以不超越国界。

例如，某企业在若干个国家分别设有生产厂，生产出来的产品用于满足东道国市场需要，这样，尽管企业产品并未发生超越国界的交换，仅仅是在当地生产、当地销售，但企业所进行的市场营销活动确是超越国界。这是因为企业要对国外生产厂进行整体规划与协调，制订各自的发展战略和经营战略。

（4）实施的过程不同

国际市场营销要涉及整个市场营销过程与企业发展战略等问题。从市场分析与市场机会的寻求、市场营销目标的确定到市场营销计划的制订、执行和控制等，都有一套行之有效的战略、战术、措施和方法。此外，所有相关的市场营销手段，都要根据市场营销观念和市场营销目标加以调整整合，进行最佳运用。而国际贸易与之不同，尽管国际贸易也要涉及某些市场营销活动，如产品购销、实体分配、产品定价等，但在进行这些活动时往往缺乏整体计划、组织和控制，一般也没有产品的研制开发，无需构建国外分销网络，基本上不需要开展国际促销活动，国际贸易与国际市场营销的比较如表 1-2 所示。

表 1-2　国际贸易与国际市场营销的比较

内容	国际贸易	国际市场营销
经营主体	国家	企业
产品跨国界	是	不一定
目的	利润	利润
信息来源	国际收支平衡表	公司营销记录
市场活动		
买卖活动	是	是
物质分销	是	是
定价	是	是
市场调研	一般没有	有
产品开发	一般没有	有
促销	一般没有	有
分销管理	没有	有

第四节　国际市场营销的任务与面临的挑战

一、国际市场营销的基本任务

国际市场营销的基本任务是要求企业在全面研究其适应市场环境的基础上，确定目标市场，制订营销战略和策略，有效地组织实施和控制。决策者的任务是在综合分析国内外环境因素的基础上，确定企业进行国际市场营销方案，制订进入国际市场的营销计划，实现企业的营销目标。

图 1-2 所示为国际市场营销企业的基本任务。图中分为几个层次：最里层是企业营销决策领域的可控制的因素；第二层是企业营销决策不可控的国内环境，主要包括政治因素、经济因素及竞争因素；第三层是企业营销决策不可控的国外环境因素，主要包括政治力量、经济实力、竞争状况、科学技术水平、分销渠道结构、地理与基础设施及文化因素；最外层是各具体国家的不可控环境。

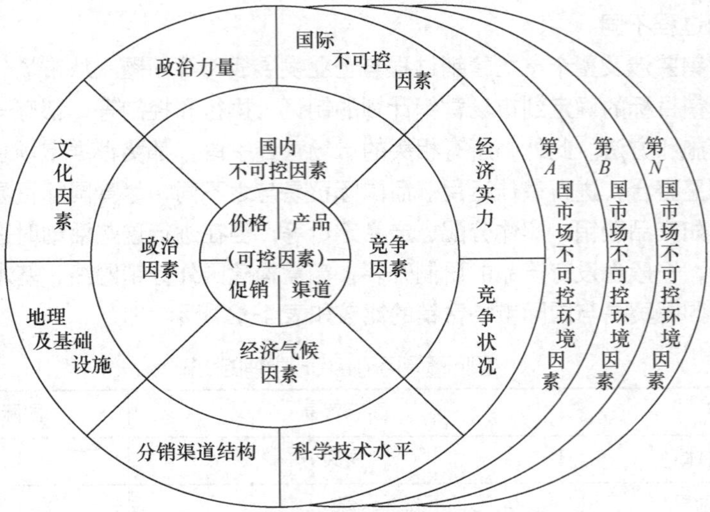

图 1-2　国际市场营销企业基本任务

1．企业可控因素

企业可控因素是企业营销管理者能够控制的范围，这些因素是营销管理者根据外部环境的变化，尤其是市场需求的变化，结合企业发展目标，巧妙地制订产品、价格、分销及促销策略。企业必须根据外部环境的变化，不断调整可控因素，以适应国际市场的变化。

2．国内不可控因素

国内不可控因素主要是政治因素、经济因素及竞争因素。这些因素对企业国际营销产生直接的影响。

（1）就政治因素而言，主要涉及政府立法及外贸政策，如关税及外汇政策。如果出口关税低，则有利于本国企业出口产品的竞争；如果进口关税高，则有利于保护国内市场而不利于外国产品的进入。外汇汇率变化也影响国际市场营销任务的制订，如果本国汇率高，出口产品价格会提高而削弱出口产品的竞争力。反之，如果汇率下降，货币贬值，对增强出口产品的竞争力起积极作用。但同时使进口减少，即影响购买国外产品的数量。

（2）就国内经济状况而言，当国内经济状况不佳，将会限制对外投资及向国外购买。如果国内经济繁荣，会扩大对外投资及增加对外购买。

（3）就国内竞争状况而言，当国内市场竞争激烈，意味着国内市场已饱和，从而驱使企业积极寻觅国外市场。当国内市场需求旺盛时，竞争不剧烈，企业不愿进行跨国界经营。

3．国外不可控因素

这些因素是国际营销者在确定营销任务时必须考虑的。这些因素将在营销环境中详述。

国际营销者在制订营销任务时，不仅对各国营销环境的共性进行了解和分析，更重要的是对每个国家营销环境进行逐个的研究，掌握各国环境的差异，制订出适应不同国家的营销任务。

国际营销者不仅重视制订好营销任务，还必须检测各国环境的变化，不断调整企业营销计划，其中，文化的适应较困难，也是较具挑战性的，营销者要格外谨慎，以免失误。

二、实现企业营销目标的具体工作

实现企业营销目标的具体工作如下。

① 分析国际市场环境、寻找机会，确定本企业的国际市场营销机会。

② 制订开发新产品的计划及营销策略。

③ 在充分调查研究、科学论证的基础上选择国际目标市场，使企业的优势适应于目标市场。

④ 采用科学的方法和先进的技术进行国际市场的调查研究。

⑤ 在调查研究的基础上制订外销的战略规划和具体计划。

⑥ 寻找开发新产品和改进产品功能的构想。

⑦ 保持本国市场与海外市场的密切联系，达到国家的内销和外销平衡。

⑧ 定期对从事海外分支机构的经营人员和中间商进行培训。

⑨ 监督并协助海外市场促销方案的制订和实施。

⑩ 正确评估广告代理商的代理工作，与广告代理商协调好国际性广告的促销活动。

⑪ 正确评估每个海外市场的营销、公正、科学的评价将起到激励作用。

⑫ 协调海外的营销代表，并改善其经营绩效。

三、企业面临国际市场营销的挑战

企业面临国际市场营销的挑战表现在以下两个方面。

① 高科技的发展为企业国际市场营销带来挑战。

② 国际贸易保护的加强。

第五节　国际市场营销学的研究方法

国际市场营销学是一门实用价值极高的应用学科，属于经营管理学的范畴，是企业国际市场营销活动实践经验的总结。这是本学科的显著特点。根据这一特点，确定对本学科的研究方法如下。

（1）以马克思主义的唯物辩证法为基本方法

把国际市场营销作为国际生产关系的组成环节，由企业具体营销发展为国际生产、分配、交换、消费关系来研究，以便分析国际市场营销对各类国家、地区和对企业的作用，从而加深对国际市场营销理论意义的理解。

（2）采用理论推导与实证相结合的方法

运用比较利益理论、国际资本流动理论、产品市场生命周期理论等分析国际市场营销的必然性、必要性，又运用实例、经验证明战略计划的科学性及对环境的适应能力等，启发、指导学习者应用国际市场营销学理论解决营销实际问题，找出科学地解决实际问题的规律性，同时又丰富和发展理论。这就是理论指导实践，实践推动理论发展的过程。

（3）系统方法

以事物的关联性为基础，寻求最优化方案、组合。企业国际市场营销管理过程是一个系统，它由国际环境分析过程、目标市场选择过程、目标市场实施战略规划过程、管理控制过程等组织成为国际市场营销系统。研究企业国际市场营销及管理必须对组成国际市场营销过程的各个过程（即各个子系统）进行分析，分析它们的相互关系及相互影响状况，从而寻找最优的组合方法。系统分析方法的目的是通过协调系统的各个组成部分，寻求最优化。可见，利用系统分析方法来研究国际市场营销学可以更好地掌握这门科学的本质，并将理论、策略加以实际应用。

（4）定量与定性相结合的方法

这种方法既能规范企业经营方向，也使企业经营目标明确，通过建立数学模型，比较分析不同国别的销售潜量与发展前景，找出适合于企业的营销目标，有利于企业决策。对于企业营销管理与控制也必须采用定性与定量相结合的分析方法。

思考题

（1）简述国际市场营销与国际贸易的关系。

（2）依照国际营销开展的程度，可以把国际市场营销分为哪几类?

（3）国际市场营销的基本任务有哪些?

案例分析

三星集团是韩国最大的企业集团，韩国三星集团是一个具有60年历史，集电子、机械、化工、金融及贸易为一体的集团，也是世界著名的跨国公司，包括26个下属公司及若干其他法人机构，在近70个国家和地区建立了近300个法人及办事处，员工总数19.6万人，业务涉及电子、金融、机械、化学等众多领域。集团旗下3家企业进入美国《财富》杂志2003年世界500强行列，其中，三星电子排名第59位，三星物产第115位，三星生命第236位。2003年三星集团营业额约965亿美元，品牌价值高达108.5亿美元，在世界百大品牌中排名第25位，连续两年成为成长最快的品牌。三星集团始于贸易公司，进而以电子产品，特别是电子高科技领域的新产品研制开发能力而闻名世界。1994年，三星电子开发出世界第一个256M动态存储器。1995年开发出世界第一个22英寸TFT-LCD。1979年，为了扩大出口市场，三星电子在美国建立了海外销售子公司，针对美国市场容量大，自由度高和技术领先的特点，三星在美国的销售集中在低档产品市场，从而发扬了廉价劳动力带来的成本优势。1996年成功地开发出世界第一个1GB动态储存器。1997年成功地开发出世界第一个30英寸TFT-LCD。1984年，三星在美国新泽西州立了SII（Samsung International Inc.），获得当地政府的低息资助，三星建立SII还有多重目的，包括扩展国际市场，学习美国先进的管理技术、避开美国的关税保护和提高三星在美国的品牌形象。1998年成功地开发及生产大屏幕数字电视机（HDTV），并开始出口到美国市场。根据美国《商业周刊》和全球权威品牌专业顾问Interbrand公司年初的品牌价值评估，在全球消费电子和家用电器行业，韩国三星（Samsung）以63.74亿美元的品牌价值列全球最有价值品牌的第42位。《远东经济评论》认为三星在创新方面高于索尼及佳能。在全球经济不景气的情况之下，三星逆势而上，超越了不少竞争对手。20世纪90年代初，三星集团扩张到了欧洲，三星不仅获取了电器产品的市场份额和市场信息，还获得了融资方面的便利。

面对未来激烈的竞争，三星集团会长兼董事长提出“三星将成为世界最优秀企业之一”，

“我们将使三星在2000年成为世界十大企业之一”。64岁的李健熙带出了韩国电子产品崇尚质量的观念。有一次，集团产品发生质量问题，遭到消费者集体投诉，他不顾年迈，带领管理人员当场用锤子砸碎劣质产品，高喊“除了妻儿以外改变一切!”的创新口号，并着手进行了事业结构、人才培养、产品设计、生产流程等各个方面的变革。

实施战略改革后的三星，很快在消费电子产品领域做大，该业务的收入已经占据了公司总收入的37%。在移动电话市场，三星电子的市场份额迅速从6.2%增加到现在的9.6%，手机在北美的销售收入甚至超过了在美国实际销售量最大的诺基亚公司，品牌号召力被视为等同于索尼。手机业务目前占据三星总收入的35%。李健熙先生对于三星更深远的影响在于提倡基础变革，不断增加“世界最佳”的产品，巩固三星公司在亚太的霸主地位，改变企业文化使之适应全球化和数字时代的要求。李健熙最高明的地方在于用人，他非常开明，唯才是用，扶植了很多家族以外的经理人。“庶民”人才感恩图报，为整个集团的繁荣做出了贡献。为了提高集团的透明度，李健熙任命一些外籍人士为集团董事。他大力提拔年轻的储备干部担任领导岗位，使三星集团内部人才鼎盛。例如，三星电子副会长兼CEO尹钟龙、三星电子旗下数字多媒体网络部社长兼CEO陈大济、设备解决方案网络部社长兼CEO李润雨、通信网络部社长兼CEO李基太、数字家电网络部社长兼CEO韩龙外等，都是他一手提拔的爱将。三星高层管理人员的培养都是由董事长办公室主持、集中进行的，CEO亲自过问的人才体制能够在一群拔尖的人才中间培养起一种卓越的企业家精神、雄心壮志和敬业精神。

（资料来源：中国站长站，http://wenwen.soso.com/z/q66932606.htm，2011-12-11，有修改）

问题：（1）三星公司的变革采取了什么措施?

（2）试分析三星公司如何进入国际市场的。

第二章 国际市场营销环境

【引导案例】

提起国酒茅台，中国人都有一种特殊的感情。1915 年，茅台酒代表中国民族工商业进军巴拿马万国博览会并荣获殊荣，从此跻身世界三大蒸馏名酒行列，奠定了中国白酒在世界上的地位，亦将其自身确立为中国白酒之至尊。新中国成立后，茅台酒又被确定为“国酒”，一直处于中国白酒领头羊地位，更因其在日内瓦会议，在中美、中日建交等外交活动中发挥了独特作用而蜚声海内外。茅台酒厂 10 年间，就为国家创利税 11.5 亿元，相当于国家对该厂原始投资的 9 倍，同时，企业净资产增值 10 亿元，其产品进入世界 100 多个国家和地区，年创汇 1 000 万美元。茅台酒厂在全国同类企业中率先跨入国家特大型企业行列。

1950 年以前，茅台酒由 3 家私人作坊经营。1951 年，人民政府在赎买 3 家私人作坊的基础上，建立了地方国营茅台酒厂。几十年来，特别是十一届三中全会以来，茅台酒厂发扬传统工艺，总结操作方法，加强科研管理，增加生产投入，各方面发生了翻天覆地的变化，生产能力大幅度提高。“八五”期间，茅台酒厂通过投资、持股、合资等方式建立了一些各种类型的企业，形成了母子公司结构的集团格局。

从 1997 年开始，白酒市场格局发生了新的变化，形成了多种香型、多种酒龄、不同酒度、不同酒种并存，各种品牌同堂竞争、激烈争斗的格局，我国酒业的生产也进入了前所未有的产品结构大调整时期，啤酒、葡萄酒等发展迅猛，风头甚劲。我国白酒产大于销、供过于求成为主要矛盾。1996 年，白酒产量达到我国白酒产量最高水平，超过了 800 万吨。1997 年，全国白酒生产开始出现负增长，为 780 多万吨。1998 年，全国白酒大幅下挫为 600 万吨。白酒总量下降，据专家分析原因有多种：国家对白酒行业实行限制发展政策，对葡萄酒、啤酒的饮用进行建议和推崇，造成市场的分流；由于白酒的“烈性”，人们对白酒需求降低；由于工作和生活的限制，人们不再放纵自己，且午餐时间饮酒减少以致酒量下降；高档的洋酒吸引了一部分消费者，消费者消费习惯也发生了改变，公款消费减少。由此可见，茅台酒面临的形势是严峻的。

到 1998 年形势更加严峻，1～7 月，茅台酒全年销售任务只完成 33%。茅台酒厂集团领导班子进行了大调整。一次次的决策会议上，领导班子成员最后得出的结论让人并不轻松：排除宏观因素不说，就企业内部的微观原因而言，还是在于上上下下思想解放不够，观念还没有真正转变到市场经济的要求上面来，整个运作方式、思维模式事实上依然处于计划经济的状态。茅台酒厂集团领导班子首先推出的一项举措是大力充实销售队伍，在全厂范围内公开招聘了一批销售员，迅速撒向全国各地。紧接着，集团就破天荒地在全国 10 个大城市开展了多种形式的促销活动，季克良等领导带头出现在商场、专柜，亲自宣传自己的产品，一下拉近了与消费者的距离，效果极佳。半年的奋斗下来，茅台酒厂（集团）公司本部不但弥补了上半年的亏空，而且全年实现利税 4.41 亿元，销售收入 8.16 亿元，比上年又有大幅度的上升。

自 1984 年在武汉发现第一批假茅台酒起，茅台酒成了我国最早一批被侵害的名酒。随着市场经济体制的逐步建立，茅台酒所遭受的商标、企业名称等知识产权的侵犯也呈现出不同的演变趋势。进入 20 世纪 90 年代以后，不法分子又“暗度陈仓”，改而在“侵权”上做文章，打起了茅台商标的“擦边球”，并纷纷由“阵地战”转为“游击战”，公开转入地下，省内转向省外，由固定制售转向流动产销，制造商、经销商相互勾结，为了最大限度击退假冒侵权；为了保护名牌、保护企业和消费者的合法权益，茅台酒厂积极主动地打假，抓大案要案，同时大力协助各地工商、公安部门打假。在打假的同时，防假方面走出了几大步：第一步用激光防伪，第二步使用条码，第三步进口日本瓶子，第四步进口意大利瓶盖，第五步不惜高代价采用美国 3M 的防伪技术。茅台酒厂集团每年为此的花费都在千万元以上。

（资料来源：百度百科，http://wenku.baidu.com/view/a3a7f426482fb4daa48d4b07.html，2011-9-12，有修改）

任何企业都要在特定的环境下从事市场营销活动，而且不得不受到这样或那样各种环境因素的制约和限制。国际市场营销环境是企业进行国际市场营销活动必须要考虑的重要的制约条件。企业首先要充分认识和把握目前的市场营销环境，然后在此基础上，规划营销战略，确定营销计划，是企业的营销活动适应、协调与营销环境，只有这样，才能收获满意的营销效果，实现企业的营销目标。一般来说，国际市场营销环境是指各种直接或间接影响和制约国际营销的外部因素的集合。国际市场营销环境可分为国际市场营销宏观环境和微观环境。宏观环境是指企业在从事国际营销活动中企业难以控制也较难影响的营销大环境，包括政治、经济、法律、人口、社会文化、科技、自然、地理等因素；微观环境是企业在不同目标市场进行营销活动中企业所构建的处于不同国家和不同地域的分支机构的组织结构以及与当地社会文化特征相结合的企业文化特征等环境。微观环境是直接制约和影响企业营销活动的条件和因素，包括供应商、竞争对手、营销中介机构、最终顾客、社会公众和企业内部的其他部门等。国际市场营销的宏观环境和微观环境与国内市场营销的环境相比具有更大的复杂性和差异性，程度不同的相关性以及控制、把握、利用和影响的难度更大等特点。

第一节 政治环境

国际市场营销的政治环境指各种直接或间接影响和制约国际营销的政治因素的集合，包括全球的国际政治环境和东道国的政治环境，它们对企业的国际营销活动产生重大的影响和制约作用。

一、政府与政党制度

1. 政府类型

政府是国家的权力机关和执行机关。世界上多数国家的政府可分为两类：议会制政府和专制政府。议会制政府又分为共和政府和君主立宪政府。专制政府包括君主专制和专政两种。

西方国家政治制度可以分为两类：一类是君主制，另一类是共和制。

君主制由君主，包括国王、皇帝、天皇、苏丹等担当国家元首。君主拥有至高无上的权力，君主的意志就是法律，不受任何约束。君主实行终身制，并且是世袭的。据统计，至今保留有君主政体的国家：亚洲有科威特、约旦、阿曼、卡塔尔、巴林、沙特阿拉伯、柬埔寨、不丹、日本、泰国、文莱；欧洲有英国、卢森堡、挪威、瑞典、西班牙、丹麦、荷兰、比利时、摩纳哥、列支敦士登；非洲有摩洛哥、莱索托、斯威士兰；大洋洲有汤加。

共和制是指国家的权力机关和国家元首由选举产生并有一定任期的政权组织形式。实行议会制共和制的国家有：意大利、德国、芬兰、奥地利、印度、新加坡等。实行总统制共和制的国家有：美国、墨西哥、巴西、阿根廷、埃及、印度尼西亚等。

在当今世界，君主制和共和制不能简简单单地等同于专制和民主。在议会制度下，政府经常通过议会协商重大政策，所以在对这种制度下的国家进行营销时，必须注意研究议会对政府政策的影响和公众的意见倾向；而在专制制度下，政府政策的制定在很大程度上带有独裁者的意愿，所以在对这种制度下的国家进行营销时，必须研究左右政权的关键人物对政府政策和国内经济生活的影响。

国际营销人员要了解世界政府的构成及其对经营的主要理念和政策，国际营销要与各国的实际情况相符合，这样才能制订出正确的战略和策略，顺利地进入目标国市场。

2．政府在经济中所起的作用

（1）参与者

中央计划经济类型的国家，政府参与程度与所有权程度最大：一些低度开放的市场，由于缺乏私人部门，政府对企业所有权拥有程度也很高；而在经济发达国家，政府作为参与者的作用虽然很大，但对企业所有权的拥有并不普遍。国际市场营销之所以要考虑政府在经济活动中的所有权与参与程度，原因主要有以下两点：首先，政府的所有权可能阻碍企业在特定市场的经营，在某些市场，一些特定行业被政府垄断，完全由政府经营；其次，政府的所有权常常意味着政府是唯一的顾客，当公司面临政府独买时，其营销能力便会降低。

（2）规范者

国际营销人员应确切了解政府在经济活动中扮演的规范角色，政府制定的货币或金融政策，往往通过法令法规来限制影响营销者的活动。

此外，对于国际营销企业来说，充分的市场信息，经营许可证的快速审批，高效率的海关事务处理等有助于外国企业提高经营效率。而官僚主义和腐败行为直接导致政府职能部门办事拖沓冗长，工作效率低下，官员受贿严重。这不仅破坏了公平竞争的环境，而且会损害外国企业的利益。在许多国家，国际营销人员往往有这样的经验，他们只有给予政府部门的官员们相当数量的贿赂，企业经营过程中所遇到的障碍才有可能部分或全部消除。因此，国际营销企业认真分析政府部门官员的廉洁与效率状况，是评估政治环境中的一项重要内容。

3．政党制度

政党制度指的是一个国家通过政党进行整治活动的方式或状态。通常以一个国家内部执政党的数目来划分，这样的政党制度的类型包括多党制、两党制和一党制。

多党制是由两个以上资产阶级政党联合执政的体制。其特点是选举中多党竞选，没有一个政党具备单独长期执政党的力量，故而采取几个政党或政党联盟联合执政的办法。例如，在法国、意大利、德国等大多数资本主义国家，政党林立，各党势均力敌，很难有某一党在议会竞选中独占绝对多数，这样就只能以一党为主，多党联合执政。多党制一般在议会中采取比例代表制，属于一种不稳定的格局，各党分歧随时可酿成政府危机，如果有一党退出，则很容易导致内阁垮台。

两党制是由两个主要资产阶级政党轮流执政的体制。在一个国家中存在许多政党，其中两个居于垄断地位的政党，通过定期选举，长期有组织地轮流控制国家机器，其中一党是执政党，另一党称反对党或在野党，这种政党体制则是两党制。两党制最先形成于英国，以后加拿大、澳大利亚、新西兰等国和美国都实行两党制。

一党制是指一个国家长期由一个政党执掌政权的政党制度。在一党制中又有两种情况，即民族国家的一党制和法西斯国家的一党制。① 民族国家的一党制：有些国家在法律上允许许多党的存在，各政党在理论上都执政的可能，但是在政党政治实践过程中，政权长期为某一政党所垄断。在资本主义国家中存在这样的情况，只有一个主要政党长期执政，虽有其他政党存在，但是这些小党力量相对比较弱，总是处于陪衬地位，实际上没有上台执政的可能性。这样的政党制度，一般也归之为一党制或称一党多元。② 法西斯国家一党制：法西斯国家政治体制是西方民主体制发展的变异，它在政党制度上背离了西方民主政治的基本原则。在该制中，法西斯政党垄断政权，在法律上明确禁止其他政党活动；党的机构和国家机构合一，党的首领即是国家元首、政府首脑和军队最高统帅，党的首领集国家大权于一身。1945 年以前希特勒时期的德国、墨索里尼时期的意大利、1975 年以前佛朗哥时期的西班牙的政党制度就是典型的法西斯统治的一党制。

在不同的政党体制下，各个政党对政府政策的影响程度各不相同，因此，要想有效地对某一个国家进行市场营销，必须深入研究这个国家的政党体制，掌握各个政党的基本纲领及其对政府政策的影响。

二、政府政策

1．政府政策的稳定性

政府政策的稳定性不仅直接影响企业经营战略的长期性，而且政治环境的突变可能使行之有效的营销方案全盘瓦解，因此，分析政府政策的稳定性是国际营销人员进入目标市场必须重视的问题。国际营销中政治环境的不稳定性可以从以下几个方面进行分析。

（1）执政党变换与政府更替

执政党的变换及政权的更替，通常会带来政府政策的变化，引起企业营销政治环境的改变。如果这一环境因素更替频繁，那么就会导致营销方针难以调整，发展策略也无法稳定。

（2）政治事件频繁发生

政治事件包括暴力事件、治安混乱和示威游行等方面。可以用诸如单位时间暴力事件死亡人数、示威活动规模与次数、罢工造成直接损失等可量化指标，综合反映暴力事件出现率。即使目前没有发生暴力事件，但若东道国社会存在着严重的不平等现象，那么未来也许会导致政局动荡。

（3）文化分裂

文化分裂是一种由文化因素转化为政治因素的例子。例如，加拿大法律保护不同人种、不同国籍的移民保留自己原有文化传统、文化习惯这一举措，也是为防止文化分裂的一个例子。

（4）宗教对立

宗教冲突潜在地导致政局的不稳定，宗教信仰的差别极易引发冲突而发展为政治分裂和暴力事件。最明显的例子是，印度教与伊斯兰教的冲突导致印度次大陆分裂成印度和巴基斯坦两个国家。

2. 政治干预

政治干预是指各国政府采取各种措施对外商营销活动的干预。各国政府出于各种不同的目的和利益政策需求，对外国的某些经营活动都会采取一些干预政策，可能采取支持、鼓励的政策，也可能采取限制、打击的政策。从事国际市场营销的企业必须清楚东道国对哪些产品和行业采取支持政策，又对哪些产品和行业采取限制政策以及这些政策都是什么。

（1）产品的政治敏感度

在国际市场营销中，有些产品往往容易引起目标市场国政府的特别注意，这就是政治敏感性。政治敏感性的强弱主要依赖于该国政府的政治纲领、经济目标及社会文化差异等因素。如果企业经营能满足目标市场国的需要和目的，促进其经济繁荣和社会稳定，则产品的政治敏感性就有可能成为对企业有利的政治保障；反之，如果企业经营对目标市场国经济的发展和社会的稳定没有益处，它就会受到目标市场国政府的冷遇。

有些产品政治敏感性强，如军火、高技术产品等。通常，生活消费品比工业用品更为敏感，最终产品比原材料更为敏感，劳动密集型产品比资本密集型产品更为敏感。国际营销企业要根据本企业产品的政治敏感性采取相应措施。

有些产品易受政治因素的影响，通常受到政府的特别注意，而这种注意可能是正面的，也可能是负面的。很明显，政府出于正面的注意就意味着支持、许可，而出于负面的注意则意味着限制、打击。虽然企业营运会产生政治影响，但主要是来自经济层面的影响，而非积极地政治参与。

国际营销企业在经营活动中应根据营销环境的变化积极不断地调整自己的营销策略，避免卷入政治冲突中。

（2）政策分析

各国政府对全球营销的态度，可以通过其干预措施表现出来，这些措施直接制约着营销的发展。

① 进口限制

进口限制是指目标市场国政府根据本国经济发展目标，对不同产品的进口有选择地实行限制，即通过限制进口产品的类型和数量来直接或间接干预全球营销。其措施主要有高关税、进口许可证制度、配额等。尤其是经济欠发达，国际收支经常发生逆差的国家常常采取进口限制的相关措施。

当进口限制开始实施，就会立即影响进口，使进口量下降，从而改善国际收支的逆差状况，而且逆差越大时，进口限制的效果就越明显。由于进口限制调节国际收支几乎不存“时滞”，因而具有较大的“时效性”。

进口限制在一定条件下可对国内经济产生间接影响，由于进口产品受限，即国内市场上的总产品减少，使国内市场价格上升，最终影响国内生产和消费，如果在实行进口限制的时期，能使国内需求延滞和能以国内供应迅速替代国外供应，那么进口限制才不致对该国经济产生不良影响。

② 外汇管制

外汇管制是指一国政府对外汇的收入、结算、买卖和使用而采取的限制性措施，即一个国家对于买卖外汇及一切经营业务而进行的管制。一般来说，外汇极端缺乏、经济不发达或对外贸易落后的国家会实行严格的外汇管制，如大多数发展中国家和实行中央计划经济的国家。实施外汇管制的目的在于，政府通过一定的管制措施来实现该国国际收支平衡、汇率稳定、奖出限入和稳定国内物价等政策目标。但是外汇管制也有其弊端，其弊端在于市场机制的作用不能充分发挥，由于人为地规定汇率或设置其他障碍，不仅造成国内价格扭曲和资源配置的低效率，而且妨碍国际经济的正常往来。一般情况是，发展中国家为振兴民族经济，多主张采取外汇管制，而发达国家则更趋向于完全取消外汇管制。目标市场国实行外汇管制对于外国企业的营销活动有着重要影响。例如，实行外汇管制，使企业生产所需的原料、设备和零部件不能自由地从国外进口，企业的利润和资金也不能或不能随意汇回母国。因此，国际市场营销者必须仔细研究目标市场国外国管制的具体政策。

③ 税收政策

税收政策是指通过征收不同的关税来限制或鼓励外国产品进口的政策。它分为限制性税收政策和鼓励性税收政策两大类。政府在税收方面的政策措施会对国际市场营销企业经营活动产生重要影响。例如，对某些产品征收特别税或高额税，则会使这些产品的竞争力减弱，给经营这些产品的企业效益带来一定影响。

④ 价格管制

有些国家为了应对如经济危机、通货膨胀等经济问题时，政府就会对物价总水平、某些重要物资以至所有产品采取价格管制措施。尤其是在实行计划经济的国家，价格管制更为严格。这种价格管理直接干预了企业的定价决策，影响了国际营销企业的经营活动。例如，规定最高限价来减少外国营销企业的利润，规定最低限价来削弱进口商品的竞争力。

企业在决定进入某国市场之前，必须明确该国的政治环境状况，以便充分利用各国规定的优惠政策，对其限制措施则应尽可能避免，并采取相应的对策，以保证其全球市场营销活动的顺利进行。

国际营销企业应密切关注和预测东道主国政府的政局和政策变化，即调整策略，避免或减少干预，降低风险。

三、民族主义

民族主义指将自我民族作为政治、经济、文化的主体而置于至上至尊价值观考虑的思想或运动。英国学者爱德华·卡尔认为：“民族主义通常被用来表示个人、群体和一个民族内部成员的一种意识，或者是增进自我民族的力量、自由或财富的一种愿望。”民族主义是一种强烈的民族自豪感与团结心。各个国家和民族都在不同程度上存在民族主义情绪，都有民族优越感和爱国主义精神。民族主义的宗旨是保护民族经济。许多国家的政府为了防止外国公司的产业产品对本国市场无限制地渗透，避免阻碍本国经济社会的发展，保护民族产业，制定了一系列对外商具有一定歧视性或限制性的民族主义贸易保护主义政策。例如，美国在1789年修改《邦联条例》的立宪斗争中，以汉密尔顿为代表的联邦党人积极鼓吹贸易保护主义。美国立国一开始实行的外贸政策就是对国内市场采取尽可能保护的具有贸易保护主义色彩的贸易政策。约翰·杰伊这样写道：“由于我们和英法是……竞争者，和大多数欧洲国家是……竞争者，由于我们发展着和俄国与中国的贸易，由于我们发展着自己的经济，因而我们需要一个政府，它能按全国一致的政策原则行事，对这些活动进行保护。”美国宪法中的有关条款全面体现了汉密尔顿的主张。该宪法第一条第八款规定“国会有权课征直接税、关税、输入税和货物税”，目的是“以偿付国债，提供合众国的共同防务和公共福利”，并且“一切关税、输入税、货物税应全国统一”，“任何一州，未经国会同意，不得对进口货或出口货源课征任何输入税和关税”，但国会“对于任何一州输出的货物，不得课税或征收关税。”宪法的这些文字表明：第一，联邦政府排他性地掌握了体现着外贸政策的关税决定权，由此美国的外贸政策可以获得统一；第二，关于国会和州都不得对出口货征税而只对进口货征收关税的规定，使得政府推行的扩大对外贸易、实行贸易保护的政策成为基本国策。从 1789～1820 年，美国政府的外贸政策基本贯彻着美国宪法所体现的贸易保护主义。

当前，与政党和政府更替引起的政治环境不稳定相比，强烈的经济民族主义对国际市场营销的影响更为关键和持久，因此，从事国际市场营销的人员，必须尊重各国的民族利益和民族感情。

四、国家间的关系

企业所在国家与目标市场国之间关系的亲疏远近往往对企业国际市场营销的成败有直接影响。因为当一国与另一国通商时，整个双边关系，包括政治、文化、法律等方面都会影响双边之间的经济关系。一个政治上成熟的国家应该与其他国家保持友好关系，并遵守国际法和国际公约。一般来说，从是否参加区域性或国际性组织、是否遵守双边和多边条约以及其所属的组织与其他组织或国家之间的关系等大概可以看出一个国家与其他国家关系的状况。与国内营销活动存在差异，从事国际营销活动的企业经常会受到本国与目标市场国国际关系变化的影响，从某种意义上来说，这些企业的商务活动本身就成了国际关系的一个组成部分。

本国政府的对外政策必定影响到本国企业的海外经营活动。如果目标市场国政府同本国政府的对外政策不一致，那么在当地的本国政府就容易受到不公正的待遇。国际性组织的会员国间也有相互的关系存在，每一个国际性组织都会影响其会员国的行为。由于有关关贸协定缔约国的关系，所以彼此之间在原则上都不可能设置贸易障碍，而很多国际性组织或协定则施加若干限制于所有的会员国，如专利、交通运输等各类国际营销者感兴趣的项目。

一般而言，一个国家加入的国际性组织越多，其受法律规章的约束越大，与其他国家关系也越密切。

五、政治风险

政治风险是指由于各种政治因素的不确定性给国际市场营销带来的风险。

政治风险的主要形式包括以下几点。

1．政治动乱

政治动乱是指由于政治、经济、社会矛盾的激化而引起的国内严重的政治冲突，如政党对立、劳资关系紧张、罢工、政变、内战等。政治动乱对国际市场营销活动有着严重的深远影响：① 严重的政治动乱会阻碍营销者的营销活动；② 很难持续原有的购销业务关系，会给企业带来风险损失；③ 政治动乱往往会引起政府的更迭和对外政策的改变。

2．政府政策的不稳

目标市场国政府政策的稳定性对于国际市场营销活动也有着至关重要的影响。如果目标市场国政府的政策多变，不仅会使预测该国市场趋势的准确性大大降低，无法正确制订市场营销策略，还会加大企业营销活动的风险性。一个国家政府政策的变动主要有以下几个原因：政权性质发生根本性变化、国家法制不健全、领导政府的政党更替或政府首脑易人等。

3．没收、征用和国有化

没收是指在没有任何赔偿金的情况下夺取企业财产和投资者财产。征用是指政府强迫企业交出财产，给企业一定的经济补偿，但对企业来讲并非自愿。国有化是指政府将企业的资产收归国有，由政府接管。东道国政府的没收、征用和国有化是国际企业面临的最严重的政治风险。

第二节 法律环境

市场经济是法制经济，政府对国际企业营销活动的管理和控制，主要通过法律手段。市场的发展不但需要建立若干经济法规，而且要有严明的执行机构，随着消费者维权意识的提高，随着社会舆论监督力量的日渐增强，也随着民主法制建设的日益深入，政府的执法也将更加地积极和严格。市场经济的有序运行仅靠政府的力量是远远不够的，必须借助大量的代表一定群体利益的社会性组织，形成一种强大的社会力量、社会压力。对此，企业的生产经营者既要善于应对这一力量的挑战，又要善于捕捉消费者权益保护和环境保护力量所提供的机会。

世界各国的法律制度各不相同，其适用范围以国家主权所及的领域为限。国际间的经济行为以国际惯例、国际公约或条约等来规范和约束。从事国际市场营销必须了解所面临的法律环境。国际市场营销法律环境是指对营销活动有直接影响作用的各种法律规范。

一、目标市场国法规

目标市场国的法规是影响国际市场营销最经常、最直接的法律环境因素。

1．法律体系

世界各国的法律制度可归纳为两大体系：一种是大陆法系，另一种是普通法系。

大陆法系又称为“成文法系”、“罗马法系”，起源于罗马法制，世界大多数国家如德国、法国和其他欧洲大陆国家以及南美洲各国、日本、土耳其、中国等都属于这一法系。其主要特点是：以成文法典为基础，不仅继承了罗马法成文法典的传统，而且采纳了罗马法的体系、概念和术语；在法律形式上，一般不存在判例法，法律的实施以法律条文为依据，法律体系一般分为3个独立的法典，分别为商事法典、民事法典和刑事法典，法典一经颁行，法官必须忠实执行，同类问题的旧法即丧失效力；在法官的作用上，大陆法系要求法官遵从法律明文办理案件，没有立法权。大陆法系国家的立法和司法分工明确，强调制定法的权威，制定法的效力优先于其他法律渊源，而且将全部法律划分为公法和私法两类，法律体系完整，概念明确。法官只能严格执行法律规定，不得擅自创造法律、违背立法精神；大陆法系按照“注册在先”的原则确定工业产权的所有权。

对于大陆法系的国家，明确的法律条文是司法判决的依据。由于同样的法律条文可能产生解释上的偏差，因此，这就使国际营销人员面临着一个不确定的法律环境。

普通法系又称为“英美法系”、“习惯法系”，起源于英国法，是指以英国普通法为基础发展起来的法律的总称。它首先产生于英国，后扩大到曾经是英国殖民地、附属国的许多国家和地区，包括美国、加拿大、印度、巴基斯坦、孟加拉、马来西亚、新加坡以及非洲的个别国家和地区。其主要特点是：注重法典的延续性，以判例法（简单解释判例法就是以前怎么判，现在还是怎么判）为主要形式；工业产权的所有权是按“使用在先”的原则确定的。

英美法系的形成主要是指英国法律制度的形成。美国法律制度虽然源于英国，但它在英国法律制度的基础上发展了自己的法律制度，与英国法律制度已有很大差别，所以英美法系可以分为英国和美国两个支系。

不同的法律制度对同一事物可能有不同的解释。例如，在普通法系中，不可抗拒的自然灾害包括水灾、雷电、地震及类似自然事件，而在成文法系中，不可抗拒的自然灾害不仅包括自然事件，还包括履行职责与道德不可避免的阻力，如不能预见的罢工、暴动等人类行为所引起的事件。

因此，国际市场营销者必须首先要了解目标市场国属于哪种法律体系，了解各国法律之间的差异，再对目标市场国法律进行深入探究，只有这样，才能避免使其营销活动陷入法律纠纷中，确保营销活动的顺利进行。

2．目标市场国法律对国际营销的影响

目标市场国法律对国际营销组合有以下几方面的影响。

第一，对产品决策的影响。目标市场国为了维护本国消费者利益，考虑到本国消费者的安全问题，往往对产品的纯度、安全性能、包装、标签、保修单、品牌名称和商标等众多方面作出许多特殊的规定。例如，美国规定，为防止植物病虫害的传播，禁止使用稻草作为包装材料，如被海关发现，必须当场销毁，并支付由此产生的一切费用；阿拉伯国家规定进口商品的包装禁用六角星图案，因为六角星与以色列国家旗中的图案相似，阿拉伯国家对有六角星图案的东西非常反感和忌讳；法国针对英国糖果规定禁止含有红霉素的糖果进口，因为英国糖果普遍使用红霉素染色剂；美国为了阻碍墨西哥土豆进入美国市场，对进口的土豆规定了成熟度和个头大小等指标。

第二，对产品定价决策的影响。世界各国普遍遇到控制产品定价问题，但各国对价格控制的范围和手段不同。有的是对所有产品都实行价格控制，而有的只是对极少数产品实行价格控制。例如，美国政府只对极少数公共产业产品实行价格控制，其他产业产品都实行市场价格；而日本只对大米这一种消费品实行价格控制。

第三，对促销决策的影响。促销决策主要包括广告、人员推广、现金返还、竞技活动、公关赞助等方面的决策。各国的法律规定对促销决策有着重要的影响。以广告为例，世界上许多国家都对广告的宣传有着严格的规定。例如，德国不允许使用比较性广告和“较好”或“最好”的广告词；阿根廷规定企业只有在经过公共卫生部批准的条件下才能做药品广告；英国不允许在电视上做烟草或酒类广告。

3．目标市场国外贸管制手段的影响

（1）关税

关税是指由一国海关根据法律规定，对通过本国关境的商品征收的一种税收。征收关税是各国对进出口商品进行管制的一种重要措施，其目的在于增加国家的财政收入，保护本国的工业、农业和市场。前者称为财政关税，后者称为保护关税。保护关税税率较高，因为只有采取高税率才能达到保护的目的，故称作关税壁垒。

人们通常所说的关税壁垒指进口税，即进口国海关在外国商品进口时，向本国进口商征收的一种税率很高的关税。其目的是迫使进口商品提高价格，削弱其竞争力，达到限制甚至禁止商品进口的目的。

通常，为了获得他国的原材料，各国对初级产品的税率普遍较低，甚至于免税。

（2）非关税壁垒

非关税壁垒是指使用除关税以外的方法来限制外国商品进口的措施，主要有数量限制、价格限制、卫生检验规格、行政及金融等方面的措施，以此来保护本国市场和产业。

“二战”后，各国依据关税与贸易总协定相互减免关税，这就使关税限制进口的作用下降，而国际市场的竞争却日益加剧，所以各国纷纷采取非关税壁垒措施，以加强对进口的限制。

具体的非关税壁垒措施主要有以下几种。

① 进口配额制

进口配额制（Import Quotas）又称进口限额制。它是直接限制进口的一种重要措施，也是发达国家实行进口数量限制的重要手段之一。进口配额制是指一国政府在一定时期内（如一季度、半年或一年内），对某些商品的进口数量或金额规定一个数额加以直接的限制，在规定时限内，配额以内的货物可以进口，超过配额则不准进口，或者征收较高的关税、附加税或罚款后才能进口。进口配额主要有两大类：绝对配额和关税配额。绝对配额是指在一定时期内，对某种商品的进口数量或金额规定一个最高数额，达到这个数额后，便不准进口。这种方式在实施中，有以下两种形式：全球配额和国别配额。关税配额是指对商品进口的绝对数额不加限制，而对在一定时期内，在规定的关税配额以内的进口商品，给予低税、减税或免税待遇，对超过配额的进口商品征收高关税、附加税或罚款。这种方式在实施中也有以下两种形式：优惠性关税配额和非优惠性关税配额。另外，进口配额还可分为单边配额和双边配额。

②“自愿”出口配额

“自愿”出口配额又称“自动”限制出口。“自愿”出口配额（"Voluntary" Export Quotas），又称“自动”限制出口（"Voluntary" Restriction Export）是商品出口国迫于来自商品进口国的压力，主动为出口商品的数量或金额设定额度的一种非关税措施。出口国的自我限制是为了避免进口国更加严厉的进口限制措施。“自愿”出口配额在钢铁、汽车、电子产品和农产品贸易中也曾被采用。“自愿”出口配额也称为有秩序的销售协定。

③ 进口许可证

各国为管制进口贸易，一般规定商品进口必须领取许可证，没有许可证，一律不准进口。为限制进口，各国对进口许可证的发放一般比较严格。从进口许可证与进口配额的关系上看，进口许可证可以分为两种：一种为有定额的进口许可证，另一种为无定额的进口许可证。有定额的进口许可证即先规定有关商品的配额，然后在配额的限度内根据商人申请发放许可证。无定额的进口许可证主要根据临时的政治的或经济的需要发放。从进口商品有无限制上看，进口许可证一般又可分为两种：公开一般许可证和特种进口许可证。公开一般许可证（Open General Licence）对进口国别或地区没有限制，凡列明属于公开一般许可证的商品，进口商只要填写此证，即可获准进口。特种进口许可证（Specific Licence）即进口商必须向政府有关当局提出申请，经政府有关当局逐笔审查批准后才能进口。

④ 外汇管制

外汇管制是指一国政府为平衡国际收支和维持本国货币汇率而对外汇进出实行的限制性措施。在中国又称外汇管理。一国政府通过法令对国际结算和外汇买卖进行限制的一种限制进口的国际贸易政策。外汇管制分为数量管制和成本管制。前者是指国家外汇管理机构对外汇买卖的数量直接进行限制和分配，通过控制外汇总量达到限制出口的目的；后者是指，国家外汇管理机构对外汇买卖实行复汇率制，利用外汇买卖成本的差异，调节进口商品结构。

⑤ 商品检验制度

商品检验制度是指为了维护国家利益、保护人民身体健康，而对进出口商品的质量、数量和包装等严格按照合同和标准规定，进行的检验和监督管理。商品检验业务分为法定检验、公证鉴定和委托检验 3 种。

我国 1989 年 8 月 1 日正式公布实施的商检法规定：

a. 一切进出口商品都必须经过检验；

b. 进出口商品的收货、用货部门、生产、经营和储运部门，都应该受国家商检机构的监督检查；

c. 中华人民共和国国家进出口商品检验局是统一管理进出口商品检验工作的机关。

⑥ 利用海关限制进口

海关为了征收关税，确定进口商品价格的制度为海关估价制。有些国家根据某些特殊规定，提高某些进口货的海关估价来增加进口货的关税负担，阻碍商品的进口，就成为专断的海关估价。用专断的海关估价来限制商品的进口，以美国最为突出。

二、国际条约与国际惯例

1. 国际条约

国际条约是国际法主体之间以国际法为准则而为确立其相互权利和义务而缔结的书面协议。国际条约的基本内容是政治、经济、贸易、法律、文化、军事等方面的相互权利和义务的法律文件。如 WTO 规则，对 WTO 成员的组织和公民都具有约束力。国际条约的名称很多，有条约、公约、协定、协定书、宪章、签约和宣言等。国际条约是国际私法规范赖以存在的基本形式之一。

国际条约包括双边条约和多边条约。由两个国家签订的条约称“双边条约”；3 个或 3 个以上国家签订的条约称“多边条约”。国际条约不仅对缔约国国家来讲具有法律约束力，而且对那些非缔约国也有很大影响。

“二战”后为了协调国际经济关系，各国相继成立了一系列的国际组织。这些国际组织的规章和规范，在相当程度上影响了各国的涉外经济立法，也影响到国际市场营销。目前，对于国际市场营销活动影响较大的国际条约主要如下。

① 保护消费者利益的法规，又称为国际产品责任法。它主要是为了明确生产者和销售

者对其生产或销售的产品应承担什么样的责任以及多大程度上承担这些责任，进而以此来保护消费者的合法权益。如《关于人身伤亡产品责任欧洲公约》、《关于适用于产品责任的法律公约》、《使成员国产品责任法互相接近的指示草案》等。

② 保护工业产权的法规，主要包括专利法和商标法。如《保护工业产权巴黎公约》、《世界知识产权组织公约》、《专利合作条约》、《商标国际注册马德里协定》、《商标注册条约》等。

③ 调整国际间经济贸易行为的法规。如《关税与贸易总协定》、《联合国国际货物买卖公约》、《国际贸易条件解释通则》等。

上述各类条约在国际市场营销活动中发挥着重要作用，它是有关市场营销者必须遵循的法律规范。

2．国际惯例

国际惯例指在国际实践中反复使用形成的，具有固定内容的，未经立法程序制定的，如为一国所承认或当事人采用，就对其具有约束力的一种习惯做法或常例。国际惯例的形成与发展是一个循序渐进的过程。它植根于参与国际交往的行为主体的长期反复实践。严格地说，国际惯例是一种不成文的习惯性规范。虽然它不是严格意义上的成文法律规范，但它在长期的国际交往过程中被广泛地使用。国际惯例一经在国际商务活动中被采用，对双方当事人也有法律约束力。

在国际经济活动中经常采用的影响较大的国际惯例主要如下。

① 关于国际贸易价格术语方面的惯例。如《1990 年国际贸易术语解释通则》、《1932 年华沙——牛津规则》、《美国对外贸易定义 1941 年修正本》等。

② 关于国际支付（国际结算）方面的国际惯例。如《跟单信用证统一惯例》、《国际商会托收统一规则》等。

上述国际惯例在国际贸易交往中经常被使用，对国际市场营销者来说，国际惯例是其最起码应该懂得的知识。缺乏国际惯例知识，不仅会导致交易的失败，而且还会使企业在交易过程中蒙受不必要的损失。因此，不了解国际惯例的国际营销者，在市场营销活动中举步维艰。

三、解决国际贸易争端的途径

1．协商

协商是争议双方当事人在自愿基础上，自行进行磋商或谈判，在互谅互让基础上达成解决争议的协议。协商的优点是，当事人自愿自觉遵守所达成的协议，程序简便，气氛友好，形式灵活，节省时间和费用以及有利于以后继续贸易合作。所以一般情况下，双方都愿意采用协商方式解决争端。但是协商也可能发生难以达成和解协议或者很有可能一方不遵守和解协议的情况。

2．调解

争端双方要求第三方调解分歧从而达成某项协议，该协议不具有法律约束力。根据第三人身份不同可分为民间调解、仲裁调解和法庭调解，但仲裁调解属于仲裁解决方式，法庭调解属于诉讼解决方式，此处的调解主要是指民间调解。民间调解是指在仲裁机构、法院或者国家机关意外的第三者主持进行的调解，调解人可以是组织或个人。调解人一般要具有解决国际贸易的法律知识和专业知识，而且能够坚持公平原则，容易获得当事人的信任，消除当事人之间的误解和隔阂。

调解的特点是：调解会议属于私人性质；所有双方与调解人之间的会议均保密；双方所做的声明也不公开或者不用做随后的诉讼或仲裁的证据；调解所取得的成效极佳，大多数争端通过调解得到了解决且使争端双方恢复业务往来。

3．诉讼

诉讼是当事人通过法院来解决纠纷的途径。国际民事诉讼指由一个国家的法院主持的，当事人和其他诉讼人参加的，为解决国际商事案件纠纷所进行的全部活动。在诉讼过程中，法院居于主导地位，代表国家行使审判权，是解决案件的主持者和裁判者。

我国法院受理案件的前提条件：当事人之间无各种形式的仲裁协议；正式向我国法院提出诉讼请求并正式递交了起诉书；属于我国法院管辖；符合我国法院的地域管辖、级别管辖和特别管辖的要求。

当事人选择在我国诉讼时，应遵守我国《民事诉讼法》第四编“涉外民事诉讼程序的特别规定”。根据我国缔结或参加的国际条约，或者按照互惠原则，我国人民法院和外国法院可以相互请求，代为送达文书、调查取证以及进行其他诉讼行为。请求和提供司法协助的，应当按照我国缔结或者参加的国际条约所规定的途径进行。没有条约关系的，通过外交途径进行。任何外国机关或者个人未经我国主管机关批准不得在我国领域内送达文书、调查取证。人民法院做出的判决、裁定，如果被执行人或者其他财产不在我国领域内，当事人请求执行的，可以由当事人直接向有管辖权的外国法院申请承认和执行，也可以由人民法院依照我国缔结或者参加的国际条约的规定或者按照互惠原则，请求外国法院承认和执行。

当事人不愿意进行诉讼的原因有以下几点。

① 诉讼的费用高、时间长以及事态的持续恶化给人带来的烦恼。例如在印度，积压的案件超过了 300 万宗，违反私人合同的诉讼的处理可能需要等上 10 年或更长的时间。通过仲裁解决商业争端比通过诉讼解决所花时间与费用可减少一半。

② 缺乏保密性。仲裁与调解程序是秘密的，而诉讼是公开的。担心会给人留下不良印象并损坏公共关系。

③ 担心在外国法庭上会受到不公正对待。如人们担心陪审团或法官也许对贸易问题以及对错综复杂的国际商业往来不太精通，会使他们在诉讼中受到不公平的对待。

④ 难以收取判处的罚金，而如果是双方同意通过仲裁解决，则可以收取到该罚金。

4．仲裁

仲裁也称公断，一般适用于解决两国间关于法律性质的争端，通常由当事国根据事先或事后签订的仲裁协定或某些条约中的仲裁条款，将争端交由双方选定的仲裁人所组成的仲裁法庭依照一定的程序审理，审理的结果（即裁决）为最后决定，双方均应服从。仲裁员通常属于当事人争议领域的专家、权威人士。仲裁员在仲裁时遵守仲裁规则进行仲裁。仲裁规则规定了如何进行仲裁的程序和做法，其中包括如何提出仲裁申请、如何进行答辩、如何指定仲裁员、怎样进行仲裁审理、如何做出仲裁裁决以及裁决的效力等内容。仲裁规则的作用主要是为当事人和仲裁员提供一套进行仲裁的行动准则，以便在仲裁时有所遵循。

国际货物贸易当事人之间纠纷，如果提交仲裁，则属于国际商事仲裁。国际商事仲裁，又称对外经济贸易及海事仲裁、涉外仲裁等，是指不同国家的公民、法人将他们在对外经济贸易及海事中所发生的争议，以书面的形式，自愿交由第三者进行评断和裁决。国际商事仲裁主要运用于下列案件：国际货物买卖合同中的争议；国际货物运输中的争议；国际保险中的争议；国际贸易、支付结算中的争议；国际投资、技术贸易以及合资、合作经营、补偿贸易、来料加工、国际租赁、国际合作开发自然资源、国际工程承包等方面的争议；国际知识产权保护方面的争议；海上碰撞、救助和共同海损中的争议；国际环境污染、涉外侵权行为中的争议等。国际商事仲裁是解决贸易纠纷最重要的途径，其特点是程序灵活、迅速及时、收费较低；以双方当事人的协议为基础；仲裁机构一般是民间性的组织；提交仲裁的当事人自主性较大，有自由选择仲裁地点、仲裁机构、仲裁员、仲裁程序和适用的实体法等；仲裁裁决是终局的，一旦做出，立即生效。

外国仲裁机构及其仲裁规则如下。

① 全国性仲裁机构，如英国伦敦仲裁院、美国仲裁协会、瑞典斯德哥尔摩商会仲裁院、瑞士苏黎世商会仲裁院、日本商事仲裁协会等。

② 特定行业内的专业性的仲裁机构，如伦敦油籽协会、伦敦谷物贸易协会、伦敦羊毛终点市场协会、伦敦黄麻协会等行业协会所设立的仲裁机构。

中国国际经济贸易仲裁委员会及其仲裁规则如下。

① 中国国际经济贸易仲裁委员会（CIETAC），民间性常设仲裁机构，地点设在北京，并在深圳、上海等地设立分会。

② 适用统一仲裁规则，采用统一仲裁院名单。裁决具有终局性。分会的设立只是为了便于就近处理有关国际经贸仲裁案件。

③ 显著特点：采用调解与仲裁相结合的做法，尽可能推动当事人协商调解解决纠纷。调解是在双方自愿基础上，非强制性的；调解也并不是仲裁的必经程序，不是任何案件都必须先进行调解才能进行仲裁审理的。

④ 在国际上赢得良好声誉，越来越多中外当事人愿意订立在该会仲裁的条款。

各国仲裁法和仲裁机构的仲裁规则都规定：当事人如果要采用仲裁方式解决他们之间的争议，必须签订仲裁协议。仲裁协议是双方当事人所达成的表示愿意把他们之间可能发生或已经发生的争议交付仲裁机构解决的一种书面协议，仲裁协议是仲裁机构以及仲裁员受理争议案件的依据。

仲裁协议有以下 3 点作用。

① 双方当事人均须受仲裁协议的约束，发生的争议必须以仲裁方式解决，不能向法院起诉。

② 仲裁员和仲裁庭依据仲裁协议取得对有关争议案件的管辖权。

③ 排除法院对有关争议案件的管辖权，只要双方当事人订立了仲裁协议，他们就不能把有关争议案件提交法院处理，一方违反仲裁协议，把他们之间的争议向法院提起诉讼，对方可根据仲裁协议要求法院停止诉讼程序，把有关争议案件提交仲裁庭或仲裁员审理。

仲裁协议的种类如下。

① 仲裁条款是指双方当事人在争议发生之前订立的，表示愿意把将来可能发生的争议提交仲裁解决的协议，包含在国际货物买卖合同中，通常称之为仲裁条款。

② 提交仲裁的协议，是指由双方当事人在争议发生之后订立的，表示同意把已经发生的争议交付仲裁解决的协议，这种协议是与国际货物买卖合同分别订立的，是独立于货物买卖合同的一个协议，通常称之为提交仲裁的协议。

两种仲裁协议在法律上具有同等效力。只要合同中订有仲裁条款，日后发生争议时，当事人就可据此提起仲裁，而不须另外再签订提交仲裁的协议。

多数国家仲裁法和仲裁规则都要求仲裁协议应采取书面形式。1958 年《承认和执行外国仲裁裁决的公约》对仲裁协议的唯一要求就是仲裁协议应当是书面的，并以此作为缔约国承认和执行仲裁裁决的主要条件之一。

联合国《国际贸易法委员会仲裁规则》第 21 条规定：合同中的仲裁条款将被视同独立于该合同其他条款的一种协议，仲裁庭有权据此决定合同的存在和效力，并规定，当仲裁庭作出主合同无效的裁决时，并不影响仲裁条款的法律效力。

第三节 经济环境

国际市场营销的经济环境是企业在国际市场营销中，确定目标市场和制定营销决策要考虑的因素，也是影响企业不同国际市场营销决策之间差异性的最重要因素。国际市场营销的经济环境是国际市场营销环境的重要组成部分，具有国际市场营销环境的各种特征。

一、经济发展阶段

在 1960 年出版的《经济成长的阶段》一书中，罗斯托认为，从经济发展过程来看，世界各国的经济发展水平可以归纳为以下 5 个阶段：传统社会阶段、起飞前夕阶段、起飞阶段、趋向成熟阶段、高度消费阶段。

传统社会阶段的特点是生产力水平低，没有能力采用现代的科技方法从事生产；人们的知识文化水平低，无法进行最基本的经济建设。处于传统社会阶段的国家，经济发展落后，收入水平很低，国内市场非常狭小，自然经济仍然是绝对的主体。目前，被联合国列为最不发达的国家，基本上还处于这一经济发展阶段。

起飞前夕阶段的特点是现代的科学技术知识开始应用于农业及工业生产方面；各种交通运输、通信及电力设施逐渐建立；人们的教育及保健逐渐受到重视，只是规模还小，不能普遍施行。目前，世界上相当一部分发展中国家尚处于这一阶段。这些国家正在普遍推行工业化政策，大力发展民族工业，因而对部分资本货物有一定需求，人均收入水平的增长也在加速，从而在一定程度上扩大了对消费品的市场需求量。但总地来说，这些国家的经济仍存在着一定的自然经济成分，所以，市场规模还受到一定的限制。起飞前夕阶段是经济起飞阶段的过渡时期。

起飞阶段的经济大致已经形成了经济成长的雏形。其特点是各种社会设施及人力资源的运用已经步入经济起飞阶段。这些国家拥有某些高度发达的产业部门，尤其是一些加工制造部门，投资的较快增加，使新兴的工业部门不断涌现，为工业品提供了大量的市场机会。随着个人收入的较快增长，消费品市场也具有相当规模，对耐用消费品的需求增加，需求层次不断提高。

处在趋向成熟阶段的国家，不但能维持经济的长足进步，而且会不断追求将现代化的科技应用于各种经济活动。同时，还能够多方面地参加国际营销活动。在这一阶段，由于人们的收入增加更快，对各种耐用消费品的需求急剧上升，产品饱和度（产品在市场上可能达到的最大扩散程度）较大，消费者用于闲暇、娱乐、健身等方面的支出明显增加，同时，由于节省劳动的需要，创造出一些新兴的工业品市场，从而带动了新兴工业的加速发展。此时，由于商品广告等商业促销活动对企业经营业绩有着较大的影响，企业的宣传费用和其他营销活动的支出也将大大增加。

高度消费阶段的特点是注重耐用性消费品、财富及各项服务业的生产；个人所得猛增；公共设施、社会福利设施日益完善，整个经济呈现大量生产、大量消费的状态。此阶段代表了高度发达的工业社会，而且经济中最为重要的特征是，第三产业在国民经济中的比重最高，主导经济的部门转向耐用消费品生产和社会福利及安全等方面。由于经济的高速发展，很大一部分消费者取得了较高的可任意支配收入。目前，世界上只有少数几十个发达国家达到这一阶段。

大致而言，属于前 3 个阶段的国家，一般被称为发展中国家，而属于后两个阶段的国家，则被视为发达国家。

此外，罗斯托认为，在一国经济成长的 5 个阶段中，最重要的阶段是起飞阶段，因为所谓起飞阶段就是指一国克服了往日对经济发展的种种障碍与阻力，而创造了使经济进步得以维持的力量。一旦起飞，一国经济便开始了自力更生的迅速发展阶段。根据罗斯托的理论，一国（地区）经济实现起飞的条件有 3 个：① 投资率或资本形成率（净国民生产中的投资百分率）应超过 10%以上；② 某些制造部门有快速地发展；③ 必须有良好的政治社会结构配合经济发展，使经济起飞顺利进行。

二、经济结构

经济结构是指一个国家的第一产业、第二产业和第三产业之间，劳动密集型产业、资本密集型产业、技术密集型产业和知识密集型产业之间以及各产业所属部门之间的比例关系。经济结构直接决定需求结构，随着一国经济的发展，其经济结构总在不断升级或变化，由此决定需求结构也在不断变化。通过对一国经济结构现状及其变化趋势的分析，企业可以发现某些市场机会，所以经济结构也是选择目标市场的首要依据之一。从目前情况看，各国的经济结构大致可以划分为生存经济、原材料或能源出口经济、新兴工业化经济、发达工业经济 4 种主要类型。

① 生存经济类型国家的特点是生产力水平低，自给自足的传统农业经济占统治地位，即第一产业所占比重最高。商品经济很不发达，市场基本封闭，对外贸易仅限于偶然调剂，所以进入该国的机会极小。

② 原材料或能源出口经济类型国家的特点是国内某种自然资源储量极为丰富，资源开采部门发展迅速，其他产业部门相对比较落后，国家收入主要依赖原材料或能源的出口。这类国家对其“支柱”工业所需的先进技术设备、运输工具有旺盛的需求，高档消费品也有一定的市场。

③ 新兴工业化经济类型国家的特点是依靠国内廉价而丰富的劳动力资源，通过引进先

进的生产技术，大力发展国内的加工制造业，从而提高国内的劳动生产率，增加国家收入，促进经济的快速发展。此外，加工制造业的快速发展，又带动了能源和原材料进口需求量大幅度增加，同时，制造业所生产的劳动密集型产品也大量销往世界各地。这些国家进出口贸易的迅速增长，表明它们对国际市场的依赖性越来越大。

④ 发达工业经济类型国家的特点是工业基础雄厚，生产力水平高，资金充裕，技术先进，尤其是以通信、信息、网络等为主的第三产业迅速发展，并已远远超过第二产业，跃居第一位。这类国家技术、信息等新兴高科技产业对本国经济发展的贡献率均在50%以上，是目前国际市场上资本、技术密集型产品及知识、信息产品的主要输出国；同时，需要进口大量的原材料或能源及劳动密集性产品。由于这些国家国内的消费市场庞大，消费水平高，因此是国际市场营销的主要场所。一般来说，处于这种经济结构的国家，都已建立起相当雄厚的工业基础，如美国、日本、西欧各国等。

三、经济发展水平

世界各国的经济发展水平不同，从而居民收入水平、消费者对产品的需求程度也就不同，因此，会直接或间接地影响到企业的国际市场营销。

从市场分销制度来看，经济发展水平高的国家，其市场分销制度偏重于大规模的自助性零售业，如超级市场、巨型市场及购物中心等的发展。而经济发展水平低的国家，其市场仍着重于家庭式及小规模经营的零售业。

从消费品市场来看，经济发展水平高的国家，在市场营销方面强调产品的款式、性能及特色；强调运用大量广告及销售推广活动；其品质竞争多于价格竞争。而在经济发展水平低的国家，则较偏重于产品的功能及实用性；它的推广着重于顾客的口头传播介绍；价格因素比产品品质因素更为重要。

从工业产品市场来看，经济发展水平高的国家着重于投资较大而能大量节省劳动力的生产设备。在经济发展水平高的国家，一般劳动者的教育水平与技术水平较高，复杂的机器维修工作比较容易进行。在经济发展水平低的国家，生产设备应偏重于多用劳动力而节省资金的设备，以符合该国劳动力对资本的合理比率。因此，经济发展水平低的国家往往会变成经济发展阶段较高的国家旧设备与机器的输出市场。

从产品生命周期来看，由于收入与技术的差别，某些消费品在发达国家的市场上早已大量推销，产品的市场生命周期已经进入到成熟阶段，市场也接近饱和。而在发展中国家的市场上却是初期推销阶段，可能刚进入介绍期或成长期。如彩电、计算机、轿车、空调器、微波炉等商品。经济发展水平不同，各国市场上同种产品所处的生命周期的阶段也不可能相同。

四、经济特征

1. 人口

人口是构成市场的主要因素之一，它直接形成市场，并决定市场规模及市场潜力的大小。

(1) 人口规模与人口增长

人口规模即总人口的多少。从一定意义上来讲，市场规模是由人口总量所制约的，一个国家的市场规模与人口数量是成正比的。在其他因素不变的情况下，一个国家的人口总数越多，则该国的市场规模就越大，国际营销企业就越容易在这些国家发现市场机会，企业进入该国市场经营就越有利。

人口数量并不是一个静态不变的指标，而是每时每刻都处于变化之中的。对国际营销企业来说，不仅要通过了解人口现状来了解现有市场规模，更需要关注人口发展的趋势，因为人口增长与否或速度快慢，直接影响未来市场需求增长与否或变化方向。总体上看发展中国家的人口增长速度快于发达国家。一个国家或地区的人口增长速度会对企业的国际市场营销产生以下两个方面的影响：一是随着人口的增长，社会总需求也随之增长，从而为企业营销活动带来新的市场机会；二是人口增长速度过快也会限制经济的发展，限制人均国民收入的提高，导致某些市场需求量的下降。

（2）人口结构

人口结构往往会影响一个国家或地区的消费水平、需求结构和需求心理，从而对企业的国际营销活动产生制约和影响。

人口结构主要包括以下几个方面。

① 性别结构。不同性别的人口，会给市场需求、购买力及购买行为带来性别上的差异。例如，女性比男性更喜欢打扮、逛商场，上街采购日用品、化妆品、女性服装等，而男子则在购买大件物品方面表现出积极性。企业营销者有必要掌握人口性别的差异给企业产品营销带来的差异影响，以便顺利实现营销目标。

② 年龄结构。不同年龄人群对商品的需求不一样。年龄结构不同的国家有着不同的市场结构，同一国家的市场需求结构也会随着社会的发展而不断变化。目前，世界人口呈老龄化上升趋势，发达国家 65 岁以上老人占总人口的比重已超过 13%，预计到 2025 年将达到 23.6%。人口的年龄结构发生了极大的变化。2000 年，我国 0～14 岁人口比例为 22.89%，15～64 岁人口比例为 75.15%，65 岁及以上的老年人口比例为 6.96%，预计到 2050 年，我国老年人口比例将达 27%，这将意味着在今后 20 年内，世界及我国“银发市场”，例如保健用品、营养品、老年医疗卫生行业将会发达起来。

③ 家庭结构。家庭是市场需求的基本单位。不同的家庭结构类型会有不同的购买行为，从而影响企业的市场营销行为。目前，世界上家庭规模普遍呈现由扩大型向核心型转化的趋势。欧美国家的家庭规模基本上户均 3 人，亚非拉等发展中国家户均 5 人左右。在我国，“独生子女”的小家庭已经逐步由城市向乡镇普及发展。家庭结构的核心型，必然引起家庭数量的剧增，这对住房、家具、家用电器等需求会有助长作用。

④ 民族结构。世界各国的民族结构有单一的，也有多元的。像日本，几乎所有的人都是属于一个民族，即大和民族。而在我国，除了占人口大多数的汉族以外，还有 55 个少数民族，他们在饮食、服饰、居住、婚丧、节日等物质和文化生活各方面各有特点，例如，信仰佛教的居民不食荤菜，傣族居民要过泼水节，藏族居民要欢度藏历新年等。这些不同民族的消费者在生活习惯、价值观念、消费模式、文化水平等方面都会有比较大的差异，从而影响了消费者需求的构成和购买行为。因此，国际市场营销者要注意各国民族市场的营销，重视开发适合各民族特性、受其欢迎的商品。

（3）地理分布及人口流动

地理分布及人口流动的状况对策划销售渠道至关重要。世界人口地理分布严重不平衡，各国人口总数差异很大。就算在一个国家内，不同地区的人口密度也大不一样。了解世界人口地理分布情况，是企业从事国际营销、选择目标市场的基础。

人口地理分布随着人口增长和人口流动的变化而变化。人口流动包括人口在国家间、地区间、城乡间的流动，它虽然不能从根本上改变人口地理分布严重不平衡的状况，但它会给相关地区的市场带来变化。例如，20世纪50年代以来，由于发展中国家积极推行工业化，人口大量从农村流向城市，一方面使城市人口大量集中，迅速扩大了城市居民需求和城市市场，另一方面也使城市人口复杂化，城市居民需求呈现出多样性。而一些发达的工业化国家从20世纪60年代起，在经历了人口密集向城市集中后，一些上层人士便由大城市向郊区或乡村迁移。这种情况下一方面使大城市需求下降，甚至出现了“空壳”城市，另一方面也扩大了乡村需求。

2. 收入

收入是一个综合概念，各国一般都用国民生产总值（GNP）、国民生产净值（NNP）、国民收入（NI）、个人收入（PI）和个人可支配收入（PDI）等指标来统计、核算一国的收入状况。

（1）国民生产总值（GNP）

它是指一个国家或地区的国民经济在一定时期（通常为一年）内以货币表现的全部最终产品（含货物和服务）价值的总和。它是各种生产要素（资本、土地、劳动）所创造的增加价值总额。因此，它要以工资、利息、租金、利润、资本消耗、间接税净额（即间接税减政府补贴）等形式，在各种生产要素中间进行分配。这样，将全国各部门（物质生产部门和非物质生产部门）的上述各个项目加以汇总，即是国民生产总值。

（2）国民生产净值（NNP）

它是指一个国家的全部国民在一定时期（通常为一年）内，国民经济各部门生产的最终产品和劳务价值的净值。一般以市场价格计算，它等于国民生产总值减去固定资产折旧后的余额。折旧是经济中设备和建筑物存量的磨损或损耗，例如卡车报废和计算机过时。在商务部提供的国民收入账户中，折旧被称为“固定资本的消费”。

（3）国民收入（NI）

它是指一个国家在一定时期（通常为一年）内物质资料生产部门的劳动者新创造的价值的总和，社会总产品的价值扣除用于补偿消耗掉的生产资料价值的余额。国民收入在物质形态上表现为体现新创造价值的生产资料和消费资料两部分。创造国民收入的物质资料生产部门主要有工业、农业、建筑业和为生产服务的运输业、邮电业等。商业部门中的分类、包装、保管等劳动，作为生产过程在流通领域的继续，也创造一部分国民收入。

（4）个人收入（PI）

它是指一个国家一年内个人年得到的全部收入。个人从各种途径所获得的收入的总和，包括工资、租金收入、股利股息及社会福利等所收取得来的收入。它反映了该国个人的实际购买力水平，预示了未来消费者对于商品、服务等需求的变化。个人收入指标是预测个人的消费能力、未来消费者的购买动向及评估经济情况好坏的一个有效指标。

（5）个人可支配收入（PDI）

它是指一个国家所有个人（包括私人非营利机构）在一定时期（通常为一年）内实际得

到的可用于个人开支或储蓄的那一部分收入。个人可支配收入等于个人收入扣除向政府缴纳的所得税、遗产税和赠与税、不动产税、人头税、汽车使用税以及交给政府的非商业性费用等（统称非税支付）以后的余额。个人可支配收入被认为是消费开支的最重要的决定性因素。因而，常被用来衡量一国生活水平的变化情况。

体现一国经济力量总和的指标是国民生产总值或国民生产净值、国民收入等。它们是衡量工业品市场规模和潜力的重要指标。而消费品生产企业，则应把注意力集中在人均收入水平上。个人可支配收入水平的高低直接影响一个国家的生活消费水平、消费结构及消费方式，它才是衡量一国消费品市场规模，确定进入商品的数量、结构、销售价格的重要依据，即只有个人可支配收入才能真正体现一国市场的自由购买力。

研究个人收入，必须区分个人总收入、个人可支配收入和个人可任意支配收入等几个基本概念。个人总收入扣除日常必不可少的开支，如房租、水电费、保险费、债务等，剩下的为个人可任意支配的收入。个人可任意支配收入的多少是除基本生活必需品以外的其他消费品的主要购买力来源。

人均收入少、生活水平低的国家进口商品数额极少；而人均收入水平高的国家，不但消费品进口量大，而且需要的品种多，并主要集中于质量好、档次高的生活用品及各种方便用品上。

3．消费支出

随着消费者收入的变化，消费者支出模式会发生相应的变化，进而影响到消费结构。经济学家常用恩格尔系数来反映这种变化。恩格尔系数是食品支出总额占个人消费支出总额的比重，是衡量一个国家、地区、城市、家庭生活水平高低的重要参数。19 世纪德国统计学家恩格尔根据统计资料，对消费结构的变化得出一个规律：人们的收入水平越低，用于食物的开支占全部支出的比重越大；随着收入水平的提高，用于购买食品的支出占家庭收入的比重下降，其中，住宅、家居用品的支出所占的比重大体不变，而用于服装、娱乐、保健等的支出会上升。推而广之，一个国家越穷，每个国民的平均收入中（或平均支出中）用于购买食物的支出所占比例就越大，随着国家的富裕，这个比例呈下降趋势。

近几年西欧、北欧、南欧、北美、日本、澳大利亚和中东石油富国的恩格尔系数显著下降，许多国家降到 25%以下，而发展中国家的恩格尔系数几乎都超过 45%，其购买力仍集中于食物消费。发达国家消费者新建改建住房，逐步加强室内现代化，这方面开支比重增加，发展中国家的住房建设、衣着开支也有所增加。用于小汽车、奢侈品、旅游、娱乐等方面的支出，发达国家的增速高于发展中国家。居民消费支出占国民生产总值和国民收入的比重上升，许多国家的消费者甚至大量提取个人存款或举债购物，多层次的消费风潮在世界范围内流行。

消费结构是指消费过程中人们所消耗的各种消费品及服务的构成，即各种消费支出占总支出的比例关系。优化的消费结构是优化产业结构和产品结构的客观依据，也是企业开展营销活动的基本立足点。我国目前经济发展水平与发达国家相比还有很大的差距，特别在广大的农村现行消费中衣食等必要消费所占比例还相当大，随着社会主义市场经济的进一步发展以及国家在住房、医疗等制度方面改革的深入，人们的消费模式和消费结构都会发生明显的变化。

4．基础设施

任何一个企业的国际市场营销活动都离不开当地市场的交通、通信、能源以及具有销售辅助功能的情报、财务、销售网络等机构或部门。因此，基础设施的可获性与质量是衡量国际市场营销环境优劣的重要因素之一。

基础设施主要包括交通运输条件、能源供应、通信设施以及商业和金融的基础设施等诸多方面。一般来说，经济发展水平越高的国家，基础设施越完善。

5．自然条件

自然条件包括各种自然因素，如气候、地形、自然资源等，它们对市场营销活动都会产生直接或间接的影响。此外，港口、码头、山川、湖泊、海滩等自然资源与自然条件本身也可能创造出许多独特的营销机会，如旅游、娱乐、体育、观光、度假等。自然资源的差异还会影响一国的经济和购买力水平。

6．城市化程度

城市化是当前世界各国经济发展的一个重要趋势。由于世界各国的经济发展水平不同，城市化程度也有很大的差别。1999 年城市人口占总人口的比重，全世界的平均水平是 46%，高收入国家可以达到 77%，中等收入国家平均为 50%，低收入国家平均为 31%。我国的城市化水平为 32%（现在 40.53%）。

7．通货膨胀率

由于各国的经济体制、货币体系和货币政策不同，金融环境与通货膨胀也不一样。一般来说，通货膨胀会使实际工资下降，购买力下降，需求也会下降；但有时，消费者往往担心物价继续上涨，纷纷抢购商品，反而刺激了需求，所以进行营销决策时必须具体问题具体分析。

第四节　文化环境

国际市场营销的文化环境是指对企业国际营销产生影响和制约作用的各种文化因素的总和，是企业从事国际市场营销的重要的外部条件。由于各国之间的文化差异很大，而人们的文化又影响人们的消费行为，因此，国际营销人员要重视对文化环境的研究，以便使自己的营销活动能符合各国文化的要求。

一、文化的概念和特征

1．文化的概念

文化可以分为广义文化和狭义文化，精神文化与物质文化，核心文化和亚文化等类型。这里所讲的文化主要是指精神文化，即人们对客观物质世界的一种主观认识，或者说是人们对客观的无差别的物质世界赋予的有差别的、主观的、意识形态的内涵。每个消费者多生活在一定的社会文化之中，其消费需求与消费行为也必然带有其生活在其中的社会文化的烙印。

2．文化的特征

一般来说，文化具有应用性、社会现象、规范性、学习性、武断性、价值载体、沟通功能、适应性或动态性、长期性、满足需求性等特征。此外，文化除了具备以上这些特征外，还会表现为以下方面的特性，并影响国际营销活动。

（1）等级观念的特性

等级观念是指由于人们在财富分配及权力地位上的差距所形成的等级意识。

（2）回避不确定性的特性

回避不确定性指人们感觉到不确定性的威胁并建立制度与信念以减少或回避这一不确定性的程度。

（3）个人主义的特性

个人主义指人们只关心自己和自己家庭的倾向。与其相反的是集体主义，它是指人们从属于某一集体，相互关心，相互忠诚的倾向。

（4）男性化的特性

男性化是指“追求成功、金钱与物质”这种价值观主导社会的程度较高。与之相对立的女性化是指“关心他人和注重生活质量”的价值观主导社会的程度较高。

以上 4 个方面特性影响社会的整体文化并导致独特的环境，这对于国际市场营销的研究也非常有用。

二、影响国际营销的文化环境因素

1. 语言

语言是文化的镜子，是文化的核心组成部分，折射出民族的价值观和世界观，反映某一文化的本质特性，也是经济活动沟通的桥梁和表达思想、传递感情的工具，需要适时、适地而用。语言是人们沟通思想的主要工具，也是一种文化区别于其他文化的最明显的标志。企业同国外市场打交道时，常会因为语言障碍而影响到与当地人的思想交流，因此，了解世界上各国的语言特点，对于国际市场营销非常重要。

广义的语言包括有声语言和无声语言。无声语言又包括：① 身体语言，如面目表情、身体姿势、眼神、手势等；② 空间语言，如办公室的大小，室内陈设的格调，所处的地理位置、楼层等，都可以传达一些重要信息——经济实力、企业形象、经营范围等；③ 财富语言，如使用的文具、皮包、穿戴用品的牌子与档次等，也可以显示企业或公司的素质、档次、身份与地位等；④ 时间语言，如对等待接见时间、洽谈时间、答复时间、签约时间的遵守与否、急迫或拖延与否等。

由于无声语言与某一民族特定的习俗直接有关，因此，面对不同交流对象所使用的同一无声语言，有时却可能具有不同的含义。对此，国际市场营销人员应予以特别关注。如英美人的 OK 手势，在某些拉丁美洲国家具有粗俗的含义；南美人喜欢在洽谈生意时，身体靠近对方，而欧美人不习惯这一点；英美人对于赞成与否愿意明确表示，而日本人则很少当面做出否定的表示；英美人守时观念较强，而非洲人与阿拉伯人、拉丁美洲人的时间观念淡薄一些。

语言是国际市场上各国通商的钥匙，是产品的一个重要组成部分，通过研究出口市场的语言来掌握目标市场国的信息，以利于制订相应的营销对策。任何一种产品都有品名、商标、内包装和外包装，也都必须附有最基本的产品说明，即通过一种或一种以上的语言将产品的品名、规格、性能（用途）、质量（成分）、操作规范、使用方法、注意事项等内容作必要的注释。显然，语言无疑是产品的一个完整的组成部分。例如，某一食品加工厂的著名品牌“快乐的大个子格林”（Jolly Green Giant），如若译成阿拉伯语则成了“可怕的妖魔——格林”。某家航空公司进行一场旨在为航空座位带进行促销的广告运动，告诫人们要“系带航行”，当在南美促销并译成西班牙语时，则变成了“裸体航行”。美国一家肉鸡企业有一条在美国非常成功的广告语，“吃鸡使人强壮”，但在南美促销并译成西班牙语时则成了“莽汉使鸡可爱”。此外，产品的品牌、市场推广等也都离不开语言。

解决语言障碍可以通过以下几个途径。

第一，可以请国外经销商充当企业与当地市场之间的文化桥梁，即一些信息沟通工作，可以交由当地分销渠道的成员去做。

第二，委托当地的广告公司做广告策划和广告宣传，但是这样做往往费用较高，一些国内企业经济承受能力有限。彼尔勃瑞公司开发其“绿巨人”牌蔬菜的国外市场，就是从推销罐头甜玉米开始起步的。彼尔勃瑞公司原以为玉米产品在国际市场上不必作任何口味上的改变。但令彼尔勃瑞公司大吃一惊的是，要调整的不是口味而是营销方式。法国人喜欢伴着色拉吃冷玉米；英国人则将玉米当作三明治的馅；在日本，学生放学后喜欢食用罐装玉米；韩国人吃甜玉米时则喜欢涂上冰淇淋。毋须多言，在美国市场适用的广告在其他国家则不适用。所以彼尔勃瑞公司根据不同市场特点设计了不同的广告，有的广告画面是玉米仁从玉米棒上掉入色拉中，有的广告画面是在冰淇淋的顶部加玉米仁。即使是同样的玉米罐头，各国的食用方法也不尽相同。

第三，在文字翻译中，应使用回译方式。即先由一人把中文商标、广告词、调查表等译成东道国的当地语言，再另请东道国中懂得汉语的人把它译回中文，看是否产生了歧义，并分析歧义产生的原因及可能的后果，采取相应的措施予以纠正。

第四，谋求在国外环境中的本国人的帮助。海外华人绝大多数都有强烈的爱国心，他们身处异国他乡，对当地的语言、风土人情、宗教信仰、民族情绪等方面的情况比较了解、熟悉，对当地语言和中国文字的异同把握的比较准确，因此，是企业解决国际交往中语言障碍的最佳人选，这也是一种最经济的方式。

2．教育水平

一国教育的发达程度可以用识字率、入学率等指标来衡量。据统计，美国、加拿大、英国、德国、法国、日本、荷兰、前苏联等国家的识字率均在99%以上，而1998年巴西的识字率为86%左右，印度男性的识字率为67%，女性为43%；埃塞俄比亚男性的识字率为42%，女性为30%；孟加拉国男性的识字率为51%，女性为29%。此外，日本、韩国、瑞典等国1997年小学和中学的入学率均为100%。2004年我国小学和初中的入学率分别为98.95%和94.1%。

一国教育水平的高低与其经济发展水平基本一致，而且教育水平高低直接影响一国的经济发展。从国际上看，发达国家普遍重视教育，其具体措施是加大对教育的投资力度，教育经费充足。如法国、日本的教育经费占行政开支的比重是20%，美国是15%，英国是13%。在巨额投资的推动下，这些国家的教育高度发达，不仅使国民素质大大提高，而且培养出大批高水平的科技和管理人才，从而为经济的发展注入了强劲的活力。无形的资本——知识，创造出有形的资本——财富，这是这些国家经济崛起、发达的共同动力和共性原因。

从国际市场营销的角度看，受教育水平高低直接影响消费者的生活态度、购买行为特点、具体的消费方式以及对商品的价值取向、对广告促销的反应等众多方面，因此，教育水平是构成一个社会生活方式的决定因素。不同的教育文化素养，表现出不同的审美观念，购买商品时的选择原则和选择方式就不一样，从而不但影响一个社会的生活习惯，而且还影响着对商品的需求倾向。

教育水平与国际市场营销的联系可以从以下 3 个方面具体表现出来。

① 教育水平影响着人们的消费行为，决定当地消费者对产品的不同需求。一般来说，受教育水平高的消费者，知识比较广泛，对于商品的鉴别能力较强，理性购买的程度也较高，作出购买决策的过程也相对复杂，接受新产品速度较快，往往追求高品质、高性能、环保型产品。在教育水平高的国家，市场需要的商品一般都具有先进、精密、复杂、多功能等方面的特点。而在教育水平低的国家，对产品质量要求相对较低，高技术、高性能的产品因缺乏一定的知识基础，难以掌握，因此，市场需要的商品应具有操作使用简便、保养维修容易、功能单一等方面的特点。

所以，对于不同教育水平的国家，企业必须考虑其对产品的不同需求；所售商品的复杂程度、技术性能等都要适应一国具体的教育文化水平，否则，势必导致营销失败或效果不佳。

② 教育水平制约着国际市场营销活动的开展。受目标市场国教育水平的影响，最终的营销效果可能差别很大。一般来说，教育水平高低和市场营销水平成正比。如一些教育发达国家的跨国公司，在教育水平落后的国家很难找到理想的代理商来经销自己的产品；在教育水平落后的国家搞市场调查时，由于访问者与被访问者之间沟通困难，常常使问卷回收率、有效率降低。

③ 教育水平影响国际市场促销策略和方式。促销的实质是通过各种宣传方式去影响消费者作出购买决策，从而促进企业产品在目标市场国的销售。因此，促销的核心是沟通。即要通过适当的媒介、特定的方式，让目标受众了解有关商品的信息，记住所售商品的品牌、特性、功能、使用或操作的步骤、注意事项等，以达到提高品牌知名度、占领更大市场的目的。促销的方式多种多样，但在教育水平低，文盲较多的国家进行商品促销时，一般不宜采用手册、传单等印刷品，因为文字形式比较抽象、深刻、概括，难以理解，易遭排斥和拒绝，而图像广告、电视、广播、现场演示等形式，因具有直观、形象、口授、包教包会等优点，比较易于接受，能够达到促进销售的目的。

所以说，企业在不同教育水平的国家进行营销活动，应采用有针对性的灵活的促销策略和促销方式。

3. 宗教

世界上有 3 大宗教：基督教、佛教和伊斯兰教。而基督教又分为天主教、东正教和新教 3 个教派。据估计，全世界的基督教徒共有 12 亿人左右，信仰伊斯兰教的人口有 7 亿人左右，信奉佛教的人口有 8 亿人左右。此外，世界各大宗教大致均有其主要的流行地区：基督教（新教）主要在北欧、北美和澳大利亚；天主教主要在西欧和南美；伊斯兰教主要在中东、北非；佛教主要在亚洲。概括起来说，宗教对企业国际市场营销活动的影响，主要表现在以下几个方面。

① 宗教戒律和文化倾向影响人们的消费行为。不同的宗教有不同的宗教戒律和文化倾向，直接影响到人们认识事物的方式、行为准则和价值观念，进而影响着人们的消费行为。例如，在印度教徒的心目中，等级观念、家庭观念以及因循守旧观念等都是根深蒂固的，因此，他们对新产品接受慢，需要耐心宣传。佛教的核心思想是四大皆空，无所作为，甘受清贫，宣扬人生充满苦难，人们只有皈依佛门，才能得到解脱，进入所谓的极乐世界。因此，在信奉佛教的国家销售高档消费品、奢侈品、享乐用品等必须小心翼翼。天主教要求教徒们绝对依从教会、传教士以及教物。因此，在天主教盛行的国家里进行营销活动，要把握教民绝对依从教会、传教士的特点，首先与当地教会、传教士建立良好关系，取得他们的支持和信任，这样，这一地区的其他消费者就会支持和信任这个企业及其产品，营销效果就可事半功倍。同时，对他们的教会、传教士、教物等要特别尊重，产品设计、包装、广告等方面都不要与之冲突，若引起误会、民愤就注定要失败。基督教新教徒的伦理主张是努力工作、节俭、储蓄，认为工作是值得尊敬的，是一种美德。因此，他们的生活、消费不奢侈，选择商品讲究物美价廉，适用性强，经久耐用。伊斯兰教的主要经典是“古兰经”，凡是“古兰经”未提到的事情，都有可能被教徒所放弃。伊斯兰教信徒禁食猪肉、禁止饮酒，所以猪肉食品和烈性酒的制造厂家在开拓国际市场时，不能选择信奉伊斯兰教的国家。

② 宗教节假日是最好的消费品销售季节。宗教的节假日在各国之间变化很大，但宗教节假日仍然是企业推销产品的大好时机。

例如，墨西哥有 98%的人信奉天主教，但是却与西班牙、意大利等国有所不同：万圣节是所有天主教国家的重要仪式日，而墨西哥仪式是一种异教徒与天主教传统的结合。他们把万圣节称为“死者节”，相信死者在这天回来赴宴。因此，许多墨西哥人把死者生前喜爱的食物放在坟上祭奠死者。万圣节前，面包店的货架上堆满了骨头和棺材形状的面包，糖果店出售头盖骨形状的糖果和其他特质糕点，以纪念这个日子。尽管祈祷、蜡烛及灵魂精神的教义是天主教的，而死者回来赴宴的信条却是基督教之前的墨西哥人的。这样，墨西哥天主教徒的宗教仪式就与西班牙颇为不同。

此外，中东国家，朝圣季节是消费品生意最好的时期。因为，当地人习惯于在前往麦加参拜时，购买家庭用品或衣服等。圣诞节是信奉基督教国家的重要节日，在此期间，许多商品的销量会急剧上升。印度每到披纱节时，纱的销量都会剧增。在东方，中国、朝鲜、越南等在春节前也习惯于大量购买各种商品。

所以，企业如果能及时抓住有利时机，在宗教节假日之前到货销售，则会取得较好的经济效益。

③ 宗教是国际市场细分的一个重要变量。宗教不仅把世界统一的大市场划分为几个细分市场，而且还可能把一个国家分成好几个细分市场。即在一个宗教分裂的国家里，有几种宗教就有几个细分市场。国际营销人员必须根据各个细分市场的需求、禁忌和特点，在产品的制造、包装、设计、广告、销售等方面制订相应的营销策略，以满足各个细分市场的不同需要。例如，在荷兰，天主教和耶稣教各有自己的政党和报纸。企业要想打入这一市场，就不得不分别在各自的报纸上作广告宣传，在产品设计、包装且销售方面也要有所不同。

4. 风俗习惯

（1）日常生活习惯与国际市场营销

一个社会、一个民族的饮食起居、婚丧仪式、劳动分工、社团活动等都与人们的文化素养和传统习惯分不开，对其消费嗜好、消费方式起着决定性的作用。

例如，平均每个法国男子所使用的化妆品数量几乎是其妻子的两倍；中国人的主食是米制作的米饭、面制作的馒头、面条、包子、饺子等，而西方人则主要是面包；中国炒菜讲究色、香、味、形，多是用明火煎、炒、烹、炸，而日本则清淡简洁，主要吃鱼，鱼的做法和我们也大不相同，以生吃鱼片、清蒸为主。

各国或各地区的饮食习惯不同，相应地对一些商品的需要就不同。制作米饭、馒头一般用压力锅、蒸锅、电饭锅等，而西方则主要用电烤箱、微波炉等。

饮食习惯的差别，决定了购买商品的品种结构的不同。例如，中国人往往只是在正餐时才喝酒，而西方人常把酒当作饮料，随时饮用。法国是世界上人均酒的消费量最高的国家。法国人的饮酒习惯是：早晨，把酒倒进咖啡中来喝，上午 10 点的小吃也要喝酒，午餐、晚餐要喝两次酒，饭前要喝开胃酒，饭后要喝白兰地。此外，日本人喜欢的饮料是葡萄汽水，柠檬酸汽水；哥伦比亚人则喜欢奶油苏打水；中国人习惯饮茶，很少喝咖啡。

风俗习惯还可以体现在对事物的评价上，例如，中国人喜欢荷花，认为它出淤泥而不染，但日本人只是在丧事上使用它；中国人认为菊花不畏风刀霜剑，值得称颂，但意大利人却视之为不祥之物；西方的新娘喜欢白色婚纱，认为白色表示纯洁，但中国传统观念认为白色不适用于喜庆场合；希腊人和泰国人视黄色为吉祥色，而中东人则视黄色为死亡之意；西方人不喜欢 13 这个数字，因为与耶稣遇害的典故有关；中国人不喜欢“4”，因为它与“死”谐音，但较喜欢“8”，以为与“发”谐音；日本人不喜欢“4”和“9”，因为与“死”和“苦”谐音。

以上这些受各种文化习俗影响形成的消费习惯，必然影响人们的消费行为，因此，使不同文化背景、不同地区、相同收入水平条件下的消费需求、市场规模明显不同。企业在选择目标市场，进行国际市场营销活动时，应注意这些差别，灵活调整营销策略和营销规划。

（2）商业习俗、惯例与国际市场营销

一个国家的社会文化因素，还影响并形成了各国不同的商业习俗和商业惯例。对国外商业惯例的无知，缺乏感情投入是世界贸易的大忌。任何一个企业要想顺利地进入他国市场，必须首先学会适应和遵循他国的商业惯例和愿望，所有期望获得最大成功的国际营销商，都必须准备以外国经理人员能接受的方式与之周旋。

在商业习俗方面，拉丁美洲人在商业关系中主要靠友谊，但建立友谊的方式只能是拉美方式：慢慢地交往一段时间。在真正相互尊重的关系和友谊建立之前，一个典型的拉丁美洲人是很拘礼的。即使这种关系建立以后，业务也要慢慢地进行，不能着急。此外，拉丁美洲礼节的一个细节是——不要把经营同个人生活扯在一起。如果与中东商人做生意，谈正事之前的闲聊和造访是绝对必要的。而这对西方人来说，似乎是浪费时间，但在中东是必须遵守的习俗。中东经理更加重视个人接触，接触和取得中东商人的信赖是发展和保持有效的商业关系的基本文化前提。

在社交礼仪方面，中国人收礼时，喜欢稍作推让，并且认为当着客人的面打开所收礼物是不礼貌和贪婪的，但欧美人则在收礼时表示高兴，连当着客人的面打开礼物并称赞它，以表示对客人的谢意。在社交场合交换名片时，日本人讲究接递名片都要站立，但中国人则不拘一格。西方人习惯遵循“女士优先”的宗旨，在演讲时先称呼女士，再称呼先生，在坐车时，男士打开车门，让女士先上等；而东方人则没有这些规矩，有的国家甚至还有浓厚的大男子主义。中国人喜欢向人敬烟，并且常常未征得对方同意就吸烟；西方人则不敬烟，而且自己要吸烟也先征得对方的同意，在公众场合或谈判桌旁，也多能自律而不吸烟等。

5．态度与价值观念

态度和价值观念的差异指的是人们对于客观事物的评价标准不同。同样的事物在不同社会或不同人群中有不同的评价标准。这里包括对时间的态度、对财富的态度、对待冒险的态度、民族自尊心、对古老文化和现代文明的珍视态度等。

（1）对时间的态度

高度工业化的发达国家生活节奏较快，人们的时间价值观念浓厚，因此对于节省劳动、节省时间的商品和服务的需求强烈，如邮购、网上购物、快餐、家务劳动社会化和机械化等，在欧洲守时是一种美德，也是必须做到的。他们因此可以预计火车何时到达；坐出租车从A地到B地要多长时间。但在非洲就行不通，交通堵塞，突然爆发的山洪可以在几秒内冲毁道路，班机因气候原因常常停飞或晚点，所有这些，都可以使任何精心拟订的计划成为泡影。

（2）对财富和物质享受的态度

有的民族崇尚俭朴，有的则习惯于高消费；有的喜欢张扬个人拥有的财富，有的则习惯深藏不露，这直接影响到消费潮流的更替速度、一次性消费品的流行程度、高档名牌商品的销售规模等众多方面。

在西方发达国家，流行着这样一种观念：“勤奋工作，过舒适生活”。因此，他们比较注重追求个人享受和悠闲的生活，从而形成了对文化娱乐性产品和劳务的大量需求，也刺激了文体用品、海滨浴场、游乐中心及旅游事业的发展。在美国和其他一些高度工业化的国家，成绩与胜利的标志就是获得更多的财富。然而，在佛教和印度教盛行的社会里，无忧无虑的境界是他们所倡导的宗旨，在消费与生产上所持的态度是节制。一个在美国的非洲留学生曾对他们的财富观做过如下的阐释：在非洲人中，不存在与周围人比财富的事情，人人都满足于自己已有的东西，如果能得到更多的东西当然好，如果不能得到，他也满足现状，而不把财富看得那样重要。

（3）对新事物的态度

传统文化和现代文化虽然存在着两者交融的趋势，但毕竟在不同的国家中，还存在不同的民族特色。例如，欧洲一些国家十分强调维护民族文化，甚至民间有人提出要抵御来自美国的商业文化（如可口可乐、米老鼠、麦当劳等）的侵略。日本、韩国等对自己的民族文化一直较为重视，人们在许多消费行为中都体现着一种以消费国产产品为荣的观念。法国提出要维护法语的纯洁，避免被英语外来词汇所混杂。此外，在一些行业的经营中，许多企业都提出了“越有民族性便越有世界性”的口号，强调依托民族文化，发展特色产品和服务。

（4）对冒险的态度

各个国家的消费者因受其特定传统、环境等的影响，对冒险所持的态度明显存在差异。有些国家如美国的消费者冒险精神较强，表现在消费行为上，敢于接受新产品，勇于接受新事物。有些国家如印度的消费者则相反，因循守旧，对所使用的商品感情深厚，对新的升级或替代产品排斥心理较重，不愿冒险更新或尝试使用。因此，企业对于这些国家的消费者的促销宣传重点是应建立消费者的购买信心，增强顾客对其产品的安全感。

6．社会阶层和社会组织

社会阶层和社会组织是一个社会中人与人发生关系的一种形式。它确定了人们在社会上所扮演的角色及人们的权责模式，是人类行为的基础之一，同时，它使社会有了一个普遍接受的行为规范，使人们得以有效地活动并实现自我管理，从而使社会趋于和谐。

（1）社会阶层

社会阶层是一种客观存在，通常而言，它是依据职业、收入和财产、血缘和社会关系、受教育程度以及价值观念 5 个主要因素来划分的。

社会阶层具有 4 个共同的特征：① 处于同一社会阶层内的人们，行为大致相同；② 社会阶层决定着人们优劣不同的社会地位；③ 一个人的社会阶层是由一系列因素共同决定的；④ 一个人的社会阶层不是永远不变的。由此可见，不同的社会阶层必然会有不同的消费需求、消费模式和购买习惯等，这些直接影响企业的产品定位、销售渠道的设计、广告媒体和广告诉求的选择等诸多方面的决策。如处于上层社会的人士往往对高档耐用消费品、奢侈品、豪华用品、时尚新奇商品、名牌商品、旅游、健身、美容、休闲娱乐等有较强烈的需求，品质、服务、方便、知名度、形象等因素是他们追求和关注的；而处于社会下层的人们则对一般消费品、低档商品、廉价服饰、普通食品等有较大的需求，而且价格是他们最为关注的因素。

（2）社会组织

社会组织是指一个社会中个人和团体所发挥的作用以及这些个人和组织之间的关系。不少人类学家把社会组织概括为亲属关系和社会群体两大类，其中亲属关系主要是指家庭，社会群体包括年龄群体、性别群体、共同利益群体等。

家庭是社会组织最基层的单位，一个社会就是由无数的家庭所组成的。值得注意的是，家庭规模的大小，与经济的发展水平有直接关系。一般来说，经济发展水平越高，其家庭规模越小，如在欧美、日本等，一般只有夫妻两人，或再加上一两个未婚子女；相反，在许多经济欠发达的国家，如在印度、扎伊尔等，家庭规模很大，往往是三代人共同生活，但是随着经济的发展，家庭正在越来越趋于小型化。

家庭规模大小对企业的国际市场营销有直接的影响。在一国的人口总数一定的前提条件下，如果家庭规模小，则家庭数量相对就多，以家庭为购买和消费对象的产品，如洗衣机、电冰箱、电视机、汽车、空调等产品的市场规模就较大，相反，若总人口一定，家庭规模很大，则家庭户数就相对减少，市场上对家庭耐用消费品、家饰用品等的需求量相应减少，市场销售必然受到影响。但在人数较多的大规模家庭中，由于众多家庭成员的合力作用，因此，能够形成较大的集合购买力，这为一些高档商品提供了一定的市场空间，即尽管人均收入水平可能并不高，但是集合购买力可以使大规模家庭有能力购买昂贵的消费品。

此外，在小规模家庭中，购买决策往往由夫妻双方共同作出；而在大规模家庭中，则主要由有权威的家族之长作出。因此，企业在促销时，应针对不同情况，采取不同的对策。

在家庭关系较亲密的文化背景下，以家庭为单位作为促销对象，比以个人为对象通常更有效。例如，在加拿大，讲英语和法语的两部分人各自具有英国和法国的传统文化。在旅游电视广告中，对于讲英语的观众，通常画面上只有妻子独身一人；而对讲法语的观众，更多的是丈夫和妻子同在一起的广告画面。因为法国传统观念中的家庭结构是较为紧密的。

总之，在每一个国家的每一种不同文化中，诸如男女地位、家庭和社会等级、群体行为等方面，都可能有不同的含义。社会阶层和社会组织之所以能影响企业的国际市场营销活动，就在于它影响不同国度、不同文化条件下人们的观念、行为，甚至整个生活方式。

第五节 自然环境和技术环境

一、自然环境

自然环境是指作为生产投入或受营销活动影响的自然资源。一个国家或地区的自然地理环境包括自然资源、地形地貌和气候条件，这些因素都会不同程度的影响企业的营销活动，有时这种影响甚至对企业的生存和发展起决定作用。企业要避免由自然地理环境带来的威胁，最大限度地利用环境变化可能带来的市场营销机会，就应不断地分析和认识自然地理环境变化的趋势，根据不同的还击功能情况来设计、生产和销售产品。

1. 物质自然环境

物质自然资源是指自然界提供给人类各种形式的物质财富，如矿产资源、森林资源、土地资源、水力资源等。这些资源分为3类：一是“无限”资源，如空气、水等；二是有限但可以更新的资源，如森林、粮食等；三是有限但不可再生的资源，如石油、锡、煤、锌等矿物。自然资源是进行商品生产和实现经济繁荣的基础，与人类社会的经济活动息息相关。由于自然资源在地理分布上的不均衡性，企业到某地投资或从事营销必须了解该地的自然资源情况，如果该地对本企业产品需求量大，但缺乏必要的生产资源，那么，企业就适宜向该地输送销售产品；但是如果该地有丰富的生产资源，企业就应该在该地投资建厂，在当地生产，就地销售。资源短缺将使企业生产成本大幅度上升，企业必须积极从事研究和开发，尽力寻求新的资源替代品。而各国政府对环境污染问题进行控制，限制了某些行业的发展，也为企业造成了两种营销机会：一是为治理污染的技术和设备提供了一个大市场；二是为不破坏生态环境的新的生产技术和包装方法创造了营销机会。因此，企业经营者要了解政府对资源使用的限制和对污染治理的措施，力争做到既能减少环境污染，又能保证企业发展，提高经济效益。

2. 地理环境

一个国家或地区的地形地貌和气候，是企业开展市场营销所必须考虑的地理环境因素，这些地理特征对市场营销有一系列影响。例如，气候（温度、湿度等）与地形地貌（山地、丘陵等）特点，都会影响产品设备的性能和使用。在沿海地区运转良好的设备到了内陆沙漠地区就有可能发生性能的急剧变化。有些国家地域辽阔、南北跨度大，各种地形地貌复杂，气候多变，企业必须根据各地的自然地理条件生产与之相适应的产品。可见气候、地形地貌不仅直接影响企业的经营、运输、通信、分销等活动，而且还会影响到一个地区的经济、文化、人口分布状况。因此，企业开展营销活动，必须考虑当地的气候与地形地貌，使营销策略能适应当地的地理环境。

二、技术环境

技术环境可能是目前影响人类命运的最引人注目的因素。科学技术创造了如抗生素、器官移植和笔记本电脑等这样的奇迹，但也带来了像原子弹、神经毒气和半自动武器这样恐怖的东西。它还带来了一些好坏掺半的事物，如汽车、电视和信用卡。我们对科技的态度取决于我们是对它的奇迹还是错误印象更深。每项新技术都会取代一项旧技术。晶体管的出现损害了真空管业，复印技术损害了复写纸业，汽车损害了铁路，光盘损害了唱片行业。每当旧的行业对抗或忽略新技术时，该行业就会衰落。新技术创造新的市场和机遇。营销人员应注意下列的技术发展趋势。

1. 技术的高速发展

许多今天常见的产品在 100 年前还未出现。跟不上科技进步步伐的公司会发现自己的产品过时了，会失去新的市场机会。

今天，科学家们正致力于广泛的新技术的研究，这些研究将革新我们的产品和生产方式。在生物技术、微电子、机器人和材料科学等领域已出现了令人振奋的成果。科学家们正对下列产品和服务进行研究：实用太阳能技术，癌症的治疗，精神健康的药物控制，汽车导向系统，商用航天飞机，更小和更有效的超级计算机，能做饭和打扫卫生的家庭机器人，好吃、营养又不使人发胖的食物，高效的半导体，电子汽车，控制疼痛的电子麻醉，声音和手势能控制的计算机，科学家还对如能飞的汽车、三维电视、空间移民、无性繁殖等项目大感兴趣。每个项目所遇到的挑战不仅来自于技术，也来自商业——使这些产品实用、人们能买得起。

2. 研究与开发的高预算

美国在全世界属于研究与开发开支最高的国家。在 1994 年，研究与开发的支出超过了 1 600 亿美元，比上一年略有提高。近一半的研究与开发资金来自于联邦政府。许多新产品和服务构想来自政府研究成果。许多公司在研究与开发上的投资也很高。例如，通用汽车、IBM 公司每年的研究与开发支出有几十亿美元。现在科学研究往往需要集体进行，而不像以前的托马斯·爱迪生或亚历山大·格雷厄姆·贝尔那样单枪匹马地搞发明。管理公司里的科学家是一大难题。他们不喜欢被管得太严，有时对解决科学问题本身比对创造可销售的产品更感兴趣。公司经常向研究与开发部门派入营销人员，使其研究以市场为导向。

3. 注重微小技术改进

由于研究开发新技术的成本过高，许多公司目前只做些小的技术改进，而不愿冒险去开发新技术。即使一些以研究为主的公司如杜邦、贝尔实验室和辉锐公司也变得更加谨慎。许多公司的研究经费主要用于模仿竞争对手的产品，并做些微小的改进，或提供现有品牌的简单延伸。因此，许多研究只是防御性的而不是进攻性的。

4. 管制的加强

由于产品越来越复杂，公众需要了解这些产品是否安全。因此，政府机构会对有不安全因素的产品进行调查，进而禁止销售。在美国，联邦食品和药物管理局颁布了关于新药试验的复杂规定。消费产品安全委员会制定了关于消费品的安全标准，并对没有达标的公司进行处罚。这些管制使公司研究成本增加，并使产品从研制到面市的周期变长。营销人员在研究开发新产品时应对这些管制有所了解。

思考题

（1）简述人口结构主要包括哪些内容。

（2）解决国际贸易争端的途径有哪些?

（3）国际营销中政治环境的不稳定性因素有哪些?

案例分析

近年来，真正的国际“大牌”童装企业纷纷进入中国市场，其势不可当。例如，迪士尼童装（Disney）来自美国迪士尼公司，迪士尼全称为 The Walt Disney Company，Gap 童装品牌自 1969 年诞生至今，已在全球近 30 个国家创立超过 1 400 家专卖店!2010 年首登中国并相继在北京和上海开设了全资旗舰店，将“大胆、简易、真实”的时装文化贯通全球每一个角落。史努比童装 SNOOPY 的系列产品遍布全球，其品项涉及日用品、服装、玩具、文具、包袋、鞋、童装等，现在世界各地都有 SNOOPY 的系列主题专卖商品。而以这一影响几代人的卡通图案作为产品标识，使 SNOOPY 少女内衣在诞生之初就具备了文化优势。在这个基线上，将 SNOOPY 这样一个响当当的卡通形象进行品牌延伸与拓展，可谓先声夺人。

在中国未来的时间中，当社会经济发展到一定阶段，必然会带来社会结构和生产及消费方式的重大变化，人们的生活方式由满足温饱型向追求生活质量的过渡时期。当居民收入水平增长后，将直接促进消费能力的提高，也会拉动童装市场消费需求量的增加。尤其在今后几年中，我国新诞生的家庭会不断增加。随着他们家庭收入的提高和生活质量的改善，美化孩子的衣着生活已成为家庭生活中的一项主要内容，消费结构升级和消费能力的增强，将为童装市场提供一个发展空间。

（资料来源：MBA 智库文档，http://doc.mbalib.com/view/49e078f874d68a6767fc65858fd94818. html，2010-9-18，有修改）

问题：国际品牌童装生产企业计划将产品推销到中国，你认为他们将会收取哪些具有参考价值的信息?

第三章 国际市场购买行为分析

【引导案例】

眼下的衰退周期再度验证了美国社会的这条铁律。尽管美国消费者支出在第一季度折合年率只增长了 1.4%，但是美国全国电影院业主协会的统计说，同一季度，美国人看电影花的钱同比却增加了 9%。

在 1965 年以来的 7 个衰退年当中，有 5 年里电影票房销售不降反升。不过，美国看电影的人虽然多了，但是去餐馆吃饭的人却少了。全球商业咨询公司布茨（Booz&Co.）最近的对全美 1 000 多名消费者作出的调查显示，在过去的半年里，43%的人减少了去餐馆吃饭的次数，39%的受访者说，即使出去吃饭，也会选择档次比平时低一些的餐馆。自己带午饭上班的受访者比例也比一年前增加了将近 10%。

不仅更多美国人在家自己做饭，甚至做饭的食材也要自给自足。全美园艺协会（National Gardening Association）说，2009 年，在自家院子里种植蔬菜水果的美国人数量达到 43 000 000 人，比去年增加了 19%。

除了种菜做饭，美国人更热衷的不花钱嗜好是网上交友谈恋爱。美国用户最多的交友网站 match.com 称，2008 年生意是最近几年里最好的一年。2008 年的第四季度，道指 11 月崩盘后的一星期，match.com 订户人数创下 7 年来新高。match.com 称，2001 年纳斯达克股指暴跌时，其营业额也曾一度暴涨。

繁荣时期的爱情不仅仅繁荣在互联网上，全美最大的言情小说出版商 Harlequin 称，2008 年，在金融业和制造业企业东倒西歪的时候，该公司在美国市场的销售额竟然比前一年上升了 32%。而且 2009 年的营业额仍在继续攀升。Harlequin 说，该公司出版的作品“催人向上”（uplifting）的主题以及合理的产品定价是其销售成功的主要原因。

也许生活越是严酷，人的心灵越寻求逃避，而且越浪漫越好。言情小说在经济下行期间格外畅销，这是一个经历了时间考验的现象。正是大萧条时期的美国读者，强力支撑起玛格丽特·米切尔《乱世佳人》（Gonewiththe Wind）的销量，他们都是为了寻求逃离现实生活中的失业、抵押贷款以及萎缩的退休金账户。

（资料来源：中国新闻网，http://it.sohu.com/20090812/n265905287.shtml，2010-9-18，有修改）

国际市场的商品购买者是国际市场营销的对象。吃、穿、住、行、用是世界各地消费者共同的最基本的需求和愿望，在满足这些最基本的愿望之后，人们会自然追求轻松的工作、舒适的生活和较高的社会地位。需求层次的变化必然会提高人们的消费档次，这也是一种普遍的趋势。通过对国际市场购买行为的分析，掌握其购买规律，对国际市场营销有着极为重要的意义。

第一节　国际市场消费者购买行为分析

消费者购买行为是指消费者为满足其个人或家庭生活而发生的购买商品的决策过程。消费者购买行为是复杂的，其购买行为的产生是受到其内在因素和外在因素的相互促进、交互影响的。企业营销通过对消费者购买的研究，来掌握其购买行为的规律，从而制订有效的市场营销策略，实现企业营销目标。

一、消费者购买行为的特征

企业要在市场竞争中能够适应市场、驾驭市场必须掌握消费者购买的基本特征。

1. 购买者多而分散

消费购买涉及每一个人和每个家庭，购买者多而分散。为此，消费者市场是一个人数众多、幅员广阔的市场。由于消费者所处的地理位置各不相同，闲暇时间不一致，造成购买地点和购买时间的分散性。

2. 购买量少，多次购买

消费者购买是以个人和家庭为购买和消费单位的，由于受到消费人数、需要量、购买力、储藏地点、商品保质期等诸多因素的影响，消费者为了保证自身的消费需要，往往购买批量小、批次多、购买频繁。

3. 购买的差异性大

消费者购买因受年龄、性别、职业、收入、文化程度、民族、宗教等影响，其需求有很大的差异性，对商品的要求也各不相同，而且随着社会经济的发展，消费者消费习惯、消费观念、消费心理不断发生变化，从而导致消费者购买差异性大。

4. 大多属于非专家购买

绝大多数消费者购买缺乏相应的专业知识、价格知识和市场知识，尤其是对某些技术性较强、操作比较复杂的商品，更显得知识缺乏。在多数情况下消费者购买时往往受感情的影响较大。因此，消费者很容易受广告宣传、商品包装、装潢以及其他促销方式的影响，产生购买冲动。

5. 购买的流动性大

消费者购买必然慎重选择，在市场经济比较发达的今天，人口在地区间的流动性较大，因而导致消费购买的流动性很大，消费者购买经常在不同产品、不同地区及不同企业之间流动。

6. 购买的周期性

有些商品消费者需要常年购买、均衡消费，如食品、副食品、牛奶、蔬菜等生活必需商品；有些商品消费者需要季节购买或节日购买，如一些时令服装、节日消费品；有些商品消费者需要等商品的使用价值基本消费完毕才重新购买，如电话机与家用电器。这就表现出消费者购买有一定的周期性可循。

7. 购买的时代特征

消费者购买常常受到时代精神、社会风俗习俗的导向，从而使人们对消费购买产生一些新的需要。如 APEC 会议以后，唐装成为时代的风尚，随之流行起来；又如社会对知识的重视，对人才的需求量增加，从而使人们对书籍、文化用品的需要明显增加。这些显示出消费购买的时代特征。

8．购买的发展性

随着社会的发展和人民消费水平、生活质量的提高，消费需求也在不断向前推进。过去只要能买到商品就行了，现在追求名牌；过去不敢问津的高档商品如汽车等，现在有人消费了；过去自己承担的劳务现在由劳务从业人员承担了等。这种新的需要不断产生，而且是永无止境的，使消费者购买具有发展性特点。

认清消费者购买的特点意义是十分重大的，它有助于企业根据消费者购买特征来制订营销策略，规划企业经营活动，为市场提供消费者满意的商品或劳务，更好地开展市场营销活动。

二、消费者购买行为分析的基本框架

市场营销学家把消费者的购买动机和购买行为概括为 5W1H 和 6O，从而形成消费者购买行为研究的基本框架。

① 市场需要什么（What）——有关产品（Objects）是什么。通过分析消费者希望购买什么，为什么需要这种商品而不是需要那种商品，研究企业应如何提供适销对路的产品去满足消费者的需求。

② 为何购买（Why）——购买目的（Objectives）是什么。通过分析购买动机的形成（生理的、自然的、经济的、社会的、心理因素的共同作用），了解消费者的购买目的，采取相应的市场策略。

③ 购买者是谁（Who）——购买组织（Organizations）是什么。分析购买者是个人、家庭还是集团，购买的产品供谁使用，谁是购买的决策者、执行者、影响者。根据分析，组合相应的产品、渠道、定价和促销。

④ 如何购买（How）——购买组织的作业行为（Operations）是什么。分析购买者对购买方式的不同要求，有针对性地提供不同的营销服务。在消费者市场，分析不同的类型消费者的特点，如经济型购买者对性能和廉价的追求，冲动性购买者对情趣和外观的喜好，手头拮据的购买者要求分期付款，工作繁忙的购买者重视购买方便和送货上门等。

⑤ 何时购买（When）——购买时机（Occasions）是什么。分析购买者对特定产品的购买时间的要求，把握时机，适时推出产品，如分析自然季节和传统节假日对市场购买的影响程度等。

⑥ 何处购买（Where）——购买场合（Outlets）是什么。分析购买者对不同产品的购买地点的要求，如消费品种的方便品，顾客一般要求就近购买，而选购品则要求在商业区（地区中心或商业中心）购买，一边挑选对比，特殊品往往会要求直接到企业或专业商店购买等。

三、消费者购买的类型

1．根据消费者的参与程度和产品品牌差异程度划分的购买类型

根据消费者的参与程度和产品品牌差异程度区分为以下 4 种类型。

① 复杂的购买行为。如果消费者属于高度参与，并且了解现有各品牌、品种和规格之间具有的显著差异，则会产生复杂的购买行为。复杂的购买行为指消费者购买决策过程完整，要经历大量的信息收集、全面的产品评估、慎重的购买决策和认真的购后评价等阶段。

对于复杂的购买行为，营销者应制订策略帮助购买者掌握产品知识，运用各种途径宣传本品牌的优点，影响最终购买决定，简化购买决策过程。

② 减少失调感的购买行为，是指消费者并不广泛收集产品信息，并不精心挑选品牌，购买决策过程迅速而简单，但是在购买以后会认为自己所买产品具有某些缺陷或其他同类产品有更多的优点，进而产生失调感，怀疑原先购买决策的正确性。

对于这类购买行为，营销者要提供完善的售后服务，通过各种途径经常提供有利于本企业的产品的信息，使顾客相信自己的购买决定是正确的。

③ 寻求多样化的购买行为，指消费者购买产品有很大的随意性，并不深入收集信息和评估比较就决定购买某一品牌，在消费时才加以评估，但是在下次购买时又转换其他品牌。转换的原因是厌倦原口味或想试试新口味，是寻求产品的多样性而不一定有不满意之处。

对于寻求多样性的购买行为，市场领导者和挑战者的营销策略是不同的。市场领导者力图通过占有货架、避免脱销和提醒购买的广告来鼓励消费者形成习惯性购买行为。而挑战者则以较低的价格、折扣、赠券、免费赠送样品和强调试用新品牌的广告来鼓励消费者改变原习惯性购买行为。

④ 习惯性的购买行为，指消费者并未深入收集信息和评估品牌，只是习惯于购买自己熟悉的品牌，在购买后可能评价也可能不评价产品。

对于习惯性的购买行为的主要营销策略如下。

① 利用价格与销售促进吸引消费者试用。

② 开展大量重复性广告，加深消费者印象。

③ 增加购买参与程度和品牌差异。

2．根据消费者的购买目标划分的购买类型

① 全确定型，指消费者在购买商品以前，已经有明确的购买目标，对商品的名称、型号、规格、颜色、式样、商标以至价格的幅度都有明确的要求。这类消费者进入商店以后，一般都是有目的地选择，主动地提出所要购买的商品，并对所要购买的商品提出具体要求，当商品能满足其需要时，则会毫不犹豫地买下商品。

② 半确定型，指消费者在购买商品以前，已有大致的购买目标，但具体要求还不够明确，最后购买需经过选择比较才完成的。如购买空调是原先计划好的，但购买什么牌子、规格、型号、式样等心中无数。这类消费者进入商店以后，一般要经过较长时间的分析、比较才能完成其购买行为。

③ 不确定型，指消费者在购买商品以前，没有明确的或既定的购买目标。这类消费者进入商店主要是参观游览、休闲、漫无目标地观看商品或随便了解一些商品的销售情况，有时感到有兴趣或合适的商品偶尔购买，有时则观后离开。

3．根据消费者的购买态度划分的购买类型

① 习惯型，指消费者由于对某种商品或某家商店的信赖、偏爱而产生的经常、反复地购买。由于经常购买和使用，他们对这些商品十分熟悉，体验较深，再次购买时往往不再花

费时间进行比较选择，注意力稳定、集中。

② 理智型，指消费者在每次购买前对所购的商品，要进行较为仔细研究比较。购买感情色彩较少，头脑冷静，行为慎重，主观性较强，不轻易相信广告、宣传、承诺、促销方式以及售货员的介绍，主要靠商品质量、款式。

③ 经济型，指消费者购买时特别重视价格，对于价格的反应特别灵敏。购买无论是选择高档商品，还是中低档商品，首选的是价格，他们对“大甩卖”、“清仓”、“血本销售”等低价促销最感兴趣。一般来说，这类消费者与自身的经济状况有关。

④ 冲动型，指消费者容易受商品的外观、包装、商标或其他促销努力的刺激而产生的购买行为。购买一般都是以直观感觉为主，从个人的兴趣或情绪出发，喜欢新奇、新颖、时尚的产品，购买时不愿作反复地选择比较。

⑤ 疑虑型，指消费者具有内倾性的心理特征，购买时小心谨慎和疑虑重重。购买一般缓慢、费时多。常常是“三思而后行”，常常会犹豫不决而中断购买，购买后还会疑心是否上当受骗。

⑥ 情感型，这类消费者的购买多属情感反应，往往以丰富的联想力衡量商品的意义，购买时注意力容易转移，兴趣容易变换，对商品的外表、造型、颜色和命名都较重视，以是否符合自己的想象作为购买的主要依据。

⑦ 不定型，这类消费者的购买多属尝试性，其心理尺度尚未稳定，购买时没有固定的偏爱，在上述各种类型之间游移，这种类型的购买者多数是独立生活不久的青年人。

四、影响消费者购买行为的因素

1. 影响消费者购买行为的内在因素

影响消费者购买行为的内在因素很多，主要有消费者的个体因素与心理因素。购买者的年龄、性别、经济收入、教育程度等因素会在很大程度上影响着消费者的购买行为。在此主要分析影响消费者购买的心理因素。

消费者心理是消费者在满足需要活动中的思想意识，它支配着消费者的购买行为。影响消费者购买的心理因素有动机、感受、态度、学习。

（1）动机

① 需要引起动机。需要是人们对于某种事物的要求或欲望。就消费者而言，需要表现为获取各种物质需要和精神需要。马斯洛的“需要五层次”理论，即生理需要、安全需要、社会需要、尊重需要和自我实现的需要。需要产生动机，消费者购买动机是消费者内在需要与外界刺激相结合使主体产生一种动力而形成的。

② 购买动机的类型。动机是为了使个人需要满足的一种驱动和冲动。消费者购买动机是指消费者为了满足某种需要，产生购买商品的欲望和意念。购买动机可分为以下两类。

一是生理性购买动机。生理性购买动机指人们因生理需要而产生的购买动机，如饥思食、渴思饮、寒思衣，又称本能动机，包括以下 3 点。

a. 维持生命动机。

b. 保护生命动机。

c. 延续和发展生命的动机。

生理动机具有经常性、习惯性和稳定性的特点。

二是心理性购买动机。心理性购买动机是指人们由于心理需要而产生的购买动机。根据对人们心理活动的认识以及对情感、意志等心理活动过程的研究，可将心理动机归纳为以下3类。

a. 感情动机，指由于个人的情绪和情感心理方面的因素而引起的购买动机。根据感情不同的侧重点，可以其分为3种消费心理倾向：求新、求美、求荣。

b. 理智动机，指建立在对商品的客观认识的基础上，经过充分的分析比较后产生的购买动机。理智动机具有客观性、周密性的特点。在购买中表现为求实、求廉、求安全的心理。

c. 惠顾动机，指对特定的商品或特定的商店产生特殊的信任和偏好而形成的习惯重复光顾的购买动机。这种动机具有经常性和习惯性特点，表现为嗜好心理。

人们的购买动机不同，购买行为必然是多样的、多变的。要求企业营销深入细致地分析消费者的各种需求和动机，针对不同的需求层次和购买动机设计不同的产品和服务，制订有效的营销策略，获得营销成功。

（2）感受

消费者购买如何行动，还要看他对外界刺激物或情境的反应，这就是感受对消费者购买行为的影响。感受指的是人们的感觉和知觉。

所谓感觉，就是人们通过感官对外界的刺激物或情境的反应或印象。随着感觉的深入，各种感觉到的信息在头脑中被联系起来进行初步的分析综合，形成对刺激物或情境的整体反映，就是知觉。知觉对消费者的购买决策、购买行为影响较大。在刺激物或情境相同的情况下，消费者有不同的知觉，他们的购买决策、购买行为就截然不同。因为消费者知觉是一个有选择性的心理过程：① 有选择地注意；② 有选择地曲解；③ 有选择地记忆。

分析感受对消费者购买影响目的是要求企业营销掌握这一规律，充分利用企业营销策略，引起消费者的注意，加深消费者的记忆，正确理解广告，影响其购买。

（3）态度

态度通常指个人对事物所持有的喜欢与否的评价、情感上的感受和行动倾向。作为消费者态度对消费者的购买行为有着很大的影响。企业营销人员应该注重对消费者态度的研究。

消费者态度来源于以下几点。

① 与商品的直接接触。

② 受他人直接、间接的影响。

③ 家庭教育与本人经历。消费者态度包含信念、情感和意向，它们对购买行为都有各自的影响作用。

a. 信念，指人们认为确定和真实的事物。在实际生活中，消费者不是根据知识，而常常是根据见解和信任作为他们购买的依据。

b. 情感，指商品和服务在消费者情绪上的反应，如对商品或广告喜欢还是厌恶。情感往往受消费者本人的心理特征与社会规范影响。

c. 意向，指消费者采取某种方式行动的倾向，是倾向于采取购买行动，还是倾向于拒绝购买。消费者态度最终落实在购买的意向上。

研究消费者态度的目的在于企业充分利用营销策略，让消费者了解企业的商品，帮助消费者建立对本企业的正确信念，培养对企业商品和服务的情感，让本企业产品和服务尽可能适应消费者的意向，使消费者的态度向着企业的方面转变。

（4）学习

学习是指由于经验引起的个人行为的改变。即消费者在购买和使用商品的实践中，逐步获得和积累经验，并根据经验调整自己购买行为的过程。学习是通过驱策力、刺激物、提示物、反应和强化的相互影响、相互作用而进行的。

“驱策力”是诱发人们行动的内在刺激力量。例如，某消费者重视身份地位，尊重需要就是一种驱策力。这种驱策力被引向某种刺激物——高级名牌西服时，驱策力就变为动机。在动机支配下，消费者需要作出购买名牌西服的反应。但购买行为发生往往取决于周围的“提示物”的刺激，如看了有关电视广告、商品陈列，他就会完成购买。如果穿着很满意的话，他对这一商品的反应就会加强，以后如果再遇到相同诱因时，就会产生相同的反应，即采取购买行为，如反应被反复强化，久之，就成为购买习惯了。这就是消费者的学习过程。

企业营销要注重消费者购买行为中“学习”这一因素的作用，通过各种途径给消费者提供信息，如重复广告，目的是达到加强诱因，激发驱策力，将人们的驱策力激发到马上行动的地步。同时，企业商品和提供服务要始终保持优质，消费者才有可能通过学习建立起对企业品牌的偏爱，形成其购买本企业商品的习惯。

2．影响消费者购买行为的外在因素

（1）相关群体

相关群体是指那些影响人们的看法、意见、兴趣和观念的个人或集体。研究消费者行为可以把相关群体分为两类：参与群体与非所属群体。

参与群体是指消费者置身于其中的群体，有以下两类。

① 主要群体是指个人经常性受其影响的非正式群体，如家庭、亲密朋友、同事、邻居等。

② 次要群体是指个人并不经常受到其影响的正式群体，如工会、职业协会等。

非所属群体是指消费者置身之外，但对购买有影响作用的群体。有两种情况，一种是期望群体，另一种是游离群体。期望群体是个人希望成为其中一员或与其交往的群体，游离群体是遭到个人拒绝或抵制，极力划清界线的群体。

企业营销应该重视相关群体对消费者购买行为的影响作用，利用相关群体的影响开展营销活动，还要注意不同的商品受相关群体影响的程度不同。商品能见度越强，受相关群体影响越大。商品越特殊、购买频率越低，受相关群体影响越大。对商品越缺乏知识，受相关群体影响越大。

（2）社会阶层

社会阶层是指一个社会按照其社会准则将其成员划分为相对稳定的不同层次。不同社会阶层的人，他们的经济状况、价值观念、兴趣爱好、生活方式、消费特点闲暇活动、接受大众传播媒体等各不相同，这些都会直接影响他们对商品、品牌、商店、购买习惯和购买方式。

企业营销要关注本国的社会阶层划分情况，针对不同的社会阶层爱好要求，通过适当的信息传播方式，在适当的地点，运用适当的销售方式，提供适当的产品和服务。

（3）家庭状况

一家一户组成了购买单位，我国现有 24 400 万左右的家庭，在企业营销中应关注家庭对购买行为的重要影响。研究家庭中不同购买角色的作用，可以利用有效营销策略，使企业的促销措施引起购买发起者的注意，诱发主要营销者的兴趣，使决策者了解商品，解除顾虑，建立购买信心，使购买者购置方便。研究家庭生命周期对消费购买的影响，企业营销可以根据不同的家庭生命周期阶段的实践需要，开发产品和提供服务。

（4）社会文化状况

每个消费者都是社会的一员，其购买行为必然受到社会文化因素的影响，文化因素有时对消费者购买行为起着决定性的作用，企业营销必须予以充分的关注。

五、消费者购买决策过程

消费者购买是较复杂的决策过程，其购买决策过程一般可分为以下五个阶段，并制定相应的营销策略。

1．确认需要

当消费者意识到对某种商品有需要时，购买过程就开始了。消费者需要可以由内在因素引起，也可以是由外在因素引起。此阶段企业必须通过市场调研，认定促使消费者认识到需要的具体因素，营销活动应致力于做好两项工作：① 发掘消费驱策力；② 规划刺激、强化需要。

2．寻求信息

在多数情况下，消费者还要考虑买什么牌号的商品，花多少钱到哪里去买等问题，需要寻求信息，了解商品信息。寻求的信息一般有产品质量、功能、价格、牌号、已经购买者的评价等。消费者的信息来源通常有以下 4 个方面：① 商业来源；② 个人来源；③ 大众来源；④ 经验来源。企业营销任务是设计适当的市场营销组合，尤其是产品品牌广告策略，宣传产品的质量、功能、价格等，以便使消费者最终选择本企业的品牌。

3．比较评价

消费者进行比较评价的目的是能够识别哪一种牌号、类型的商品最适合自己的需要。消费者对商品的比较评价，是根据收集的资料，对商品属性做出的价值判断。消费者对商品属性的评价因人、因时、因地而异，有的评价注重价格，有的注重质量，有的注重牌号或式样等。企业营销首先要注意了解并努力提高本企业产品的知名度，使其列入到消费者比较评价的范围之内，才可能被选为购买目标。同时，还要调查研究人们比较评价某类商品时所考虑的主要方面，并突出进行这些方面宣传，对消费者购买选择产生最大影响。

4．决定购买

消费者通过对可供选择的商品进行评价，并作出选择后，就形成购买意图。在正常情况下，消费者通常会购买他们最喜欢的品牌。但有时也会受以下两个因素的影响而改变购买决定。

① 他人态度。有些消费者在意朋友、同事、同学的态度，可能会由于他人的不同意见而改变自己的决定。

② 意外事件。消费者修改、推迟或取消某个购买决定，往往是受已察觉风险的影响。“察觉风险”的大小，由购买金额大小、产品性能优劣程度以及购买者自信心强弱决定。企业营销应尽可能设法减少这种风险，以推动消费者购买。

5. 购后评价

消费者购买商品后，购买的决策过程还在继续，他要评价已购买的商品。企业营销须给予充分的重视，因为它关系到产品今后的市场和企业的信誉。判断消费者购后行为有以下两种理论。

① 预期满意理论。

② 认识差距理论。

企业营销应密切注意消费者购后感受，并采取适当措施，消除不满，提高满意度。如经常征求顾客意见，加强售后服务和保证，改进市场营销工作，力求使消费者的不满降到最低。

第二节 国际市场的组织购买行为分析

国际市场的组织购买是指个人消费者之外的各种购买行为。组织购买主要包括生产者（企业）购买、中间商购买、政府机构和各种团体的购买。组织购买也称为组织市场。

一、组织市场的特点

组织市场和消费者市场虽然相关，却截然不同。因此，搞清楚组织市场的特征有助于区分组织市场和消费者市场，特别是那些与消费者市场特别相似的组织市场。

1. 组织市场的规模和复杂性

通常组织市场的顾客数量比消费者市场少，并且每个顾客每次交易的规模和价值相对比较大。同时，组织市场的购买者往往集中在某些区域，以至于这些区域的业务用品购买量在全国市场中占据相当的比重。例如，中国汽车业的零部件供应商把产品卖给为数不多的几个汽车制造企业：一汽集团、上汽集团、北汽集团、广汽集团和东风集团等，它们多集中在北京、上海、广州、武汉等地。显然每个顾客对于供应商都是十分重要的，如果失去任何一个顾客，这将严重影响供应企业的销售额（和就业）。大客户一般都是很重要的，要设法与他们建立密切长期的关系，有时要有专门为大顾客服务的营销队伍，进行多次长期的访问，从而赢取并保持持续的订单。

组织市场在总交易量、每笔交易的当事人数、客户经营活动的规模和多样性、生产阶段的数量和持续时间等方面，要比消费者市场大得多、复杂得多。此外，组织市场的数量并不受其下游消费者市场数量的限制，因为有些组织不参加任何消费者市场。一些组织对消费者提供服务而不直接收取费用（如慈善机构、教堂、学会等），另外有些组织中则根本看不到消费者这一角色的作用（如军队）。

2. 组织市场需求的特性

组织市场通过一系列的增值阶段为消费者市场提供产品，所以对最终消费的需求是引发组织市场供给的最终力量。组织市场的需求是从组织市场到消费者市场间各增值阶段一系列需求的派生。例如，出版社用纸市场的需求取决于对书籍和杂志的需求。如果对于最终消费品需求疲软，那么对所有用以生产这些消费品的企业产品的需求也将下降。组织市场的供应商必须密切关注最终消费者的购买类型和影响他们的各种环境因素。组织市场对产品或服务的总需求量受价格波动影响较小。一般来说，原材料的价值越低或原材料成本在制成品成本中所占的比重越小，其需求弹性就越小。在短期内组织市场的需求特别无弹性，因为任何组织不能随时对其生产方式或运营模式做许多变动。

人们对企业用品和服务的需求要比对消费品及服务的需求更为多变。消费品需求增加一定比例，往往能够引起生产追加产出所必需的工厂和设备上升更大的比例。经济学家把这种现象称为加速原理。有时候，消费品需求仅上升 10%，却能在下一阶段引起企业用品需求上升 200%；而当消费品需求下降 10%，可能会在企业需求上造成“雪崩”。

3．组织市场购买的特性

由于组织市场具有购买者数量较少，而其购买规模较大的特性，与消费者市场相比，通常影响组织购买决策的人较多。大多数组织有专门的采购委员会，其由技术专家、高层管理人员和一些相关人员组成。特别在购买重要商品时，决策往往是由采购委员会中成员共同做出的。供应企业的营销人员不得不雇用一些受过精良训练、有专业知识和人际交往能力的销售代表和销售队伍，与经过专业训练、具有丰富专业知识的采购人员打交道。

由于专业性采购，且交易涉及的金额较大，组织购买者通常直接从生产厂商那里购买产品，而不经过中间商，那些技术复杂和价格昂贵的项目更是如此。同时，由于组织市场购买者处于谈判强有力的地位，可以让卖方做出让步，反过来购买自己的产品。有些情况下，购买者要求卖方反过来购买自己产品以确保订单的安全。

许多组织购买者日益转向大设备租赁，以取代直接购买。承租人能得到一系列好处：获得更多的可用资本，得到出租人最新的产品和上乘的服务以及一些税收利益。出租人则最终将得到较多的净收益，并有机会将产品出售给那些无力支付全部贷款的顾客。

二、生产者市场购买行为

生产者购买行为是指一切购买产品或服务，并将之用于生产其他产品或服务，以供销售、出租或供应给他人消费的一种决策过程。

生产者购买行为分析是提供生产资料产品企业营销的研究重点，只有了解了生产者购买行为的特点，掌握生产者购买行为的规律性，才能制订相适应的市场营销组合策略，在满足生产者需求的同时，实现企业自身的营销目标。

1．生产者购买的特征

生产者购买目的是为了进行再生产并取得利润。因此，生产者购买与消费者购买有很大的差别。生产者购买具有以下特征。

（1）购买者数量少，购买规模大

在生产者市场上，购买者是企业单位，购买者的数量必然比消费者市场小得多，但每个购买者的购买量都较大。在现代经济条件下，许多行业的生产集中在少数大公司，所需原料、设备的采购也就相对集中。买者有限，但购买数量相当大。

（2）购买者区域相对集中

购买者区域上相对集中是由产业布局的区域结构决定的。由于历史和地域资源的原因，产业布局结构各不相同。我国，东北是重工业所在地，华东是纺织、电子、机械加工业发达地区。产业布局形成了生产者购买较为集中的目标市场。

（3）需求受消费品市场的影响

企业对生产资料的需求，常常取决于消费品市场对其需求，被称为“衍生需求”，就是生产者购买需求归根结底是从消费者对消费品的需求中衍生出来的。

（4）需求缺乏弹性

在生产者市场上，购买者对产品的需求受价格变化的影响不大。在工艺、设备、产品结构相对稳定的情况下，市场资料的需求在短期内尤其缺乏弹性。例如，皮鞋制造商既不会因皮革价格上涨而减少对皮革的需求量，也不会因为价格下降而增加需求量。

（5）需求波动太大

生产者对于生产资料的需求比消费者对消费品的需求更容易发生波动。消费者需求的少量增加能导致生产者购买的大大增加。这种现象被称为“加速原理”。生产者购买变化很大，企业营销往往实行多元化经营，以减少风险，增强应变能力。

（6）购买人员较为专业

生产者购买必须符合企业再生产的需要，对产品的质量、规格、型号、性能等方面都有系统的计划和严格的要求，通常需由专业知识丰富、训练有素的专业采购人员负责采购。要求企业营销向采购员提供技术资料和特殊的服务。

（7）购买多为直接购买

购买者多数希望直接与供应者打交道。一方面，供应商能够保证按照自己的要求提供产品，另一方面又能与供应商密切关系，保证在交货期和技术规格上符合自己的需求。

（8）特殊购买方式——租赁

许多生产者是以租赁的方式取得设备。这种方式一般适用于价值较高的机器设备、交通工具等，租赁已成为近年来生产者获得生产资料，特别是生产设备的一种重要形式。租赁的形式主要有服务性租赁、金融租赁、综合租赁、杠杆租赁、供货者租赁、卖主租赁等形式。

2. 生产者购买的类型

（1）直接重购

直接重购是指企业采购部门为了满足生产活动的需要，按惯例进行订货的购买行为。

企业采购部门根据过去和供应商打交道的经验，从供应商名单中选择供货企业，并连续订购采购过的同类产品。这是最简单的采购，生产者购买行为是惯例化的。

企业营销要保证稳定的产品质量，努力维护与客户的良好关系，以保持现有客户。

（2）修正重购

修正重购是指企业的采购人员为了更好地完成采购任务，适当改变采购产品的规格、价格和供应商的购买行为。

这类购买情况较复杂，参与购买决策过程的人数较多。企业营销必须做好市场调查和预测工作，努力开发新的品种规格，并努力提高生产效率，降低成本，满足修正重购的需要，设法保护自己的既得市场。

（3）全新采购

全新采购是指企业为了增加新的生产项目或更新设备而第一次采购某一产品或服务的购买行为。

新购买产品的成本越高、风险越大，决策参与者的数目就越多，需收集的信息也就越多，完成决策所需时间也就越长。

这种采购类型对企业营销来说是一种最大的挑战，同时也是最好的机会。全新采购的生产者对供应商尚无明确选择，是企业营销应该大力争取的市场。

3．生产者购买决策过程

（1）生产者购买的参与者

生产者购买要比消费者购买复杂得多。通常，涉及以下成员。

① 使用者，是指实际使用欲购买的某种产品的人员。使用者往往首先提出购买某种所需产品的建议，并提出购买产品的品种、规格和数量。

② 影响者，是指企业内部和外部直接或间接影响购买决策的人员。他们通常协助决策者决定购买产品的品牌、品种、规格。企业技术人员是最主要的影响者。

③ 采购者，是指在企业中组织采购工作的专业人员。在较为复杂的采购工作中，采购者还包括那些参与谈判的公司应该人员。

④ 决定者，是指企业中拥有购买决定权的人。在标准品的例行采购中采购者常常是决定者；而在较复杂的采购中，企业领导人常常是决定者。

⑤ 信息控制者，是指在企业外部和内部能控制市场信息流到决定者和使用者那里的人员，如企业的采购代理商、技术人员和秘书等。

企业营销必须了解生产者购买的具体参与者，尤其谁是主要的决策者，以便采取适当措施，影响有影响力的重要人物。

（2）影响生产者购买决策的主要因素

① 环境因素，是指企业外部环境因素，包括政治、法律、文化、技术、经济和自然环境等。

② 组织因素，是指企业本身的因素，如企业的目标、政策、业务程序、组织结构、制度等，都会影响生产者购买决策。

③ 人际因素，主要指企业内部人际关系。生产者购买决策过程比较复杂，参与决策的人员较多，这些参与者在企业中的地位、职权、说服力以及他们之间的关系都会影响他们的购买决策。

④ 个人因素，是指各个参与购买决策的人，在决策过程中都会掺入个人感情，从而影响参与者对要采购的产品和供应商的看法，进而影响购买决策。

（3）生产者购买决策的主要阶段

由于生产者购买类型不同，购买决策过程也有所不同。直接重购的决策阶段最少；修正采购的决策阶段多些；全新采购的决策阶段最长，要经过8个阶段。

① 认识需要。认识需要是由两种刺激引起的：一是内部需要；二是外部刺激。

② 确定需要。对标准品按要求采购；对复杂品，采购人员要和使用者、工程师共同研究确定。

③ 说明需要。专家小组对所需品种进行价值分析，做出详细的技术说明。目的是以最少的资源耗费，生产出或取得最大功能，以取得最大的经济效益。价值分析公式：

$V=F/C$

V——价值；

F——功能（指产品的用途、效用、作用）；

C——成本。

通过价值分析在生产性能、质量、价格之间进行综合评价，有利于选择最佳采购方案。

④ 物色供应商。全新采购需要花较多时间物色供应商。采购人员通常利用工商名录或其他资料查询供应商，也可向其他企业了解供应商的信誉。

⑤ 征求建议。邀请供应商提出建议或提出报价单。如果采购复杂的、价值高的产品，要求每个潜在的供应商都提交详细的书面建议或报价单。

⑥ 选择供应商。对供应商提出评价和选择建议，选择最具吸引力的供应商。通常从主要供应者处采购所需要的60%，另外40%则分散给其他供应商。

⑦ 正式订货。通过商务谈判达成协议，给选定的供应商发出最后采购订单，写明所需产品的规格、数量、交货时间、退款政策、担保条款、保修条件等。在商务活动中，对信誉可靠的保修产品，往往愿订立“一揽子合同”（又叫无库存采购计划），和该供应商建立长期供货关系。

⑧ 检查合同履行情况。向使用者征求意见，了解他们对购进产品是否满意，检查和评价各个供应商履行合同的情况，然后根据检查和评价，决定以后是否继续向某个供应商采购。

三、转卖者市场购买行为

转卖者市场也称中间商市场，它是由那些购买货物并将其转卖或出租给他人以取得利润的所有组织和个人组成的。转卖者在市场上购买货物，主要是用于转卖，此外他们也购买一些货物和劳务用于维持自身营运的需要。从转卖者市场的具体构成来看，它包括多种类型的批发商和各式各样的零售商。转卖者的购买行为，指的是在有关因素的影响下，转卖者在购买过程中所进行的一系列有意识的活动，转卖者的一般购买过程，类似于产业市场购买者的购买过程。

1．转卖者市场购买行为的特点

转卖者是从事商品流通活动的，是连接生产与消费的一个中间环节，同时为买卖双方服务。转卖者市场的购买行为主要有以下一些方面的特点。

第一，从社会整体市场的角度来看，转卖者市场的空间分布状态居中，较生产资料购买者分散，较消费者集中。

第二，转卖者之间在规模上的差异，较生产资料购买者之间的差异更为明显。

第三，转卖者的购买批量、规模、数量，因市场需求、自身的经营规模、资金能力、储存条件等的不同而存在着很大的差别。

第四，转卖者市场的需求也是一种派生的需求，但其对社会需求变化做出的反应一般比生产资料购买者快得多，因此，转卖者市场的供应商更应注意从社会需求的角度来了解和把握转卖者市场的需求内容、需求数量、需求水平及变化趋势。

第五，转卖者是从购销差价中获取利润的，通常要承担货主风险，这决定了他们的购买行为理性程度很高。

第六，生产者市场的购买者通常是在产品具有适用性的基础上考虑有关的交易条件的，而转卖者市场的购买者则一般是在产品适销对路的基础上考虑有关的技术标准。

第七，转卖者市场较生产者市场对价格的敏感性强，而且通常需要供货企业在广告宣传、商业信用、退货保证及有关的服务等方面给予支持和协助。

第八，转卖者市场的购买者较生产者市场的购买者在供货来源的选择方面有更大的自由度，因而具有经常更换供应商的倾向，以取得更有利的交易条件，寻求更适销对路的产品，这进一步刺激了转卖者市场供应商之间的竞争。

2．转卖者市场购买行为的类型

在转卖者市场上，批发商购买商品主要是将其转卖给其他的转卖者以及生产者市场、事业团体市场、政府市场等，除批零兼营者外他们一般不直接将商品转卖给最终消费者；零售商购买商品主要是将其直接零售给最终消费者，有时他们也将其销售给其他类型的用户。生产资料生产者生产的产品除运用直接渠道的形式加以销售外，基本上都是通过中间商转卖的。由此可知，转卖者市场的采购对象是极其广泛多样的，数量也非常大。

一般地说，零售商的经营对象主要是各类消费资料，批发商的经营对象则既包括各类消费资料也包括各类生产资料。但就每一个具体的中间商来说，在上述范围内他们的经营对象也存在着很大的差别。如有的零售商只专门经营某一类甚至某一种消费品，有的则经营多种类的消费品，有的批发商专门经营消费资料或生产资料，有的则兼而有之。

转卖者的购买行为按其购买问题的现状可分为以下 4 种类型。

① 直接重购，指的是在日常经营的标准品或销路好的产品库存下降到一定水平时，转卖者以原供货条件继续向原供应商发出订货单进行采购。在这种情况下，转卖者的购买决策过程及具体的购买业务是非常简单的。

② 选择最佳的供应商，即转卖者知道应该采购什么品种的产品，但需要选择最合适的供应商。这种购买行为主要与以下原因有关：一是当直接重购的产品难以买到时，转卖者便有必要重新寻找货源，选择最合适的供应商；二是在经营的某种产品货源充足，而各种品牌的该种产品在市场声誉、销路、价格、供货条件等方面存在着差异时，转卖者为了提高赢利也会从多个现实的和潜在的供应商中选择最合适的供应商；三是当转卖者拟使用自己的品牌推销商品时，便要物色愿意供应非品牌化产品的供应商。

③ 争取最佳的交易条件，即转卖者并不打算更换供应商，而是希望现在的供应商在交易条件等方面给予更多的好处，如给予更多的服务、更宽的信用条件、更大的价格折扣等。

④ 新购，即转卖者采购现有的经营品种以外的新品种。在这种情况下，转卖者就要对该品种产品的销售市场进行调查研究以决定是否经营，同时要了解供货来源并选择供应商，此外还要考虑和决定交易条件等方面一系列问题，因此，转卖者的购买决策过程与具体的采购业务是最复杂的。

四、政府市场的购买行为

政府市场购买行为是指各级国家机关使用财政性资金采购依法制定的集中采购目录以内的或者采购限额标准以上的货物、工程和服务的行为。

1．政府市场概述

政府采购市场是指因政府消费而形成的一个特殊市场，是国内市场的一个重要组成部分。政府采购市场的规模为政府财政支出中政府消费和政府投资的总和，通常占一个国家或地区年度 GDP 的 10%以上，发展中国家规模还要大一些，一般为 20%～30%。政府采购市场不同于民间市场，有特定的采购主体，采购资金为政府财政性资金，采购的目的是为履行政府管理职能提供消费品或为社会提供公共品，没有营利动机，不具有商业性。由于在这个市场里，采购资金主要来自国家预算资金（纳税人缴纳的税金），按照财政收入取之于民、用之于民的原则，政府采购活动必须公开、公正、公平地开展，将政府采购形成的商业机会公平地给予每一个纳税人（包括供应商），不得采取歧视性措施，剥夺他们应有的权利。

在许多国家里，政府组织是商品和服务的主要购买者。在美国，政府市场由各种为执行政府的主要职能而采购或租用商品的联邦、州以及地方的政府单位组成。1980 年，美国政府单位采购了价值为 5 350 亿美元的商品及服务，占国民生产总值的 20%，从而使它成为全美最大的主顾，在各级政府单位中，联邦政府的采购支出约占总支出的 35%。

政府采购是建立在为实现公众目标所必须得到的产品和服务的基础上的。政府机构采购了范围惊人的产品及服务，它们购买轰炸机、雕塑品、黑板、家具、卫生设备、衣服、材料搬运设备、灭火机、汽车设备以及燃料等。例如，1980 年，美国联邦、州及地方政府单位总共花费了大约 1 430 亿美元用于教育，1 490 亿美元用于国防，640 亿美元用于公共福利，440 亿美元用于医疗保健，330 亿美元用于公路建设，350 亿美元用于自然资源开发，此外，还花了少量支出用于邮政建设、太空研制、住宅及城市改造。每一级政府单位都有不同的支出组合，在联邦预算方面，主要用于国防支出，占联邦预算的 33%，在州预算、地方预算方面，教育支出占到 37%。可见，政府市场对任何厂家或在售商来说，都是一个巨大的市场。

我国的政府采购市场还是一个新兴市场，交易规则和管理体制尚不完善，市场意识普遍不强，市场处于分割状态。其主要表现如下。一是搞地区封锁。一些地区规定采购人必须购买当地供应商提供的货物，工程和服务项目要由当地供应商提供，将外地产品和供应商排除在外。二是实行行业垄断。一些行业主管部门对进入本行业的产品或供应商作出限制性规定，限制其他产品和供应商的进入。三是人为干预。按照个人偏好确定产品或供应商。这种局面极不利于全国政府采购市场的形成，限制了生产要素的自由流动，不能形成充分竞争，难以实现实行政府采购制度的目的。

2．政府采购的特点

① 由于其采购决策要受到公众监督，因此，它们经常要求供应商提供大量的书面材料，而供应商对这些额外书面工作、官僚式的规定以及不必要的规则、一拖再拖的决策和频繁的人员更替等颇有微辞。

② 经常要求供应商竞价投标。多数情况下他们选择索价最低者，有时也选择那些能提供优质产品或具有及时履约信誉的供应商。

③ 往往倾向于照顾本国的公司。因此，许多跨国企业总是与东道国的供应商联合投标。

基于多种原因，许多面向政府部门销售的公司并没有表现出市场营销的倾向。政府部门在采购政策中已强调了价格标准，并会引导供应商在降低成本方面做出努力。另外，由于产品的各项特征已被严格设定，因而产品差异也不是市场营销的可利用因素，甚至广告和人员推销也起不了太大作用。但不管怎么说，已经有某些公司开始建立专门针对政府部门的营销机构。新加坡的惠普及不少大银行都把政府部门作为一个单独的目标细分市场，并设专门人员负责管理。这些公司都积极了解政府部门的需求和项目，参与其产品规格设计过程，积聚竞争优势，认真筹备投标，对外加强沟通和联系，以树立和强化本公司的信誉。

3．政府采购决策

政府购买的每种商品都需要对如下问题作出进一步的决策，即购买多少？哪里去买？支付多少钱？及需要哪些服务？制定这些决策的原则必须是将纳税人的费用降至最低水平，一般来说，政府采购者会偏爱于那些能够满足所要求的规格的最低成本出价者。

（1）政府购买过程的参与者

在美国，谁来采购价值为 4 760 亿美元的商品和服务？在联邦、州、地方各级都能存在政府的采购组织。联邦一级的采购组织为最大，其采购单位管辖民政和军用两大部门。联邦民政采购机构由 7 种类型组成（每类的例子以圆括号表示），即部（商务部）、管理局（物资采购供应局）、署（联邦航空总署）、局（铁路汰换局）、委员会（联邦通信委员会）、执行办公室（管理与预算执行办公室）以及其他机构（田纳西河谷管理局）。“没有一个联邦机构承办政府需要的全部商品和服务，在任何机构中，也没有一个采购者能采购该机构所需要的所有单项物料、设备或服务”。许多机构控制了自己采购的大部分，尤其是工业品和专用设备。与此同时，物资采购供应局在集中采购民政部门所共同使用的物品方面（如办公用家具与设备、交通工具和燃料等）和为其他机构制定标准化采购程序上起着主要的作用。

联邦军用采购是由国防部，大部分则通过国防军需机构和陆海空三军的采购部门来执行的，国防军需机构创立于 1916 年，用以采购和分配军用部门所需要用的军需物品，力图降低巨大的重复采购，它管辖 6 个供应中心，这些供应中心专门用于营建、电子、燃料、人员支持、工业及一般供应，目前的趋势是为一些主要产品分类朝“单一经理”发展。每一后勤分支机构采办与其使命相符的一系列设备和物料。例如，陆军部就设有其自己的后勤分支机构从事于采购该部所需要的材料、交通工具、医疗用品和各种服务以及武器。

州及地方采购机构包括学校区、公路部门、医院、住宅机构和其他机构，它们各自都有其销售商必须掌握的购买程序。

（2）影响政府采购者的因素

政府采购者受到环境、组织、人际和个人因素的影响，政府采购的独特之处在于它受到外界公众的严密注视。以美国为例，政府采购的一个监视者是国会，某些国会议员就是由于揭发了政府的奢侈和浪费而飞黄腾达的；另一个监视者是预算局，它对政府支出进行核查，并寻求改善支出效率。为了监视政府机构如何花费大众的钱财，许多私人监视团体也在密切注视政府机构的采购。

由于政府支出决策要受到公众的评论，所以政府组织要做大量文书工作，在批准采购之前，必须填写并签署一些内容详尽的表格，官僚主义盛行，所以，营销人员必须设法“抄近路穿过这些官样文章”。

非经济标准在政府采购中的作用日益加强，要求政府采购者支持不景气的工商企业和地区、小型工商企业和那些废除了种族、性别、年龄歧视的工商企业，销售商在决定同政府进行业务时需要牢记以上这些因素。

（3）政府采购决策

政府采购实务看起来很复杂，这常使供应商感到灰心。在美国最近的观察中发现，供应商记录了大量对政府采购程序不满的例子，这些抱怨包括繁复的文字工作、官僚主义、多余的规章制度、强调低的报价、决策拖拉，经常变换采办人员、政策多变绰。这时候，对于供应商来说，就应该尽可能地了解、掌握这些规则，并设法找到突破烦琐程序的捷径。而对政府部门来说，它们也经常对潜在供应商给予详细指导，提供给他们一些如何把产品卖给政府的指南等。政府常急于要吸引新供应商，其热切程度如同供应商寻找顾客一样。例如，小型企业管理局印发的一本小册子："美国政府采购、规格及销售指南"，列示了数以千计的美国政府所经常采购的商品品目以及经常购买这些产品及劳务的机构名称。政府印刷所印发的"每日商讯"列示了目前估计超过 10 000 美元的国防采购和超过 5 000 美元的民政机构采购的商品品目，还报道了最近的中标合同，它能为分包市场作业务引导。物资采购供应局在几个主要城市设有一些企业服务中心，该机构的工作人员，教育指导厂商了解政府机构采购方法和必须遵循的步骤。除此之外，各类商业杂志与协会也提供有关如何得到学校、医院、公路部门和其他政府机构的信息情况。

（4）政府采购程序

政府采购程序分为两种类型：公开招标和协议合同。

① 公开招标采购。公开招标采购指政府采购办事处邀请合格的供应商对政府仔细描述的商品品目进行投标。一般来说，获得合同的是出价最低的供应商，供应商必须考虑能否满足产品的各种规格及接受的条件，就日用品和标准品来说，如燃料、学校日常用品，各种规格并不是个障碍，但是，对非标准品来说，这也许是个障碍，政府采购办事处通常被要求以胜利者得到一切为基础，把订货合同给予报价最低的投标人。在有些情况下，政府采购办事处会因为供应商的产品优越或完成合同的信誉而给予一些折让。例如，1994 年马来西亚政府决定招标修建新的吉隆坡国际机场，结果中标的集团主要是日本的一些公司。中标价格为 1.74 亿马来西亚元，高于当时的最低竞标价 1.508 亿马来西亚元，但是，该集团却以"最实用的技术"和"最精确的价格计算"而中标。

② 协议合同采购。协议合同采购是指采购机构同一家或几家公司接触，并就项目和交易条件与其中一家公司进行直接谈判。这种采购类型主要发生在与复杂项目有关的交易中，经常涉及巨大的研究与开发费用及风险，或发生在缺乏有效竞争的场合。合同方式多种多样，如成本加成定价法、固定价格法、固定价格和奖励法（供应商如果把成本降低，就可以赚得更多）。当供应商的利润显得过高时，则合同履行情况可公开复审或重新谈判。

在美国，由大公司赢得的政府合同会给小公司带来了大量的分包合同的机会。政府采购活动正是这样在生产者市场上创造出延伸性需要，但是，分包合同的企业必须乐意在利益上同原承包商合为一体，共同承担一些风险。

把产品出售给政府的许多公司，由于种种原因，并未采用营销导向民政府总支出是由选任的官员来决定，而不是取决于供应商开发这一市场的营销努力。政府采购政策强调价格，促使供应商致力于旨在降低他们的成本的技术导向。当产品的特点被详细具体地规定后，产品差异也就不是营销因素了。在公开招标的基础上，广告和人员推销对于赢得招标不可能具有很大影响。

为指导以政府为目标的营销努力，目前已有更多的公司建立了独立的营销部门。克斯、柯达和固特异等公司就是例子。它们要把投标工作协调起来，使其准备更为科学化，它们提出项目建议来满足政府需要，而不再只是对政府的主动做出反应，同时，它们收集竞争性情报，建立较强大的信息传播网，以显示公司能力。

思考题

（1）简述生产者购买的特征。

（2）生产者购买决策的主要阶段有哪些？

（3）转卖者的购买行为按其购买问题的现状可分为哪几种类型？

案例分析

内地游客喜欢到香港地区购买比内地便宜且不太可能是假货的奢侈品。但如今让他们回去炫耀的战利品出现新趋势：上等中国茶叶。香港地区最有名的茶叶店之一的老板解释说，内地顾客正大量购买大红袍茶叶。

然而，如同许多其他受内地市场热捧的产品一样，如今的市场内充斥着太多假冒伪劣茶叶。不择手段的供应商将次等茶叶包装为所谓的大红袍，或者使用化学添加剂改善劣质茶叶的色泽。这就是内地民众为何选择去香港购买茶叶的原因所在。

"内地顾客之所以到香港地区购买大红袍，主要是因为他们信任我们详尽周全的产地标志，"香港茶商说，"我们拥有非常严格的质量控制措施，每个进货环节都有相应负责人员，这保证我们出售的武夷大红袍都是真品。我们每年只能提供 70 箱，就只有这么多，这使我们能确保纯正上等大红袍的供给量"。

在更为遥远的国外，中国顾客也总是云集到最好的茶叶零售店。你或许会感到不可思议，在巴黎的玛利阿奇兄弟茶叶公司的旗舰店和茶房内，到处都是兴高采烈的中国游客，但该经销商显得很淡定，"多年前我们就已经不再感到意外，中国游客总是络绎不绝，"他得意地说。

"他们具有浓厚的品牌意识，尤其对那些带回国内以彰显高档品位和极致奢华的礼品，"茶叶店经理解释说，"如今，越来越多的人正购买从印度进口的顶尖茶叶和我们产的茶叶，当然购买某些中国上等茶叶的人也逐渐增多。"

鉴于中国消费者对几乎每天都发生的震动全国的一系列食品丑闻依然心有余悸，茶叶，这种曾经让外国商人垂涎欲滴以至于在 18 世纪前往中国的商品，如今正展开一场出人意料的往返行程。

（资料来源：百度百科，http://www.zgchawang.com/news/cyxwview-id-72671.aspx，2011-9-12，有修改）

问题：

（1）如何评价国外茶叶零售店的市场定位战略？

（2）中国消费者在国外购买从印度进口的顶尖茶叶和中国产的茶叶，请对消费者行为进行分析。

（3）我国茶叶企业应如何应对，你有哪些建议或意见？

第四章 国际市场营销调研

【引导案例】

日本汽车工业早在第二次大战前已经建立，但产品质量低劣、技术落后、发展缓慢。战后，由于引进国外先进的技术设备和管理方法，加上现代市场营销观念的指导，20 世纪 50 年代在世界市场上尚无立足地的日本在 20 世纪 80 年代初，超过美国成为世界上第一个年产 700 万辆小轿车的国家。1981 年，日本出口小轿车是德、法、美 3 国轿车出口之和。以丰田公司为例，1965 年丰田共向美国出田轿车 288 辆；10 年后，超过它的主要竞争对手德国大众公司、居美国小轿车进口商的首位；20 世纪 80 年代初，年产超过 300 万辆，一跃成为世界第二位的汽车制造商；1985 年，它在美国市场销量，占美国轿车市场的 20%。

在传统的“生产什么，就销售什么”观念的影响下，丰田公司向美国出口的第一辆轿车简直就是一场灾难，这辆取名“丰田宝贝儿”的汽车方盒子式的陈旧外型，发动机开起来像载重汽车一样响，内部装饰既粗糙又不舒服，灯光暗得难以通过加利福尼州的行车标准，缺陷严重自然无人问津。

“丰田宝贝儿”的“流产”迫使公司的决策者冷静下来重新考虑进入美国市场的策略。首先，丰田公司利用政府、商业企业和美国市场研究公司搜集信息，了解美国经销商和消费者的需要，发现未满足或满足不充分的需求。他们发现美国人把汽车作为地位或性别象征的传统观念正在削弱，汽车作为一种交通工具更重视其实用性、舒适性、经济性和便利性，如长途驾驶要求座位舒适和较大的腿部活动空间，易于操控，行车平稳；较低的购置费用、耗油少耐用和维修方便；交通日趋拥挤，要求停靠方便，转弯灵活的小车型。其次，丰田公司研究竞争对手产品的不足和缺陷，丰田公司在市场调研中发现底特律汽车制造商骄傲自大，因循守旧、墨守成规，甚至面对竞争者的挑战、政府的警告信号、消费者拒绝购买和库存量的直线上升的时机时也不例外。在市场调研的基础上，丰田公司精确地勾划出了一个按人口统计和心理因素划分的目标市场，设计出满足美国顾客需求的美式日制小汽车。花冠（Corona）以其外型小巧、购买经济、舒适平稳、维修方便的优势敲开了美国市场大门。

（资料来源：百度百科，http://wenku.baidu.com/view/412362335a8102d276a22f40.html，2011-9-12，有修改）

企业参与国际市场竞争，必须生产和经营能够满足消费者需要的产品和服务。因此，企业在整个生产、销售的经营过程中都必须时刻注意了解市场动向，把握机会，发现问题，及时制订和改进市场营销计划。而这些工作都和国际市场营销调研有着密切的关系。本章主要研究国际市场调研的内容、调研方法、调研时应注意的事项以及市场预测等方面的问题。

第一节　国际市场营销信息系统

国际市场信息是指国际市场上各种经济（特别是市场要素）活动和相关环境的数据、资料、情报的统称，它反映了市场活动和环境的变化、特征和趋势等情况；或是指一定时间和条件下，国际市场产品营销及与之相联系的多功能服务有关的各种消息、数据资料、报告等的总称，一般以文字、数据、凭证、图表、符号、报表、商情等形式表现出来。本章主要阐述了市场信息的内容、分类、来源、基本要求、开发利用以及国际市场信息系统等相关方面的内容。

一、国际市场信息的内容

国际市场信息包括的内容非常广泛、复杂，归纳起来，与企业国际市场营销密切相关的国际市场信息主要包括国际市场环境信息、国际市场产品信息、国际市场价格信息、国际市场销售渠道信息、国际市场促销信息和国际市场竞争信息等。

1. 国际市场环境信息

国际市场环境信息主要指与国际市场营销有关的经济、政治、社会、文化、法律、人口、技术和自然方面的信息。

其具体内容有：国际间经济发展水平及差异；国际市场消费者收入和实际购买力状况；国际市场消费结构和消费者支出模式；目标市场的产业结构和产业布局；国际市场消费者收支变化规律及趋势；国际市场消费者储蓄和消费者信贷状况；国际市场上的社会阶层和相关群体的分类及不同的需求特征；国际市场不同文化背景下的生活方式、价值观念、风俗习惯、审美观和道德伦理观；国际市场上不同民族、宗教、种族、地理、年龄、性别、职业、教育水平、语言文字等亚文化特征及相关的消费禁忌和消费偏好等；国际市场人口规模、人口分布、家庭结构及人口流动规律；国际间政治发展的态势及贸易格局；国际市场特别是目标市场的物价指数、国际收支和进出口情况；国际市场营销的贸易壁垒，特别是关税和非关税壁垒；国际市场上国家之间的贸易协定、贸易公约、贸易惯例和外汇管制；国际市场有关产品卫生、安全、广告、价格、商标等的限制，及许可证和其他单证要求等；国际市场消费者组织和消费者运动状况；国际市场及目标市场的技术发展水平和应用程度及产品更新换代的技术因素等；目标市场或国际各细分市场的自然资源状况等。

2. 国际市场产品信息

国际市场产品信息主要包括国际市场或目标市场对产品的供求、服务、质量、偏好等要求以及替代品和互补品状况。

其具体内容如下：国际市场和每个细分市场对产品的总供求量、供求结构、供求特点及其变化趋势；消费者对产品的购买习惯、购买动机和禁忌偏好；消费者对产品（包括服务）的特殊要求、满足程度及原因分析；消费者对产品质量、商标、包装、装潢、设计、性能等的要求和意见；国际市场产品的潜在消费者和潜在购买力情况；国际市场产品生命周期和产品发展趋势；国际市场产品销售的地区分布和地区结构；国际市场上该产品的替代品和互补品情况；国际市场消费者的购买对象、地点、时间、频率和方式；国际市场产品的延伸需求和派生需求；国际市场上新产品的出现及更新换代的周期等。

3．国际市场价格信息

价格与产品销量和企业盈亏密切相关。企业在进入国际市场时，通常先从成本和利润考虑定价的最低限，从竞争力的角度确定最高限。确定最低限和最高限之间的合理尺度，必须靠准确的价格信息作为依据。

国际市场价格信息一般包括以下内容：国际市场上同类产品不同企业的定价目标和定价方法；国际市场及各细分市场上的价格总水平；国际市场上产品的价格弹性或消费者对产品价格的敏感度；国际市场互补品和替代品的价格高低状况及发展趋势；国际市场上该产品与其他产品的比价以及同类产品的差价情况及产生差价的原因；在不同的细分市场上，消费者对不同企业产品的价格反映；在产品生命周期不同阶段，不同企业的价格策略和价格差距；产品从出口到消费，国际市场中间商的加价比例和加价幅度；国际市场价格领导者、价格歧视、倾销等情况及有关方面的对策；国际市场定价的法律规定、价格惯例以及其他的特殊规定和要求；国际市场价格行情，特别是价格变化趋势等。

4．国际市场销售渠道信息

销售渠道信息主要是指产品从生产者出口到国际消费者手中这一过程中，有关流通环节、流通渠道、流通方式的信息，即有关销售渠道和实体分配的信息。

其具体内容如下：国际市场上产品销售渠道的种类及市场惯例；国际市场上消费者之间不同的购买渠道；国际市场产品实体分配的方式、成本及利弊分析；直接销售的种类、形式和特点；间接销售的种类、形式和特点；在销售渠道系统中，国际市场各中间商的信誉、实力、优势、劣势、作用、服务、促销、竞争、销售条件、市场地位等情况；国际市场中间商折扣、中间商与生产者、消费者协作方式的国际惯例；各个中间商的购买和销售潜力及其经营的产品领域和地域范围；国际市场产品的分销层次和分销结构；国际市场产品广泛分销、选择分销和独家专营策略比较；国际市场分销渠道和中间商的发展趋势等。

5．国际市场促销信息

国际市场促销信息，主要指国际市场上有关人员推销、广告、营业推广和公共关系方面的情况。

其具体内容如下：国际市场上促销的各种具体形式、种类以及可利用程度；国际市场人员推销的成本、优势、障碍及利弊分析；国际市场营业推广的方式、在不同市场的特点和要求以及中间商、消费者对此的反应；国际市场上公共关系特点及不同企业在公共关系方面的经验教训；国际市场上的广告方式、媒体、艺术、技巧、目标、政策、法律以及效果等；中间商在促销方面的协助情况；国际市场促销的国际惯例等。

6．国际市场竞争信息

国际市场上的竞争有直接竞争和间接竞争、现实竞争和潜在竞争之分。在搜集国际市场竞争信息，评价竞争状况时，最好集中于市场上居领先地位的或者有巨大潜力的竞争者。

国际竞争信息的内容主要包括：国际市场上主要竞争者是谁？是直接竞争，还是间接竞争？竞争者来自何处？竞争者采取的是价格竞争，还是非价格竞争？国际市场上各竞争者的产量、销量和市场占有率情况；国际市场上竞争者之间在成本、价格、利润、质量、品种、规格、型号、服务等方面的比较；国际市场上某类产品是否存在垄断现象及消除垄断的可能性；国际市场竞争者之间在关税、贸易运输条件、分销渠道等方面的不同条件和不同策略；

国际市场上某些竞争者成功的原因；国际市场竞争者之间企业形象、产品信誉和声誉、经营实力、销售渠道控制能力和市场吸引力比较；国际市场不同竞争者的市场营销计划、策略、战略等；在国际市场竞争过程中，有没有未被竞争者占领的市场；国际市场竞争产品的价格策略及其竞争者相应的价格反应；生产企业与中间商以及中间商之间的竞争情况；国际市场的竞争结构和竞争强度等。企业对竞争信息的了解，还要求把握竞争对手过去的成就、现在状况和将来发展等方面的信息，以便制订企业的国际竞争目标和国际竞争策略。

二、国际市场信息分类

国际市场错综复杂，因此，反映市场状况的国际市场信息也多种多样。国际市场信息既有类别之分，又有质、量、度之别。而且市场信息的范畴本身很广，在整个国际市场营销运作过程中，市场信息无时不在，无处不有，但我们通常所说的国际市场信息，都是指在一定程度上经过人们加工整理的信息，有序化、规范化程度较强。

从不同的角度来看，国际市场信息有不同的类别。

① 按信息来源方式的角度划分国际市场信息的种类，可分为公开信息和非公开信息两种，这两种信息又常以记录形式和非记录形式出现。其中，公开信息来自公开的信息源，是国际市场信息中最普遍、使用也最广的一类信息；非公开信息是指有关组织的不对外提供或发布的内部信息。记录信息是由各类文献中提供的信息；非记录信息包括实物信息（如样品、样本、模型等）和口头信息。而口头信息是指人们通过直接交流（如交谈、参观、出席学术会议、访问等）所获得的非记录信息，在进行市场调研、掌握市场动态的过程中，口头信息占有重要地位。

② 按信息存储方式的角度划分国际市场信息的种类，可分为数字化信息和非数字化信息。数字化信息是指利用计算机处理和存储在计算机存储器中的数据，这类信息由于已经数字化，处理时可以利用计算机的高速、精确、自动等特性及时获取所需有用信息，以提供决策使用；同时计算机存储器容量随着技术发展越来越大，一张光盘就可以存放几百本图形内容，数字化的电子信息将越来越丰富，许多大型数据库在世界各地纷纷建立，提供各种各样的信息和数据，因此，开发和利用电子信息将是国际市场营销中可行的手段。非数字化信息是指一般信息如纸印刷品、书本等，这类信息由于无法利用高速计算机处理，而依赖于人的处理，将导致信息处理迟缓和误差，因此，将这类非数字化信息转化为数字信息，是信息采集处理过程中的一个重要步骤。

③ 按信息来源渠道的角度划分国际市场信息的种类，可分为传统信息源和计算机信息源。传统信息源主要是非数字化信息，不易于信息的处理、存储和传播，信息在使用传播过程中需要多次重复地处理，如复印、抄写、记录等低效率渠道传播。而计算机信息源，由于存储的信息是数字化信息，信息的复制、传播和存储相当容易且高效，可全部由计算机完成而且准确无误，同时减少传统上不必要的纸张文件信息。特别是互联网的出现，世界上不同数字化信息源通过互联网可以在全世界范围内共享、传播和使用，而且传播效率高，信息准确，不受时间、地理限制，只要能连接上互联网，就可以容易获取网上所有允许共享的信息资源。因此，信息社会不缺信息，反而容易被“信息海洋”淹没，现在的关键是如何提炼信息，获取知识，识别有价值的信息。

④ 按信息的形态的角度划分国际市场信息的种类，可分为文件式的市场信息和非文件

式的市场信息。文件式的市场信息包括与市场有关的报告、信件、决议、计划、指令、总结、会议记录、说明、图纸、报表等，即通过文字记录和传递的国际市场信息。非文件式的市场信息大部分是口头传递的，如打电话、讲话、口头汇报等形式，即通过语言直接传递的国际市场信息。一般来说，非文件式市场信息有价值的部分，最后也要以不同的方式变成文件式市场信息，以便进行传递和储存。

⑤ 按信息的时间特征的角度划分国际市场信息的种类，可分为过时市场信息、市场现状信息和市场发展信息。过时市场信息是了解过去市场状况的历史资料；市场现状信息和市场发展信息则是人们了解国际市场形势，企业制订市场战略决策和营销策略，预测未来市场发展趋势的重要依据。

⑥ 按信息管理组织形式的角度划分国际市场信息的种类，可分为系统化国际市场信息和非系统化国际市场信息。系统化市场信息是指符合企业或其他有关组织规定的固定方式、途径、形式、指标、地址、传递间隔期等的比较详细、系统的信息，如企业的市场调研机构，在国际市场上选定固定的消费者作为调查对象，下发《消费者调查表》，定期回收，以获得有关消费者的系统信息资料。由于系统化市场信息能够有规律地获取，所以，它又叫经常性市场信息。非系统化市场信息又叫偶发性市场信息，是指部分地或完全不按照固定形式所获得的信息，也是不定期的偶然获得的市场信息。

⑦ 按信息自身的稳定性的角度划分国际市场信息的种类，可分为流动性国际市场信息和固定性国际市场信息。流动性市场信息反映国际市场上经常变化、无规律出现的信息，如某个时间目标市场产品竞争格局。这种信息的时间性较强，一般只有一两次使用价值，时间一过，就成为过时市场信息。及时搜集这类市场信息，并与企业的市场营销决策进行比较分析，有助于了解市场变化的全貌，调整企业的市场营销活动。固定性国际市场信息具有相对的稳定性，在一定时期可以在国际市场上重复出现，而不发生根本变化，如一定地区的消费者偏好、消费习俗等。这种信息的有效期较长，可以存储并重复使用。固定性市场信息占国际市场信息的大部分，企业开展国际市场营销的决策质量和经营效果，在很大程度上取决于固定性市场信息的搜集和利用。

⑧ 按信息处理特点的角度划分国际市场信息的种类，可分为第一次信息和第二次信息。第一次市场信息又叫国际市场原始信息，指未经任何处理的国际市场活动信息。第二次信息是指对第一次信息进行了加工处理后的信息。例如，在市场原始资料的基础上整理出来的目标市场分析报告和分类专题研究等。

三、国际市场信息的来源与基本要求

1. 国际市场信息的来源

（1）国际市场直接信息的来源

国际市场信息的来源分为两大类：一类是企业信息人员亲自搜集、整理、加工的各种原始信息，即主要靠实地考察得来的直接信息；另一类是他人搜集并通过整理、加工的各种间接信息资料，即第二手信息资料。

直接信息主要是靠实地考察得来的。许多发达国家都有比较严密的直接信息搜集网络。通过这些信息网，许多企业对国际市场有关产品的生产、销售、财务、技术价格等行情，几乎了如指掌。

国际市场直接信息主要有6种来源：企业派技术人员、信息人员或推销人员等，到一定的国际市场进行实地考察、搜集市场信息；委托本国驻外经济贸易机构进行调查，获取信息；委托本国出国人员（特别是经济、技术访问团）对有关国际市场进行专门调查或附带调查；企业在世界各地的销售网点，不断从市场上反馈得到的信息资料；委托市场所在国的代理商、零售商、进口商、批发商或其他的中间商，帮助搜集有关的市场信息；通过互联网收集网络信息，在收集网络信息时，一定要注意通过便宜、不受地理位置及时间约束的互联网收集信息，既可以保证信息的正确性和直接性，同时保证信息的时效性，比如通过互联网可以同时了解世界网上公布的实时金融、商品、价格等市场信息。

（2）国际市场间接信息的来源

间接信息的来源包括企业内部信息源和企业外部信息源两个方面。与国际市场有关的企业内部信息源，主要是企业自己搜集、整理的国际市场信息、企业产品在国际市场销售的各种记录、档案材料和历史资料，如客户名称表、购货销货记录、推销员报告、客户和中间商的通信、信件等。

企业外部的国际市场信息源包括的范围极广，主要是国内外有关的公共信息机构。

2．国际市场信息的基本要求

成功地开展国际市场营销，必须由市场信息作保证，而这些市场信息又必须具有准确、及时、系统、适用、经济、明晰和动态变化等基本要求。

（1）准确性

这是国际市场信息搜集、整理、加工的第一要求。只有信息准确，才能保证信息的有效利用。国际市场信息一定要尊重客观事实，真实地、准确地反映国际市场活动的变化特征，切忌人为地修饰而造成市场信息失真、扭曲和变异。鉴于此，最原始的国际市场信息资料一定要准确、翔实、可靠。

（2）及时性

国际市场信息的搜集、加工、传递一定要及时，以保证信息的时效性，现代国际市场瞬息万变，市场信息不断地、大量地出现，如果信息的搜集、加工、传递不及时，会直接影响市场营销决策，甚至做出错误的决策。对于时效性较强的信息，更要注意这一点。

（3）系统性

它要求保持信息的全面性，从国际市场总体状况出发，或至少从一个企业的市场信息需要出发，将影响市场活动的有关方面的信息，按照系统的要求进行搜集和整理，全面、系统、有序地反映国际市场活动的变化。既便于使用，又便于储存。

（4）适用性

国际市场信息要符合企业开展市场营销工作的需要，尽可能地提高市场信息的适用性。由于各个企业的内外部环境不同，开展市场营销工作的条件不同，对市场信息的适用性要求也不相同。同时，市场信息还存在着技术上的先进性、经济上的合理性、内容上的详尽性与企业实际需要之间的矛盾。对其他企业适用的信息对本企业不一定适用。

（5）经济性

国际市场信息的开发和利用，要坚持经济效益的原则。经济的要求是指国际市场信息的价值与信息开发费用之间的关系，费用要省，而信息的价值又要高，即用较少的费用获取最有价值的信息，或者获得最有价值的信息用尽可能少的费用。

(6) 重点性

它要求区分国际市场营销信息的主次，抓住重点和急迫的营销问题尽早地和有步骤地进行信息处理。比较有效的方法是通过粗选，选择出有关的信息；再通过精选，选择出重要的信息。

(7) 动态性

它要求看到国际市场信息及其反映的态势是发展变化的，不能用静止的观点来看待国际市场，而要善于从过去的信息分析现在，从现在的信息预测未来。

(8) 明晰性

它要求经过加工整理后的国际市场信息简明、清晰、精炼、扼要，尽量降低信息的松散度、模糊度和多余度。现代国际市场信息管理更强调信息的高度浓缩，使企业能在最短的时间内获得成本最低、信息量最大、真实、可靠、适用的国际市场信息。这对市场信息量极为庞大的行业和企业尤为重要。

四、国际市场信息的开发与利用

1. 国际市场信息的开发

开展国际市场信息的搜集、整理、加工，最根本的目的是为了制订国际市场营销策略，并对此进行可行性分析。市场营销策略正确与否，可行性研究的质量如何，其一要看是否充分掌握了必需的信息；其二要看信息的可靠性；其三要看对信息是否进行了充分的加工分析。在制订市场营销策略时，最难得到准确、适用、可靠、经济的市场信息。企业市场营销决策失误，往往是由于对市场信息把握不准而造成的。许多成功的决策都是因为其决策者既有必要的信息，又有利用信息的能力，特别是对各种事物的洞察力。

(1) 国际市场信息的开发主要通过各国设立的专门机构进行

现代管理学认为，企业市场营销管理的过程，实际上就是信息管理的过程。西方发达国家政府、地方政府、大公司、银行、高等院校和科研机构等，都直接从事市场信息的搜集、整理、储存、检索和分析工作，并对外提供咨询服务。

(2) 当代国际市场信息开发具有国际性

许多西方国家，如美、英、法、意、日、德等国，实行“信息共有”、“资源共享”，建立长期的信息联系和信息沟通。参加信息互惠的国家和企业，都可以通过信息网络系统，随时获取对方的信息，简便、迅速、经济，使国际市场信息的价值倍增。还有些企业，如日本的三菱与德国的西门子，日本东芝、本田与美国的通用电气公司，既建立长期的信息联系，又联合办公司，联合开发国际市场，协作开展进出口业务，把信息交流、信息开发与国际市场营销紧密联系起来。通过信息沟通，获得更多的合作，又通过合作，得到更多有价值的市场信息。这是许多国际性大公司成功的一个重要原因。

2. 国际市场信息的利用

进入信息化社会，国际市场营销也适合这个特点。高度信息化的社会，同时又是信息“泛滥”的社会。获取信息不易，要真正从市场信息的海洋里，找出对营销决策有用的信息，并给予充分的利用，也是一件非常困难的事情。对国际市场信息的利用，通常要把握以下几点。

（1）注重信息和市场环境的比较分析并有针对性地利用

在进行国际市场营销决策之前，充分地占有情报，反复地比较分析，然后择优而行。例如，许多外国企业在研究中国市场环境时，既搜集、整理加工有关中国市场的具体信息，又在这些信息的基础上综合归纳、提炼，进行多层次的比较分析。他们分析，与中国市场有共同点的国家和地方主要有3种。一种是其他的社会主义国家，其经济体制、营销体系、管理方式和贸易格局等，与中国比较相似。了解了其他的社会主义国家市场，有助于了解中国市场。第二种是发展中国家，它们的经济收入和购买力水平、生产力发展状况、企业模式、进出口能力、市场体系等与中国比较接近。依据发展中国家的市场信息，可以类推中国市场。第三种是东方国家，尤其是东亚、东南亚一些国家，它们的文化特点、社会观念、风俗习惯以及消费者购买行为特点等，与中国有相似之处，这些国家和地区市场对了解中国市场很有参考价值。

（2）信息部门同生产部门、营销部门和研究开发部门的一体化建设

企业要适应未来国际市场对产品的需求，正确制订这些产品的营销策略，必须重视发挥生产部门及营销部门的职能，并加强它们同信息部门和研究开发部门的配套建设以便对国际市场信息更好地搜集、整理、加工和利用。

（3）注重向用户提供信息服务

这是有效地利用信息的一种标志。企业定期或不定期向用户提供所需要的信息，可以更好地满足顾客的需求。企业向用户提供信息服务有以下几种形式。

① 通过批发商店、零售商店、邮寄和用户座谈等形式，直接向用户提供各种信息，让用户了解某种产品或某个市场的特点及其发展趋势，所提供的信息服务以本企业的产品为主，但不仅仅限于本企业的产品，还提供更广泛的产品信息以便给消费者一种公正的、全面的、整体性的服务。

② 通过各种展销会、博览会、交易会、洽谈会等，向用户提供有关的信息，宣传自己的产品，影响顾客的购买倾向和购买行为。

③ 利用广告媒介，如电视、广播、报纸、书刊等，向用户提供产品或市场信息，或企业向社会开放。这样，可以使顾客更形象、更全面地了解市场信息，了解企业和产品，对企业更信赖。

④ 在互联网上设置站点，向用户提供联机实时热线服务，将有关产品信息和疑难问题解答存储到站点，用户可以随时查询并反馈使用意见和新的产品建议。

向用户提供信息服务，是企业适应消费者需求观念的变化，提高企业形象和企业信誉的客观要求。在西方企业家的眼中，能否向用户提供更多更好的信息服务，是区别现代优秀企业和一般企业的重要标志。随着未来市场的发展，这将变得更重要。

五、国际营销信息系统

国际营销信息系统是市场营销信息系统，是指一个由人员、机器和程序所构成的相互作用的复合体，企业借以收集、挑选、分析、评估和分配适当的、及时的和准确的信息，为市场营销管理人员改进市场营销计划、执行和控制工作提供依据。它是一门新兴的科学，其主要任务是最大限度的利用现代计算机及网络通信技术加强企业的信息管理，通过对企业拥有

的人力、物力、财力、设备、技术等资源的调查了解，建立正确的数据，加工处理并编制成各种信息资料及时提供给管理人员，以便进行正确的决策，不断提高企业的管理水平和经济效益。目前，企业的计算机网络已成为企业进行技术改造及提高企业管理水平的重要手段。随着我国与世界信息高速公路的接轨，企业通过计算机网络获得信息必将为企业带来巨大的经济效益和社会效益，企业的办公及管理都将朝着高效、快速、无纸化的方向发展。国际营销信息系统通常用于系统决策，例如，可以利用国际营销信息系统找出目前迫切需要解决的问题，并将信息及时反馈给上层管理人员，使他们了解当前工作发展的进展或不足。换句话说，国际营销信息系统的最终目的是使管理人员及时了解公司现状，把握将来的发展路径。

1．国际营销信息系统的作用

① 保证收集到信息。

② 保证信息与决策有关。

③ 保证信息可以被管理部门容易地得到、理解和使用。

信息系统取决于产品、进入国际市场的方式、企业内部资源与条件等许多因素。最简单的信息系统只提供信息来源，复杂的则包括全面使用计算机，并提供具体的决策模型。各个公司应该依据上述各个因素和实际需要来设立自已的信息系统。一种种较理想的国际营销信息系统，应在一个总的国际营销系内，按不同的国家、不同的标准建立不同的若干个子系统，每个子系统应包括企业在该国各种有关技术方面的信息，为制订公司总体营销决策服务。总系统与子系统之间应是相互依赖与相互支持的对应关系，彼此保持高度的信息对流，为总公司与子公司的各项营销活动提供迅速、准确、易用的各种市场信息。

2．建立国际营销信息系统的目的

建立营销信息系统的目的就是收集、分析、评价和运用适当的、准确的信息，帮助营销人员和决策者实现营销决策、营销规划，执行营销活动，提高其理解、适应乃至控制营销环境的能力。因此，认为作为一个完整的具有快速反应能力的营销信息系统必须包括内部报告系统、营销情报系统、营销研究系统和营销分析系统这 4 个方面。整个国际营销信息系统的运作如图 4-1 所示，从图中我们可以看出国际营销经理为了实施他们的分析、计划、执行和控制的责任，需要营销环境的开发信息；营销信息系统的作用是评估经理的信息需要，收集所需要的信息，为营销经理适时分配信息；所需信息的收集通过公司内部报告、营销情报收集、营销调研和营销决策支持分析 4 个方面工作进行。

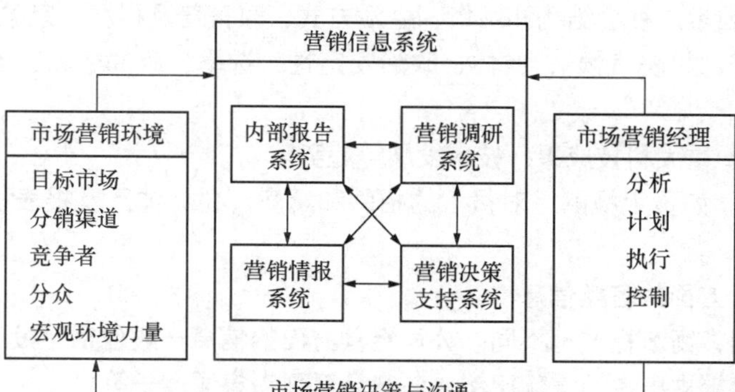

图 4-1 国际营销信息系统运作图

3．国际营销信息系统的构成要素

（1）市场信息、市场潜量

市场信息主要包括6个方面的内容。

① 市场潜量。公司现有产品在市场上的地位和前景、有关产品的潜在需求方面的信息、有关互补产品和替代产品的产销信息。

② 消费者的态度和行为。消费者或用户对公司现有产品的态度和需求；购买阶层、购买时间、购买频率等信息。

③ 分销渠道。有关公司分销系统、竞争对手的分销系统、独立经销商、批发和零售的分销系统的信息，包括可获性、态度和偏好、效率等。

④ 信息传递媒介。媒介的可获性、效果和成本方面的信息。

⑤ 新产品。有关新产品（包括已在其他国家销售过的产品）、新设想及其市场潜力的非技术性信息。

⑥ 竞争对手的市场经营。竞争对手销售额、历史、现状及趋势；竞争对手现有产品和新产品的市场经营规划；竞争对手现有产品和在研制产品的特性及价格；有关对手能力、员工士气、调离调入频繁程度、生产效率等信息；竞争对手的投资、扩建计划、迁移计划等。

（2）国际惯例与法令方面的信息

① 外汇。外汇管制当局所操纵的外汇汇率的变化及趋势；外汇制度和外汇市场；外汇银行及其他有关贸易金融机构的信息。

② 税收。外国当局对所得、股息和利息的课税规定，所持的意向和态度；关税。

③ 其他。影响经营、资产和公司投资的其他信息，包括地方机构和国家机构的条文、规定和法律等。

（3）资源信息

① 人力。劳动力来源、失业、罢工等情况。

② 资金。公司所用资金的来源及成本。

③ 原材料。原料的来源及成本。

（4）国际市场宏观环境信息

① 宏观经济因素。诸如国民生产总值、人均国民收入、经济增长速度、经济结构、经济地理一类宏观经济数据。

② 社会文化因素。社会结构和习俗、生活方式、教育普及程度、宗教信仰等。

③ 政治因素。“投资气候”、政体、政治安定性、选举、政局变动、国际关系、战争因素等。

④ 科技因素。重大科技成果、技术发展等趋势。

⑤ 管理做法。如员工报酬、对员工的招聘和解雇、会计体系及报表程序等方面的管理做法和程序。

（5）公司经营方面的各类信息

公司性质不同，衡量标准也不同。公司经营方面的信息一般包括：投资收益率、市场份额及变动趋势、营销支出占销售额比例、各产品系列销售额增长等。

4．国际营销信息系统的原则

在建立系统时，要兼顾长远目标与企业现状，兼顾预期收益和费用投入。在系统设计时，将遵循如下原则。

战略性：系统规划从企业战略目标出发。分析企业内部的业务和管理对信息的需求，总体规划，分步实施。

整体性：整个系统能够完成从信息的搜集、处理、分析的全部功能。

实用性：系统规划要为实施工作提供指导，为进一步实施提供依据；方案选择应追求实用性，必须切合企业的实际情况，不片面求大、求全。

可操作性：将根据企业最紧迫的问题和企业现状，确定系统建设目标。根据目标，设计信息部组织结构和工作流程，指导其开展工作。

第二节　国际市场营销调研的概述

一、国际市场营销调研的含义

国际市场营销是指企业以国际市场和国外消费者为对象，以掌握国际市场营销环境中各种因素的变化及其相互关系为目的，运用科学的手段和方法，系统、客观地搜集、记录、整理、分析与企业国际营销有关的各种信息，以便为企业的国际市场营销决策提供科学依据的活动。在这个定义中，所谓“系统地”是指对市场营销需要开展周密的计划思考和有条理地组织调研工作。“客观地”是指对所有的信息资料应客观地进行记录、整理和分析处理。调研人员必须是公正和中立的，对调研中所发现的结果能保持坦诚的态度，尽可能减少错误和偏见。这样调研结果才不会导致错误的市场营销决策。调研所得的信息，只能帮助市场营销经理制定决策，但绝不能代替他们去作决策。调研结果只能作为决策的参考，企业营销经理们根据调研信息做出自己的计划与决策，来指导企业的经营活动。

国际市场调研是营销管理的一种辅助工具，目的是为了提高营销活动的效率。它是一项复杂且技术型较强的实践活动。

市场调研是调查和研究的紧密结合：在国际市场营销调研中，数据是至关重要的，决不能仅靠主观判断；信息的搜集和积累是每个企业国际营销调研的一个必要的前提条件。

二、国际市场营销调研的作用

当前，市场经营活动竞争日益激烈，企业决策人员越来越重视市场营销观念。企业营销职能的主要任务是为消费者的利益服务，而不是首先为企业的利益服务。企业为了满足消费者的需求，就意味着要综合一系列的市场因素以达到一种经营商的协调，从而使其产品在市场上能够成功地竞争，为消费者所接受。因此，企业决策人员必须认真分析、研究市场各影响因素，根据市场形势的变化制订并调整自己的营销策略。然而市场是复杂多变的，市场规律蕴藏在大量市场现象和事实之后，要发现它们就要求企业对所面对的市场进行全面的调查和研究。

关于市场调研与市场营销活动的关系以及市场调研在营销决策过程中的重要作用，如图 4-2 所示。

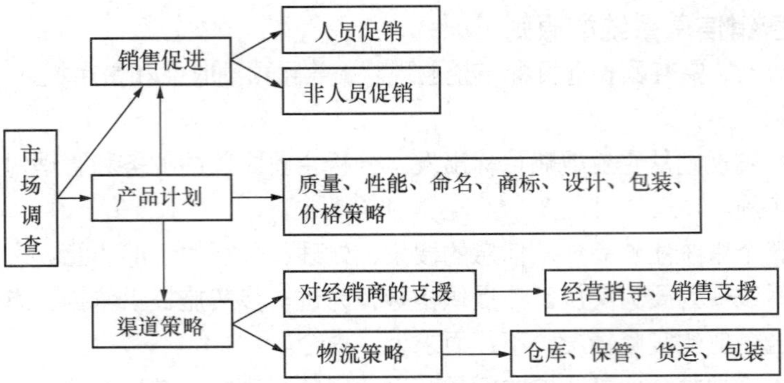

图 4-2　市场调研与市场营销活动关系图

市场营销调研是企业成功经营的关键，一个企业要想顺利进入国际市场，必须以国际市场营销调研为先导。国际市场营销调研在企业管理中的作用体现在以下几个方面。

1．发现市场机会，开拓潜在市场

市场营销调研对国内市场的经营活动是至关重要的，在国际市场的经营活动中更是成功的关键因素。当企业决定将产品推入国际市场之前，必须选择对其有力的市场，这就要求企业对其产品在哪些国外市场销售前景更为广阔以及对某一特定市场预计销售量和进入市场的决策问题有一个正确的认识和判断。然而，通常企业决策人员对其他国家的地理、文化、经济和政治等方面的情况了解有限，对于正确估计产品在国外市场销售状况所需的资料和信息相对缺乏。而且世界市场瞬息万变，市场环境复杂多变，难以准确预测，一些新的产品会流行起来，而另一些产品，则会退出市场，激烈的竞争更使世界市场难以进入，同时也为企业创造出许多机遇。企业要想选择、捕捉和把握市场机会，关键是要对目标市场有详细的了解。所以，再决定把产品打入目标市场之前，首先要对这个市场进行深入的调查研究。并且通过市场营销调研，还可以帮助企业寻找和选择有利的新市场，并稳步扩大企业产品的市场范围，避免不必要的费用支出及盲目的营销行为造成损失。

2．市场营销调研是企业产品更新换代的依据

科学技术的日新月异，顾客需求的千变万化，致使市场的竞争日趋激烈，新产品层出不穷，产品更新换代的速度越来越快。通过市场营销调研，可以发现企业的产品目前处于产品生命周期的哪个阶段，以便适时调整营销策略，对其是否要进行产品的更新换代做出决策。

3．市场营销调研是企业制订市场营销组合策略的依据

市场的情况错综复杂，有时难以推理，因为现象也会掩盖问题的本质。例如，某产品在南方深受顾客青睐，可在北方却销售不畅，通过市场营销调研可以指出问题所在，或许是因南北方顾客的需求差异所致，或许……只有找到原因，才能制订出产品策略。又如，产品的价格不仅取决于产品的成本，还受供求关系、竞争对手的价格、经济大环境、价格弹性等多因素的影响。毫不夸张地说，市场上产品的价格是瞬息万变的，通过市场营销调研，企业可以及时地掌握市场上产品的价格态势，灵活调整价格策略。再如，产品打入市场，能否制订出切实有效的促销策略至关重要，销售渠道是否畅通无阻亦同样重要。这一切都需要通过市场营销调研来提供市场信息，作为企业制订营销组合策略的依据。

4．市场营销调研是企业增强竞争能力提高经济效益的基础

通过市场营销调研，企业可以及时了解市场上产品的发展变化趋势，掌握市场相关产品的供求情况，清楚顾客需要什么等。据此制订市场营销计划，组织生产适销对路的产品，增强企业的竞争能力，实现企业的赢利目标，提高企业的经济效益。

三、国际营销调研与国内营销调研的异同

国际营销调研是指从事国际营销的企业（包括出口企业和跨国公司），所进行的营销调研活动。国际营销调研与国内营销调研的过程与方法，从概念上讲是相同的。例如，无论是国际调研还是国内调研，都要首先确定营销中存在的问题，制订出调研计划，然后再搜集、整理分析并说明有关信息，最后撰写出调研报告供营销决策者使用。

国际营销调研有其特殊性，这些特殊性表现在如下几个方面。

第一，国际决策比国内决策更需要充分、及时、准确的信息。这是因为，各国的文化、法律、政治、经济等方面存在着巨大的差异性，国际营销决策者远不像国内营销决策者那样熟悉营销环境，稍有不慎，就有可能导致决策的失误。相对来说，信息对国际营销来说更为重要。

第二，国际营销决策所需要的信息不同于国内营销所需要的信息。这是由于国际营销决策不同所致。例如，国际营销的重要决策之一，是选择进入国外市场的方式。为了制定这一决策，企业需要了解目标市场国的外汇和外资政策，了解市场国的劳动力、原材料、管理经验等资源条件，了解市场国的竞争状况以及渠道模式等。这些信息在国内营销中一般是不需要的。

第三，国际营销调研比国内营销调研更困难、更复杂。这种困难性和复杂性主要表现在：① 有些信息在国内很容易得到，在国外（尤其是在发展中国家）很难得到或根本得不到；② 从不同国家得到的信息，由于各国统计方法、统计时间等因素存在着差别，需经过复杂的整理、换算后，才能使其具有可比性；③ 同样的调研方法，在甲国有效，在乙国则可能无效或受到很大制约；④ 国外调研的成本要远远高于国内调研；⑤ 国际营销调研的组织工作要比国内凋研更复杂。例如，如何处理好跨国公司的母公司调研？与子公司调研的关系？如何利用国内调研公司和国外调研公司?这些问题显然比国内调研中所遇到的问题复杂得多。

第三节 国际市场营销调研的内容与方法

一、国际市场营销调研的内容

一个企业要想进入某一新市场，往往要求国际市场调研人员提供与此有关的一切信息——该国的政治局势、法律制度、文化属性、地理环境、市场特征、经济水平等。

1. 经济发展信息

这是企业确定国际市场发展方向和目标的重要依据，包括经济环境特征、经济增长速度、通货膨胀率、工商业周期趋势等一般信息和与之相关的价格、税收、外贸等方面政策的资料。

2. 社会或政治气候信息

社会或政治气候信息包括影响企业海外业务经营的种种非经济性环境条件的一般信息，如法律体系、语言文字、政治稳定性、社会风俗习惯、有关文化方式、宗教和道德背景等。

3. 市场条件信息

市场条件信息包括有关国家市场结构与容量、交通运输条件等。还包括对本部门产品的获利能力分析、主要进出口国的需求总量、某商品进出口量在其国内消费或生产的比重等。

4. 市场竞争者的信息

竞争者包括国内、当地及第三国的竞争者。调查的信息一般有市场竞争结构和垄断程度；主要竞争对手企业的占有率；当地供货商利用政治影响提高关税和非关税壁垒的可能性等。

5. 科技发展的信息

科学技术的发展对实现企业长期目标有重大的战略意义。应当经常注意和搜集对本企业有用的、别人已经取得的科技成果或发明专利方面的详细信息资料。

从国际贸易商品进出口角度看，国际市场调研主要包括：国际市场环境调研、国际市场商品情况调研、国际市场营销情况调研、国外客户情况调研等。

（1）国际市场环境调研

企业开展国际商务进行商品进出口，如同军队作战首先需分析地形，了解作战环境一样，需先了解商务市场环境，做到知己知彼，百战不殆。企业对国际市场环境调研的主要内容如下。

① 国外经济环境，包括一国的经济结构，经济发展水平，经济发展前景、就业、收入分配等。

② 国外政治和法律环境，包括政府结构的重要经济政策、政府对贸易实行的鼓励、限制措施、特别有关外贸方面的法律法规，如关税、配额、国内税收、外汇限制、卫生检疫、安全条例等。

③ 国外文化环境，包括使用的语言、教育水平、宗教、风俗习惯、价值观念等。

④ 其他，包括国外人口、交通、地理等情况。

（2）国际市场商品情况调研

企业要把产品打入国际市场或从市场进口产品，除需了解国外市场环境外，还需了解国外商品市场情况，主要如下。

① 国外市场商品的供给情况，包括商品供应的渠道、来源，国外生产厂家、生产能力、数量及库存情况等。

② 国外市场商品需求情况，包括国外市场对商品需求的品种、数量、质量要求等。

③ 国际市场商品价格情况，包括国际市场商品的价格、价格与供求变动的关系等。

（3）国际市场营销情况调研

国际市场营销情况调研是对国际市场营销组合情况的调研，除上述已经提到的商品及价格外，一般还应包括如下内容。

① 商品销售渠道，包括销售网络设立、批零商的经营能力、经营利润、消费者对它们的印象、售后服务等。

② 广告宣传，包括消费者购买动机、广告内容、广告时间、方式、效果等。

③ 竞争分析，包括竞争者产品质量、价格、政策、广告、分配路线、占有率等。

（4）国外客户情况调研

每个商品都有自己的销售（进货）渠道。销售（进货）渠道是由不同客户所组成的。企业进出口商品必须选择合适的销售（进货）渠道与客户，作好国外客户的调查研究。一般说来，商务企业对国外客户的调查研究主要包括以下内容。

① 客户政治情况，主要了解客户的政治背景、与政界的关系、公司企业负责人参加的

党派及对我国的政治态度。

② 客户资信情况，包括客户拥有的资本和信誉两个方面。资本指企业的注册资本、实有资本、公积金、其他财产以及资产负债等情况。信誉指企业的经营作风。

③ 客户经营业务范围，主要指客户的公司企业经营的商品及其品种。

④ 客户公司、企业业务，指客户的公司企业是中间商还是用户、专营商或兼营商等。

⑤ 客户经营能力，指客户业务活动能力、资金融通能力、贸易关系、经营方式和销售渠道等。

二、国际市场营销调研的方法

国际市场调研是复杂细致的工作，须有严格、科学的方法。

企业对国际市场调研获取的资料，按其取得的途径不同，一般分为两类：一类是通过自己亲自观察、询问、登记取得的，称为原始资料；另一类是别人搜集到的，调查者根据自己研究的需要，将其取来为己所用，称为二手资料。人们又把它分为二手资料调研法和实地调研法。

1．二手资料调研

（1）二手资料调研的概念与作用

二手资料调研（Secondary Data Research）是指查寻并研究与调研项目有关资料的过程，这些资料是经他人收集、整理的，有些是已经发表过的。通过第二手资料的调研，市场营销调研人员可以把注意力集中到那些应该着重调查的某些特定的因素上，经营国际贸易，如果有许多市场摆在面前要去选择，第二手资料调研可以帮助调研人员排除不理想的市场而认准最有前途的市场，并为进一步的实地调查奠定基础。在国际营销中，二手资料调研的作用主要表现在以下3个方面。

① 是重要的信息来源，为某些营销决策的制订奠定基础。

② 案头调研可以为实地调研提供必要的背景资料，使实地调研的目标更加明确，从而节省时间和调研成本，为国外实地调研打下基础。

③ 有助于收集原始数据。对以往类似调研时所采用的方法和技术进行检查，有助于制订目前的调研计划。

在国际市场调研中，二手数据主要在以下两种情况下特别有用。

① 选择出那些需要进行深入调查的国家或市场常用的方法有两种。第一种方法是将国家按两个维度进行分类。这两个维度分别是人口统计特征的和经济的变动程度以及该国国内的稳定程度和团结程度。第二种方法是计算不同国家的若干个要素指标。

② 初步估计某一国家或某些国家的需求潜力，决定了要对哪些国家和市场进行深入调查之后，下一个步骤就是明确地评估这些国家和市场的需求情况。

（2）二手资料的来源

国际竞争是一场信息的竞争，谁掌握了信息，谁就赢得了市场。要研究信息，企业必须掌握信息来源。而从众多的信息源中查询第二手资料是一个重要的途径。第二手资料的来源主要可以分成两大类：内部资料来源和外部资料来源。

① 内部资料来源。内部资料来源指的是出自我们所要调查的企业或公司内部的资料。内部来源可以分为以下两部分。

一是会计账目和销售记录。每个企业都保存关于自己的财务状况和销售信息的会计账目。会计账目记录是出口企业或公司用来计划市场营销活动预算的有用信息。除了会计账目外，市场营销调研人员也可从企业的销售记录、顾客名单、销售人员报告、代理商和经销商的信函、消费者的意见以及信访中找到有用的信息。

二是其他各类报告。其他各类记录包括以前的市场营销调研报告、企业自己做的专门审计报告和为以前的管理问题所购买的调研报告等信息资料。随着企业经营的业务范围越来越多样化，每一次的调研越有可能与企业其他的调研问题相关联。因此，以前的调研项目对于相近、相似的目标市场调研来说是很有用的信息来源。西方许多企业都建立了以电子计算机为基础的营销信息系统，其中储存了大量有关市场营销的数据资料。这种信息系统的服务对象之一就是营销调研人员，因而是调研人员的重要的二手资料来源。

② 外部资料来源。外部资料指的是来自被调查的企业或公司以外的信息资料。这类信息包括出口国国内的资料和来自进口国市场的资料。一般来说，第二手资料主要来自以下几种外部信息源。

a. 政府机构。政府机构指本国政府在外国的官方办事机构（如商务处）。通过这些机构，可以系统地搜集到各国的市场信息。我国的国际贸易促进委员会及各地分会也掌握着大量的国外销售和投资方面的信息。许多国家的政府为了帮助发展中国家对其出口，专门设立了“促进进口办公室”，负责提供以下一些信息：统计资料、销售机会、进口要求和程序、当地营销技巧和商业习俗，经营某一产品系列的进口商、批发商、代理商等中间机构的名单，某一类产品的求购者名单及求购数量。

b. 国际组织。许多国际组织都定期或不定期地出版大量市场情报。例如：

国际贸易中心（International Trade Centre，ITC）

联合国(United Nations)及其下属的粮食与农业组织(Foodand Agriculture Organization，FAO)

经济合作与发展组织（Organizationfor Economic Coorporation & Development，ECD）

联合国贸易和发展会议（UnitedNations ConferenceonT radeand Development，UNCTAD）

联合国经济委员会（UNEconomic Commissions）

国际货币基金（International Monetaty Fund，IMF）

c. 行业协会。许多国家都有行业协会，许多行业协会都定期搜集、整理甚至出版一些有关本行业的产销信息。行业协会经常发表和保存详细的有关行业销售情况、经营特点、增长模式及其类似的信息资料。此外，他们也开展自己行业中各种有关因素的专门调研。

d. 专门调研机构。这里的调研机构主要指各国的咨询公司、市场调研公司。这些专门从事调研和咨询的机构经验丰富，搜集的资料很有价值，但一般收费较高。

e. 联合服务公司。这是一种收费的信息来源，它们由许多公司联合协作，定期收发对营销活动有用的资料，并采用订购的方式向客户出售信息。它们在联合的基础上定期提供 4 种基本的信息资料：经批发商流通的产品信息；经零售商流通的产品信息；消费大众对营销组合各因素反馈的信息；有关消费者态度和生活方式的信息。

f. 其他大众传播媒介。电视、广播、报纸、广告、期刊、书籍、论文和专利文献等类似的传播媒介，不仅含有技术情报，也含有丰富的经济信息，对预测市场、开发新产品、进行海外投资具有重要的参考价值。

g. 商会。商会通常能为市场营销调研人员提供的信息有：他们成员的名单、当地商业状况和贸易条例的信息、有关成员的资信以及贸易习惯等内容。大的商会通常还拥有对会员开放的商业图书馆，非会员也可前去阅览。

h. 银行。银行尤其是一家国际性大银行的分行，一般能提供下列信息和服务：有关世界上大多数国家的经济趋势、政策及前景，重要产业及外贸发展等方面的信息；某一国外公司的有关商业资信状况的报告、各国有关信贷期限、支付方式、外汇汇率等方面的最新情报；介绍外商并帮助安排访问。

世界银行及其所属的国际开发协会（IDA）和国际金融公司（IFC）每年都公布、预测许多重要的经济信息和金融信息。另外一些区域性的银行，如亚洲银行、欧洲银行等也能为市场营销调研人员提供丰富的贸易、经济信息。消费者组织许多国家都有以保护消费者利益为宗旨的消费者组织，这些组织的众多任务之一就是监督和评估各企业的产品以及与产品有关的其他营销情况，并向公众报告评估结果。这些信息对调研者来说具有很大的参考价值。

有关竞争者信息的一个重要来源就是这些公司本身。调研人员可通过直接或间接的方式从这些公司获取产品目录、价格单、产品说明书；经销商名单、年度财务报告等。

i. 官方和民间信息机构。许多国家政府经常在本国商务代表的协助下提供贸易信息服务以答复某些特定的资料查询。另外，各国的一些大公司延伸自己的业务范围，把自己从事投资贸易等活动所获得的信息以各种方式提供给其他企业，如日本三井物产公司的“三井环球通信网”，日本贸易振兴会的“海外市场调查会”等。

我国的官方和民间信息机构主要有：国家经济信息中心、国际经济信息中心、中国银行信息中心、新华社信息部、国家统计署、中国贸促会经济信息部、各有关咨询公司、广告公司等。

（3）二手资料调研应注意的问题

尽管二手资料调研具有省时间、省费用的优点。然而，许多二手资料也存在着严重缺陷。调研人员特别需要注意的是下述几个方面的问题。

① 可获性。由于第二手资料的主要优点是省时省钱。因此，人们在选用第二手资料时应该考虑这些问题：所需的资料是否能被调研人员迅速、方便、便宜地使用？一般只有在迫切需要信息时才会使用昂贵的资料来源。但是，调研经费如果很少，那么花钱少的信息源应该加以优先考虑，快速和便利则是次要的了。某些国家统计非常完备，企业可以很容易地得到所需要的资料，可是在另外一些国家（特别是发展中国家），统计手段落后，调研人员很难得到需要的资料。

② 时效性。在某些国家某些信息来源中得到的数据资料往往已过时数年。不能作为企业决策的主要依据。因此，贪图简便，用过时资料来推断当前的市场状况，将使企业的调研缺乏时效性与准确性，无法被决策者所采用。

③ 可比性。从不同国家得到的数据有时无法进行相互比较，这是由于各国条件不同、数据搜集程序和统计方法不同等原因所致。有时，同一类资料在不同的国家可能会使用不同的基期，同指标在含义上也可能不大相同。例如，电视机的消费量在联邦德国被归入消遣性支出，而在美国则被归入家具类支出。各国数据在各国之间的不可比性，必然会影响到数据的有用性，从而影响到企业决策。

④ 相关性。市场营销调研人员必须研究他所找到的资料是否最能切中问题的有关方面，任何牵强附会只能使调研结果得出错误的结论。例如，已公布的银行报告强调的是某一国的经济状况，而市场营销调研人员所感兴趣的是一个指定的工业部门。尽管一个国家的经济状

况和这个指定的工业发展方向是一致的，但后者应有其自己特殊的发展模型和速度。如果简单地使用经济发展数字来取代指定工业的发展状况，那么企业据此所做的营销决策将对指定工业的发展毫无用处。因此，在这种情况下，某些精通于指定工业的商业杂志将可提供更适合于该项调研目标的有关信息。

⑤ 精确性。只在很少的情况下，一些由别人公布的第二手资料会全面、精确地论述市场调研人员所要调查的主题，但多数情况并不如此。特别是得不到直接切题的第二手资料时，市场营销调研人员可能只得利用代用资料，因此，要适当地对这些代用资料作一些修改或补充。要提高资料的精确度，市场营销调研人员还应当深入研究制作这类第二手资料时所用的方法，推敲一下它们是否能经得起科学的考验。例如，有些国家提供的数据只是估计数，准确性不高。

2. 实地调研

实地调研是指由调研人员亲自搜集第一手资料的过程。当市场调研人员得不到足够的第二手资料时，就必须收集原始资料。收集国外原始资料的难度与国内的相比，仅有程度上的差别。影响调研成败的关键因素是回答者是否愿意并能够提供所需要的信息。相对二手资料调研而言，实地调研的成本很高。

（1）实地调研的主要方法与问题

实地调研的主要方法有个别访问法、电话调查法、邮寄调查法、商店观察法等。在采用这些方法时，往往需要用抽样调查和问卷调查等技术。在应用这些方法和技术时，由于各国在经济、文化、社会政治诸方面存在着差异，往往出现一些问题。

① 代表性问题。以抽样调查为例，一项抽样调查要取得成功，样本必须具有代表性。但是在发展中国家，抽样调查的样本往往具有很大的偏倚性，最大问题是缺乏对总体特征的适当地了解和从中抽出有代表性样本的可靠名单。在这种情况下，许多调研人员只能依靠在市场和其他公共场所抽取合适样本，以取代概率抽样技术。由于公共场所接受询问者之间的差异，调查结果并不可靠。

② 语言问题。在使用问卷方式进行调查时，最重要的问题就是语言的翻译。由于翻译不当引起误解，导致调查失败的例子是很多的。例如，在扎伊尔，官方语言是法语，但人口中只有少数人能讲流利的法语。在这种情况下，问卷调查是极其困难的，因为一种语言中的成语、谚语和一些特殊的表达方式很难译成另一种语言。识字率则是另外一个问题。在一些不发达国家和地区，识字率很低。用文字写成的调查问卷毫无用处。

③ 通信问题。问卷调查中的另一个问题是，问卷的邮寄在许多发展中国家中十分困难。有些国家的邮电系统的效率极低，例如，巴西的国内信函有30%根本收不到。在这样的国家，邮寄问卷的调查方法根本就行不通。在许多发展中国家，电话数量很少，除非只调查富裕阶层，否则电话调查法就没有价值。即使被调查人有电话，也并非都能应用电话调查法。据估计，在开罗，有50%的电话线可能同时失灵。在这些国家中，即使是进行工业调研，采用电话调研也是不足取的。

④ 文化差异问题。个别访问是取得可靠数据的重要方法之一。但在许多发展中国家，由于文化的差异采用这一方法很困难，被访者或者拒绝访问和回答问题，或者故意提供不真实的信息。

（2）解决实地调研问题的方法

① 要重视借鉴其他国家在国际营销调研上的经验与教训。

② 要注重交叉文化的研究，克服因文化差异带来的调研困难。

③ 要尽可能借助于精通两国语言和两国文化、系统地接受过营销学和营销调研方面训练的当地人，帮助企业搞好在当地的营销调研，减少因文化差异带来的实地调研误差或困扰。

④ 采用"返翻法"解决调查问卷的词义问题。即把资料从一种语言译成另外一种语言，然后请当地人把它翻译回原来的语言，以检查是否有错译或曲解的地方。

⑤ 加强对调研人员的培训。通过培训调研人员，使其熟练，掌握各种调研技巧。这样，当在某国不能使用某一种或某几种调研方法时，还可以使用其他调研方法。

第四节　国际市场营销调研的程序与新思路

一、国际市场调研的程序

在国际市场销售活动中，多数企业都是在对众多的市场进行评估的基础上，选择最有获利潜力的市场，采用集中型市场经营策略来经营，而评估则主要依赖于国际市场调研。

1．在国内进行的案头调研

国际营销市场调研首先要确定调研的任务是什么，因为任务不同调研方法也不同，在国内进行的案头调研工作主要有以下几项。

（1）信息的收集和分析

信息的收集和分析是进行国际市场营销调研的前提条件，只有了解现在，才能预测未来。因此，在进行国际市场营销调研之前，一定要广泛收集各种信息，充分把握各种信息，使之成为有序的可用的信息。

（2）进入市场的可行性分析

在进入国际市场可行性分析中，首先审核企业自身的优势、劣势及未来发展潜力，同时对外部环境可能发生的变化以及会带来的机遇与威胁要进行分析，最后利用优势、把握机会、降低劣势、避免威胁——这个过程就是市场营销战略的选择过程，有总成本领先战略、差别化战略、集中战略 3 种战略机会可以选择，列出所有的潜在市场，然后分析研究该国必要的信息情报资料。

（3）获利的可能性分析

获利的可能性分析即对国际市场价格、市场需求量等进行了解，以便和有关竞争者的产品成本做出比较。

（4）市场规模分析

市场规模分析即对市场规模和潜力进行大致估测。

2．在国外进行实地调研

在国外进行的实地调研，指在国外市场的所在地，向消费者、用户和各种工商企事业进行直接调研，取得第一手的市场和商情资料。

在国外市场调研中，对于出口初创阶段的市场、发展潜力大的市场以及售后服务要求高的市场，企业可派出人员或小组到国外当地市场做实地调查，抓到真实可靠的第一手材料。

在国外进行实地调研的初期阶段只在某些特定市场上对几个关键问题进行调研，而后就需要进入主要实地调研。这种调研只在少数几个能提供最大成功机会的市场上进行。

二、国际市场调研的新思路

随着经济全球化进程，市场及市场竞争的范围已扩展到了全球。因而国际市场调研已经成为市场营销理论与实践中十分重要的内容，然而，国际市场调研与国内市场调研存在着很大的差别，这种差别来自于对象环境及方法等各个方面。尽管营销学特别是国际市场营销学对国际市场调研有过不少的论断，但他们在解决国际市场调研所面临的问题时常常会陷入困境。因此，在进行国际市场调研时需要有新的思路。

第五节　国际市场调研面临的问题

第四节讲述的是一种市场调研的思路，它在实际运用中仍要处理好一些均衡性的问题。若调研者忽视这些均衡性问题，则在调研中进行的分析会变得“貌合神离”。下面就这些问题概括地进行讨论。

1．模型结构的一致性

就各国在社会、文化、经济、政治方面均有不同程度的差异，及由此所构造的调研模型也会由内因的不同而无可比性，这就会影响模型的有效性。因此，模型构造的各相关因素必须可比、一致。一般而言，与模型结构相关的要素可归纳为如下 4 部分。

（1）行为感知

这是指各国消费者对某种消费行为的感知是否可比。举例说明，在美国，给客人递上一杯咖啡完全是出于礼貌，客人可以拒绝；而在沙特阿拉伯，这种敬咖啡的行为被赋予某种社会暗示意义，客人的拒绝可能是一种冒犯。消费行为一般可以从 3 方面进行考查：行为内容、行为客体、行为名称。

（2）定义变量

比较分析模型中的变量在各国会有不同定义，这会造成搜集的数据缺乏可比性，而使模型产生偏差。

例如，在英国和法国，套餐的主食后一般还附有甜点，而在中国，套餐中并不一定包括甜点。

（3）时间

市场调研在各国可以同时进行，也可以连续进行或独立进行。而绝对的同步调研是不可能的。这就会给数据造成时间差异。

例如，季节、经济周期、通货膨胀等都会给同一变量带来时间差异。

（4）市场结构

对市场结构的分析特别需要市场结构化程度和市场发展阶段等因素。因为不同的分销渠道、广告覆盖率、替代品和竞争激烈程度都会影响比较分析模型的函数关系。

2．测量

测量的结果与模型的构造有十分密切的关系。但不能认为模型的构造均衡可以自动保证数据测量的均衡，可以考察以下问题。

（1）定性标准

如产品质量、安全性、等级在各国会有不同的标准。调研者要识别国别间的差异，并尽量使用国际标准。

（2）翻译

即使所构造的模型本身较为完善，但当使用同种语言进行分析时，则会产生翻译问题从而有损模型的精确性。翻译问题包括语言翻译和非语言翻译问题。在这方面可以广泛借鉴社会学调研方法，如双向翻译法。

3. 抽样调查

调研中广泛使用抽样的方法。但在国际市场调研中，抽样会面临两个问题。

（1）分类定义的标准问题

人口抽样根据人口资料的分类，但分类标准各国相异。

例如，“社会地位”，在美国主要根据对象所拥有的财产；而在英国，则主要根据对象所处的家族、党派在社会中的地位。

（2）样本范围和代表性问题

调研者在样本范围和代表性之间要作出权衡。

例如，在对包含习惯进行调研时，可以选择年龄、收入、教育、职业等一般化标准以便于分别比较。但若是在我国，则还有别一个具有代表性的标准：南方人或北方人。后者不属一般化标准。

从表面上看，比较分析模型与传统的营销环境因素分析十分相似，但由于两者对于环境因素（环境变量）的认识存在本质上的区别，因而同样的资料所得到的结果就完全不同。当我们面临国际市场调研实施中的种种问题时，比较分析模型的优越性就显现出来了。

国际市场营销调研的内容不仅广泛，而且极其复杂，因而比国内市场营销调研遇到的问题更多，更特别。从总体上讲，国际市场调研面临 3 方面的问题。

① 必须收集多个市场的信息情报。有时多达一百多个国家，而每一个国家的营销情报需求又千差万别，这样导致调研成本和调研难度增加，由于对各国的调研不能采取统一的模式，在作各国替代性研究时，调研人员可能会出现各种偏差。

② 必须利用二手资料。有些国家的二手资料较多，而大多数国家的二手资料普遍缺乏，又由于统计概念在各国的解释口径不一样，再加上收集的数据精确性程度不同以及二手资料的提供者态度是否客观公正，这些都影响了二手资料的有限性与不可比性。

③ 必须收集和利用原始资料。国际市场调研人员在收集原始资料时经常会遇到诸如语言，各个国家社会组织多样化，市场有效反映率低，商业及通信的基础设施局限等问题，而且收集费用昂贵，其难度则不言自明。

那么，如何克服上述困难？如何把握国际市场环境的共性？如何结合调研结果和营销决策？国际市场调研的新方法论——比较分析模型，有助于提高调研数据的质量，可以向调研者提供不同于传统观念的解题新思路。

比较营销调研源自海格勒（T. A. Hagler）1952 年提出的比较研究方法。此方法着眼于整个营销市场管理系统。

① 营销是环境的函数。比较营销分析强调营销过程和环境的关系，营销过程被视为环

境的直接函数。

营销决策变量=F（营销环境变量）

一旦环境因素变化，营销决策和营销过程也就随之变化。比较营销分析具体运用的是“对偶国家”分析方法。它先研究一国的环境和成功的营销过程，并根据环境的变化做一定调整。

以麦当劳的案例解释这一理论。麦当劳在美国的营销组合内容具体如下。

a. 产品/服务设计。它注重高标准化、高而稳定的质量，快速的服务和较长的营业时间。

b. 价格。采取低价策略。

c. 分销。在城镇居民集中居住地区设店。

d. 促销。以消费导向型广告为主动。尤其针对青年人，主要依靠电视媒体。

凭借这样的营销组合，麦当劳在美国大获成功。20 世纪 70 年代初，麦当劳准备开拓海外市场，这就需要首先对可能的目标市场进行评估。传统的理论认为，麦当劳在美国的成功来自于其有效的营销战略和麦当劳自身的努力。

而比较分析模型认为，麦当劳是由于环境变量使得营销组合（环境的函数）获得成功的。两种理论的差别在于：比较分析模型认为麦当劳首先应利用现有的机会；而传统方法认为麦当劳的努力直接导致成功。比较分析模型强调营销组合是现有环境的函数，现有的环境能使既定的营销组合成功。这种观念的重要性在于，成功并不单由营销组合决定，公司首先应该考虑如何利用环境而不是从自身出发制订营销组合。因此，必须分析环境因素。

② 营销环境要素（变量）。最重要的环境变量可分为自然、社会、经济和法律法规 4 种。

a. 自然环境变量。这类变量主要指特定市场对产品使用量的自然约束，包括人口、人口密度、地理位置、气候以及产品使用的自然条件（环境、空间等）。人口变量直接影响绝对市场容量，它和气候一样会随时间而发生变化；产品使用条件涉及产品在各种环境下的功能。

反观麦当劳的案例，麦当劳的成功离不开自然环境要素。

b. 社会环境变量。这类变量涉及与市场环境中社会、人文有关的因素，包括文化背景（种族、宗教、习俗和语言）、教育体制和社会结构（个人角色、家庭结构、社会阶层和参考群体）。社会环境对购买者的期望有重要的影响，它不以自然环境的不同而有所区别。

由于国内营销者在决策营销组合时往往会下意识地一味去迎合当地的社会文化价值观，所以在国际营销中可能会疏忽这一点。另一方面，必须排除一部分营销管理者自觉或不自觉的文化偏见。这就需要客观、公正地考察社会文化环境。在麦当劳的案例中，同样有许多使其成功的社会文化因素。

美国文化中有一种很重要的价值观：时间价值观念。快餐正是迎合了这种在户外能随时随地、方便用餐的需求。另一个文化社会因素便是美国普遍的家庭结构和主要以年轻人作为导向的文化趋势。由于孩子们常常是户外就餐的决定者，所以麦当劳的广告为顺应这种潮流而主要以儿童和青少年为主要目标。美国典型家庭主妇的社会角色也发生了变化，她们越来越多地出去工作，这种变化也增加了在户外用餐的市场。

此外，是汉堡包在美国饮食文化习俗中的地位。事实上，汉堡包是美国传统食品的代表，这一事实在麦当劳出现之前已经存在。可以说，麦当劳产品的成功很大程度上是因为选择了这种已经存在并十分受欢迎的食品，美国的社会，文化环境为麦当劳的成功做好了铺垫。

各类社会文化互相结合，形成了社会文化模式。比较分析模型要求在考察别国的社会文化环境前，先要理解本国当前国家社会文化模式的本质，即社会文化模式对营销组合的影响。

c. 经济环境变量。这一类环境因素不仅包括宏观上的，也包括微观上的。如国民生产总值、人均国民生产值、价格水平、收入分配以及竞争产品的服务的价格。经济因素对绝大多数消费购买决策产生影响。由于各国收入水平的差异，理性消费者追求效用最大化的含义也不同。即使收入水平相同，不同的物价水平也会改变顾客的购买行为。

国际营销管理人员可先从单独分析收入的水平和价格入手，然后把两者结合起来分析，以考察其对产品、服务成功与否的影响。这种方式也可称为经济模式。

比较分析方法认为，经济模式与营销成功的关系在很大程度上可以借鉴国内的情况。在麦当劳的案例中，影响麦当劳成功的经济变量有收入水平和美国居民的可支配收入情况，这些因素使得美国人经常光临麦当劳成为可能。虽然在麦当劳就餐要比在家中自备晚餐贵一些，但麦当劳食品和美国传统饭店的菜肴相比具有比较价格优势。这些因素结合起来，使得去麦当劳就餐成为美国社会的一种经济现象。

d. 法律环境变量。法律法规不会直接刺激对某一类产品、服务的需求，它们只是表示："可以或不可以"。公司必须清楚地了解与营销决策有关的法律，这在国与国之间可能差别很大，将直接影响公司的营销决策。法律环境对营销的影响在麦当劳的案例中也可得到证实。麦当劳对儿童的电视广告促成了它的成功。但在许多其他国家，尤其在欧洲一些国家（如德国），此类广告是完全被禁止的。

③ 分析环境变量。比较分析方法对环境变量的分析与传统的方法不同。无论是罗伯特·巴特尔斯（Robert Barrels）还是瓦伦·金根（Warren Keegan），他们都是在特定的国家、市场考察了环境因素后，试图让营销组合去适应环境。而比较分析法强调其间的共性，它通过环境因素的分析，要找出对产品、服务成功至关重要的环境变量，而这在任何一个国家都是相同的，此类变量可称为"成功因素"。

从传统观念来看，营销者往往把成功因素看成是在自己控制之下的。而比较分析法把成功因素看成是环境的函数，即是由许多外部不可控因素组成的特定环境的函数。营销者之所以成功正是充分利用了成功因素的正面效应，即机会。因此，人们只有在发现环境中的机会时才可能成功。这一观点启发当事者尽可能地对环境变量做详细的研究、分析。它对营销的意义变得十分重大，可防止传统的、高估管理者自身优势的行为。

比较分析模型提供了一种研究企业现有市场营销组合和环境之间函数关系的方法论。比较分析也提供了一种单独分析关键环境变量的方法，这些变量（成功因素）成为国际市场营销调研的焦点。

例如，在麦当劳的案例中，成功因素包括：人口、人口密度、家庭结构、母亲的角色、收入水平以及获得儿童广告媒体的可能性。在考察另一个国家的环境时，企业必须着重研究这些成功因素，并适当调整自己的营销组合。

第六节 出口市场调研报告的撰写

出口市场调研报告，是以出口市场为对象，采用科学的方法，有计划、有目的地搜集、整理、分析、研究材料，以反映出口目标国的市场环境、市场信息和情报资料的文体形式，其作用是为出口市场预测和营销决策提供科学依据。

一、撰写市场调研报告的基本要求

报告的内容一般应根据呈报的对象来确定，但不管何种报告，在撰写中都要遵循以下共同原则。

① 突出主题。

② 以调查资料为依据。

③ 表达力求简明。

二、市场调研报告的类型

1．探测性调研

探测性调研是指企业对市场状况不甚明了或对问题不知从何处寻求突破时所采用的一种方式，其目的是要发现问题的所在，并明确地提示出来，以便确定调查的重点。

价格水平高低属于探测性调研。了解价格水平的高低，是对下一步的市场营销计划做前期的调研。广告用语属于描述性调研。

探测性调研在市场调研中，由于对所调研的问题或范围不甚明确，无法确定应调查哪些内容时，通过采取探测性的调研，可以明确问题的重点和症结所在。例如，企业产品销售量几个月来一直在下降，是质量问题，是价格不合理，是消费者的需求发生了变化，还是市场上出现了新的替代品。这些都需要通过探测性调研来寻找问题发生的可能原因。探测性调研一般都通过收集第二手资料，或请教一些内行、专家，也可以参照过去类似的具体实例。

2．描述性调研

描述性调研是一种常见的项目调研，是指对所面临的不同因素、不同方面现状的调查研究，其资料数据的采集和记录，着重于客观事实的静态描述。大多数的市场营销调研都属于描述性调研。例如，市场潜力和市场占有率，产品的消费群结构，竞争企业的状况的描述。在描述性调研中，可以发现其中的关联因素，但是，此时我们并不能说明两个变量哪个是因、哪个是果。与探测性调研相比，描述性调研的目的更加明确，研究的问题更加具体。

描述性调研，正如其名，处理的是总体的描述性特征。描述性调研寻求对“谁”、“什么”、“什么时候”、“哪里”和“怎样”这样一些问题的回答。不像探索性调研，描述性调研基于对调研问题性质的一些预先理解。尽管调研人员对问题已经有了一定理解，但对决定行动方案必需的事实性问题做出回答的结论性证据，仍需要收集。

3．因果关系调研

因果性调研是指为了查明项目不同要素之间的关系以及查明导致产生一定现象有原因所进行的调研。

在因果性调研中，一般对要解释的关系有一种期望，如预期价格、包装、广告花费等对销售额有影响。这样，研究人员对研究课题必须要有相当的知识，理想的状况是研究人员能估计一种事件（如店内展示）是产生另一种事件（销售量的增加）的手段。因果性调研试图认定当我们做一种事情时，另一种事情会接着发生。

4. 预测性调研

预测性调研是指专门为了预测未来一定时期内某一环节因素的变动趋势及其对企业市场营销活动的影响而进行的市场调研，如市场上消费者对某种产品的需求量变化趋势调研，某产品供给量的变化趋势调研等。这类调研的结果就是对事物未来发展变化的一个预测。

三、撰写出口市场调研报告

1. 标题

标题多用文章标题法，或揭示主题，或提出问题。

2. 正文

正文一般分为3大块：前沿、报告的主体、结论和建议。

3. 附录

附录一是全部调查所用的工具、数据、参考资料等；二是计算处理结果。

第七节 国际市场预测

一、国际市场预测的概念

预测是指对未来不确定时间的推断和测定，是对事物未来发展变化的趋势以及对人类实践活动的后果实现所作的估计和测定。而市场预测是指企业在市场调研的基础上，运用判断推理、统计分析、数学模型等科学方法，对各市场组成要素及市场环境因素的发展趋势和未来状况，进行推测和分析，从而为企业确定发展战略、制订营销策略提供科学的决策依据。

二、国际市场预测的步骤

一项完整的预测工作，大致要经历以下几个步骤。

1. 确立预测目标

预测目标决定了预测的内容、范围、要求、期限，它是预测的主题，直接影响预测方案的拟订和预测模型的选择。预测目标要准确、具体，还要考虑企业在市场预测方面的资源、能力及预算。

2. 拟订预算方案

根据预测目标的内容和要求，编制预算计划，为全面开展预测工作做好各方面的准备。

3. 搜集有关资料

通过各种市场调研方式，为预测提供必要的数据。如用时间序列分析预测明年的市场需求量，需搜集近年来的市场需求量数据以及这期间其他相关的市场数据，如通货膨胀等。

4. 选择预测模型

在获取相关数据的基础上，根据预测目标的要求及预测的可行性，选择适当的预测方法，确定经济参数，分析各种变量间的关系，建立起反映实际的预测模型。

5. 分析预测误差，评估预测结果

利用选定的预测模型和方法实施预测后，对得到的预测结果进行跟踪分析，检验预测值和实际测出值是否相符，分析误差的大小及其产生的原因，并以此为依据对预测模型进行修正，不断提高预测质量。

三、国际市场预测的方法

国际市场预测的具体方法有很多，可以归纳为定性预测和定量预测两大类型。

1. 定性预测方法

（1）购买意向调查法

例如，要想预测今年的商品房销售情况，可以通过此方法向消费者提问："您家打算在今年内购买商品房吗？"如表 4-1 所示。

表 4-1　　　　购买者意向调查统计表

购买意向 1	实际购买可能性权数 2	被调查者选择此答案的百分比（%） 3	此答案的加权得分（%） 4=2*3
肯定不买	0.01	25	0.25
可能不买	0.03	20	0.60
可能买也可能不买	0.10	25	2.50
可能购买	0.25	20	5.00
肯定购买	0.75	10	7.50
		100	15.85

（2）推销员意见综合法

推销员直接接触顾客，对市场有着较深入的了解，因此，销售队伍是宝贵的预测资源。通过征集销售人员的意见来进行预测也是企业经常用到的预测方法。但是，推销员在对市场需求进行预测时会受主观因素的影响。此外，推销员也往往对宏观的经济形势和发展趋势把握不够，从而导致较大的预测偏差。

（3）德尔菲预测法（专家意见法）

这种方法是通过征询专家的意见来进行的。但是它不是以开会的形式对专家进行集体征询，而是以通信的方式分别向各个专家征求意见。运用德尔菲预测法的第一步是成立专家小组，然后以通信问卷的形式向专家提供与预测问题有关的资料并征询意见，通过对这些意见的整理和汇总，形成第二次问卷再寄给专家组成员，要求专家对这些意见做进一步的预测。这种征询意见的过程可以进行多次，使专家不断修正自己的意见，直到意见趋于一致，并以此作为预测的结果。用这种方法，专家可以独立地阐述自己的意见，避免受到其他人的影响，同时，也能够了解其他专家的意见并吸收其中的合理部分，使自己的判断更加客观。德尔菲预测法的缺点是难以组织一个代表性很强的专家组，而且预测周期也比较长。

（4）市场试销实验法

在预测某种新产品的销售，或者预测某种老产品在某一新地区，或通过某种新渠道销售的前景时，可选择以适当的时间、地点进行小规模试销，并根据结果，进行分析和预测。

2. 定量预测方法

（1）时间序列分析法

时间序列分析法指假定事物都将稳定地向未来发展，而不会有任何大变动。

① 简单平均法。这种方法把一定时期的历史数据的算术平均值作为预测值，适用于需求相对稳定的商品预测或是短期预测。

② 移动平均法。移动平均法的基本原理和简单平均法是一样的，只是在选择历史数据时会随着预测期的变化而不断变化所选历史数据的期间。一般都是选择最靠近预测期的若干期间的历史数据。

③ 指数平滑法。这种方法是移动平均法和加权平均法的结合。它将以前对本期的预测值和本期实际发生值的加权平均数作为下一期的预测值。预测可以自行设定平滑指数，因此有较大的灵活性来确定近期和远期数据对预测值的影响，有助于提高预测的准确性。具体计算公式如下：

$$Y_{t+1}=\alpha xt+(1-\alpha)Y_t$$

式中：Y_{t+1}——本期预测值；

Y_t——前期预测值；

xt——前期实际销售量；

α——平滑系数，$0<\alpha<1$。

平滑系数 α 是新旧数据在平滑过程中的分配比率，其数值大小反映了不同时期数据在预测中的作用高低，α 越小，则新数据在平滑值中所占的比重越低，预测值越趋向平滑，反之则新数据所起的作用越大。A 值为 0.1～0.9，当时间序列变动明显时，α 宜取最大值。若变化比较小时，宜取较小值。

④ 季节波动分析法。当产品的市场需求呈明显的季节波动时，用各种平均法进行销售预测显然不能真实地反映销售量的变化，最好用计算季节指数的办法来进行预测。

计算方法如下：

某年各季节平均销售量=当年市场总销售量/4

某季市场需求量的季节指数=某季的市场销售量/当年各季平均销售量×100%

（2）回归分析法

回归分析法就是指依据数理统计的回归分析理论，确定自变量和因变量之间的关系，建立起一个回归方程，并用于预测，可以分为一元回归和多元回归两种方法。

例如，某家具公司通过定性调研认为，本公司的销售额应与新建成住宅数、新婚家庭数、人均可支配收入等因素有关，经过统计计算得到以下回归模型：

$$S=0.04H+1.22D-0.07M-19.54T+49.85$$

$$R_2=0.92$$

式中：S——公司年销售额；

H——新建成住宅数；

D——人均可支配收入；

M——新婚家庭数；

T——时间（以计算期内的第一年为 1，第二年为 2，…）；

R_2——相关系数。

0.92 的相关系数表明，此回归模型的预测准确性比较理想。但新婚家庭数量应该对市场需求有着正面的影响，可它的系数却是负的。造成这种现象的原因，很可能是因为自变量之间存在着一定的相关性，从而影响了回归分析的结果。于是预测人员进一步修改模型时，删除了这两个变量，代之以前一年完工的住宅数量 H_{t-1} 和公司前一年完成的销售额 S_{t-1}。修正后

的模型为

$$S=0.03H_{t-1}+0.37S_{t-1}+0.67D-11.03T-33.51$$
$$R_2=0.92$$

与前一个模型相比，新的模型不仅改善了预测的准确性，而且与人们对市场的认识相一致。该家具公司若想预测今年的销售情况，只需将有关数据代入上面的公式中，即可计算出来。

思考题

（1）简述撰写市场调研报告的基本要求。
（2）国际市场预测的方法有哪些?
（3）二手资料调研应注意的问题有哪些?

案例分析

20世纪70年代中期以前，可口可乐一直是美国饮料市场的霸主，市场占有率一度达到80%。然而，20世纪70年代中后期，它的老对手百事可乐迅速崛起，1975年，可口可乐的市场份额仅比百事可乐多7%；9年后，这个差距更缩小到3%，微乎其微。

对手的步步紧逼让可口可乐感到了极大的威胁，它试图尽快摆脱这种尴尬的境地。1982年，为找出可口可乐衰退的真正原因，可口可乐决定花费2年时间，耗资数百万美元进行口味测试，在全国10个主要城市进行一次深入的消费者调查。

可口可乐设计了“你认为可口可乐的口味如何？”“你想试一试新饮料吗？”“可口可乐的口味变得更柔和一些，您是否满意？”等问题，希望了解消费者对可口可乐口味的评价并征询对新可乐口味的意见。调查结果显示，大多数消费者愿意尝试新口味可乐。

可口可乐的决策层以此为依据，决定结束可口可乐传统配方的历史使命，同时开发新口味可乐。没过多久，比老可乐口感更柔和、口味更甜的新可口可乐样品便出现在世人面前。

为确保万无一失，在新可口可乐正式推向市场之前，可口可乐公司又花费数百万美元在13个城市中进行了口味测试，邀请了近20万人品尝无标签的新/老可口可乐。结果让决策者们更加放心，6成的消费者回答说新可口可乐味道比老可口可乐要好，认为新可口可乐味道胜过百事可乐的也超过半数。至此，推出新可乐似乎是顺理成章的事了。

可口可乐不惜血本协助瓶装商改造了生产线，而且，为配合新可乐上市，可口可乐还进行了大量的广告宣传。1985年4月，可口可乐在纽约举办了一次盛大的新闻发布会，邀请200多家新闻媒体参加，依靠传媒的巨大影响力，新可乐一举成名。

看起来一切顺利，刚上市一段时间，有一半以上的美国人品尝了新可乐。但让可口可乐的决策者们始料未及的是，噩梦正向他们逼近——很快，越来越多的老可口可乐的忠实消费者开始抵制新可乐。对于这些消费者来说，传统配方的可口可乐意味着一种传统的美国精神，放弃传统配方就等于背叛美国精神，“只有老可口可乐才是真正的可乐”。有的顾客甚至扬言将再也不买可口可乐。

每天，可口可乐公司都会收到来自愤怒的消费者的成袋信件和上千个批评电话。尽管可口可乐竭尽全力平息消费者的不满，但他们的愤怒情绪犹如火山爆发般难以控制。

迫于巨大的压力，决策者们不得不做出让步，在保留新可乐生产线的同时，再次启用近

100 年历史的传统配方，生产让美国人视为骄傲的“老可口可乐”。

仅仅 3 个月的时间，可口可乐的新可乐计划就以失败告终。尽管公司前期花费了 2 年时间、数百万美元进行市场调研，但可口可乐忽略了最重要的一点——对于可口可乐的消费者而言，口味并不是最主要的购买动机。

（资料来源：人人网，http://blog.renren.com/share/262664726/7788913921，2011-10-12，有修改）

问题：

（1）可口可乐公司垄断意识是否过于强烈?

（2）如何评价可口可乐花费数百万美元的市场调研，失败的原因是什么?

第五章 国际市场的开拓

【引导案例】

法国欧莱雅集团为全球500强企业之一，由发明世界上第一种合成染发剂的法国化学家欧仁·舒莱尔创立于1907年。2003年初，欧莱雅荣登《财富》评选的2002年度全球最受赞赏公司排行榜第23名，在入选的法国公司中名列榜首。欧莱雅集团的事业遍及150多个国家和地区，在全球拥有283家分公司及100多个代理商，5万多名员工、42家工厂和500多个优质品牌，产品包括护肤防晒、护发染发、彩妆、香水、卫浴、药房专销化妆品和皮肤科疾病辅疗护肤品等。

1996年，欧莱雅正式进军中国市场，在全国近百个大中城市的百货商店及超市设立了近400个形象专柜，并配有专业美容顾问为广大中国女性提供全面的护肤、彩妆、染发定型等相关服务，深受消费者青睐。回顾上述成功业绩，关键取决于欧莱雅公司独特的市场细分策略。

首先，公司从产品的使用对象进行市场细分，主要分成普通消费者用化妆品、专业使用的化妆品，其中，专业使用的化妆品主要是指美容院等专业经营场所所使用的产品。

其次，公司将化妆产品的品种进行细分，如彩妆、护肤、染发护发等，同时，对每一品种按照化妆部位、颜色等再进一步细分，如按照人体部位不同将彩妆分为口红、眼膏、睫毛膏等；再就口红而言，进一步按照颜色细分为粉红、大红、无色等，此外，还按照口红性质差异将其分为保湿型、明亮型、滋润型等。如此步步细分，光美宝莲口红就达到150多种。

再次，按照中国地域广阔特征，鉴于南北、东西地区气候、习俗、文化等的不同，人们对化妆品的偏好具有明显的差异。欧莱雅集团敏锐地意识到了这一点，按照地区推出不同的主打产品。

最后，又采用了其他相关细分方法，如按照原材料的不同有专门的纯自然产品；按照年龄细分等。

总之，通过对中国化妆品市场的环境分析，欧莱雅公司采取多品牌战略对所有细分市场进行全面覆盖策略，按照欧莱雅中国总经理盖保罗所说的金字塔理论，欧莱雅在中国的品牌框架包括了高端、中端和低端3个部分。

其中，塔尖部分为高端产品，约有12个品牌构成，如第一品牌的赫莲娜，无论从产品品质和价位都是这12个品牌中最高的，面对的消费群体的年龄也相应偏高，并具有很强的消费能力；第二品牌是兰蔻，它是全球最著名的高端化妆品牌之一，消费者年龄比赫莲娜年轻一些，也具有相当的消费能力；第三品牌是碧欧泉，它面对的是具有一定消费能力的年轻时尚消费者。欧莱雅公司希望将其塑造成大众消费者进入高端化妆品的敲门砖，价格也比赫莲娜和兰蔻低一些。它们主要在高档的百货商场销售，兰蔻在22个城市有45个专柜。

塔中部分为中端产品，所包含品牌有两大块：一块是美发产品，有卡诗和欧莱雅专业美发，其中，卡诗在染发领域属于高档品牌，比欧莱雅专业美发高一些，它们销售渠道都是发廊及专业美发店。欧莱雅公司认为，除产品本身外，这种销售模式也使消费者有机会得到专业发型师的专业服务。还有一块是活性健康化妆品，有薇姿和理肤泉两个品牌，它们通过药房经销。欧莱雅，率先把这种药房销售化妆品的理念引入了中国。

塔基部分是指大众类产品，中国市场不同于欧美及日本市场，就在于中国市场很大而且非常多元化，消费梯度很多，尤其是塔基部分上的比例大。在中国大众市场中，欧莱雅公司目前共推行5个品牌，其中，巴黎欧莱雅是属于最高端的，它有护肤、彩妆、染发等产品，在全国500多个百货商场设有专柜，还在家乐福、沃尔玛等高档超市有售。欧莱雅的高档染发品已是目前中国高档染发品的第一品牌。第二品牌是羽西，羽西秉承“专为亚洲人的皮肤设计”的理念，是一个主流品牌，在全国240多个城市的800家百货商场有售。由于欧莱雅公司对中国市场分析到位、定位明晰，因此，2003年时产品中国市场的销售额达到15亿人民币，这是欧莱雅公司销售历史上是增幅最高的，比1997年增长了824%。兰蔻在高档化妆品市场、薇姿在通过药房销售的活性化妆品市场、美宝莲在彩妆市场、欧莱雅染发在染发的高端市场已经占据了第一的位置。

（资料来源：百度文库，http://wenku.baidu.com/view/7da4f3d86f1aff00bed51ebc.html，2011-10-12，有修改）

由于各国政治、经济、文化、地理等方面的差异，使得各国消费者的需求存在着很大的差别，即使同一个国家，消费者的需求也千差万别，企业不可能同时满足所有消费者的需求。因此，面对竞争激烈、消费者需求多样化的国际市场，企业应该实行“目标市场营销”策略开拓国际市场。本章主要研究开拓国际市场3个方面的内容，即国际市场细分、国际目标市场的选择及国际市场的定位。

第一节　国际市场细分

国际市场细分（International Market Segmentation）是在市场细分的基础上发展起来的，是市场细分概念在国际营销中的运用。与国内市场相比，国际市场购买者更多，分布范围更广，作为企业由于自身实力的限制，往往更难满足全球范围内顾客的需要。为此，就需要对国际市场按照某种标准进行划分。

一、国际市场细分的概念

1. 市场细分的含义及作用

市场细分的概念是美国市场学家温德尔• 史密斯（Wendell R.Smith）于1956年提出来的。

按照消费者欲望与需求把因规模过大导致企业难以服务的总体市场划分成若干具有共同特征的子市场，处于同一细分市场的消费群被称为目标消费群，相对于大众市场而言这些目标子市场的消费群就是分众了。

它是第二次世界大战结束后，美国众多产品市场由卖方市场转化为买方市场这一新的市场形式下企业营销思想和营销战略的新发展，更是企业贯彻以消费者为中心的现代市场营销观念的必然产物。

市场细分有以下几个作用。

(1)有利于选择目标市场和制订市场营销策略

市场细分后的子市场比较具体，比较容易了解消费者的需求，企业可以根据自己经营思想、方针及生产技术和营销力量，确定自己的服务对象，即目标市场。针对着较小的目标市场，便于制订特殊的营销策略。同时，在细分的市场上，信息容易了解和反馈，一旦消费者的需求发生变化，企业可迅速改变营销策略，制订相应的对策，以适应市场需求的变化，提高企业的应变能力和竞争力。

联想的产品细分策略，正是基于产品的明确区分，联想打破了传统的“一揽子”促销方案，围绕“锋行”、“天骄”、“家悦”3 个品牌面向的不同用户群需求，推出不同的“细分”促销方案。选择“天骄”的用户，可优惠购买让数据随身移动的魔盘、可精彩打印数码照片的 3110 打印机、SOHO 好伴侣的 M700 多功能机以及让人尽享数码音乐的 MP3；选择“锋行”的用户，可以优惠购买“数据特区”双启动魔盘、性格鲜明的打印机以及“新歌任我选”MP3 播放器；钟情于“家悦”的用户，则可以优惠购买“电子小书包”魔盘、完成学习打印的打印机、名师导学的网校卡以及成就计算机高手的 XP 计算机教程。

(2)有利于发掘市场机会，开拓新市场

通过市场细分，企业可以对每一个细分市场的购买潜力、满足程度、竞争情况等进行分析对比，探索出有利于本企业的市场机会，使企业及时作出投产、移地销售决策或根据本企业的生产技术条件编制新产品开拓计划，进行必要的产品技术储备，掌握产品更新换代的主动权，开拓新市场，以更好适应市场的需要。

(3)有利于集中人力、物力投入目标市场

任何一个企业的资源、人力、物力、资金都是有限的。通过细分市场，选择了适合自己的目标市场，企业可以集中人、财、物及资源，去争取局部市场上的优势，然后再占领自己的目标市场。

(4)有利于企业提高经济效益

前面 3 个方面的作用都能使企业提高经济效益。除此之外，企业通过市场细分后，企业可以面对自己的目标市场，生产出适销对路的产品，既能满足市场需要，又可增加企业的收入；产品适销对路可以加速商品流转，加大生产批量，降低企业的生产销售成本，提高生产工人的劳动熟练程度，提高产品质量，全面提高企业的经济效益。

2. 国际市场细分的含义

所谓国际市场细分，是指企业按照一定的细分标准，把整个国际市场细分为若干个需求不同的子市场，其中任何一个子市场中的消费者都具有相同或相似的需求特征，企业可以在这些子市场中选择一个或多个作为其国际目标市场。

国际市场细分的目标是为了识别顾客需求的差异，以发现有利的营销机会。市场细分的必要条件有以下几点。

① 细分市场必须是可以衡量的。也就是根据某种特征因素划分出来的每个细分市场，其规模和购买力的大小是可以衡量的。

② 细分市场必须是可以进入的。所谓进入是指企业可以通过确定某一营销组合，能达到某一细分市场，使该细分市场的消费者得以购买本企业的产品。

③ 细分市场必须具有足够的规模。市场细分后，从企业的角度来看，至少有一个细分市场的规模足以使企业有利可图，而且有相当的发展潜力。

二、国际市场细分的方法

国际市场细分的方法——组合法细分。在应用组合法细分国际市场时，企业可根据国家潜量、竞争力和风险 3 个方面分析世界各国，从而把各国分成 18 类。在这种组合法中，国家潜量是指企业的产品或服务在一国市场上的销售潜量。其基础包括人口、经济增长率、实际国民总产值、人均国民收入、人口分布、工业生产消费模式等数据资料。竞争力决定于内部因素和外部因素两方面。内部因素包括企业在该国市场上所占份额、企业资源和设施以及企业适应该国特点的能力和优势。外部因素包括该行业中竞争对手的竞争力、来自替代产品行业的竞争以及国内外的行业结构。风险是指企业在该国面临的政治风险、财务风险和业务风险（如消费者偏好的转移）以及各种影响利润、资金流动和其他经营结果的因素。

用组合法划分世界市场有如下优点：① 该方法考虑了 3 个方面，更全面地反映了多国环境；② 每个维度都与营销密切相关；③ 把风险单独作为一个维度，更符合实际情况，因为许多国家虽有较大的潜力和吸引力，但同时也有不同程度的风险；④ 每个维度都由若干因素构成，因此，每一方面都是多元因素的综合计量。例如，无论是国民生产总值还是收入水平，单凭一个因素都不足以表示整个国家的市场潜量；⑤ 该方法使用了 18 个小单元的矩阵，国家潜量和竞争力都有 3 个层次，风险为两个层次。

这是很重要的，因为世界上不仅有大和小或强和弱，而且有中间位置。组合法是企业进行国际市场宏观细分的一个很有用的方法，可以作为企业分析国外市场机会的基础。不过，它需要许多信息，包括公司内部和外部的，这可能不太容易收集和分析。另外，这一方法适用于一种产品的市场层次而不是整个公司的层次。因此，一家在海外营销多种产品或劳务的公司将不得不为此做出许多细分规划，但是，这样做会产生策略意义，并且有助于分析有潜力的产品市场的机会。

三、宏观细分

世界上有众多的国家，企业究竟进入哪个（或哪些）市场最有利，这就需要根据某种标准（如经济、文化、地理等）把整个市场分为若干子市场，每一个子市场具有基本相同的营销环境。企业可以选择某一组或某几个国家作为目标市场。这种含义的国际市场细分称为宏观细分。宏观细分是微观细分的基础，因为企业首先确定进入哪个或哪些国家，然后才能进一步在某国进行一国之内的细分。国际市场宏观细分的标准有地理标准、经济标准、文化标准和组合法。

国际市场的宏观细分是整个国际市场细分过程中的第一步，因为只有在宏观细分的基础之上，才能进行下步进行一国之内的微观细分。进行国际市场的宏观细分主要有两个方面的问题：一个是确定宏观细分的过程或基本步骤，另一个是确定以何种标准来对国际市场进行细分。

1. 宏观细分的过程

国际市场宏观细分过程可以分为下述几个步骤。

① 确定划分世界市场的方法（即确定细分标准）。

② 这种分类标准，将所有具有共同特点的国家划为一组，即构成一个子市场。

③ 了解满足每组需求对企业资源条件有哪些要求。

④ 根据本企业的特点，看看由本企业满足哪个或哪些子市场最适当，最有优势。

⑤ 从理论分析，要满足目标市场的需求，应采取的措施。

⑥ 把这种理论上的策略和方法根据实际情况加以修正和调整。

假设一个生产电子计算机的企业打算进入国际市场。应用上述细分过程，该企业将分 6 个步骤细分世界市场。

第一步，企业认为，应根据各国经济技术的发展水平和对电子计算机的需求来划分世界市场。

第二步，按照上述细分标准，可将世界电子计算机市场分成两个子市场：①需求简单、小型电子计算机（如第一代电子计算机）的市场；②需要大型、复杂电子计算机的市场。

第三步，要满足第一个子市场，企业只要具备生产、简单电子计算机的技术能力和生产能力即可；要满足第二个子市场，需要具备中等技术水平和生产能力；要满足第三个子市场，需要企业拥有生产现代大型电子计算机的尖端技术，有能力与国际商业机器公司第一流企业抗衡。

第四步，根据企业的资源条件，确定服务于哪一个子市场最有力。

第五步，假设根据企业的资源条件，确定服务于第二个子市场，并假设下述国家和地区属于第二子市场：韩国、印度、新加坡、墨西哥、巴西、尼日利亚。为满足这些目标市场国家的需求，公司可以在尼日立亚、巴西和韩国分别建立一个组装厂，其他国家的需求：可以通过从这 3 个国家进口而得到满足。

第六步，假设经过进一步调研，发现韩国比较缺乏科技人才，在韩国建厂难免出现效率低的现象。而印度的科技人才较多，故决定把组装厂建在印度，再由印度向整个亚洲地区出口。

2. 宏观细分的标准

对同际市场进行宏观细分可以用不同的标准。例如，公司可以在诸如人均国民生产总值（GNP Per Capital）或地理位置一类单一变量的基础上细分世界市场（国家）。同样，宗教或政治制度也可充当宏观细分的标准。另外，也可在几个变量合成的基础上划分国家。

文化因素使这些国家的市场与欧美国家根本不相同。所以在对这类国家进行组合时，还要考虑文化方面的因素。

生活方式密切地受到文化的影响，所以按照文化细分国际市场对营销决策是非常有益的。文化对国际营销决策的重要影响之一，就是文化的诸因素（语言、教育、宗教、美学、价值观和社会组织等）都能构成国际市场的细分标准。然而，由于世界上文化类型种类很多，要把世界上所有不同国家的文化类型进行分类，并为所有文化类型的每一种制订一个策略是十分困难的。一个替代的方法，是将世界上众多的不同文化类型按以下文化要素进行再分类、这 5 种文化要素如下。

① 物质文化（技术、经济）。

② 社会制度（社会机构组织、教育、政治结构）。

③ 信仰体系。

④ 美学。

⑤ 语言。

单纯地用文化作为细分市场标准在很多情况下是不可行的。以宗教为例，仅仅以宗教为标准实现对一组国家实施共同营销策略往往是不够的。巴基斯坦和沙特阿拉伯都强烈坚持伊斯兰教义，可是两国在经济上的差别使得很难把它们连接起来实行同一营销策略。沙特阿拉伯的人均国民生产总值达 12 000 美元，是一个各类消费品和工业品的大买主，相反，巴基斯坦人均国民生产总值只有 390 美元，这对国际营销者来说，市场潜力太小。因此，在应用文化标准进行国际市场宏观细分时，还应兼顾其他的一些细分变量（经济、地理等），才能避免以单一变量进行细分而导致的片面性。

四、微观细分

企业进入某一国外市场后，由于该国的顾客需求也是千差万别的，企业不可能满足该国所有顾客的需求，而只能将其细分为若干个子市场，满足一个或几个子市场的需求，这种含义上的国际市场细分叫做微观细分。微观细分类似于国内市场细分，即当企业决定进入某一海外市场后，它会发现当地市场顾客需求仍有差异，需进一步细分成若干市场，以期选择其中之一或几个子市场为目标市场。这种一国之内的细分标准即是国内市场细分标准，例如，消费品市场有地理环境、人口状况、消费者心理、购买情况 4 大标准，工业品市场有地理环境、用户状况、需求特点和购买行为 4 大标准。

1. 微观细分的标准

国际市场的微观细分与国内市场中的微观细分方法是相同的，细分的标准也基本一致。

（1）消费品市场的细分标准

消费品市场的细分标准主要参照人口统计因素、社会经济因素、地理因素、心理因素和行为因素来加以确定。① 人口统计因素包括年龄、性别、家庭规模、职业、教育、种族、宗教等。② 社会经济因素包括社会阶层、家庭生命周期、收入等。③ 地理因素包括区域因素，如南方、北方、城市、农村、平原、山区、沿海、内地等。④ 心理因素包括消费者的性别、生活方式、对产品和企业的态度等。⑤ 行为因素包括消费者所追求的利益、对牌子的偏爱程度、购买频率、消费模式、对企业营销组合的敏感程度等。

（2）工业品市场的细分标准

工业品市场因其特殊性，其细分标准与消费品市场的细分标准有所不同，主要参照的标准包括：地理位置、用户性质（如生产企业、中间商、政府部门等）、用户规模、用户要求（如经济型、质量型、方便型等）以及购买方式（如购买频率、支付方式等）。

2. 微观细分的要求

对于竞争激烈的国际市场，以为只要进行国际市场的细分就能在营销上获得成功的这种认识是片面的。因为尽管国际市场细分是识别机会、发现机会的有效手段，但并不是所有的国际市场细分都是有效的。过于细分可能会影响企业的销售面；细分不当也可能招致营销上的失败。因此，有效的国际市场细分必须具备下述条件。

（1）可衡量性（measurability）

所谓可衡量性，是指细分后形成的市场，其规模及购买力程度必须能够衡量，否则某些特性就不能成为细分市场的依据。例如，较大婴儿奶粉所形成的市场就比较好衡量，其中，6～12 个月的婴儿为主要市场，满周岁的幼儿则是次要市场。有时如以消费者的心理变数细分市场，就可能出现衡量不易的情况。事实上有许多的消费者特性是不容易衡量的，例如，用生活方式作为细分标准就很难确定一国中究竟有多少人属于某一种生活方式。

（2）可接近性（accesslbility）

可接近性指企业的人力、物力及营销组合因素必须足以达到和占领所选择的细分市场。如果细分后的市场，消费者不能有效地了解商品的特点，不能在一定的销售渠道买到这些商品，则说明企业没能达到该细分市场，企业就应放弃该细分。也就是说，对于不能进入或难以进入的市场进行细分是没有意义的。

（3）足量性（substantiality）

足量性即细分后所形成的市场规模必须足以使企业有利可图，并有一定的发展潜力。因为每进行一次市场细分就需推行一套独立的营销组合方案，要付出相当的代价。只有足够大的市场与发展潜力，才值得企业尽心尽力开发。反之，若市场十分狭窄，或者潜在消费者很少，就不值得去占领。例如，发达国家人口增长缓慢，年龄结构老化问题口趋突出，对企业来说，老年市场具有相当潜力。各类老人保健、老人医院，老人娱乐、休闲等行业都将发展成具有足量性的市场。反之，对于那些不具有足量性的市场，这样的细分就不会尽如人意。

（4）可实施性（action-ability）

可实施性即企业能够有效地吸引并服务于子市场的可行程度。例如，一家计算机公司根据某国的顾客对计算机的不同使用与服务要求，将顾客分为数个子市场，但公司资源有限，缺乏必需的技术与营销力量，不能为每个子市场制订切实可行的营销策略，因此，该公司的市场细分就没有意义。

第二节　国际目标市场的选择

一、国际目标市场的含义

国际目标市场就是企业决定进入的那部分市场，即企业所选择的准备以相应的产品和服务满足其需要的那部分购买者群体。国际市场细分是企业选择目标市场的重要前提和基础。

企业在国际市场细分后，先在众多的国家中确定某个国家或地区作为大的目标市场，然后把这个目标市场国家进一步地依据地理、人口、行为、心理等因素进行微观细分，并从众多的子市场中选择一个或几个作为具体的目标市场，并且确保每个目标市场都具有未被满足的消费者需求，每个目标市场都够广大以便获得销售额的提高，为企业带来更多的利润。

选择目标市场能够使企业系统地考察每一个子市场，更好地发现市场机会。研究每一个子市场的大小、需求者被满足的程度、竞争对手的活动情况，以确定本企业在该子市场的销售能力。目标明确有利于企业发掘和掌握市场机会，发挥优势，避开威胁，有助于竞争。选择目标市场后，企业可以进一步进行市场细分，并针对不同的细分市场采取市场营销组合。

二、国际目标市场的选择模式

公司在对不同细分市场评估后，就必须对进入哪些市场和为多少个细分市场服务做出决策。公司可考虑可能的目标市场模式，一共可采用5种模式。

1. 密集单一市场

最简单的方式是公司选择一个细分市场集中营销。如大众汽车公司集中经营小汽车市场；理查德·D·伊尔文公司集中经营经济商业教科书市场。公司通过密集营销，更加了解本细分市场的需要，并树立了特别的声誉，因此，便可在该细分市场建立巩固的市场地位。另外，公司通过生产、销售和促销的专业化分工，也获得了许多经济效益。如果细分市场补缺得当，公司的投资便可获得高报酬。同时，密集市场营销比一般情况风险更大。个别细分市场可能出现不景气的情况。例如，年轻女士突然不再买运动服装，这使鲍比·布鲁克斯公司的收入锐减。或者某个竞争者决定进入同一个细分市场，由于这些原因，许多公司宁愿在若干个细分市场分散营销。

2. 有选择的专门化

采用此法选择若干个细分市场，其中，每个细分市场在客观上都有吸引力，并且符合公司的目标和资源。但在各细分市场之间很少有或者根本没有任何联系，然而每个细分市场都有可能赢利。这种多细分市场目标优于单细分市场目标，因为这样可以分散公司的风险，即使某个细分市场失去吸引力，公司仍可继续在其他细分市场获取利润。

3. 产品专门化

用此法集中生产一种产品，公司向各类顾客销售这种产品。例如，显微镜生产商向大学实验室、政府实验室和工商企业实验室销售显微镜。公司准备向不同的顾客群体销售不同种类的显微镜，而不去生产实验室可能需要的其他仪器。公司通过这种战略，在某个产品方面树立起很高的声誉。如果产品——这里是指显微镜，被一种全新的显微技术代替，就会发生危机。

4. 市场专门化

市场专门化是指专门为满足某个顾客群体的各种需要而服务。例如，公司可为大学实验室提供一系列产品，包括显微镜、示波器、本生灯、化学烧瓶等。公司专门为这个顾客群体服务，而获得良好的声誉，并成为这个顾客群体所需各种新产品的销售代理商。但如果大学实验室突然经费预算削减，它们就会减少从这个市场专门化公司购买仪器的数量，这就会产生危机。

5. 完全市场覆盖

完全市场覆盖是指公司想用各种产品满足各种顾客群体的需求。只有大公司才能采用完全市场覆盖战略，如国际商用机器公司（计算机市场）、通用汽车公司（汽车市场）和可口可乐公司（饮料市场）。

三、国际目标市场的选择策略

选择目标市场营销策略，明确企业应为哪一类用户服务，满足他们的哪一种需求，是企业在营销活动中的一项重要策略。

为什么要选择目标市场呢？因为不是所有的子市场对本企业都有吸引力，任何企业都没有足够的人力资源和资金满足整个市场或追求过大的目标，只有扬长避短，找到有利于发挥本企业现有的人、财、物优势的目标市场，才不至于在庞大的市场上瞎撞乱碰。如太原橡胶厂是一个有 1 800 多名职工、以生产汽车、拖拉机轮胎为主的中型企业。前几年，因产品难于销售而处于困境。后来，他们进行市场细分后，根据企业优势，选择了省内 10 大运输公司作为自己的目标市场，生产适合晋煤外运的高吨位汽车载重轮胎，打开了销路。随着企业实力的增强，他们又选择了耕运两用拖拉机制造厂为目标市场。1992 年与香港中策投资有限公司合资经营，成立了“双喜轮胎股份有限公司”。1993 年，在全国轮胎普遍滞销的情况下，该公司敲开了一汽的大门，为之提供高吨位配套轮胎。正确选择目标市场是太原橡胶厂跨入全国 500 家优秀企业的有效策略之一。

选择目标市场一般运用下列 3 种策略。

1. 无差别性市场营销策略

无差别性市场营销策略，就是企业把整个市场作为自己的目标市场，只考虑市场需求的共性，而不考虑其差异，运用一种产品、一种价格、一种推销方法，吸引可能多的消费者。美国可口可乐公司从 1886 年问世以来，一直采用无差别市场策略，生产一种口味、一种配方、一种包装的产品满足世界 156 个国家和地区的需要，称作“世界性的清凉饮料”，资产达 74 亿美元。由于百事可乐等饮料的竞争，1985 年 4 月，可口可乐公司宣布要改变配方的决定，不料在美国市场掀起轩然大波，许多电话打到公司，对公司改变可口可乐的配方表示不满和反对，不得不继续大批量生产传统配方的可口可乐。可见，采用无差别市场策略，产品在内在质量和外在形体上必须有独特风格，才能得到多数消费者的认可，从而保持相对的稳定性。

这种策略的优点是产品单一，容易保证质量，能大批量生产，降低生产和销售成本。但如果同类企业也采用这种策略时，必然要形成激烈竞争。闻名世界的肯德基炸鸡，在全世界有 800 多个分公司，都是同样的烹任方法、同样的制作程序、同样的质量指标、同样的服务水平，采取无差别策略，生意很红火。1992 年，肯德基在上海开业不久，上海荣华鸡快餐店开业，且把分店开到肯德基对面，形成“斗鸡”场面。因荣华鸡快餐把原来洋人用面包作主食改为蛋炒饭为主食，西式沙拉土豆改成酸辣菜、西葫芦条，更取悦于中国消费者。所以，面对竞争强手时，无差别策略也有其局限性。

2. 差别性市场营销策略

差别性市场营销策略就是把整个市场细分为若干子市场，针对不同的子市场，设计不同的产品，制订不同的营销策略，满足不同的消费需求。如美国有的服装企业，按生活方式把妇女分成 3 种类型：时髦型、男子气型、朴素型。时髦型妇女喜欢把自己打扮得华贵艳丽，引人注目；男子气型妇女喜欢打扮的超凡脱俗，卓尔不群；朴素型妇女购买服装讲求经济实惠，价格适中。公司根据不同类妇女的不同偏好，有针对性地设计出不同风格的服装，使产品对各类消费者更具有吸引力。又如某自行车企业，根据地理位置、年龄、性别细分为几个子市场：农村市场，因常运输货物，要求牢固耐用，载重量大；城市男青年，要求快速、样式好；城市女青年，要求轻便、漂亮。针对每个子市场的特点，制订不同的市场营销组合策略。

这种策略的优点是能满足不同消费者的不同要求，有利于扩大销售、占领市场、提高企业声誉。其缺点是由于产品差异化、促销方式差异化，增加了管理难度，提高了生产和销售费用。目前只有力量雄厚的大公司采用这种策略。如青岛双星集团公司，生产多品种、多款式、多型号的鞋，满足国内外市场的多种需求。

3．集中性市场营销策略

集中性市场营销策略就是在细分后的市场上，选择两个或少数几个细分市场作为目标市场，实行专业化生产和销售。在个别少数市场上发挥优势，提高市场占有率。采用这种策略的企业对目标市场有较深地了解，这是大部分中小型企业应当采用的策略。日本尼西奇起初是一个生产雨衣、尿布、游泳帽、卫生带等多种橡胶制品的小厂，由于订货不足，面临破产。总经理多川博在一个偶然的机会，从一份人口普查表中发现，日本每年约出生 250 万个婴儿，如果每个婴儿用两条尿布，一年需要 500 万条。于是，他们决定放弃尿布以外的产品，实行尿布专业化生产。一炮打响后，又不断研制新材料、开发新品种，不仅垄断了日本尿布市场，还远销世界 70 多个国家和地区，成为闻名于世的“尿布大王”。

采用集中性市场营销策略，能集中优势力量，有利于产品适销对路，降低成本，提高企业和产品的知名度。但有较大的经营风险，因为它的目标市场范围小，品种单一。如果目标市场的消费者需求和爱好发生变化，企业就可能因应变不及时而陷入困境。同时，当强有力的竞争者打入目标市场时，企业就要受到严重影响。因此，许多中小企业为了分散风险，仍应选择一定数量的细分市场为自己的目标市场。

3 种目标市场营销策略各有利弊。选择目标市场进行营销时，必须考虑企业面临的各种因素和条件，如企业规模和原料的供应、产品类似性、市场类似性、产品寿命周期、竞争的目标市场等。

选择适合本企业的目标市场营销策略是一个复杂多变的工作。企业内部条件和外部环境在不断发展变化，经营者要不断通过市场调查和预测，掌握和分析市场变化趋势与竞争对手的条件，扬长避短，发挥优势，把握时机，采取灵活的适应市场态势的策略，去争取较大的利益。

四、影响目标市场策略的因素

上述 3 种策略各有利弊，企业在进行决策时要具体分析产品和市场状况和企业本身的特点。影响企业目标市场策略的因素主要有企业资源特点、产品特点、市场特点和竞争对手的策略 4 类。

1．企业的资源特点

资源雄厚的企业，如拥有大规模的生产能力、广泛的分销渠道、程度很高产品的标准化、好的内在质量和品牌信誉等，可以考虑实行无差异市场营销策略；如果企业拥有雄厚的设计能力和优秀的管理素质，则可以考虑施行差异市场营销策略；而对实力较弱的中小企业来说，适于集中力量进行集中营销策略。企业初次进入市场时，往往采用集中市场营销策略，在积累了一定的成功经验后再采用差异市场营销策略或无差异市场营销策略，扩大市场份额。

2．产品特点

产品的同质性表明了产品在性能、特点等方面的差异性的大小，是企业选择目标市场时不可不考虑的因素之一。一般对于同质性高的产品如食盐等，宜施行无差异市场营销；对于同质性低或异质性产品，差异市场营销或集中市场营销是恰当选择。

此外，产品因所处的生命周期的阶段不同，而表现出的不同特点亦不容忽视。产品处于导入期和成长初期，消费者刚刚接触新产品，对它的了解还停留在较初浅的层次，竞争尚不激烈，企业这时的营销重点是挖掘市场对产品的基本需求，往往采用无差异市场营销策略。等产品进入成长后期和成熟期时，消费者已经熟悉产品的特性，需求向深层次发展，表现出多样性和不同的个性来，竞争空前的激烈，企业应适时地转变策略为差异市场营销或集中市场营销。

3．市场特点

供与求是市场中两大基本力量，它们的变化趋势往往是决定市场发展方向的根本原因。供不应求时，企业重在扩大供给，无暇考虑需求差异，所以采用无差异市场营销策略；供过于求时，企业为刺激需求、扩大市场份额殚精竭虑，多采用差异市场营销或集中市场营销策略。

从市场需求的角度来看，如果消费者对某产品的需求偏好、购买行为相似，则称之为同质市场，可采用无差异市场营销策略；反之，为异质市场，差异市场营销和集中市场营销策略更合适。

4．竞争者的策略

企业可与竞争对手选择不同的目标市场覆盖策略。例如，竞争者采用无差异市场营销策略时，选用差异市场营销策略或集中市场营销策略更容易发挥优势。

企业的目标市场策略应慎重选择，一旦确定，应该有相对的稳定，不能朝令夕改。但灵活性也不容忽视，没有永恒正确的策略，一定要密切注意市场需求的变化和竞争动态。

第三节　国际市场定位

一、市场定位的含义

市场定位是根据竞争者现有产品在市场上所处的位置，针对消费者对该种产品某种特征或属性的重视程度，突出显示本企业产品与竞争者的区别，强有力地塑造出该产品印象鲜明的特征或形象，并把这种形象生动地传递给消费者，从而使该产品在市场上取得有利的地位。

市场定位是企业确定自身在国际市场上的整体形象，是企业战略以及企业的产品形象、服务形象、人员形象等多方面的整合。

国际目标市场定位为企业指出了在国际目标市场的发展方向，为企业在国际目标市场竞争提供了策略依据，为企业和产品树立了良好形象，使企业的市场定位深入消费者心中，获得更大的市场份额。

在对国际市场进行细分并选择了相应的目标市场之后，企业必须考虑将在目标市场上提供什么样的产品。

二、国际市场定位的步骤

国际市场定位包括 3 个步骤：识别可能的竞争优势，选择合适的竞争优势，有效地向市场传播企业的市场定位。

1. 识别可能的竞争优势

消费者一般都选择那些给他们带来最大价值的产品和服务。因此，赢得和保持顾客的关键是比竞争者更好地理解顾客的需要和购买过程以及向他们提供更多的价值。通过提供比竞争者较低的价格，或者是提供更多的价值以使较高的价格显得合理。企业可以把自己的市场定位为：向目标市场提供优越的价值，从而企业可赢得竞争优势。企业优势可以在以下几个方面得以体现。

产品差异：企业可以使自己的产品区别于其他产品。

服务差异：除了靠实际产品区别外，企业还可以使其与产品有关的服务不同于其他企业。

人员差异：企业可通过雇用和训练比竞争对手好的人员取得很强的竞争优势。

形象差异：即使竞争的产品看起来很相似，购买者也会根据企业或品牌形象观察出不同来。因此，企业通过建立形象使自己不同于竞争对手。

2. 选择合适的竞争优势

假定企业已很幸运地发现了若干个潜在的竞争优势。现在，企业必须选择其中几个竞争优势，据以建立起市场定位战略。企业必须决定促销多少种以及哪几种优势。一般来讲企业在发展过程中必须全面考虑各方面的要素，按照世界著名咨询公司——美国麦肯锡咨询公司所提出的 7S 模型，这些要素主要包括：结构、制度、风格、员工、技能、战略共同的价值观（Structure、System、Style、Staff、Skill、Stratage、Shared value）。在模型中，战略、结构和制度被看成是企业成功到“硬件”，风格、人员、技能、共同价值观被认为是企业成功经营的“软件”。总的来说，企业需要避免 3 种主要的市场定位错误。第一种是定位过低，即根本没有真正为企业定好位。第二种错误是过高定位，即传递给购买者的公司形象太窄。第三种是企业定位混乱，给购买者一个模糊混乱的企业形象。

3. 有效地向市场传播企业的市场定位

一旦选择好市场定位，企业就必须采取切实步骤把理想的市场定位传达给目标消费者。企业所有的市场营销组合必须支持这一市场定位战略。给企业定位要求有具体的行动而不是空谈。

三、国际市场定位策略

国际市场定位可分为对现有产品的再定位和对潜在产品的预定位。对现有产品的再定位可能导致产品名称、价格和包装的改变，但是这些外表变化的目的是为了保证产品在潜在消费者的心目中留下值得购买的形象。对潜在产品的预定位，要求营销者必须从零开始，开发所有的 4PS，使产品特色确实符合所选择的目标市场。

1. 对现有产品的重新定位

没有永远的定位，“除了妻儿，一切都要变”三星集团会长李健熙说。定位本来是为了帮助企业更准确找到自己的竞争优势，但在实践中，很多企业存在一定程度上的定位惯性问题。即尽管市场需求和竞争状况都有了很大的改变，但企业却仍然沿用原来的市场定位和品牌定位，结果逐渐走向弱势。“再定位”问题由此提上日程。如达尔文所说“那些能够生存下来的并不是最聪明和最有智慧的，而是那些最善于应变的”。用户需求的变化，往往是进行重新定位的最好时机之一。

重新定位通常是指对那些销路少，市场反应差的产品进行二次定位。初次定位后，随着时间的推移，新的竞争者进入市场，选择与本企业相近的市场位置，致使本企业原来的市场占有率下降；或者由于顾客需求偏好发生转移，原来喜欢本企业产品的人转而喜欢其他企业的产品，因而市场对本企业产品的需求减少。在这些情况下，企业就需要对其产品进行重新定位。所以，一般来讲，重新定位是企业为了摆脱经营困境，寻求重新获得竞争力和增长的手段。不过，重新定位也可作为一种战术策略，并不一定是因为陷入了困境，相反，可能是由于发现新的产品市场范围引起的。例如，某些专门为青年人设计的产品在中老年人中也开始流行后，这种产品就需要重新定位，重新扩大企业经营的定位，突破原来的市场限定的区域，去发掘新的消费群与消费者新的需求，能使企业的潜在市场空间比现在规模扩大至少 10 倍。相反，如果企业不能随着需求的升级及时调整定位，常常就会面临品牌老化，销售下降等问题，直到最后被新的品牌所取代。例如，生产“康师傅”方便面的顶益集团，就是经过几次重新定位后才确定了现在的最佳定位：生产一种合乎大众口味的价格适中的方便食品，并获得了极大成功。

2．对潜在产品的预定位

企业应根据自身经济实力，市场条件，采取合理的市场定位策略，这样才能争得一席之地。

（1）针锋相对策略

这是一种与在市场上居支配地位的竞争对手“对着干”的定位方式，与市场上占支配地位的实力最强的对手发生正面冲突，使产品进入与对手相同的市场位置。

它要求企业本身具备的条件：本企业要比竞争者生产出更好的产品；市场容量大，足以吸纳两个以上竞争者；本企业拥有资源不低于对手。在世界饮料市场上，作为后起的百事可乐进入市场时，就采用过这种方式，“你是可乐，我也是可乐”，与可口可乐展开面对面的较量。

实行迎头定位，企业必须做到知己知彼，应该了解市场上是否可以容纳两个或两个以上的竞争者，自己是否拥有比竞争者更多的资源和能力，是不是可以比竞争对手做得更好，否则，迎头定位可能会成为一种非常危险的战术，将企业引入歧途。当然，也有些企业认为这是一种更能激发自己奋发向上的定位尝试，一旦成功就能取得巨大的市场份额。

（2）填补空缺策略

不与竞争者直接冲突，重新开拓潜在市场。这是一种避开强有力的竞争对手进行市场定位的模式。企业不与对手直接对抗，将自己置定于某个市场空隙，发展目前市场上没有的特色产品，开拓新的市场领域。

它要求企业本身具备的条件：企业有制造高质量产品的技术；本企业以相对较低的价格出售高质量产品的技术，能获利；使购买者相信本企业产品质量好。

这种定位的优点是：能够迅速地在市场上站稳脚跟，并在消费者心中尽快树立起一定形象。由于这种定位方式市场风险较小，成功率较高，常常为多数企业所采用。例如，美国的 Aims 牌牙膏专门对准儿童市场这个空隙，因而能在 Crest 和 Colgate 两大品牌统霸的世界牙膏市场上占有 10%的市场份额。

（3）特色策略

企业突出自己与众不同的特色，而另辟蹊径。

它要求企业本身具备的条件：产品有独特特色，消费者喜爱；其他企业未具有或不愿改变其原有特色，本企业先入为主。企业选择适合自己的定位策略，以达到预期发展。采用这种定位策略的企业一般是中小企业或实力比较薄弱的企业。取得成功的有“王守义的十三香”、“王致和的腐乳”、“老干妈”、“周萝卜”等企业品牌。

综上所述，准确的定位能带给企业巨大的经济效益和广阔的发展前途，反之，则会使企业蒙受巨大的经济损失。因此，企业要在激烈的竞争中求生存，求发展，就必须在市场中找到自己最理想的定位，才能最终取胜。

思考题

（1）简述国际市场定位的步骤。

（2）国际目标市场的选择模式有哪些？

案例分析

宝洁公司始创于1837年，是世界最大的日用消费品公司之一。2002～2003财政年度，公司全年销售额为434亿美元。在《财富》杂志最新评选出的全球500家最大工业/服务业企业中，排名第86位，并位列最受尊敬企业第7。

1987年，自从宝洁公司登陆中国市场以来，在中国日用消费品市场可谓是所向披靡，一往无前。仅用了十余年时间，就成为中国日化市场的第一品牌。时至今日，宝洁公司的系列产品，特别是以号称“三剑客”的飘柔、潘婷、海飞丝洗发水系列更是一枝独秀，出尽风头。

世界著名消费品公司宝洁的营销能力早被营销界所传颂，但2002年宝洁在中国市场却打了败仗。宝洁推出的第一个针对中国市场的品牌——润妍洗发水一败涂地，不得不黯然退市，而此时润妍上市还只有1年半的时间。

20世纪90年代中后期，中国国内洗发水市场“黑头发”概念大行其道，开路先锋重庆奥妮对市场进行细分，把洗发水分为化学和植物两类。重庆奥妮在1997年推出新品“百年润发”植物洗发露后，一时间在中国大地掀起了一股“黑发美”的风潮。影视巨星周润发的加盟使奥妮的“黑发”攻势如虎添翼，刘德华的一句“黑头发中国货”更把这一概念的号召力发挥到了极致，一夜之间，一个含金量令人垂涎的“黑发”金矿诞生了。这个金矿的诞生很快就吸引了无数人的眼球。发掘出了这么一个富矿，于是，各路高手云集一处，为了尽快建立自己新的利润增长点，市场联合利华不失时机推出“黑芝麻”草本洗发露系列推向市场。伊卡璐也把其草本精华系列产品推向中国，借势进军欲分杯羹。河南的民营企业鹤壁天元也不失时机地推出“黛丝”黑发概念的产品。一个概念成就了多个知名品牌的发财梦，也对宝洁这个在洗发水领域自诩为霸主的巨人形成了强大的冲击，眼前发生的一切令宝洁不得不痛下决心。宝洁提出了研制中草药洗发水的要求，并且邀请了许多知名的中医向来自研发总部的技术专家们介绍了传统的中医理论。资料显示，宝洁润妍产品在过去两年间的销售额大约在1亿元左右，广告费用约占10%。并在“润妍”产品正式上市之前，委托专业的公关公司在浙江进行了一系列的品牌宣传。例如，举办书法、平面设计和水墨画等比赛和竞猜活动等，创新地用黑白之美作为桥梁，表现了现代人对东方传统和文化中所蕴含的美的理解，同时也呼应着润妍品牌通过乌黑美丽的秀发对东方女性美的实现。两年中，润妍虽获得一些消费者认知，但其最高市场占有率从未超过3%这个数字，只不过是飘柔市场份额的1/10。

在润妍上市半年后，一份对北京、上海、广州和成都女性居民的调查也显示，在女性最喜爱的品牌和女性常用的品牌中，夏士莲黑芝麻排在第6位，而润妍则榜上无名；另一份调查则表明，看过夏士莲黑亮去屑洗发水的消费者中有接近24%愿意去买或者尝试；而看过润妍广告的消费者中，愿意尝试或购买的还不到2%。

润妍的失败和很多因素有关。润妍采用的是和主流产品不同的剂型，需要经过洗发和润发两个步骤，这种产品在20世纪80年代曾是主流，但现在已经被2合1产品惯坏了的消费者，并不喜欢把洗头时间拖长一倍；试图去改变消费者的消费习惯，无疑是润妍犯下的一个严重错误。

润妍把目标消费群体定位在城市白领女性，但在这个群体中，现在更流行染发，对黑头发并不感冒；而针对该人群的高价格，又不能被黑头发真正的目标消费群体所接受。

润妍还沿袭了飘柔等强势品牌的价格体系，在这种价格体系下，经销商没有多少利润，又出于销售额的考虑，不能不做，但新品牌润妍的价格政策，则无疑会导致经销商对其采取抵制态度。

润妍的概念推广比起夏士莲黑芝麻洗发水来，显得笨拙有余、锐利不足。对于黑发概念，夏士莲通过强调自己的黑芝麻成分，让消费者由产品原料对产品功能产生联想，从而事半功倍，大大降低了概念传播难度；而润妍在传播时，似乎并不着重强调其首乌成分。

2001年5月，宝洁收购伊卡璐，表明宝洁在植物领域已经对润妍失去了信心，也由此宣告了润妍的消亡。

（资料来源：商机网，http://www.28.com/alfx/mr/n-36615.html，2011-10-18，有修改）

问题：

（1）根据此案例，国内外日化企业竞相角逐的市场是什么?

（2）宝洁在润妍的开发过程做了哪些工作? 有哪些值得我们学习的地方?

（3）对润妍的退市原因进行分析。

第六章 国际市场营销的产品策略

【引导案例】

总部设在德克萨斯州奥斯汀（Austin）的Dell公司是世界上最成功的采用网络直销的计算机公司。迈克尔·戴尔于1984年创立Dell公司，他是目前计算机行业内任期最长的首席执行官。他的理念非常简单：按照客户要求制造计算机，并向客户直接发货，使Dell公司能够最有效和明确地了解客户需求，继而迅速做出回应。这个直接的商业模式消除了中间商，这样就减少了不必要的成本和时间，让Dell公司更好地理解客户的需要。这种直接模式允许Dell公司能以富有竞争性的价位，为每一位消费者定制并提供具有丰富配置的强大系统。通过平均4天1次的库存更新，Dell公司能够把最新相关技术带给消费者，而且远远快于那些运转缓慢、采取分销模式的公司。戴尔公司在这些领域一直领先于其最大的竞争对手。2005年Dell被"财富杂志"评为"美国最受赞赏企业"的首位。

在产品策略方面，Dell提供了一种特殊的网上用户产品定制网页，对公司的产品设计者来说是一个有力的帮助。由于对不同的行业和不同的应用，往往要求对计算机有相应的配置。有了这种用户在线定制功能后，特殊用户可以根据其需要自行提出硬件配置，使得设计师的工作任务大大减轻，从而使得产品在设计之初就已经实现了产品的客户化。没有了中间商和二次安装、二次运输等中间过程，故障隐患大大减少。较少的中间过程就意味着生产时间的缩短，同时也意味着更低的成本和较低的价格。

在产品定价策略方面，Dell公司由于采用直销模式，总体上来说成本与售价比其他多数的国际厂家要低，保证了低价策略的实施。但是，由于计算机价格迅速地降低，这种价格上的优势并不是很明显。

在产品促销策略方面，广告在Dell的网页中无处不见，各种各样的多媒体图片和许多性能比较图表，图文并茂充分地激发了顾客的购买欲望。同时，也有不少地方体现了公司的公共关系策略。例如，在其页面中有公司的宗旨等信息的介绍，还有对最新计算机世界的新闻信息发布等。

（资料来源：百度文库，http://wenku.baidu.com/view/0a5de9cdda38376baf1fae3b.html，2011-11-18，有修改）

产品决策是国际营销的核心环节。国际营销企业的定价决策、销售渠道决策和促销决策都以产品决策为基础，并为产品决策服务。一个企业所生产并向海外提供的产品能否为消费者所接受，不仅关系到国际营销活动能否顺利进行，而且决定了企业的兴衰成败。因此，研究国际营销的产品决策有极其重要的意义。从市场营销的角度来看，产品规划既是一个战略问题，也是一个战术问题。本章的内容包括国际产品的基本概念及设计决策，新产品的开发，产品的品牌、商标和包装决策。

第一节　国际产品的基本概念

一、产品的整体概念

人们通常理解的产品是指具有某种特定物质形状和用途的物品，是看得见、摸得着的东西。这是一种狭义的定义。而市场营销学认为，广义的产品是指人们通过购买而获得的能够满足某种需求和欲望的物品的总和，它既包括具有物质形态的产品实体，又包括非物质形态的利益，是购买者所得到的物理的、心理的、服务上和象征性特征的集合体，这就是“产品的整体概念”。产品的整体概念是核心产品借以实现的形式，即向市场提供的实体和服务的形象。如果有形产品是实体品，则它在市场上通常表现为产品质量水平、外观特色、式样、品牌名称和包装等。产品的基本效用必须通过某些具体的形式才得以实现。市场营销者应首先着眼于顾客购买产品时所追求的利益，以求更完美地满足顾客需要，从这一点出发再去寻求利益得以实现的形式，进行产品设计。

顾客的需要是多种多样的，也是无限的。但就满足顾客需求而言，任何产品都可以分解为 3 个层次，如图 6-1 所示。

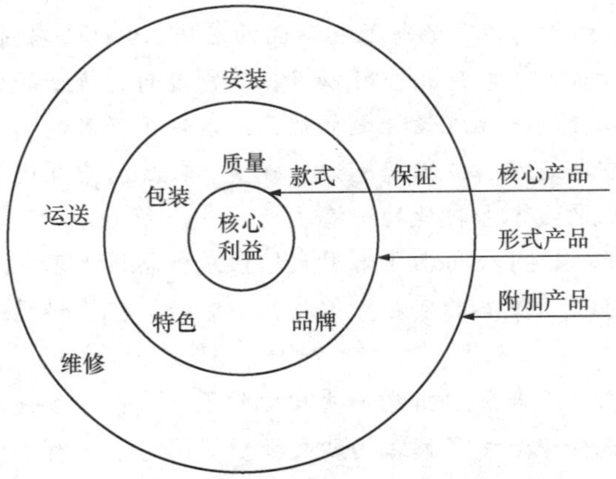

图 6-1　市场调研与市场营销活动关系图

1. 核心产品

核心产品是指消费者购买某种产品时所追求的利益，是顾客真正要买的东西，因而在产品整体概念中也是最基本、最主要的部分。消费者购买某种产品，并不是为了占有或获得产品本身，而是为了获得能满足某种需要的效用或利益。

2. 形式产品

形式产品是指核心产品借以实现的形式，由 5 个特征构成，即质量、款式、特色、品牌及包装。即使是纯粹的服务产品，也具有与此类似的 5 个特征。产品的基本效用必须通过特定形式才能实现，市场营销人员应努力寻求更加完善的外在形式以满足顾客的需要。

3. 附加产品

附加产品是顾客购买有形产品时所获得的全部附加服务和利益，包括提供信贷、免费送货、质量保证、安装、售后服务等。附加产品的概念来源于对市场需要的深入认识。因为购买者的目的是为了满足某种需要，因而他们希望得到与满足该项需要有关的一切。美国学者西奥多·莱维特曾经指出："新的竞争不是发生在各个公司的工厂生产什么产品，而是发生在其产品能提供何种附加利益（如包装、服务、广告、顾客咨询、融资、送货、仓储及具有其他价值的形式）"。附加产品已成为市场上某些产品在竞争中取胜的决定因素，不同的消费者对相同的有形产品有不同的附加产品需求。

产品的整体概念是建立在以顾客为中心的基础上的，即产品价值的大小是由顾客决定的，而不是由生产企业决定的。因此，出口企业必须根据国际目标市场的需求和自身的资源条件，以满足顾客利益为中心来设计和行销产品，并在制造有特色的形式产品过程中，开发附加产品。只有这样，企业才能在激烈的国际竞争中占有一席之地。

二、产品的种类

目前，从内容上来看，国际营销中的产品可分为 3 大类。

1．一般性产品

一般性产品是指消费者需求得以满足的物品或劳务。它是产品中的绝大部分。根据形式与用途不同又可将其划分为消费品与工业品两大类。

（1）消费品

按照消费者的购买习惯，消费品可分为方便商品、选购商品、特殊商品和非寻求商品 4 类。

① 方便商品。方便商品是顾客经常购买、几乎不做比较和购买努力的商品。如报纸、牙膏等。方便商品主要包括日用品、冲动品、救急品。

② 选购商品。选购商品是指消费者在购买前与购买中愿意花上一定时间和精力来进行比较和挑选的商品。消费者在选购中，对产品的适用性、质量、价格等基本方面要做出比较，如家具、服装、重要机械等。

③ 特殊商品。特殊商品是与消费者实际需求或心理需求极为相近因而肯花时间和精力去寻找购买的商品。它们是具有特殊品牌标记的产品，消费者愿意为此做出特殊性努力。属于此类产品的主要有古董、高级工艺美术品、名牌汽车、高档手表等。

④ 非寻求商品。非寻求商品是指消费者不知此类产品的存在，或知道此类产品的存在但在需要它之前没兴趣购买的商品或服务项目。它的用途一般较为特殊，如墓碑、墓地、意外伤害保险等。

（2）工业品

从生产目的的角度，工业品可以分为两大类。

① 工业中间品，也可以称为中间型工业品（如原辅材料、零部件等），如柴油机、杜邦莱卡、AMD 处理器等，服务于下游工业品企业，但最终的产品可能是工业品也可能是消费品，其中，消费品可能是耐用消费品也可能是快速消费品。

② 最终工业品，主要服务于工业或工程，但亦有可能是民用产品。

根据参与生产过程的程度和价值大小的角度，工业品也可划分为材料和部件、资本项目、供应品和服务 3 大类。

① 材料和部件（Material and parts）。材料和部件指完全参与生产过程，其价值全部转移到最终产品的那些物品，又可以分为原材料以及半制成品和部件两大类。

② 资本项目（Capital items）。资本项目指辅助生产进行，其实体不形成最终产品，价值通过折旧、摊销的方式部分转移到最终产品之中的那些物品，包括装备和附属设备。

③ 供应品和服务（Supplies and services）。供应品和服务指不行成最终产品，价值较低、消耗较快的那类物品。

2．权利

企业除了出售一般性产品外，还可以将自己的权利在国际市场上出售。权利的出售包括品牌、商标、产品或制造过程的专利、技术等内容。其中，品牌商标的授权与技术授权最为主要。

（1）品牌与商标的授权

品牌与商标的授权是指授权方将自己的品牌与商标授权给经营商，由经营商按约定的条件开发、生产、销售授权品牌的产品。例如，可口可乐、固特异轮胎属于商品销售特许经营，日本城百货有限公司获得迪士尼公司的授权生产销售米奇、小熊维尼品牌形象的文具用品。

（2）专利技术的授权

产品制造过程的专利也同样可以全部或部分地让出或授权给国外的厂商。例如，发明浮法玻璃制造技术的英国皮尔金顿公司。它通过授权制造过程专利给国外市场来获利，而并不是靠直接出售玻璃产品获利。

3．劳务

劳务出售一般包括产品研究与开发的技巧、生产、行销以及一般的管理咨询等主要内容。

① 技术服务，包括技术转让、技术咨询等多种形式，它是劳务产品的重要组成部分。

② 管理合同，企业在很少投资或根本没有投资的情况下，通过出售行销、管理等方面的技术来赚取报酬。

③ 交钥匙工程，指跨国公司为东道国建造工厂或其他工程项目，一旦设计与建造工程完成，包括设备安装、试车及初步操作顺利运转后，即将该工厂或项目所有权和管理权的“钥匙”依合同完整地“交”给对方，由对方开始经营。因而，交钥匙工程也可以看成是一种特殊形式的管理合同。要完成交钥匙工程，不等于组织大而全的集团公司，而是按市场经济规律，本着互惠互利、相互促进及相互支持的原则。要承担交钥匙工程，服务单位没有一定经济实力是不行的。

三、国际营销产品寿命周期

1．产品寿命周期的概念及各阶段的特征

产品寿命周期理论是美国哈佛大学教授雷蒙德·弗农（Raymond Vernon）1966年在其《产品周期中的国际投资与国际贸易》一文中首次提出的。

产品寿命周期（Product Life Cycle），简称PLC，是产品的市场寿命，即一种新产品从开始进入市场到被市场淘汰的整个过程。费农认为：产品生命是指市场上的营销生命，产品和人的生命一样，要经历形成、成长、成熟、衰退这样的周期。就产品而言，也就是要经历一个开发、引进、成长、成熟、衰退的阶段。而这个周期在不同的技术水平的国家里，发生的时间和过程是不一样的，期间存在一个较大的差距和时差，正是这一时差，表现为不同国

家在技术上的差距，它反映了同一产品在不同国家市场上的竞争地位的差异，从而决定了国际贸易和国际投资的变化。为了便于区分，费农把这些国家依次分成创新国（一般为最发达国家）、一般发达国家、发展中国家。

典型的产品寿命周期一般可以分成 4 个阶段，即介绍期（或引入期）、成长期、成熟期和衰退期。

① 第一阶段：介绍期，指产品从设计投产直到投入市场进入测试阶段。新产品投入市场，便进入了介绍期。此时产品品种少，顾客对产品还不了解，除少数追求新奇的顾客外，几乎无人实际购买该产品，因此产品销量少，单位成本较高。这时尚未建立理想的分销渠道，价格决策难以确立。生产者为了扩大销路，不得不投入大量的促销费用，对产品进行宣传推广，导致广告费用和其他营销费用开支大。该阶段由于生产技术方面的限制，产品的技术性能不够完善，市场竞争者较少，产品销售价格偏高，销售量极为有限，企业通常不能获利，反而可能亏损。此时企业面临的风险最大。

② 第二阶段：成长期，当产品进入介绍期，销售取得成功之后，便进入了成长期。成长期是指产品通过试销效果良好，购买者逐渐接受该产品，产品在市场上站住脚并且打开了销路的阶段。这是需求增长阶段，顾客对新产品已经熟悉，需求量和销售额迅速上升。生产成本大幅度下降，利润迅速增长。产品已定型，技术工艺比较成熟，促销费用基本稳定或略有提高。与此同时，竞争者看到有利可图，将纷纷进入市场参与竞争，市场竞争加剧，销售渠道建立比较理想，使同类产品供给量增加，价格随之下降，企业利润增长速度逐步减慢，最后达到生命周期利润的最高点。

③ 第三阶段：成熟期，指产品被大批量生产并稳定地进入市场销售，经过成长期之后，随着购买产品的人数增多，市场需求趋于饱和。此时，产品普及并日趋标准化，成本低而产量大。销售增长速度缓慢直至转而下降，由于竞争的加剧，市场不断出现各种品牌的同类产品和仿制品，导致同类产品生产企业之间不得不加大在产品质量、花色、规格、包装服务等方面的投入，在一定程度上增加了成本。

④ 第四阶段：衰退期，是指产品进入了淘汰阶段。随着科技的发展以及消费习惯的改变等原因，顾客期待新产品的出现，产品的销售量和利润持续下降，产品在市场上已经老化，不能适应市场需求，市场上已经有其他性能更好、价格更低的新产品，足以满足消费者的需求。此时成本较高的企业就会由于无利可图而陆续停止生产，该类产品的寿命周期也就陆续结束，以至最后完全撤出市场。

产品寿命周期是一个很重要的概念，它和企业制订产品策略以及营销策略有着直接的联系。管理者要想使他的产品有一个较长的销售周期，以便赚取足够的利润来补偿在推出该产品时所做出的一切努力和经受的一切风险，就必须认真研究和运用产品的寿命周期理论，此外，产品寿命周期也是营销人员用来描述产品和市场运作方法的有力工具。但是，在开发市场营销战略的过程中，产品寿命周期却显得有点力不从心，因为战略既是产品寿命周期的原因又是其结果，产品现状可以使人想到最好的营销战略，此外，在预测产品性能时产品寿命周期的运用也受到限制。

2．产品寿命周期各阶段的营销策略

（1）介绍期

在产品的介绍期，一般可以由产品、分销、价格、促销 4 个基本要素组合成各种不同的市场营销策略。仅将价格高低与促销费用高低集合起来考虑，就有下面 4 种策略。

① 快速撇脂策略。即以高价格、高促销费用推出新产品。实行高价策略可在每单位销售额中获取最大利润，尽快收回投资；高促销费用能够快速建立知名度，占领市场。实施这一策略须具备以下条件：产品有较大的需求潜力；目标顾客求新心理强，急于购买新产品；企业面临潜在竞争者的威胁，需要及早树立品牌形象。一般而言，在产品引入阶段，只要新产品比替代的产品有明显的优势，市场对其价格就不会那么计较。

② 缓慢撇脂策略。以高价格、低促销费用推出新产品，目的是以尽可能低的费用开支求得更多的利润。实施这一策略的条件是：市场规模较小；产品已有一定的知名度；目标顾客愿意支付高价；潜在竞争的威胁不大。

③ 快速渗透策略。以低价格、高促销费用推出新产品。目的在于先发制人，以最快的速度打入市场，取得尽可能大的市场占有率。然后再随着销量和产量的扩大，使单位成本降低，取得规模效益。实施这一策略的条件是：该产品市场容量相当大；潜在消费者对产品不了解，且对价格十分敏感；潜在竞争较为激烈；产品的单位制造成本可随生产规模和销售量的扩大迅速降低。

④ 缓慢渗透策略。以低价格、低促销费用推出新产品。低价可扩大销售，低促销费用可降低营销成本，增加利润。这种策略的适用条件是：市场容量很大；市场上该产品的知名度较高；市场对价格十分敏感；存在某些潜在的竞争者，但威胁不大。

（2）成长期

针对成产期的特点，企业为维持其市场增长率，延长获取最大利润的时间，可以采取下面几种策略。

① 改善产品品质。如增加新的功能，改变产品款式，发展新的型号，开发新的用途等。对产品进行改进，可以提高产品的竞争能力，满足顾客更广泛的需求，吸引更多的顾客。

② 寻找新的细分市场。通过市场细分，找到新的尚未满足的细分市场，根据其需要组织生产，迅速进入这一新的市场。

③ 改变广告宣传的重点。把广告宣传的重心从介绍产品转型到建立产品形象上来，树立产品名牌，维系老顾客，吸引新顾客。

④ 适时降价。在适当的时机，可以采取降价策略，以激发那些对价格比较敏感的消费者产生购买动机和采取购买行动。

（3）成熟期

对成熟期的产品，宜采取主动出击的策略，是成熟期延长，或使产品寿命周期出现再循环。为此，可以采取以下 3 种策略。

① 市场调整。这种策略不是要调整产品本身，而是发现产品的新用途、寻求新的用户或改变推销方式等，以使产品销售量得以扩大。

② 产品调整。这种策略是通过产品自身的调整来满足顾客的不同需要，吸引有不同需求的顾客。整体产品概念的任何一层次的调整都可视为产品再推出。

③ 市场营销组合调整。即通过对产品、定价、渠道、促销 4 个市场营销组合因素加以综合调整，刺激销售量的回升。常用的方法包括降价、提高促销水平、扩展分销渠道和提高服务质量等。

（4）衰退期

面对处于衰退期的产品，企业需要进行认真的研究分析，决定采取什么策略，在什么时间退出市场。通常有以下几种策略可供选择。

① 继续策略。继续延用过去的策略，仍按照原来的细分市场，使用相同的分销渠道、定价及促销方式，直到这种产品完全退出市场为止。

② 集中策略。把企业能力和资源集中在最有利的细分市场和分销渠道上，从中获取利润。这样有利于缩短产品退出市场的时间，同时又能为企业创造更多的利润。

③ 收缩策略。抛弃无希望的顾客群体，大幅度降低促销水平，尽量减少促销费用，以增加目前的利润。这样可能导致产品在市场上的衰退加速，但也能从忠实于这种产品的顾客中得到利润。

④ 放弃策略。对于衰退比较迅速的产品，应该当机立断，放弃经营。可以采取完全放弃的形式，如把产品完全转移出去或立即停止生产；也可以采取逐步放弃的方式，使其所占用的资源逐步转向其他的产品。

3．国际贸易产品寿命周期

上述产品寿命周期的一般理论是从企业角度研究产品在市场上的销售情况，对企业从事国际市场营销有重要意义，但若站在国际市场的角度看，由于各国（地区）科技、经济发展的不平衡，影响产品寿命周期的因素不同，产品寿命周期在不同技术水平的国家里，发生的时间和过程是不一样的，其间存在一个较大的差距和时差，正是这一时差，同一产品在不同国家（地区）很可能处于寿命周期的不同阶段——表现为不同国家在技术上的差距，它反映了同一产品在不同国家市场上的竞争地位的差异，从而决定了国际贸易和国际投资的变化。针对这种经济现象，美国经济学家弗农 1966 年首先提出了国际产品寿命周期亦即国际产品贸易周期（International Product Trade Cycle）理论。

该理论认为，发达国家的所有企业可以得到同样的技术技巧，但这些技术技巧的应用需要企业家，而企业家们并不是同样地意识到和反应于可得的机会。弗农指出，推出新产品的可能性所需要的意识和反应将决定于与市场联系的便利，而这种便利就得自地理上的接近。弗农强调，在生产的最初阶段投入品的使用也需要一种可变性，随后的工作中则强调在产品生命周期早期阶段的“干中学”的重要性，发明创新国家在“学”上面有着一种比较优势。所以一种新产品的最初生产会发生在发明创新国家本身。

弗农把产品技术发展分成 3 个阶段，如图 6-2 所示。

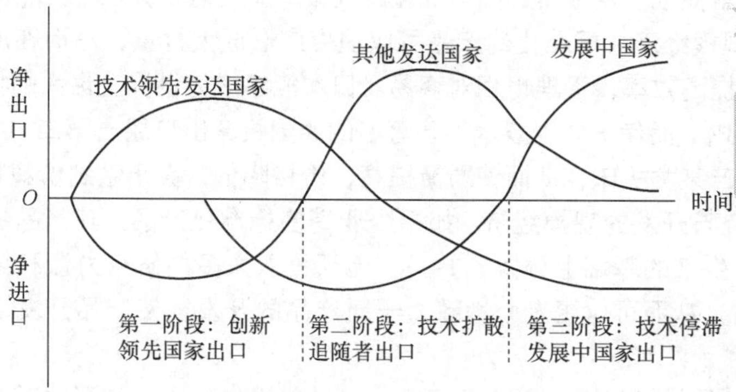

图 6-2 产品（技术）的生命周期

第一阶段为新生期：对生产要素的要求是科学技术人才和大量的研究开发投资；产品性质是知识和资本密集型的；用有科学技术人才和资本充裕的发达国家具有优势。

第二阶段是成长期：技术已经成熟，对生产要素的要求是大量的资本，以进行大规模生产；产品性质是资本密集型的；大多数其他发达国家具有优势，并取代创新国而成为主要生产和出口国。

第三阶段成熟期：产品已经标准化，广泛普及于市场。对生产要素的要求是低成本的劳动力；产品性质成为劳动密集型的；劳动充裕的发展中国家具有优势。

随着产品生命周期的阶段性变化，影响比较优势的决定因素也在变化，即使各国仍然拥有原来生产资源的储备比例，其生产和出口的比较优势也会由于产品要素密集性的变动而转移，因此，不同类型的国家能够在不同的阶段上具有比较优势。

企业可以利用产品在不同国家市场所处的不同寿命周期阶段不断调整市场结构，及时转移目标市场，延长产品生命周期，以达到长久占领国际市场的目的。企业也可以利用产品寿命周期理论来不断调整产品结构，及时推出新产品，淘汰没有前途的产品，加速出口产品的更新换代。发展中国家可利用产品寿命周期理论，引进发达国家的新产品，依靠本国自然资源和劳动力优势，以较低的成本研制生产，将产品出口到原产国，从而促使本国产品结构的不断优化。

第二节　国际产品设计决策

一、国际产品的标准化与差异化决策

现代企业在开发适合国际市场的产品时首先面临着一个基本问题：是采用标准化的产品策略还是采用差异化的产品策略？两种决定之间必须找到一个均衡点，企业必须依据收益大于成本的原则权衡利弊，决定自己的选择。

1．标准化产品策略

国际产品的标准化策略是指企业向全世界不同国家或地区的所有市场都提供相同的产品。一份研究报告对来自世界不同国家的 27 家著名的全球性跨国公司如可口可乐、雀巢咖啡、索尼等公司进行调查后发现，6 成以上的营销计划是“高度标准化”的。从企业的角度考虑，有许多因素促成企业做出产品标准化的决策，主要表现为以下几个方面。

① 生产的规模经济。标准化的产品可以使生产形成大批量，从而在原料和零部件的采购中降低成本，提高效率，管理也相对容易。日本能够成为世界上最大的机床出口国，占有到全球出口的 23%，而使一向以技术工艺著名的德国机床出口屈居第二，主要就在于日本的企业集中批量生产某类机床，从而使质量提高，价格降低，真正做到价廉物美，赢得市场。

② 产品研究与开发的规模经济。如果企业销售标准化产品，其产品的研究与开发费用就可以在大批量生产的基础上分摊，并且，无须投入太多的研究力量和经费为每一个市场设计独特的产品，从而可以更专心地致力于新产品的开发，使产品开发活动集中统一以减少成本。

③ 营销活动的规模经济。当产品标准化时，如果广告内容和形式带有全球都普遍接受

的特点，则无论在世界哪一个市场，企业都可以利用一种广告同时组织一场全球性的广告宣传活动，尽管因各市场稍有差异，但至少在产品介绍、零件的存货控制以及售后服务维修等方面，可以大大节省开支，并保证较高的准确性和可靠性。例如，IBM 公司使其产品和服务标准化，目的在于使各国的 IBM 用户得到相同水平的服务，并从各零件生产商处购进相同的零配件以保证生产。

④ 消费者的流动性。随着国际旅游业的蓬勃发展，旅游者构成了一个不可忽视的市场。当他们旅行海外时，标准化产品帮助他们识别产品并可能导致购买，帮助他们产生对该产品的忠诚信赖感，维持企业产品与购买者之间的运动鞋等产品的标准化策略，使得这些产品的全世界各地都有消费者，产品的牌子代表了一种质量、一种信赖和地位。

⑤ 国家形象。当一种产品与国家形象特征有关系时，产品的标准化有助于借助该国的形象进行推销，使之在海外市场具有独特意义。如美国的香烟、牛仔裤具有美国风格；法国的香水和时装驰名世界；日本的电器、汽车和照相机一般都具有大和民族形象；中国的丝绸和瓷器甚至成为国家的代名词。

⑥ 技术影响。具有关键性技术的产品一般趋于标准化，这主要是因为，技术上工艺和规格并不一定随国别市场而变化，即便要变化，也不过是微小改进，如电压和计量制的更换等。因此，大多数的工业品可以采用标准化策略。如在计算机行业中，为了各种辅件、软件接口方便以及联机并网的需要，都要求其产品实行标准化。

2．差异化产品策略

国际产品的差异化，指的是产品因地制宜，对不同国家和地区的市场提供不同或调整过的产品，以适应当地市场的特殊需要。国际产品的差异化又称为定制化，就是要求国际企业的营销人员不断调查研究不同国家和地区的市场在经济、文化、地理等方面的差别，从而提供能迎合当地消费者口味的产品，不少调查报告表明，许多企业在国际营销中的重大错误之一就是产品设计没有因地制宜地进行修改，没有采用差异化策略。

企业实行差异化策略，可以获得更大的利润，这主要由于产品标准化虽然可最大限度地降低成本，但并不一定能最大限度地增加利润，而适当修改产品使其适应某个海外市场可以大大提高销售额，从而弥补并超过产品个性的成本，使利润额有较大增加。此外，下列因素也支持了企业从事差异化的经营。

（1）使用条件的差异

出口到海外去的产品由于受到当地气候、地理、资源、标准等的影响，尽管产品在不同国家不同市场都能满足相近的基本要求，但产品的使用条件却因环境条件、国情不同而有很大差异。在不同地区就气候条件来看，温度与湿度都将给产品的使用造成影响。使用条件的差异还包含各市场技术水平的差异，维修标准的不同及使用规定、使用习惯差异方面，使企业进入这些市场时要适当修改其产品。大众汽车为中国合资生产的桑塔纳轿车，是在德方充分考虑了中国的公路状况、气候条件、使用频率后经过多次试验，搜集大量数据后，在原来的型号上加以改进设计而成的。

（2）市场差异

市场差异首先表现在各市场的经济发展水平和收入水平不同，从而引起消费者购买能力大小有所区别，这不仅会影响到耐用消费品的规格和质量，也会影响到日常用品的包装形式，从而影响到企业的市场营销策略和手段。如经济发展水平高的国家市场，其营销偏重于大规模的自助性零售机构，像家庭式或小规模经营的零售商店。因此，在市场推销方面，就消费品而论经济发展水平高、收入高的市场，多强调产品款式、性能、特色、大量广告及销售推广活动，产品的质量竞争高于价格竞争。而在经济发展水平低、收入水平低的国家市场则多强调产品的功能及实用性，推销着重于与顾客的口头投资较大而能节省劳力、能源的生产设备，如自动化程度高、性能优良、精密复杂的机器，而在经济发展水平较低的国家里，生产设备多偏重于需要一定体力劳动、节省资金的设备，以符合本国劳力对资本的合理比率。由此可见，营销人员应根据经济发展水平，从各市场的特性出发确定相应的营销策略及方法。

其次，市场差异还表现在产品在不同市场被接受的程度不同。某一种产品在某一市场中处于生命周期的成熟阶段，而在另一个市场中却可能不为人知而被当成一种新东西，正处于介绍期。自动洗碗机在大部分发达国家已到了成熟期，并且主要是供家庭使用，但在发展中国家，自动洗碗机主要是用在宾馆、饭店，因此，容量要大一些。

消费者有许多相同的基本需要，然而，由于市场条件不一样，满足这些需要的方式也会不同，企业的出口产品必须要适应市场环境。

（3）强制性因素

在某种情况下，一些不可控制的因素迫使国际市场的经营者必须采取产品差异化策略。一是保障国内市场免受外货冲击。对国际企业来说，唯一可行的策略就是在当地投资生产并购买当地零部件，因而使产品差异化不可避免。二是税收，政府的税收政策可以决定产品的性质。例如，欧洲市场对小汽车的税收是根据发动机的马力大小来计征的，这就使得美国的汽车制造商不可能推行标准化策略。三是政府的规定，为了保护本国消费者的利益或者某些集团的利益，或者为了维持已有的商业习惯，各国政府会对市场上买卖的商品制定出一些特殊的法律、规则或要求，有些是永久性的，有些是临时性的，有的是专门为进口商品制定的。事实上，各国政府对于产品成分、包装、商标等都有详尽的规定，尤其对食品、玩具和药品更是严加管理，产品要想出口到某国，就必须符合该国的这些特殊要求，否则连海关都进不了。

二、国际营销的产品选择

当企业将产品打入新的国际市场时，在产品决策方面，有 3 方面的选择：① 在新的市场中推销目前在其他市场中相同的产品；② 按新的市场中顾客的需要对现有市场进行改变；③ 开发全新产品。这 3 种方案与促销宣传工作相结合，可以产生出 5 种不同的产品战略。

1. 相同产品，相同宣传

相同产品，相同宣传，即在全世界市场中推销相同的产品，并使用相同的宣传内容和宣传方式。如美国的百事可乐和可口可乐采取的就是这一战略。

2. 相同产品，不同宣传

相同产品，不同宣传，即在全世界市场中推销相同的产品，但在促销宣传上针对不同的市场采取不同的宣传内容和宣传方式。

3. 不同产品，相同宣传

不同产品，相同宣传，即改变产品的某些特点，使之适应外国市场的需要。但促销宣传中所强调的产品功效及其宣传方式与国内相同。

4. 不同产品，不同宣传

不同产品，不同宣传，即改变产品以适应新的市场需求，同时也相应的改变宣传方式和内容。

5. 全新产品

全新产品，即针对外国市场的需要，投资开发一种全新的产品，而不是对现有产品进行改进。

对上5种方案进行选择，最终归结为一个问题：向国际市场销售标准化产品还是差异化产品。

第三节　新产品的开发

一、新产品的概念及分类

市场营销学中所说的新产品可以从市场和企业两个角度来认识。对市场而言，第一次出现的产品是新产品；对企业而言，第一次生产销售的产品也是新产品。所以市场营销学中所讲的新产品同科学技术发展意义上的新产品是不同的。市场营销学上新产品的概念指：凡是消费者认为是新的、能从中获得新的满足的、可以接受的产品都属于新产品。

新产品从不同角度或按照不同的标准有多种分类方法。常见的分类方法有以下几种。

1. 从市场角度和技术角度分类

从市场角度和技术角度，可将新产品分为市场型和技术型新产品两类。

① 市场型新产品，是指产品实体的主体和本质没有什么变化，只改变了色泽、形状、设计装潢等的产品，不需要使用新的技术。其中也包括因营销手段和要求的变化而引起消费者“新”的感觉的流行产品。如某种酒瓶由圆形改为方形或其他异形，它们刚出现也被认为是市场型的新产品。

② 技术型新产品，是指由于科学技术的进步和工程技术的突破而产生的新产品。不论是功能还是质量，它与原有的类似功能的产品相比都有了较大的变化。如不断翻新的手机或电视机，都属于技术型的新产品。

2. 按新产品新颖程度分类

按新产品新颖程度，可分为全新产品、换代新产品、改进新产品、仿制新产品和新牌子产品。

① 全新产品，指采用新原理、新材料及新技术制造出来的前所未有的产品。全新产品是应用科学技术新成果的产物，它往往代表科学技术发展史上的一个新突破。它的出现，从研制到大批量生产，往往需要耗费大量的人力、物力和财力，这不是一般企业所能胜任的，因此，它是企业在竞争中取胜的有力武器。

② 换代新产品，指在原有产品的基础上采用新材料、新工艺制造出的适应新用途、满足新需求的产品。它的开发难度较全新产品小，是企业进行新产品开发的重要形式。

③ 改进新产品，指在材料、构造、性能和包装等某一个方面或几个方面，对市场上现

有产品进行改进，以提高质量或实现多样化，满足不同消费者需求的产品。它的开发难度不大，也是企业产品发展经常采用的形式。

④ 仿制新产品，指对市场上已有的新产品在局部进行改进和创新，但保持基本原理和结构不变而仿制出来的产品。落后国家对先进国家已经投入市场的产品和仿制，有利于填补国家生产空白，提高企业的技术水平。在生产仿制新产品时，一定要注意知识产权的保护问题。

⑤ 新牌子产品，指在对产品实体微调的基础上改换产品的品牌和包装，带给消费者新的消费利益，使消费者得到新的满足的产品。

3．按新产品的区域特征分类

按新产品的区域特征分类可分为国际新产品、国内新产品、地区新产品和企业新产品。

① 国际新产品，指在世界范围内首次生产和销售的产品。

② 国内新产品，指在国外已经不是新产品，但在国内还是第一次生产和销售的产品。它一般为引进国外先进技术，填补国内空白的产品。

③ 地区新产品和企业新产品，指国内已有，但本地区或本企业第一次生产和销售的产品。它是企业经常采用的一种产品发展形式。

二、新产品的开发方式

新产品的开发方式包括独立研制开发、技术引进、研制与技术引进相结合、协作研究、合同式新产品开发和购买专利等。

① 独立研制开发，指企业依靠自己的科研力量开发新产品。它包括 3 种具体的形式。a. 从基础理论研究开始，经过应用研究和开发研究，最终开发出新产品。一般是技术力量和资金雄厚的企业采用这种方式。b. 利用已有的理论基础，进行应用研究和开发研究，开发出新产品。c. 利用现有的基础理论和应用理论的成果进行开发研究，开发出新产品。

② 技术引进，指企业通过购买别人的先进技术和研究成果，开发自己的新产品，即可以从国外引进技术，也可以从国内其他地区引进技术。这种方式不仅能节约研制费用，避免研制风险，而且还节约了研制的时间，保证了新产品在技术上的先进性。因此，这种方式被许多开发力量不强的企业所采用。但难以在市场上形成绝对的优势，也难以拥有较高的市场占有率。

③ 研制与技术引进相结合，指企业在开发新产品时既利用自己的科研力量研制又引进先进的技术，并通过对引进技术的消化吸收与企业的技术相结合，创造出本企业的新产品。这种方式使研制促进引进技术的消化吸收，使引进技术为研制提供条件，从而可以加快新产品的开发。

④ 协作研究，指企业与企业、企业与科研单位，企业与高等院校之间协作开发新产品。这种方式有利于充分使用社会的科研力量，发挥各方面的长处，有利于把科技成果迅速转化为生产力。

⑤ 合同式新产品开发，指企业雇用社会上的独立研究的人员或新产品开发机构，为企业开发新产品。

⑥ 购买专利，指企业通过向有关研究部门、开发企业或社会上其他机构购买某种新产

品的专利权来开发新产品。这种方式可以大大节约新产品开发的时间。

三、开发新产品的过程

新产品开发过程由 8 个阶段构成，即寻求创意、甄别创意、形成产品概念、制订市场营销战略、营业分析、产品开发、市场试销、批量上市。

1．寻求创意

新产品开发过程是从寻求创意开始的。所谓创意，就是开发新产品的设想。虽然并不是所有的设想或创意都可变成产品，寻求尽可能多的创意却可为开发新产品提供较多的机会。所以，现代企业都非常重视创意的开发。新产品创意的主要来源有：顾客、科学家、竞争对手、企业推销人员和经销商、企业高层管理人员、市场研究公司、广告代理商等。除了以上几种来源外，企业还可以从大学、咨询公司、同行业的团体协会、有关的创刊媒介那里寻求有用的新产品创意。一般说来，企业应当主要靠激发内部人员的热情来寻求创意。这就要建立各种激励性制度，对提出创意的职工给予奖励，而且高层主管人员应当对这种活动表现出充分的重视和关心。

2．甄别创意

取得足够创意之后，要对这些创意加以评估，研究其可行性，并挑选出可行性较高的创意，这就是创意甄别。创意甄别的目的就是淘汰那些不可行或可行性较低创意，使公司有限的资源集中于成功机会较大的创意上。甄别创意时，一般要考虑两个因素：一是该创意是否与企业的战略目标相适应，表现为利润目标、销售目标、销售增长目标、形象目标等几个方面；二是企业有无足够的能力开发这种创意。这些能力表现为资金能力、技术能力、人力资源、销售能力等。

3．形成产品概念

经过甄别后保留下来的产品创意还要进一步发展成为产品概念。在这里，首先应当明确产品创意、产品概念和产品形象之间的区别。所谓产品创意，是指企业从自己角度考虑的它能够向市场提供的可能产品的构想。所谓产品概念，是指企业从消费者的角度对这种创意所作的详尽的描述。而产品形象，则是消费者对某种现实产品或潜在产品所形成的特定形象。

4．制订市场营销战略

形成产品概念之后，需要制订市场营销战略，企业的有关人员要似定一个将新产品投放市场的初步的市场营销战略报告书。它由 3 个部分组成：① 描述目标市场的规模、结构、行为、新产品在目标市场上定位，头几年的销售额、市场占有率、利润目标等；② 略述新产品的计划价格、分销战略以及第一年的市场营销预算；③ 阐述计划长期销售额和目标利润以及不同时间的市场营销组合。

5．营业分析

新产品开发过程的第 5 个阶段是进行营业分析。在这一阶段，企业市场营销管理者要复查新产品将来的销售额、成本和利润的估计，看看它们是否符合企业的目标。如果符合，就可以进行新产品开发。

6．产品开发

如果产品概念通过了营业分析，研究与开发部门及工程技术部门就可以把这种产品概念转变成为产品，进入试制阶段。只有在这一阶段，文字、图表及模型等描述的产品设计才变为确实物质产品。这一阶段应当搞清楚的问题是，产品概念能否变为技术上和商业上可行的产品。如果不能，除在全过程中取得一些有用副产品即信息情报外，所耗费的资金则全部付诸东流。

7．市场试销

如果企业的高层管理对某种新产品开发试验结果感到满意，就着手用品牌名称、包装和初步市场营销方案把这种新产品装扮起来，把产品推上真正的消费者舞台进行试验。这是新产品开发第 7 个阶段。其目的在于了解消费者和经销商对于经营、使用和再购买这种新产品的实际情况以及市场大小，然后再酌情采取适当对策。市场试验的规模决定于两个方面；一是投资费用和风险大小，二是市场试验费用和时间。投资费用和风险越高的新产品，试验的规模应越大一些；反之，投资费用和风险较低的新产品，试验规模就可小一些。从市场试验费用和时间来讲，所需市场试验费用越多，时间越长的新产品，市场试验规模应越小一些；反之，则可大一些。不过，总地来说，市场试验费用不宜在新产品开发投资总额中占太大比例。

8．批量上市

经过市场试验，企业高层管理者已经占有了足够信息资料来决定是否将这种新产品投放市场。如果决定向市场推出，企业就须再次付出巨额资金：一是建设或租用全面投产所需要设备，这里，工厂规模大小是至关重要的因素；很多公司为了慎重起见都把生产能力限制在所预测的销售额内，以免新产品的赢利收不回成本。二是花费大量市场营销费用。

四、新产品开发策略

新产品开发战略的类型是根据新产品战略的维度组合而成，产品的竞争领域、新产品开发的目标及实现目标的措施三维构成了新产品战略。对各维度及维度的诸要素组合便形成各种新产品开发战略。几种典型的新产品开发战略如下。

1．冒险或创业战略

冒险战略是具有高风险性的新产品战略，通常是在企业面临巨大的市场压力时为之，企业常常会孤注一掷地调动其所有资源投入新产品开发，期望风险越大，回报越大。该战略的产品竞争领域是产品最终用途和技术的结合，企业希望在技术上有较大的发展甚至是一种技术突破；新产品开发的目标是迅速提高市场占有率，成为该新产品市场的领先者；创新度希望是首创，甚至是首创中的艺术性突破；以率先进入市场为投放契机；创新的技术来源采用自主开发、联合开发或技术引进的方式。实施该新产品战略的企业须具备领先的技术、巨大的资金实力、强有力的营销运作能力。中小企业显然不适合运用此新产品开发战略。

2．进取战略

进取新产品战略是由以下要素组合而成：竞争领域在于产品的最终用途和技术方面，新产品开发的目标是通过新产品市场占有率的提高使企业获得较快的发展；创新程度较高，频率较快；大多数新产品选择率先进入市场；开发方式通常是自主开发；以一定的企业资源进行新产品开发，不会因此而影响企业现有的生产状况。新产品创意可来源于对现有产品用途、功能、工艺、营销策略等的改进，改进型新产品、降低成本型新产品、形成系列型新产品、重新定位型新产品都可成为其选择。也不排除具有较大技术创新的新产品开发。该新产品战略的风险相对要小。

3．紧跟战略

紧跟战略是指企业紧跟本行业实力强大的竞争者，迅速仿制竞争者已成功上市的新产品，来维持企业的生存和发展。许多中小企业在发展之初常采用该新产品开发战略。该战略的特点是：产品的战略竞争领域是由竞争对手所选定的产品或产品的最终用途，本企业无法也无须选定；企业新产品开发的目标是维持或提高市场占有率；仿制新产品的创新程度不高；产品进入市场的时机选择具有灵活性；开发方式多为自主开发或委托开发；紧跟战略的研究开发费用小，但市场营销风险相对要大。实施该新产品战略的关键是紧跟要及时，全面、快速和准确地获得竞争者有关新产品开发的信息是仿制新产品开发战略成功的前提；其次，对竞争者的新产品进行模仿式改进会使其新产品更具竞争力；强有力的市场营销运作是该战略的保障。

4．保持地位或防御战略

保持或维持企业现有的市场地位，有这种战略目标的企业会选择新产品开发的防御战略。该战略的产品竞争领域是市场上的新产品；新产品开发的目标是维持或适当扩大市场占有率，以维持企业的生存；多采用模仿型新产品开发模式；以自主开发为主，也可采用技术引进方式；产品进入市场的时机通常要滞后；新产品开发的频率不高；成熟产业或夕阳产业中的中小企业常采用此战略。

五、新产品开发成功的条件

要取得新产品开发的成功，就得对造成失败的原因和取得成功所必备的条件进行研究。大量研究结果表明，新产品开发成功与否主要取决于以下一些因素，也就是取得新产品开发成功的必备条件。

① 选择能够为消费者带来独到利益和超值享受的有特色的产品是成功的关键因素之一。据很多研究发现，与其他因素相比，产品的超值完美更能将成功者与失败者分离。注意，产品完美与否是由消费者而不是由研究开发人员、工程师或市场营销部门进行评价的。产品的完美性是建立在对消费者的需求和需要以及竞争性产品的不足具有深层次的理解的基础之上的。

② 强烈的市场导向，即由市场拉动并以消费者为中心的新产品开发过程，是成功必备的。彻底地了解和掌握顾客的需求和欲望、竞争状况及市场特性，是新产品成功的基本原因。要想成功，市场导向的思想必须贯彻于整个新产品项目的始终。

a．设想的产生：从顾客中寻找设想，理解顾客所面临的问题。

b．新产品的设计：通过市场研究，决不仅仅是对于市场接受能力的检查，还包括确定消费者的需求、需要及偏好。

c．在项目的开发过程中，经常不断地与顾客保持联系，做出模型并重复观察顾客的反应，并不断修正。

d．测试：进行顾客测试和市场测试。

e．开始：建立在一个牢固的市场营销计划之上。

③ 较多的开发前准备工作。准备工作必须在产品开发之前进行。研究表明，开发前的各阶段工作，如开始筛选、前期的市场和技术研究、市场研究和经济分析，其质量与产品的财务绩效有紧密联系。成功的项目在开发前各阶段所耗费的人工小时是失败项目的1.75倍。这些筛选、分析和定义的阶段对于成功非常重要，因此，管理者必须坚决反对跳过开发前的阶段，而使错误确定的和未经严格检查的项目进入开发阶段。

④ 明确的和较早的产品定义是新产品开发赢家和输家之间的一个关键区别。在进入开发阶段之前，产品定义的好坏也一直是作为成功的关键因素。这些定义包括以下几点。

a. 目标市场的识别：准确指出谁将使用这个产品。

b. 产品概念和将产生的利益的描述。

c. 定位策略的详细表述。

d. 产品的特性、好处、要求和标识清单。

⑤ 成功的新产品以正确的组织结构、设计和环境为特色。产品创新并非某一个部门的实力展示。一个跨职能的项目队伍，与从各职能部门抽出的核心骨干一起，由一个经过授权的权威领导，是成功的基本要素。同样，组织环境，即支持和肯定企业家的行为，使成功的创新成为可能。

⑥ 将产品推向市场，高层管理者的支持是不可少的。高层管理者可以通过集中资源和削弱组织中的官僚主义而使项目付诸实施。在成功的企业中，高层管理者的主要作用是为创新的实施设置阶段目标，并作为幕后的推动者，而不是去做具体的工作人员。高层管理者保证内部的产品开发是企业利润增长的源泉，他们开阔了由公司目标和策略所驱动的产品创新的视野，明确了目标和策略。他们利用了必要的资源，并保证这些资源在短期内不会临时地挪作他用。他们保证一个严格的计划，使产品快速进入市场。高层管理者授权给项目组，并支持经过授权的领导者作为一个“执行总裁”，来具体处理开发中的各项事务。

⑦ 市场吸引力及公司协同是两个重要的成功驱动器。瞄准了有吸引力的市场的新产品容易成功，这些市场包括高增长、高需求、高利润市场以及缺少强有力的、占绝对优势的竞争者的市场。协同对于成功来讲也是很重要的。市场营销协同将产品卖给企业已有的顾客，表明了企业现有的销售力量和销售渠道；技术协同使产品能够在实验室的技术、生产技能及资源之间取得平衡。两种因素，即吸引力和协同，能够用来进行项目选择和决策，并产生较好的效果。

⑧ 一个经过充分论证且较好执行的定位是新产品成功的核心。世界上最好的产品都不会自我销售，因此，需要强有力的市场营销、一个具有很好目标的销售方法以及有效的售后服务。一个完整的且目标合适的定位不是偶然产生的，它是设计较好的市场营销计划、合适的资助、充分的资源且有效的执行等所共同产生的结果。

⑨ 完全性、一致性及执行的质量造就了赢家和输家。某些关键的活动如执行的情况如何、是否尽全力去做等，与成功紧密相关。这些活动包括在项目初期承担最初的项目和技术评价，在产品设计之前进行详细的市场研究或市场营销研究，周密地进行经济分析和财务分析，高质量地测试市场和市场定位。

⑩ 遵循严格的多阶段的新产品开发程序的企业较易成功。许多公司因具有正式的新产品开发程序或严格的“把关”体系，故得到了相应的回报。把关体系是一个将新产品项目从

设想到实施的概念性和操作性模型。它是管理新产品开发过程，用以提高效率和改进效果的蓝图或道路图。从操作上讲，计划将整个新产品开发过程分成一系列由多样化的平行进行的活动所组成的多功能的阶段，每一阶段位于上述的一个“关”或决策点之前。这一把关过程就是为了要更加严格，更加正式并受到纪律约束。

第四节　产品的品牌、商标和包装决策

一、产品品牌

1. 品牌的含义和特征

品牌是一个名称、名词、符号或设计，或者是它们的组合，其目的是识别某个销售者或某群销售者的产品或劳务，并使之同竞争对手的产品和劳务区别开来；品牌最持久的含义和实质是其价值、文化和个性；品牌是一种商业用语，品牌注册后形成商标，企业即获得法律保护拥有其专用权；品牌是企业长期努力经营的结果，是企业的无形载体。

品牌的价值包括用户价值和自我价值两部分。品牌的功能、质量和价值是品牌的用户价值要素，即品牌的内在3要素；品牌的知名度、美誉度和普及度是品牌的自我价值要素，即品牌的外在3要素。品牌的用户价值大小取决于内在3要素，品牌的自我价值大小取决于外在3要素。

品牌具有以下几个特征。

（1）品牌是专有的品牌

品牌是用以识别生产或销售者的产品或服务的。品牌拥有者经过法律程序的认定，享有品牌的专有权，有权要求其他企业或个人不能仿冒、伪造。这一点也是指品牌的排他性，然而我们国家的企业在国际竞争中没有很好地利用法律武器，没有发挥品牌的专有权。近年来我们不断看到国内的金字招牌在国际市场上遭遇的尴尬局面：“红塔山”在菲律宾被抢注，100多个品牌被日本抢注，180多个品牌在澳大利亚被抢注……人们应该及时反省，充分利用品牌的专有权。

（2）品牌是企业的无形资源

由于品牌拥有者可以凭借品牌的优势不断获取利益，可以利用品牌的市场开拓力、形象扩张力、资本内蓄力不断发展，因此我们可以看到品牌的价值。这种价值我们并不能像物质资产那样用实物的形式表述，但它能使企业的无形资产迅速增大，并且可以作为商品在市场上进行交易。

1994年世界品牌排名第一的是美国的可口可乐，其品牌价值为359.5亿美元，相当于其销售额的4倍。到1995年可口可乐的品牌价值上升到390.50亿美元，1996年又上升为434.27亿美元。

中国的品牌创造虽起步较晚，但国内的名牌发展较为迅速，像云南红塔集团的“红塔山”，大连的三山浦海产集团，浙江杭州的娃哈哈，山东青岛的海尔，四川绵阳的长虹集团等知名品牌的价值也很不菲，我们从1998年以评估为例：“红塔山”的品牌价值为386亿元人民币，“海尔”的品牌价值为245亿元人民币。

（3）品牌转化具有一定的风险及不确定性

品牌创立后，在其成长的过程中，由于市场的不断变化，需求的不断提高，企业的品牌资本可能壮大，也可能缩小，甚至某一品牌在竞争中退出市场。品牌的成长由此存在一定风险，对其评估也存在难度，对于品牌的风险，有时由于企业的产品质量出现意外，有时由于服务不过关，有时由于品牌资本盲目扩张，运作不佳，这些都给企业品牌的维护带来难度，对企业品牌效益的评估也出现不确定性。

（4）品牌的表象性

品牌是企业的无形资产，不具有独立的实体，不占有空间，但它最原始的目的就是让人们通过一个比较容易记忆的形式来记住某一产品或企业，因此，品牌必须有物质载体，需要通过一系列的物质载体来表现自己，使品牌有形式化。品牌的直接载体主要是文字、图案和符号，间接载体主要有产品的质量、产品服务、知名度、美誉度、市场占有率。没有物质载体，品牌就无法表现出来，更不可能达到品牌的整体传播效果。优秀的品牌在载体方面表现较为突出，如“可口可乐”的文字，使人们联想到其饮料的饮后效果，其红色图案及相应包装能起到独特的效果，再如“麦当劳”其黄色以拱形“M”会给人们多在的视觉效果。

（5）品牌的扩张性

品牌具有识别功能，代表一种产品、一个企业，企业可以利用这一优点展示品牌对市场的开拓能力，还可以帮助企业利用品牌资本进行扩张。

2．品牌的种类

品牌可以依据不同的标准划分为不同的种类。

（1）根据品牌知名度的辐射区域划分

根据品牌的知名度和辐射区域划分，可以将品牌分为地区品牌、国内品牌、国际品牌、全球品牌。

地区品牌是指在一个较小的区域之内生产销售的品牌。例如，地区性生产销售的特色产品。这些产品一般在一定范围内生产、销售，产品辐射范围不大，主要是受产品特性、地理条件及某些文化特性影响。这有点像地方戏种，秦腔主要在陕西，晋剧主要在山西，豫剧主要在河南等的现象。

国内品牌是指国内知名度较高，产品辐射全国销售的产品。例如，家电巨子——海尔；香烟巨子——红塔山；饮料巨子——娃哈哈。

国际品牌是指在国际市场上知名度、美誉度较高，产品辐射全球的品牌。例如，可口可乐、麦当劳、万宝路、奔驰、爱立信、微软、皮尔·卡丹等。

（2）根据品牌产品生产经营的不同环节划分

根据产品生产经营的所属环节可以将品牌分为制造商品牌和经营商品牌。制造商品牌是指制造商为自己生产制造的产品设计的品牌。经销商品牌是经销商根据自身的需求，对市场的了解，结合企业发展需要创立的品牌。制造商品牌很多，如SONY（索尼）、奔驰、长虹等。经销商品牌如“西尔斯”（百货店如“王府井”销售）等。

（3）根据品牌来源划分

依据品牌的来源可以将品牌分为自有品牌、外来品牌和嫁接品牌。自有品牌是企业依据自身需要创立的，如本田、东风、永久、摩托罗拉、全聚德等。外来品牌是指企业通过特许经营、兼并、收购或其他形式而取得的品牌。例如，联合利华收购的北京“京华”牌。嫁接品牌主要指通过合资、合作方式形成的带有双方品牌的新产品，例如，琴岛——利勃海尔。

（4）根据品牌的生命周期长短划分

根据品牌的生命周期长短来划分，可以分为短期品牌、长期品牌。

短期品牌是指品牌生命周期持续较短时间的品牌，由于某种原因在市场竞争中昙花一现或持续一时。

长期品牌是指品牌生命周期随着产品生命周期的更替，仍能经久不衰，永葆青春的品牌。例如，历史上的老字号：全聚德，内联升等。也有些是国际长久发展来的世界知名品牌，如可口可乐，奔驰等。

（5）根据品牌产品内销或外销划分

依据产品品牌是针对国内市场还是国际市场可以将品牌划分为内销品牌和外销品牌。由于世界各国在法律、文化、科技等宏观环境方面存在巨大差异，一种产品在不同的国家市场上有不同的品牌，在国内市场上也有单独的品牌。品牌划分为内销品牌和外销品牌对企业形象整体传播不利，但由于历史、文化等原因，不得不采用，而对于新的品牌命名应考虑到国际化的影响。

（6）根据品牌的行为划分

根据品牌产品的所属行业不同可将品牌划分为家电业品牌、食用饮料业品牌、日用化工业品牌、汽车机械业品牌、商业品牌、服务业品牌、服装品牌、网络信息业品牌等几大类。

除了上述几种分类外，品牌还可依据产品或服务在市场上的态势划分为强势和弱势品牌；依据品牌用用途不同，划分为生产资料品牌等。

（7）根据品牌的原创性与延伸性划分

根据品牌的原创性与延伸性可划分为主品牌、副品牌、副副品牌，如“海尔”品牌，现在有海尔冰箱、海尔彩电、海尔空调……海尔洗衣机中又分海尔小神童，海尔节能王……。另外，也可将品牌分成“母品牌”、“子品牌”、“孙品牌”……，如宝洁公司的海飞丝、飘柔、潘婷……。

（8）根据品牌的本体特征划分

根据品牌的本体特征划分又可将品牌划分为个人品牌、企业品牌、城市品牌、国家品牌、国际品牌等。如刘晓庆、姜文、张艺谋、王楠等属于个人品牌，哈市冰雪节、宁波国际服装节、CBD节等属于城市品牌，金字塔、万里长城、埃菲尔铁塔、自由女神像等属于国家品牌，联合国、奥运会、国际红十字会等属于世界级品牌。

3．品牌的作用

（1）品牌——产品或企业核心价值的体现

企业不仅要将商品销售给目标消费者，而且要使消费者通过使用对商品产生好感，从而重复购买，不断宣传，形成品牌忠诚。消费者通过品牌，通过对品牌产品的使用，感到满意，就会围绕品牌形成消费经验，存储在记忆中，为将来的消费决策形成依据。一些企业更为自己的品牌树立了良好的形象，赋予了美好的情感，或代表了一定的文化，使品牌及品牌产品在消费者心目中形成了美好的记忆，如“麦当劳”，人们对于这个品牌会感到一种美国文化、快餐文化，会联想到一种质量、标准和卫生，也能由“麦当劳”品牌激起儿童在麦当劳餐厅里尽情欢乐的回忆。

（2）品牌——识别商品的分辨器

品牌的建立是由于竞争的需要，用来识别某个销售者的产品或服务的。品牌设计应具有独特性，有鲜明的个性特征，品牌的图案、文字等与竞争对手的区别，代表该企业的特点。同时，互不相同的品牌各自代表着不同的形式、不同质量、不同服务的产品，可为消费者或用户购买、使用提供借鉴。通过品牌人们可以认知产品，并依据品牌选择购买。例如，人们购买汽车时（如奔驰、沃尔沃、桑塔纳、米提诺、英格尔），每种品牌代表了不同的产品特性、不同的文化背景、不同的设计理念、不同的心理目标，消费者便可根据自身的需要进行选择。

（3）品牌——质量和信誉的保证

企业设计品牌、创立品牌、培养品牌的目的是希望此品牌能变为名牌，于是在产品质量上下工夫，在售后服务上做努力。同时品牌代表企业，企业从长远发展的角度，必须从产品质量上下工夫，特别是名牌产品、名牌企业，于是品牌、特别是知名品牌就代表了一类产品的质量档次，代表了企业的信誉。如“海尔”，作为家电品牌人们提到优质“海尔”就会联想到海尔家电的高质量，海尔的优质售后服务及海尔人为消费者着想的动人画面。再如“耐克”作为运动鞋的世界知名品牌其人性化的设计、高科技的原料、高质量的产品为人们所共睹。“耐克”代表的是企业的信誉、产品的质量品牌——企业竞争的武器。

树品牌、创名牌是企业在市场竞争条件下逐渐达成的共识，人们希望通过品牌对产品、企业更加区别，通过品牌形成品牌追随，通过品牌扩展市场。品牌的创立，名牌的形成正好能帮助企业实现上述目标，使品牌成为企业有力的竞争武器。品牌，特别是名牌的出现，使消费者形成了一定程度的忠诚度、信任度、追随度，由此使企业在与对手竞争中拥有了后盾基础。品牌还可以利用其市场扩展的能力，带动企业进入新市场，带动新产品打入市场，品牌可以利用品牌资本运营的能力，通过一定的形式如特许经营、合同管理等形式进行企业的扩张。

（4）品牌——企业的“摇钱树”

品牌以质量取胜，品牌常附有文化、情感内涵，所以品牌给产品增加了附加值。同时，品牌有一定的信任度、追随度，企业可以为品牌制订相对较高的价格，获得较高的利润。品牌中的知名品牌在这一方面表现最为突出，如海尔家电，其价格一般比同等产品高；耐克运动鞋，比同等的李宁运动鞋、安踏运动鞋高出几百元。而在这方一方面我们还可以再看一看著名饮料企业可口可乐的例子：可口可乐公司 1999 年的销售总额为 90 亿美元，其利润为 30%，即 27 美元，除去 5%由资产投资带来的利润，其余 22.5 亿美元均为品牌为企业带来的高额利润，由此可见，品牌特别是名牌给企业带来的较大的收益，而品牌作为无形资产，已被人们认可。

4．品牌策略

品牌策略是一系列能够产生品牌积累的企业管理与市场营销方法，在国际市场营销中，常用的品牌策略有以下几种。

（1）产品线扩展策略

产品线扩展指企业现有的产品线使用同一品牌，当增加该产品线的产品时，仍沿用原有的品牌。这种新产品往往都是现有产品的局部改进，如增加新的功能、包装、式样和风格等。通常厂家会在这些商品的包装上标明不同的规格、不同的功能特色或不同的使用者。产品线扩展的原因是多方面的，如可以充分利用过剩的生产能力；满足新的消费者的需要；率先成为产品线全满的公司以填补市场的空隙，与竞争者推出的新产品竞争或为了得到更多的货架位置。产品线扩展的利益有：扩展产品的存活率高于新产品，而通常新产品的失败率在80%～90%之间；满足不同细分市场的需求；完整的产品线可以防御竞争者的袭击。产品线扩展的不利有：它可能使品牌名称丧失它特定的意义。随着产品线的不断加长，会淡化品牌原有的个性和形象，增加消费者认识和选择的难度；有时因为原来的品牌过于强大，致使产品线扩展造成混乱，加上销售数量不足，难以冲抵它们的开发和促销成本；如果消费者未能在心目中区别出各种产品时，会造成同一种产品线中新老产品自相残杀的局面。

（2）多品牌策略

在相同产品类别中引进多个品牌的策略称为多品牌策略。证券投资者往往同时投资多种股票，一个投资者所持有的所有股票集合就是所谓证券组合（Portfolio），为了减少风险增加赢利机会，投资者必须不断优化股票组合。同样，一个企业建立品牌组合，实施多品牌战略，往往也是基于同样的考虑，并且这种品牌组合的各个品牌形象相互之间是既有差别又有联系的，不是大杂烩，组合的概念蕴含着整体大于个别的意义。

（3）新品牌策略

为新产品设计新品牌的策略称为新品牌策略。当企业在新产品类别中推出一个产品时，它可能发现原有的品牌名不适合它，或是对新产品来说有更好更合适的品牌名称，企业需要设计新品牌。例如，春兰集团以生产空调著名，当它决定开发摩托车时，采用春兰这个女性化的名称就不太合适，于是采用了新的品牌“春兰豹”。又如，原来生产保健品的养生堂开发饮用水时，使用了更好的品牌名称“农夫山泉”。

（4）合作品牌策略

合作品牌（也称为双重品牌）是两个或更多的品牌在一个产品上联合起来。每个品牌都期望另一个品牌能强化整体的形象或购买意愿。合作品牌的形式有多种。一种是中间产品合作品牌，如富豪汽车公司的广告说，它使用米其林轮胎。另一种形式是同一企业合作品牌，如摩托罗拉公司的一款手机使用的是“摩托罗拉掌中宝”，掌中宝也是公司注册的一个商标。还有一种形式是合资合作品牌，如日立的一种灯泡使用“日立”和“GE”联合品牌。

（5）品牌延伸策略

品牌延伸策略是将现有成功的品牌，用于新产品或修正过的产品上的一种策略。品牌延伸（Brand Extensions），是指一个现有的品牌名称使用到一个新类别的产品上。品牌延伸并非只借用表面上的品牌名称，而是对整个品牌资产的策略性使用。随着全球经济一体化进程的加速，市场竞争愈加激烈，厂商之间的同类产品在性能、质量、价格等方面强调差异化变得越来越困难。厂商的有形营销威力大大减弱，品牌资源的独占性使得品牌成为厂商之间竞争力较量的一个重要筹码。于是，使用新品牌或延伸旧品牌成了企业推出新产品时必须面对的品牌决策。品牌延伸是实现品牌无形资产转移、发展的有效途径。品牌也受生命周期的约束，存在介绍期、成长期、成熟期和衰退期。品牌作为无形资产是企业的战略性资源，如何充分发挥企业的品牌资源潜能并延续其生命周期便成为企业的一项重大的战略决策。品牌延伸一方面在新产品上实现了品牌资产的转移，另一方面又以新产品形象延续了品牌寿命，因而成为企业的现实选择。

（6）品牌更新策略

① 形象更新

形象更新，顾名思义，就是品牌不断创新形象，适应消费者心理的变化，从而在消费者心目中形成新的印象的过程。有以下几种情况。

第一，消费观念变化导致企业积极调整品牌战略，塑造新形象。如随着人们环保意识的增强，消费者已开始把无公害消费作为选择商品、选择不同品牌的标准，企业这时即可采用避实击虚的方法，重新塑造产品形象，避免涉及环保内容或采用迎头而上的策略，更新品牌形象为环保形象。

第二，档次调整。企业要开发新市场，就需要为新市场而塑造新形象，如日本小汽车在美国市场的形象，就经历了由小巧、省油、耗能低、价廉的形象到高科技概念车形象的转变，给品牌的成长注入了新的生命力。

② 定位的修正

从企业的角度看，不存在一劳永逸的品牌，从时代发展的角度看，要求品牌的内涵和形式不断变化。品牌从某种意义上就是从商业、经济和社会文化的角度对这种变化的认识和把握。所以，企业在建立品牌之后，会因竞争形势而修正自己的目标市场，有时也会因时代特征、社会文化的变化而引起修正定位。

第一，竞争环境使得企业避实就虚，扬长避短，修正定位。美国著名非可乐饮料——“七喜”饮料，在进入软饮料市场后，经研究发现，可乐饮料总是和保守型的人结合在一起，而那些思想新潮者总是渴望能够找到象征自己狂放不羁思想的标志物。于是该饮料即开始以新形象新包装上市，并专门鼓励思想新潮者组织各种活动。避实就虚的战略使得七喜获得了成功。这是在面对两大可乐公司的紧逼下寻找到的市场空隙，品牌的新市场定位给他们带来了生机。

第二，时代变化而引起修正定位。例如，英国创立于1908年的李库柏（LEE COOPER）牛仔裤是世界上著名的服装品牌之一，也是欧洲领先的牛仔裤生产商。近百年来，他的品牌形象在不断地变化：20世纪40年代——自由无拘束；20世纪50年代——叛逆；20世纪60年代——轻松时髦；20世纪70年代——豪放粗犷；20世纪80年代——新浪潮下的标新立异；20世纪90年代——返璞归真。

③ 产品更新换代

现代社会科学技术作为第一生产力、第一竞争要素，也是品牌竞争的实力基础。企业的品牌想要在竞争中处于不败之地，就必须保持技术创新，不断地进行产品的更新换代。有这么一个例子：香雪海冰箱的合作厂家曾经错误地估计中国技术水平及市场消费能力，误认为中国无氟制剂技术近几年之内不会获得成功并投入使用。但中国很快便研制出了无氟环保冰箱并批量上市，此时，他们却仍守着旧冰箱生产线的投资，眼望着人家先行一步并占尽商机而懊悔不已。在我国有诸多外国知名品牌，比如“汰渍”洗衣粉已推出多代新产品，其技术水平呈升高趋势，这也是为什么众多消费者偏爱该品牌的缘故。

④ 管理创新

"管理创新是企业生存与发展的灵魂"。企业与品牌是紧密结合在一起的，企业的兴盛发展必将推动品牌的成长与成熟。品牌的维系，从根本上说是企业管理的一项重要内容。管理创新是指从企业生存的核心内容来指导品牌的维系与培养，它含有多项内容，诸如与品牌有关的观念创新、技术创新、制度创新、管理过程创新等。

二、商标

1. 商标的含义和特征

商标是用来区别一个经营者的品牌或服务和其他经营者的商品或服务的标记。我国商标法规定，经商标局核准注册的商标，包括商品商标、服务商标和集体商标、证明商标；商标注册人享有商标专用权，受法律保护。

世界知识产权组织（World Intellectual Property Organization，WIPO）定义：商标是将某商品或服务标明是某具体个人或企业所生产或提供的商品或服务的显著标志。商标的起源可追溯到古代，当时工匠们将其签字或"标记"印制在其艺术品或实用产品上。随着岁月迁流，这些标记演变成为今天的商标注册和保护制度。这一制度帮助消费者识别和购买某产品或服务，因为由产品或服务上特有的商标所标示的该产品或服务的性质和质量符合他们的需求。

商标有以下几个特征。

① 商标是用于商品或服务上的标记，与商品或服务不能分离，并依附于商品或服务。

② 商标是区别于他人商品或服务的标志，具有特别显著性的区别功能，从而便于消费者识别。商标的构成是一种艺术创造。

③ 商标是由文字、图形、字母、数字、三维标志和颜色组合以及上述要素的组合的可视性标志。

④ 商标具有独占性。使用商标的目的就是为了区别与他人的商品或服务，便于消费者识别。所以，注册商标所有人对其商标具有专用权、受到法律的保护，未经商标权所有人的许可，任何人不得擅自使用与该注册商标相同或相类似的商标，否则，即构成侵犯注册商标权所有人的商标专用权，将承担相应的法律责任。

⑤ 商标是一种无形资产，具有价值。商标代表着商标所有人生产或经营的质量信誉和企业信誉、形象，商标所有人通过商标的创意、设计、申请注册、广告宣传及使用，使商标具有了价值，也增加了商品的附加值。商标的价值可以通过评估确定。商标可以有偿转让，经商标所有权人同意，许可他人使用。

⑥ 商标是商品信息的载体，是参与市场竞争的工具。生产经营者的竞争就是商品或服务质量与信誉的竞争，其表现形式就是商标知名度的竞争，商标知名度越高，其商品或服务的竞争力就越强。

2. 商标的国际注册

申请人到国外申请注册商标有两种途径：一种是逐一国家注册，即分别向各国商标主管机关申请注册；一种是马德里商标国际注册，即根据《商标国际注册马德里协定》（以下简称"马德里协定"）或《商标国际注册马德里协定有关议定书》（以下简称"马德里议定书"）

的规定，在马德里联盟成员国间所进行的商标注册。我们通常所说的商标国际注册，指的就是马德里商标国际注册。

商标的国际注册要注意一下几点。

① 申请人必须具有一定的主体资格。申请人应在我国有真实有效的工商营业所；如果没有，应在我国境内有住所；如果没有住所，申请人应有我国国籍。非“马德里联盟”成员国的国民，若在我国有其合资或独资企业，可以通过商标局提出国际注册申请。

② 申请国际注册的商标必须已经在我国启动一定的商标注册申请程序。自 2008 年 9 月 1 日起，申请人指定保护的国家是纯“马德里协定”成员国的，申请国际注册的商标必须是在我国已经获得注册；申请人指定保护的国家是纯“马德里议定书”成员国的，或是同属“马德里协定”和“马德里议定书”的成员国，申请国际注册的商标可以是已在我国提出注册申请的商标，也可以是已经注册的商标。

③ 国际注册申请应与国家基础注册或基础申请内容一致。国际注册申请人的名义应与国内申请人或注册人的名义完全一致；申请人地址应与国内申请人或注册人的地址完全一致；商标应与国内注册的商标完全相同，包括颜色完全一致；所报的商品和服务应与国内注册的商品和服务相同或者不超过国内申请或注册的商品和服务范围。如果国内申请或注册的是在不同商品或服务类别的同一商标，在申请国际注册时，可提交一份国际注册申请，将国内所报不同类别的商品或服务按类别顺序填写在该国际注册申请书上。

④ 符合一定条件的可声明要求优先权。申请人在申请国际注册时，如果与国内提出的商标注册申请相隔时间未超过 6 个月，那么申请人在提出国际注册申请时，可要求优先权，但应提供国内《受理通知书》复印件。

⑤ 国际注册的有效期满后，如想继续使用的，应当续展注册。

三、产品包装

1. 包装的含义及意义

进入国际市场的许多产品必须包装。包装既可以起到较小的作用（如对不昂贵的五金商品人），又可以起到重要的作用（如对化妆品）。

有一些包装是闻名于世的：如“可口可乐”的瓶子，“雷格”女用连裤袜，蛋形容器。许多营销人员把包装化（Packaging）称为第 5 个 P，前面 4 个 P 分别为价格（Price）、产品（Product）、渠道（Place）和促销（Promotion），统称为 4P。

所谓包装化是指设计并生产容器或包扎物一系列活动。这种容器或包扎物被称为包装（Package）。包装可以包括多达 3 个层次的材料。第一层次的包装是指最接近产品的容器。例如，装有“修面后洗净液”的瓶子是最接近产品的包装。第二层次的包装是指保护第一层次包装的材料，当产品使用时，它即被丢弃。用来包装瓶装的“修面后洗净液”的硬纸板盒就属于第二层次的包装，它为产品提供了进一步的保护和促销机会。运输包装是指产品储存、辨认和运输时所必需的包装。如装有 6 打“修面后洗净液”的波纹盒就是运输包装。此外，标签化亦是包装化的一个组成部分，它是由表明该产品的印制好的信息所构成，出现在包装物上面或和包装物合为一体。

目前，包装已成为强有力的营销手段。设计良好的包装能为消费者创造方便价值，为生产者创造促销价值。多种多样的因素会促进包装化作为一种营销手段在应用方面的进一步发展。由于越来越多的产品在超级市场上和折扣商店里以自助的形式出售。现在，包装必须执行许多推销任务。包装具有多方面的意义。

① 保护商品，便于储运。产品包装最基本的功能便是保护商品，便于储运。有效的产品包装可以起到防潮、防热、防冷、防挥发、防污染、保鲜、防易碎、防变形等系列保护产品的作用。因此，在产品包装时，要注意对产品包装材料的选择以及包装的技术控制。

② 包装能吸引注意力，说明产品的特色，给消费者以信心，形成一个有利的总体印象。日益增长的消费者富裕是指消费者愿意为良好包装带来的方便、外观、可靠性和声望多付些钱。公司和品牌形象公司已意识到设计良好包装的巨大作用，它有助于消费者迅即辨认出哪家公司或哪一品牌。例如，每一位胶卷购买者可以立刻识别出为人熟知的黄颜色包装的“柯达”胶卷。

③ 包装还能提供创新的机会。包装化的创新能够给消费者带来巨大的好处，也给生产者带来了利润。1899 年，尤尼达饼干公司创新出一种具有保鲜装置的包装（纸板，内部纸包扎，外部纸包扎），使饼干的货架寿命长于饼干盒、饼干箱和饼干桶。克拉夫特食品公司开发了听装混合乳酪，从而延长了乳酪的货架寿命，并使公司赢得了“可靠”的声誉。目前，该公司正在试验杀菌小袋，它是用金属混和塑料制成的容器，是罐头的换代物。一些公司首先把软饮料放在拉盖式的罐头内，或把液态喷雾剂放入按钮式罐头内，以此吸引许多新顾客。现在，制酒商正在试验拉盖式罐头和纸盒袋装等包装形式。

2．产品包装的基本原则

① 适用原则。包装的主要目的是保护商品。因此，首先要根据产品的不同性质和特点，合理地选用包装材料和包装技术，确保产品不损坏、不变质、不变形等，尽量使用符合环保标准的包装材料；其次要合理设计包装，便于运输等。

② 美观原则。销售包装具有美化商品的作用，因此在设计上要求外形新颖、大方、美观，具有较强的艺术性。

③ 经济原则。在符合营销策略的前提下，应尽量降低包装成本。

3．包装策略

① 类似包装，即企业所有产品的包装，在图案、色彩等方面，均采用同一的形式。这种方法，可以降低包装的成本，扩大企业的影响，特别是在推出新产品时，可以利用企业的声誉，使顾客首先从包装上辨认出产品，迅速打开市场。

② 组合包装，即把若干有关联的产品，包装在同一容器中。如化妆品的组合包装、节日礼品盒包装等，都属于这种包装方法。组合包装不仅能促进消费者的购买，也有利于企业推销产品，特别是推销新产品时，可将其与老产品组合出售，创造条件使消费者接受、试用。

③ 附赠品包装。这种包装的主要方法是在包装物中附赠一些物品，从而引起消费者的购买兴趣，有时，还能造成顾客重复购买的意愿。例如，在珍珠霜盒里放一颗珍珠，顾客买了一定数量之后就能串成一条项链。

④ 再使用包装。这种包装物在产品使用完后，还可做别的用处。这样，购买者可以得到一种额外的满足，从而激发其购买产品的欲望。如设计精巧的果酱瓶，在果酱吃完后可以作茶杯之用。包装物在继续使用过程中，实际还起了经常性的广告作用，增加了顾客重复购

买的可能。

⑤ 分组包装，即对同一种产品，可以根据顾客的不同需要，采用不同级别的包装。如用作礼品，则可以精致地包装，若自己使用，则只需简单包扎。此外，对不同等级的产品，也可采用不同包装。高档产品，包装精致些，表示产品的身份；中低档产品，包装简略些，以减少产品成本。

⑥ 改变包装。当由于某种原因使产品销量下降，市场声誉跌落时，企业可以在改进产品质量的同时，改变包装的形式，从而以新的产品形象出现在市场，改变产品在消费者心目中的不良地位。这种做法，有利于迅速恢复企业声誉，重新扩大市场份额。

思考题

（1）新产品从不同角度或按照不同的标准有多种分类方法。常见的分类方法有哪几种?

（2）简述商标的特征。

（3）产品包装的基本原则有哪些?

案例分析

海尔集团是集科研、生产、贸易及金融等于一体的国家特大型企业。十几年前，海尔的前身还是一个亏空 147 万元，资不抵债，工人拿不到工资，管理极为混乱的集体企业，到 1998 年，海尔实现工业销售收入 162 亿元，利税 10 个多亿，产品出口到 87 个国家和地区，出口创汇 7 665 万美元。海尔的发展受到哈佛大学、《财富》杂志、《金融时报》、《华尔街日报》等的关注。

1. 造就海尔冰箱名牌

（1）坚持技术和质量上的高起点

1985 年，海尔从德国引进了先进技术，生产出我国乃至亚洲第一代四星级冰箱，领先一步国内形成了质量可靠和技术先进的优势。很快海尔便以高新技术、高质的产品赢得了广大消费者的信任。

（2）坚持进步不停顿

海尔在发展过程中十分注重技术开发，不断否定自己，加快更新换代的步伐，始终保持技术上、质量上的发展创新，确保了市场上的技术领先地位。海尔在无氟节能冰箱研制上已达到国际最高水平，成果曾代表中国和亚洲先后参加了美国“世界地球日”，维也纳“氟利昂及哈龙替代国际学术交流会”，印度新德里“国际无氟成果研讨会”等多个国际学会交流会，引起很大的反响，被世界环保组织誉为“世界多一个海尔，地球多一分安全”。

2. 从单一的冰箱名牌到多元的海尔品牌

1992 年，我国经济进入一个新的发展时期，海尔抓住时机先后兼并青岛电冰柜总厂、青岛空调器厂和青岛红星电器股份有限公司等 18 个企业，并投资兴建海尔园，开始二次创业，现在海尔产品涉及冰箱、冷柜、空调、洗衣机、彩电、计算机和手机等领域，形成 46 个系列，8 600 个品种规格的多元产品群。

（1）立足市场，发展名牌

海尔始终坚持“用户第一”的思想。海尔认为，名牌要靠用户和市场认可，名牌更要靠优良的服务来创造和维护。因此，海尔把售后服务看成创造名牌、维护名牌、发展名牌的重要环节和首要领域。1996 年 6 月，海尔集团荣获美国优质服务科学学会颁发的“五星钻石奖”，这是亚洲家电行业第一家荣获此殊荣的企业。

（2）“联合舰队”，延伸名牌

海尔的产品形成了交频系列、抗菌系列、健康系列、智能化系列家电等 42 个系列，96 000 多个品种规格的名牌产品群。海尔产品从整体上形成优势，每一个系列又具有不同的创新点，分别在技术、概念、需求、外观设计等方面独具特色。

（3）技术创新，确立品牌地位

海尔在进行技术创新时遵循着 3 条原则：“课题市场化”、“成果商品化”、“目标国际化”。

海尔认为市场是所有企业一切工作的起点和归宿，因而技术创新的课题既要从市场中来，又要服务于市场。海尔在确定创新课题时，紧紧把握住从市场出发。例如，为解决消费者难题而开发的“小小神童”，在两年多的时间里“繁衍”了 9 代，产销量突破 100 万台，并出口到轻易不进口家电产品的日本、韩国等国家，在世界家电市场引起不小的轰动。

3. 争创国际名牌

1998 年以来，海尔集团全面实施国际化战略，创国际化的海尔。海尔提出“国门之内无名牌”思想，实质是在国内市场取得稳固的地位后，要到国际市场上竞争，逐步在国际市场上树立自己良好的品牌形象。创立国际化的海尔是海尔集团今后发展的战略目标，这是海尔自身发展到一定阶段的需要，也是经济全球化趋势对海尔的必然要求。

（1）先难后易，打开国际市场

海尔采取“先难后易”的出口战略，即首先进入发达国家建立信誉，创出牌子，然后再以高屋建瓴之势占领发展中国家的市场。

欧美发达国家对于家电产品要求标准都较高，而且不少国家都有较为严格的安全证。如美国的 UL 认证、加拿大的 CSA 认证、欧共体的 CE 认证等，要向这些国家出口就必须通过上述认证。现在海尔产品先后通过了 48 个国家的国际认证，海尔产品也先后打入了美国、德国等西方发达国家市场。目前海尔冰箱、冷柜、空调、洗衣机等几大骨干企业都已通过了国际质保体系方面最高认证——ISO 9001 认证，和国际上环保体系方面最高认证——ISO 4001 认证，促进了海尔的对外出口。目前海尔产品已出口到包括欧美、日、中东、东南亚、非洲等 87 个国家和地区。

（2）“3 个 1/3”

海尔以创国际名牌为导向的国际化战略，通过以国际市场作为发展空间的“3 个 1/3”的目标正在加快实施与进展。“3 个 1/3”，也就是全球市场的发展规划。海尔产品 1/3 国内生产国内销售；1/3 国内生产国外销售；1/3 国外生产国外销售。

（资料来源：中华管理学习网，http://guanli.100xuexi.com/HP/20100419/DetailD959065.shtml，2011-12-11，有修改）

问题：

（1）海尔的产品开发采用了哪些策略?

（2）请分析海尔的国际市场名牌战略。

（3）海尔产品质量管理与中国其他中小民营企业相比有什么不同?

（4）你从海尔品牌逐步演变为国际品牌的过程中获得了什么启示?

第七章 国际市场营销的分销渠道策略

【引导案例】

苹果公司的CEO——乔布斯，将创新变成一种文化，一个被咬掉一口的苹果，而这个被咬掉了一口的苹果，也象征着苹果公司的企业文化与设计理念：偏执、创新、注重智慧、朝气、富于生命力。苹果公司在最近几年飞速发展，收入不断创新高，这是为什么呢？看看该公司的营销策略吧！

在市场营销学中，所谓“饥饿营销”，是指商品提供者有意调低产量，以期达到调控供求关系、制造供不应求“假象”、维持商品较高售价和利润率的目的。饥饿营销就是通过调节供求两端的量来影响终端的售价，达到加价的目的。表面上，饥饿营销的操作很简单，定个叫好叫座的惊喜价，把潜在消费者吸引过来，然后限制供货量，造成供不应求的热销假想，从而提高售价，赚取更高的利润。但“饥饿营销”的终极作用并不是调节了价格，而是对品牌产生了附加值，这个附加值分正负。

苹果公司对 iPhone 的营销并非简单的饥饿营销，而是极端的饥饿营销，它们先是避而不谈，只告诉市场，将有新产品 iPhone 面试，但是之后的很长时间对于 iPhone 的信息近乎没有，等到市场极端渴望从各种途径获得 iPhone 的产品信息时，乔布斯突然亲自现身，对 iPhone 进行简单介绍，等到 iPhone 正式上市之后，其广告便铺天盖地，通过各种形形色色的途径让你天天看到、处处看到，这种极度的反差，让消费者犹如久旱逢甘露，突然间对 iPhone 产生了极大的兴趣与购买冲动，从而获得成功。

苹果公司在营销时，其口碑营销是其主要的法宝之一，它通过对消费者进行文化认同的培养，逐步培育长期的客户：有一个故事是关于苹果超级爱好者的。有个中国男孩在他 5 岁时，他的父亲给他买了一台苹果计算机，爱上苹果的这名小男孩从此购买关于苹果的所有个人设备，后他应聘到一世界级顶级公司，在那个顶级公司里他只做一件事，就是用苹果的计算机做 PPT 程序。再后来他回到中国，办了一个个人的苹果博物馆，自愿的不拿工资推广苹果产品和产品文化，理由只有一个，就是喜欢。他喜欢苹果所有的功能，因为这些功能都是极致的。所以，我们可以看出，苹果产品出售的不仅仅是产品，而是一种苹果文化，它代表着创新、酷设计、以人为本、简单操作等。

Apple 的网上商城，Apple Store，成功解决了相关产品的使用、bug 收集、创意及意见等问题。譬如说，iPhone4 用户可以直接登陆商城去查看如何使用 iMovie，看看别人的使用小窍门，下载相关的产品。这无疑完美地取代了以往的热线电话和投诉电话，让用户真正体验到 Apple 大家庭的欢乐。同时，苹果的软件工程师也在忙于开发新的软件，新的插件，让用户下载使用。Apple Store 同时会发布一些有趣的新闻，不管是原创还是搜集的，都能快速分享给用户。苹果的用户忠诚度迅速提高，而这样的构思在国内还是少有的。

苹果使用 4 种营销策略占据中国市场。

① 建立更多的苹果专卖店。此前公司已经决定在 2012 年前在中国新开 20 家专卖店，

这包括今年年底在上海南京路开张的全球最大的苹果专卖店。即使这些店的平均收入只有目前4家店的一半，也能为苹果公司带来巨大收益。

② 通过授权更多公司销售苹果产品。举个例子，苹果公司前不久和赛博数码达成合作协议，在未来几年设立500家苹果授权的零售店，这些零售店将主要设立在二线、三线城市。这种合作形式有效地解决了苹果公司在中国各城市的布局问题，使其产品走入更多生活在二线、三线城市的人群中。

③ 通过中国移动提供4G LTE服务。虽然目前苹果公司只和中国联通合作销售iPhone，但是很多人都相信苹果公司在未来也将与中国移动合作，以便扩大其在华市场份额以及利用中国移动计划中的4G网络的优势。这种合作不仅能让苹果新用户体验新款iPhone升级之后的最新功能，并且还能让苹果公司通过中国移动来扩大市场占有率。

④ 推出更加实惠的iPhone。虽然苹果公司还没有正式公布，但是种种迹象显示它极有可能推出一款更加实惠的iPhone，用以蚕食诺基亚、摩托罗拉和HTC手机的市场份额。目前，在中国使用苹果手机的人士大部分来自收入较高的5 000万客户群体。但是，苹果公司可能通过推出一款价格适中的手机来改变现状，使苹果手机成为大部分中国百姓的掌上电话。

（资料来源：中国广告网，http://www.cnad.com/html/Article/2011/0518/20110518102731721.shtml，2012-1-8，有修改）

企业在确定了国际目标市场和进行产品决策之后，就要研究如何把产品在适当的时间以适当的方式转移到适当的地点，以利于产品的销售，即要进行国际营销的分销渠道决策。国际营销渠道要比国内营销渠道复杂。当产品用于满足国内消费者（国内用户）需要时，企业只是研究产品如何分销给批发商或者零售商。若产品用于满足国外消费者（国外用户）需要时，企业首先应该考虑产品用什么样的方式进入国外市场，然后才谈得上在国际市场上分销。本章所讨论的国际分销渠道，包括以下几个方面的内容：进入国际市场的渠道种类、进入国际市场的渠道选择、国际市场的中间商、分销渠道的设计与管理等。

第一节 国际分销渠道模式及类型

一、分销渠道与国际分销渠道的概念

1. 分销渠道的基本概念

肯迪夫和斯蒂尔给分销渠道所下的定义是：分销渠道是指“当产品从生产者向最后消费者或产业用户移动时，直接或间接转移所有权所经过的途径。”

菲利普·科特勒认为：“一条分销渠道是指某种货物或劳务从生产者向消费者移动时取得这种货物或劳务的所有权或帮助转移其所有权的所有企业和个人。因此，一条分销渠道主要包括商人中间商（因为他们取得所有权）和代理中间商（因为他们帮助转移所有权）。此外，它还包括作为分销渠道的起点和终点的生产者和消费者，但是它不包括供应商、辅助商等。”

美国市场营销协会是美国市场调查者、市场学教育工作者以及在工商企业和政府部门从事市场营销工作的人员等所组成的组织，其总部设在美国芝加哥。美国市场营销协会早在1931年就有定义委员会，但到1960年该委员会才给分销渠道下了个定义，即分销渠道是指

“企业内部和外部代理商和经销商（批发和零售）的组织结构，通过这些组织，商品（产品或劳务）才得以上市行销。”这个定义只着重反映分销渠道的组织结构，而没有反映商品从生产者流向最后消费者的流通过程。

2．分销渠道的划分

（1）按是否使用中间商划分，分销渠道可分为直接分销渠道和间接分销渠道。

① 直接分销渠道，是指产品从生产者向消费者转移的过程中，不经过任何中间商，而是通过自己的销售人员或销售部门把产品直接销售给消费者或工业用户的分销模式。

直接分销渠道的销售方式如下。

a．厂商通过自己的销售部门直接销售。

b．厂商通过展销会、交易会、订货会等与用户签订供销合同。

c．推销员上门推销。

d．厂商通过邮购、电视、电话、互联网等方式。由于网络技术的发展，网上购物在一些发达国家已成时尚。

直接分销渠道的优点是：对于用途单一、技术复杂的产品，可以有针对性地安排生产，更好地满足需要；生产者直接向消费者介绍产品，便于消费者掌握产品的性能、特点和使用方法；由于直接渠道不经过中间环节，可以降低流通费用，掌握价格的主动权，积极参与竞争。但直接渠道也存在不足，如制造商在销售上投入大、花费大，而且销售范围也受到限制。

直接分销渠道多用于生产资料（工业原料）的销售。生产资料有用户少、批量大、购买频率低，技术性强等特点。

② 间接分销渠道，是指产品经由一个或多个商业环节销售给消费者的渠道类型。它是消费品销售的主要方式，许多工业品也采用这种方式。

间接分销渠道的优点是：对生产者来说，减少了交易次数，节省了人力、物力、财力；充分利用中间商的仓储、运输、保管作用，减少了资金占用，并可以利用中间商的销售经验，进一步扩大再生产；中间商庞大的销售网络，能够收集大量的信息，掌握市场动态。其缺点是：分销渠道选择不当，会造成环节多，流通时间长，销售费用增加，从而失去市场竞争能力；中间商对消费者的售后服务，往往由于技术不专，责任不强等原因，而不能使消费者满意；生产者获得的市场信息不及时、不直接、信息反馈差。

（2）按分销过程在同一层次使用中间商的数量划分，分销渠道可分为宽渠道和窄渠道。

企业使用的同类中间商多，产品在市场上的分销面广，称为宽渠道。如一般的日用消费品（毛巾、牙刷、开水瓶等），由多家批发商经销，又转卖给更多的零售商，能大量接触消费者，大批量地销售产品。企业使用的同类中间商少，分销渠道窄，称为窄渠道，它一般适用于专业性强的产品，或贵重耐用的消费品，由一家中间商统包，几家经销。它使生产企业容易控制分销，但市场分销面受到限制。

此外，按分销过程中使用中间商的层次还可划分为零级渠道、一级渠道、二级渠道……按照渠道成员联系的紧密程度划分为传统渠道和渠道系统。

3．国际分销渠道的概念及特点

国际分销渠道是指国际营销中商品的流通渠道。它是由生产商向国外消费者转移所经过的通道，也指生产商经过（或不经过）国际中间商转移到最终国外消费者的全部市场结构。

国际分销渠道跟国内分销渠道相比区别之处不在于结构上的选择，而在于那些影响渠道决策的市场因素的变化；同时，国际分销渠道由两部分构成，一是企业进入国际市场的渠道，即国家间渠道；二是各国国内的分销渠道。

不难看出，国际市场营销渠道具有的特点是：第一，它是一个完整的跨国流通过程，起点是一个国家的生产企业，终点是另一个国家的最终消费者；第二，它由生产企业、各类中间商及最终用户组成；第三，商品由生产企业到达最终用户的流通过程中，商品实体及所有权要发生多次转移；第四，在销售渠道中，中间商的作用是独特的，不可缺少的，它起着简化交易过程、沟通供给和需求、促进商品销售、提供生产及市场信息等作用。

4. 国际分销渠道的功能

分销渠道除具有向使用者或消费者输送产品的功能外，还具有其他的功能，主要包括如下几点。

① 调研功能：国际企业利用自己在国内及国际上的分销网络系统，开展各种类型的调研活动，以了解目标市场需求的发展趋势、中间商的经营能力状况、竞争对手的营销策略的变化等。

② 促销功能：分销渠道的选择和建立都是达到促进产品销售的目的。国际企业应充分利用中间商与最终使用者或消费者直接接触的条件，通过中间商做好说服、示范、提供各种服务及便于购买的条件来加快商品在渠道上的转移。

③ 沟通功能：国际企业可利用分销渠道来发现潜在的需求者，利用分销渠道建立与消费者联系的各种网络，畅通产、销、用户之间的感情，更好地树立企业的形象。

④ 适销功能：国际企业受生产条件的制约，一般品种相对少而批量大，这与使用者或消费者消费多样性与一次使用或消费的数量很小发生矛盾。通过分销渠道各环节按不同需求、消费特征，对产品进行分类分级、分组包装的调整，使其能最大限度地满足用户的要求。

⑤ 协调功能：利用分销渠道系统内部成员之间的已存在的关系，可就各种有关产品转移的问题，如价格、供货时间、付款方式等达成协议，从而促使渠道发挥最大的整体效用。

⑥ 实体分配功能：分销渠道的建成使渠道成员可根据自身的地位和特征，在渠道内承担相应的职责，完成产品在渠道中生产制造、运输储存、销售等工作。

⑦ 筹措资金功能：开展渠道活动需占用大量资金、消耗大量的资金，分销渠道本身可以保证这种资金的来源和支用。

⑧ 共担风险功能：渠道全体成员在共享渠道成果的同时，共同承担从事渠道活动将可能产生的各种风险。

二、国际分销渠道模式

商品从本国生产者流转到国外最终消费者手中，不仅要经过本国的分销渠道，还要经过东道国的分销渠道。所以在国际市场上销售产品要经过 3 个环节：第一个环节是出口国国内的销售渠道，第二个环节是出口国进入进口国的销售渠道，第三个环节是进口国国内的销售渠道。这样就会形成多种分销渠道模式，企业面临不同的销售模式的选择。国际营销活动中常见的销售渠道模式如图 7-1 所示。

第①～④种模式，企业省去了国内中间商环节，将产品直接销往国外市场，称为国际直接渠道（也称为直接出口模式）；第⑤～⑩种模式，企业通过国内中间商间接向国外销售产品，称为国际间接渠道模式（也称为间接出口模式）。

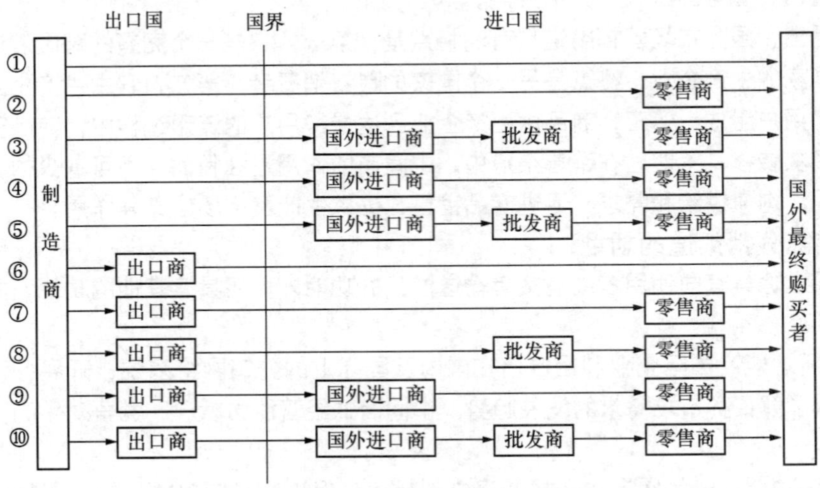

图 7-1　国际营销渠道模式

1．国际直接渠道模式

国际直接渠道模式是指企业不通过国内中间商，而是企业自身直接从事所有的出口营销活动。它可具体分为 3 种方式：第一种是直接接受外国政府或公司的订货或参加国外工程项目的招标、投标，中标后按合同规定的要求组织生产、出口产品；第二种是直接与国外客商签订产品的生产、销售合同，企业按外商要求进行生产，外商购买并在国际市场上进行销售；第三种是在国外市场上建立企业自己的营销机构，直接在国际市场上从事营销活动。

国际直接渠道模式的优点如下。第一，信息反馈快。企业可以全面、及时、直接地获取国际市场有关市场环境变化、消费者需求变化、产品生产工艺技术、产品性能和品种质量等方面的大量信息，从而使企业及时、恰当地改进所生产的产品和经营策略，加强企业在国际市场的竞争能力。第二，具有一定的经营灵活性。企业与国外经销商所签订的合同期限较短，投资不大，同时也有助于提高企业的国际市场经营水平和获取较大的潜在利益，所得利润也可能比间接出口有所增加。第三，自主性较强。国际市场营销的控制权掌握在企业手中，企业可独立地从事国际市场营销活动，如市场调研、目标市场选择、产品定价、产品运输和保险等营销所必需的活动皆由企业自己决定。

国际直接渠道模式的缺点如下。第一，经营成本、费用较高，因为以此方式进行产品出口，不仅要增设专门的国际市场营销机构和专业人员，而且国际营销中的一切活动都由本企业自己承担，必然增加企业的开支，使企业的经营成本和费用加大。第二，企业所面临的风险较大，因为国际市场变化莫测，在这种环境中进行直接出口，如果其中某一环节发生变故，而没有及时采取补救措施，就有可能造成企业的重大损失。

2．国际间接渠道模式

国际间接渠道模式是指企业把生产出来的产品，卖给国内或设在国内的外国贸易机构、中间商等，由后者负责向国际市场销售。在这种方式下，企业的主要任务是负责生产的组织，而不是自身直接从事国际市场的营销活动。

国际间接渠道模式可分几种形式：一种是企业生产产品，由外贸公司收购，并将产品销售到国际市场；另一种是代理制，即生产企业委托外贸公司（国内或国外的中间商）办理各种出口业务，但在接受订货、产品报价等方面要取得本企业的同意，产品保留使用本企业的厂牌和商标；再一种是合作方式，它既有工贸结合，也有若干个同类生产企业联合组建的专门从事产品外销业务的组织。

国际间接渠道模式的优点：第一，是产品进入国际市场快，企业利用出口贸易机构、国外中间商提供的市场信息资料及现有的业务机构、销售渠道、国际营销经验、商标信誉等，可快捷、方便地使自身生产的产品进入国际市场；第二，是所需营销费用较少，这是因为以此方式出口产品，企业本身可不亲自进行市场调研和建立销售网点，也不需设立办理出口业务的专门机构和增加从事国际市场营销的专业人员，从而节省了许多生产之外的投资和费用；第三，是具有较小的经营风险，因为在国际市场进行营销的不是企业自身，而是出口贸易机构或外国中间商，所以国际市场的各种风险基本上由其承担了。

间接出口方式也有缺点：第一，是国际市场的信息反馈较慢，难以直接、及时掌握国际市场环境、行情、竞争及发展趋势等信息，也难以直接听取国外用户的意见；第二，是对国际市场营销的控制程度低，企业几乎不能对自身产品的市场营销有效控制，当市场发生变化，其他企业进入竞争时，中间商有可能抛弃本企业；第三，是企业对中间商依赖性大，而且也易造成中间商利用其优势对本企业进行反控制，压低产品购买价格，使自己获利丰厚，从而使本企业难以得到更多的利益。

以上是国际分销渠道模式，就各国国内而言，各国现有的渠道模式各不相同，常见的消费品的分销渠道有以下几种基本模式，如图 7-2 所示。

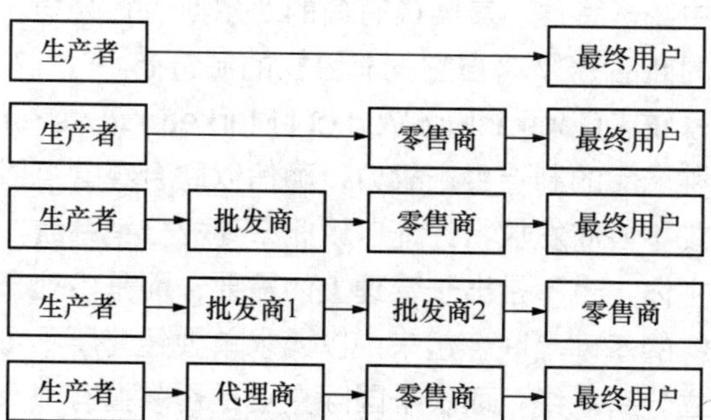

图 7-2　消费品的分销渠道模式

三、国际分销渠道组织系统

国际企业为实现其既定的营销目标，必须建立一个高效率、高效益的分销网络系统。在某一分销渠道中，国际企业与中间商之间的关系不同，也就决定了分销渠道在组织形式上存在着一定的差别。这种差别最终会影响国际企业应以何种方式来管理分销渠道。

1．垂直营销系统（VMS）

传统市场营销渠道是由独立的制造商、批发商和零售商组成的松散网络。每一渠道成员作为独立的经济实体，追求的都是自身利益的最大化，但是每一渠道成员利润的最大化并不能保证整个渠道的优化，很可能会降低整个渠道的利润水平。松散的渠道网络还将造成较高的渠道成本，因为渠道的成员都是通过洽谈买卖、讨价还价达成交易的，随着交易活动的完成，渠道成员的关系亦随之中止，即使建立了较长时间的合作关系，这种合作也不稳固，任何一方都有权解除关系，从而导致较高的交易费用。垂直市场营销系统是对传统营销模式的挑战，它由制造商、批发商、零售商联合一个统一体，是一种一体化经营组织。组织中的某一成员对整个渠道有较强的控制能力，这个成员可能是制造商，也可能是批发商或零售商，它一般拥有其他成员的所有权，或实行特许经营，或有足够力量驾驭整个渠道，使其他成员愿意与之合作。垂直市场营销系统给整个渠道网络规定了总体的经营目标，任何渠道成员的活动都受到来自系统的监督和制约，因此有可能获得一种规模效益。例如，在美国消费品市场上，通过垂直市场营销系统完成的营业额已占消费品总销售额的60%以上。垂直营销系统可以由生产商支配，也可以由批发商或者零售商支配。垂直营销系统主要有3种类型，如图7-3所示。

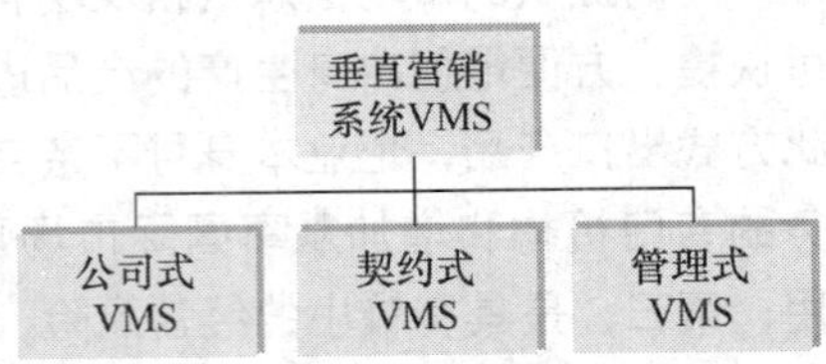

图7-3　垂直营销系统的3种类型

（1）公司垂直式分销系统（Corporate Vertical Marketing Systems）

这种形式的市场营销系统由同一所有权下的制造和分销部门组成，整个渠道属于一个投资系统，喜欢对渠道有高度控制权并有雄厚财力的公司往往采用这种形式。当国际企业对分销系统欲施加高度的控制，在确定好各环节的渠道成员后，通过购买其股票以控股方式取得部分所有权、支配权，最终将整个分销系统融制造、批发、零售为一体。这种国际企业可使渠道全体成员为一共同的利益而尽心尽力。选择建立这种分销系统，需要国际企业拥有巨大的经济实力。例如，美国一家大油漆公司，不仅自己生产油漆，而且在全国拥有2 000多家油漆零售商店，实行集中统一管理。美国最有名的西尔斯百货公司，在世界各地设有许多分公司或子公司，所销售的商品50%来自它拥有股权的制造商。

（2）契约垂直分销系统（Contractual Vertical Marketing Systems）

在国际企业掌握某种产品的制造生产权力，确信以联合经营可以使双方获得比独立经营更多的收益后，对批发或零售商发放特许证，以此来建立分销系统。这种形式的市场营销系统既不是出自同一投资主体，也不是出于管理上的需要，而是由处于不同层次且有相关关系的制造商与中间商在合约的基础上联合起来，以谋求单独经营所不可能获得的销售量和销售业绩。采用这种方式建立分销系统，取决于国际企业是否掌握有很大市场前景的生产制造生产权。这种渠道系统近年来有了长足的发展，可分为以下几种形式。

① 批发商为首的倡办的自愿连锁，由批发商出面制订计划，组成若干独立零售商成立自愿连锁，通过销售活动的标准化，规模化等优势与其他大型零售商展开竞争。

② 零售商合作组织，由几家零售商牵头组成的经济实体，在开展大型零售活动的同时，还可以兼营批发业务，甚至可附带某些生产和制造功能。该组织在进货时可采取集中购买方式，在促销过程中可以联合做广告，利润按一定比例分享。例如，韩国几家大型超市连锁通过合作组织的形式，低价从农民那里购买农产品，并使自己在进口时能以整体组织形式和外商讨价还价，获取某种竞争优势。

③ 特许经营组织。这是近几年来发展势头较快的一种纵向一体化形式，可分为几种不同的形式。一种是制造商——零售商特许系统，即制造商提供特许，零售商为特许经营人，此类特许以汽车行业为主，如福特汽车公司就是通过独立的特许经销商来销售其产品的。另一种是制造商——批发商特许系统，此类以饮料业为主，比如可口可乐公司将浓缩液卖给分布在各国市场上的装瓶厂，即批发商，然后由他们充碳酸气、装瓶，再转卖给当地的零售商，从而建立起通往世界各地的分销系统。还有一种是服务特许系统，通过特许经营协议授权予以特许经营人使用特许人商业名称和专利技术特权，这种形式比较适合于具有优势的餐饮企业，如麦当劳等快餐业。

（3）管理垂直分销系统（Administerd Vertical Marketing Systems）

国际企业利用自身所具有的规模、信誉或自己产品的品牌知名度来管理或协调其他渠道成员的行为。通常是名牌制造商利用其品牌形象，吸引大量经销商进入其销售系统。例如，柯达（KoDAK）和吉利（Gillette）等公司不仅可以对其所确定的各分销渠道成员的行为，做出有效地协调，并且可以从这些经销商那里得到诸如产品陈列、提供最佳货架、主动采用各种促销手段和价格政策等各方面的积极合作。所以这种分销系统被许多企业认为是最理想的分销渠道形式。

无论哪种形式的垂直营销系统，作为渠道系统的控制者，都希望与渠道成员有密切的合作。但垂直市场营销系统有时也会发生冲突，这是一种同一条渠道中不同层次间的冲突。例如，日本的折扣店以低于资生堂化妆品公司建议零售价的价格出售资生堂化妆品，这就有可能产生冲突。作为渠道的控制者，无论是制造商、批发商还是零售商，均应通过有效的渠道管理，消除各渠道成员为追求各自利益而造成的冲突，以良好的合作使整个渠道获得比各自阻力经营更多的利润。

2．水平营销系统（HMS）

水平营销系统是指两个或两个以上的相互无关联的企业自愿联合起来争取新的销售市场。产生和促成这种合作的原因是企业面对新的市场机会，但一个公司无法集中足够的资金和人力，而且也怕风险太大，于是便由两个或两个以上的同级的制造商、批发商或零售商组织起来，进行短期或长期的联合经营。不同公司之间的联合更有助于发挥联合体成员的优势，产生整体的协同作用。联合期限可根据成员的共同目标进行长期、中期或短期的选择。例如，甲企业有生产和广告宣传上的经验，并且掌握一批市场畅销的产品生产权力，乙企业则在分销渠道上有一强大的网络系统。这样两者联合来共享产品生产和销售所带来的更大利益。“永久”、“凤凰”受国人爱戴，市场需求强劲，但厂家受生产条件所限无法扩大生产规模来满足市场需求。而各省的自行车厂家有生产设备和经销能力，但没有能吸引需求的名牌产品，如永久、凤凰自行车厂与这些厂家合作共同生产名牌车使用销售渠道，无疑对各方来讲都是十分有益的。又如美国拍波尔博士饮料公司，为开发新市场，又缺乏装瓶商，于是就与可口可乐公司的装瓶商合作，代为将饮料装瓶，由饮料公司自行销售。可口可乐公司还曾于 1981 年在菲律宾投资 1 300 万美元使当地的瓶装厂成为它控制下的合作伙伴，这使该公司两倍于百事可乐的市场份额。水平市场营销系统也会有渠道的冲突发生，这种冲突通常来自渠道内同一层次的成员之间。例如，贝纳通公司由于使用了过多的特许经销商，空间距离又太近了，以致压低了他们的利润。为了控制水平渠道的冲突，必须事先确立明确的方案，一旦冲突发生便迅速采取行动。

3. 多模式渠道营销系统（MMS）

多模式渠道营销系统是指企业建立两个或更多的营销渠道以到达一个或多个目标市场的做法。通过增加多模式渠道，可以扩大市场面，增强竞争能力，具体讲至少可使企业获得3方面优势。第一增加了市场覆盖面——公司不断增加渠道是为了获得顾客细分市场，当使用原有的单一渠道不能进入某一市场时，企业可为特定的消费者群体建立新的渠道。如增加农村代理商为分散的农户服务。第二降低渠道成本——公司可以增加能降低销售成本的新渠道（如采用电话销售而不是销售人员访问小客户）。第三顾客定制化销售——公司可以增加其销售特征更适合顾客要求的渠道（如利用技术型推销员销售较复杂的设备）。

但是，多模式渠道也会产生冲突和控制问题。当两个或更多的渠道为争夺同一客户竞争时，冲突便发生了。当新渠道成员更具独立性而使合作越来越困难时，则渠道控制问题产生，IBM公司的渠道系统变化充分说明了这一点。

美国IBM公司在1981年以前还只是通过自己的销售部门推销产品，但是从20世纪70年代末公司在其产品线中大量增加了微机生产之后，由微机销售费用的提高导致原有渠道成本大幅上升，在不到10年的时间内，IBM不得不增加了包括经销商、代销及电话订购在内的18条市场营销渠道。IBM多渠道市场营销系统的总目标是通过各种渠道使其产品达到预期目标市场。具体的分销策略是，IBM将市场分为超大客户、大客户、中等客户和小客户，然后以不同的渠道系统与之对应，由全国级客户管理者负责超大客户；由地区负责人员负责大客户；由电话订购和推销的方式负责中等客户；由经销商负责城市的小客户；由代理商负责农村的零散购买者。这种营销系统在使渠道成本降低的同时，也使企业获得了更多的利润，但是同时也可能发生渠道冲突。首先，全国级客户管理者与地区销售人员之间会有冲突，当全国级客户管理者依靠某地区销售人员与当地超大客户联系时，不仅分散了该地区销售人员的注意力，而且很可能与地区销售人员负责联系的客户名单发生冲突。这当然有损于地区销售人员的利益，因而不会得到他们的合作。其次，地区销售人员与经销商之间也会有冲突，经销商原则上只应与小客户为目标市场，但是受利益驱使，许多经销商也在设法与大客户联系发生贸易关系，而且由于他们更熟悉当地市场环境与消费需求，往往能以比公司所在地区的销售人员更低的价格提供更优质的产品和售后服务，这势必导致地区销售人员把经销商当作竞争对手来看。倘若公司为保证地区销售人员的利益不受侵犯而中止与经销商联系，将会给IBM带来更大的损失。所以，如何把两条渠道有机地结合起来，使他们相互协调而不是相互竞争，是一个关键问题。

多渠道市场营销系统优势比垂直市场营销系统和水平市场营销系统更容易发生渠道冲突，因为制造商通常是选择两条或者两条以上的渠道向同一市场出售其产品的，例如，某品牌牛仔服通过选择性分销在几家百货店销售时，就会引起经营这一品牌的专业服装店的不满，而当服装制造商自己设店经营时，又会招致百货店的不满。解决这一渠道冲突的关键是根据客户、地域和产品特性等因素明确划分渠道界限。明确渠道界限虽然不能完全消除渠道冲突，但是至少有助于减少冲突，把渠道冲突控制在最低程度之内，争取获得理想的市场覆盖率、渠道成本和消费者满意度。

第二节　国际市场的中间商

一、中间商的功能

中间商是指处于生产者与消费者之间，参与商品流通业务，促进买卖行为发生和实现的组织和个人。

中间商具有以下功能。

1．集中、平衡和扩散商品

集中功能就是通过采购活动把若干生产企业的产品集中起来；平衡功能就是将各种不同的商品根据不同的细分市场需要加以平衡分配，满足各种需要；扩散功能就是将集中采购的大量商品运销各地，从而满足不同地区消费者的需要。

2．调解生产与消费的矛盾

中间商连接产销双方，接触面广，最了解市场信息，可以向双方传递信息，使产品能适销对路，既可以避免生产的盲目性，又能指导消费。

3．减少交易次数，降低流通费用

中间商承担这部分功能，不仅可以降低成本，而且可以扩大商品流通，减少交易次数，加速再生产进程。

4．资金融通

中间商通常向顾客提供商业信贷，为其融通资金。另一方面，它们通过提前订货，准时付账，又为生产商融通了资金。

5．分担风险

中间商特别是经销商在转卖过程中持有商品所有权，因而也相应承担了在此期间市场供求与价格变化、商品破损及失窃等风险。

6．信息反馈

中间商是十分了解市场情况的，如能将所掌握的市场信息及时地反馈给生产企业，就能使企业根据市场情况来组织生产，从而避免了生产的盲目性。

二、国际中间商的类型

1．出口中间商

出口中间商是指设在生产企业本国的中间商，在生产企业不具备直接与国外客户交易的情况下，可以利用国内出口商的国际市场营销知识和经验，为生产企业服务。以出口中间商是否拥有商品所有权为标准，它可以分为出口经销商和出口代理商两大类。出口经销商拥有对商品的所有权；出口代理商只是接受委托，以委托人的名义买卖货物，收取佣金，不拥有商品的所有权。

（1）出口经销商

出口经销商主要包括出口公司、出口直运批发商、出口转卖商、外国进口商和国际贸易公司5种类型。

① 出口公司。在本国市场上买进商品再转卖给国外买主，专门经营出口业务的企业称为出口公司。出口公司实质上是在国外市场开展业务的本国批发商，其基本职能与本国的一般批发商相同，主要区别是其经营的对象是国外买主。从生产企业的角度来看，利用出口公司可以获得以下几个方面的好处：一是可以及时地回收货款，提高资金的利用效率；二是可以利用出口公司的对外销售专业知识、经验及海外关系网络，扩大企业的国外市场范围。但是，利用出口公司也存在着生产企业对出口公司过分依赖的缺点。生产企业往往长期处于被动地位，国际市场信息反馈滞后、甚至失真，对国外市场难以进行有效地控制。

② 出口直运批发商。出口直运批发商主要经营大宗商品和原材料，与出口商在业务方式上有所不同，他们一般只根据国外客户订单所指定的商品品种、规格和数量向国内生产企业采购。当采购数量达到订单数量时，就直接运给国外客户，自己并不保有存货。

③ 出口转卖商。出口转卖商是一种专门经营低价低档商品的中间商。他们努力寻找降价求售的商品、生产过剩的商品、过时商品或其他廉价商品，然后转卖到需要这些产品的国外市场上去。

④ 外国进口商。外国进口商实际上是国外购买者设在出口国的常驻采购商。他们所采购的货物一般都是该进口国所需的。对于出口国的生产企业来说，只需要在本国与外国进口商联系、洽谈和成交，整个销售过程实质上是在出口国国内进行的。

⑤ 国际贸易公司。相对于专业的出口公司，国际贸易公司往往既从事国际贸易，又从事国内贸易，甚至还有一些生产、金融方面的业务。它对生产企业的服务是全方位的，既包括销售渠道服务，又承担提供信息、甚至为生产企业采购原材料等职能。

（2）出口代理商

出口代理商与出口商的区别是不以自己的名义向本国卖主购买商品，而只是接受卖主的委托，以委托人的名义，在规定的条件下代表委托人开展出口业务。出口代理商本身并不拥有商品所有权，只是在交易成功后，由委托人付给一定的佣金。在国际市场上，出口代理商主要有销售代理商、厂商出口代理商、国际经纪人和出口佣金商等。这些代理商既可以是一个组织机构，也可以是一个自然人。

① 销售代理商。销售代理商与生产企业是委托代理关系，它不拥有商品的所有权，所以无决策权，一切业务活动由生产企业决定，但它通常又可以控制出口产品的价格、销售渠道和促销方式，因此，可视为生产企业的销售经营部门，负责生产企业的全部销售业务。

② 厂商出口代理商。厂商出口代理商是接受生产企业的委托，从事商品出口经营业务的代理商，相当于执行生产企业出口部的职能。在国际市场上，中小企业多使用厂商出口代理商。此外，大企业在开拓新市场、推销新产品或面对的市场潜力不大时，也通常使用厂商出口代理商。使用厂商出口代理商的缺点是市场活动范围有限，影响了生产企业开发国际市场的进度。

③ 出口国际经纪人。出口国际经纪人指经营出口业务的经纪人。这种代理商只负责给买卖双方寻找客户，不持有存货，也不办理商品进出口的具体业务，它与进出口双方一般没有长期的固定关系，其职能是联系买卖双方达成交易。适合采用国际经纪人的条件可以归纳为以下几点：一些缺乏国际市场营销经验的中小企业；经营的产品季节性强，需要开拓国外新市场，而自己又不能设立国外销售机构的企业；不值得设立销售机构，目标市场遥远、市

场分散、人口稀少的企业等。

④ 出口佣金商。出口佣金商是指接受生产企业委托，代办出口业务，从中收取佣金的代理商。出口佣金商的业务，主要是代国外买主采购佣金商所在国的商品出口，有时也代国内厂商向国外销售产品。出口佣金商代国外买主办理委托业务时，是根据买主的订单或委托购货书（代购订单）进行的，一旦达成协议，买主不能变更其委托，佣金商也必须按照购货书内规定的条件进行采购，运送到指定地点，由买主付给佣金，并且一切风险和费用均由买主承担。

2. 进口中间商

进口中间商指从事进口业务的中间商和销售进口商品的中间商，主要有进口经销商和国外进口代理商两种。

（1）进口经销商

凡从国外进口商品，然后再转售给国内批发商、零售商和消费者的，都可以称为进口商。进口商熟悉所经营的产品和目标国市场，并掌握专门的商品挑选、分级、包装等技术和销售技巧。进口商一般没有商品独家经营权。

（2）进口代理商

① 经纪人。经纪人是对提供低价代理服务的各种中间商的统称。他们主要经营大宗商品和粮食制品的交易。在大多数国家，经纪人为数不多。但由于其主要经营大宗商品，再加上在某些国家，经纪人组建了联营公司，他们熟悉当地市场，往往与客户建立了良好持久的关系，常常是初级产品市场上最重要的中间商。

② 经营代理商。经营代理商在亚洲及非洲国家较为普遍，在某些地区也称做买办。它们根据同产品制造国的供应商签订的独家的代理合同，在某一国境内开展业务。有时也对业务进行投资，其报酬通常是所用成本加母公司利润的一定百分比。

③ 融资经纪商。这是近年来迅速发展的一种代理中间商。这种代理中间商除具有一般经济商的全部职能外，还可以为销售、制造商生产的各个阶段提供融资，为买办或卖主分担风险。

④ 制造商代理人。制造商代理人是指凡接受出口国制造商的委托，签订代理合同，为制造商推销产品收取佣金的进口国的中间商。制造商代理人有很多不同的名称，如销售代理人、国外常驻销售代理人、独家代理人、佣金代理人、订购代理人等。制造商代理人可以对一个城市、一个地区、一个国家或是相邻几个国家出口企业的产品负责。他们不承担信用、汇兑和市场风险，也不负责安排运输、装卸，不实际占有货物。他们忠实履行销售代理人的责任，为委托人提供市场信息及出口企业开拓市场提供良好的服务。当出口企业无力向进口国派驻自己的销售机构，但希望对出口业务予以控制时，利用适当的制造商代理人是一种明智的选择。

3. 批发商

进口国国内销售渠道的批发商，主要向进口商或进口代理商买进所要经营的国外产品（进口批发商除外），但也有一些大批发商直接从国外购进商品，再在国内大批量转售。批发商经营商品的批发业务，由于划分的标准不同，分类也不同。

① 根据经营的商品分类：可分为一般商品批发商、整线批发商、专线批发商。

② 根据地区分类：可以分为全国批发商、区域批发商、地方批发商。

③ 根据是否拥有商品所有权分类：可以分为经销批发商和代理批发商。

④ 根据服务功能分类：可分为完全功能批发商，即普通的批发商；有限功能批发商，如承运批发商、现货自运批发商、邮购批发商等。

4．零售商

零售商处于国际市场分销渠道的最后环节，它从进口商、进口代理商、进口佣金商、批发商处购买商品，然后卖给本国的消费者和最终工业用户。现代大型零售商也常常直接从国外制造商进货，这在欧美日等发达国家和地区已经成为一种新的趋向。其所以如此，是因为现代大型零售商进货数量巨大，如果通过进口商或进口代理商进货，会削弱自己在海外市场的地位，助长进口商的实力，限制自己取得独家经营权的机会，并在交易中给进口商赚了钱，而自己直接向国外制造商进货，就可避免上述这些情况。

三、厂家自设出口机构

许多大的企业、公司、商社，为了更有效地争夺和控制市场，且不愿意把一部分利润割给出口中间商，自己建立出口机构，直接把产品卖给国外进口商、批发商，以至零售商，这种做法就是直接出口。目前，生产产品多样化，技术复杂，有特殊专利权或名牌产品需要特殊人员进行推销的企业越来越多地使用直接出口方式。厂家自设机构出口销售的优点是：销售较为迅速、售价低、竞争力强；可以控制价格，扩大利润；同消费者接触更密切，可以提供更好的服务。缺点是：需要增加存货和工厂设备的投资，增加销售人员的费用，承担出口商担负的其他功能。

商品出口量较大的企业，往往设有自营出口的机构。厂商自营的出口机构主要有以下几种类型。

① 销售部门内附设出口部。

② 独立的出口部或分公司。

③ 出口子公司。

④ 海外销售分支机构。

第三节　国际市场销售渠道决策

一、影响企业国际市场销售渠道决策的因素

1．外貌特征

① 价格、体积和重量。产品价格较高，中间商往往考虑经营风险较大而不愿经销和代销。国际企业宜采用直接渠道或尽量短的渠道策略。产品体积小，重量轻，价格便宜，而产量较大时，企业宜采用较长的分销渠道策略。

② 易损性和时尚性。产品易损易腐或者为适应一时的流行趋势而设计的，应尽快将它送到用户手中，企业宜采用最短的分销渠道策略。

③ 技术性程度和附加服务的条件。一些产品技术性程度较高，有时必须附加一定的服

务，如安装、调试、检验、维修乃至人员培训等，企业宜采用直接渠道策略。

④ 市场生命周期所处的阶段。在产品处于新产品介绍期时，尚未被大家认识，企业大多采用直接销售的策略。处于饱和期的产品则宜采用长而宽的渠道策略。当处于衰退期时，应调整或减少中间商采用减缩渠道策略。

⑤ 产品的独特性。产品越具有独特性，渠道的采用就应越窄，例如中国的民族工艺美术品，在国际市场上大多采用独家经销的渠道策略。

2．目标市场特征

市场是企业选择产品进入国际市场渠道时应该着重考虑的因素。

① 市场需求量与分布状况。市场需求量大、分布范围较分散，宜采用长而宽的分销渠道；需求量较小而分布较密集的市场，宜采用短而窄的分销渠道。

② 购买特点。购买形式单一、购买次数虽少而一次购买量较大的市场应采用直接或短而窄的分销渠道。

③ 竞争特点。在目标市场上存在各种竞争者，实力大小不一，企业在制订渠道策略时必须结合这种分析及竞争者所采用的渠道策略，采用“针锋相对”或“避其锋芒”策略。

3．企业特征

① 企业的声誉、规模、资源条件。国际上享有盛誉的大公司，在选择渠道策略上有很大的余地，以其条件不但可吸引大量企业渴望成为其分销渠道的成员，同时可以控制分销渠道成员，达到实行何种分销系统的目的。

② 企业产品组合。产品组合的深度与广度决定生产企业必须与多少用户打交道，产品组合越广越长，则应选择较宽的分销渠道；相反，则应窄些。产品组合的相关性与分销渠道的同质性密切关联，产品组合的相关性越高，分销渠道的同质性就越强。

③ 企业销售、出口业务的经验或服务的提供能力。企业的销售经验十分丰富，并且具有提供各种服务的能力，则应选择短渠道策略。反之，则应领先有相应经验和能力的中间商参与渠道合作从而选择较长的分销渠道。

4．环境特征

① 经济环境。经济繁荣时期，需求增长较快，同时愿意参与渠道合作的能力较强的中间商也较多，这为企业采用较长、较宽的分销渠道策略，创造了必要的条件。在经济衰退时期，可选择的中间商在不断减少，企业为降低售价只能从减少中间环节、削减成本上找出路，从而迫使企业采用最短、最窄的渠道策略。

② 法律环境。在国际市场上选择渠道成员，确定分销系统类型往往必须考虑本国有关法律、法令条例的许可和限制，更应考虑进口国的有关法律的制定情况，减少由此失误而造成的损失。

③ 社会环境。国际企业在开发国外市场，选择分销渠道和渠道合作伙伴时，应考虑当地企业、民众乃至社会对本企业的“感情”和民族主义情绪是否高涨。不少国际企业选择分销渠道时采用“国外生产”的策略，以缓解对方国家日益高涨的民族主义情绪。

二、国际市场中间商的选择

假如企业决定使用国外中间商进入和开拓目标国家市场，那么在国际分销渠道设计和洽理中，就需要对具体的中间商做出选择，以保证所选择的中间商具有高效率，能有效地履行所期望的分销职能，从而确保企业国际营销目标的实现。国外中间商的选择，会直接关系到国际市场营销的效果甚至成败，因为中间商的质量和效率将影响产品在国际市场上的销路、信誉、效益和发展潜力。但是，从事国际营销的企业对国外中间商的吸引力是不同的。一般来说，那些知名度高、享有盛誉、产品销路好的企业，可以轻而易举地选择到合格的中间商；那些知名度低、产品利润率不高的企业，则需要投入大量的精力、时间和费用，才能寻找到足够数量的、合格的中间商。但不管是哪一种类型的企业，在选择中间商时都要有一个筛选的过程，充分评价每一个候选的中间商是否满足一些基本的条件。

企业在选择国外中间商时一般应遵循 8 个步骤。

① 收集有关国外中间商的信息，列出可供选择的中间商名单。

② 依据企业开展国际市场营销的需要确定选择标准。

③ 向每位候选的中间商发出一封用其本国文字书写的信件，内容包括产品介绍和对中间商的要求等。

④ 从复信中挑选一批比较合适的候选人，企业再去信提出更为具体的询问，如经营商品种类、销售覆盖区域、公司规模、销售人员数量及其他有关情况。

⑤ 向候选人的客户调查其信誉、经营、财务状况等情况。

⑥ 假如条件答应，派人访问所优选的中间商，进行更深入地了解。

⑦ 按照挑选标准，结合其他有关情况，确定中间商入选者名单。

⑧ 双方签订合同，正式确定分销过程中一些具体问题的条款。

企业在选择国外中间商时应注重的基本条件包括以下几个方面：① 中间商的市场范围；② 中间商的财务状况及治理水平；③ 中间商的专业知识；④ 中间商的地理位置和拥有的网点数量；⑤ 中间商的信誉；⑥ 预期合作程度。

选择国外中间商的信息来源：① 主动联系、自我介绍建立关系；② 请国外企业主联合会、商会、工商联合会或同业公会介绍客户；③ 请国内外银行介绍客户；④ 商务机构；⑤ 请联合国贸发组织介绍关系；⑥ 直接与国外大型的贸易公司、大百货公司联系，进行业务沟通；⑦ 通过国内外的展览会、交易会建立关系。

三、产品进入国际市场的方式

产品进入国际市场的方式很多，我们把它们归纳为两大类，即国内生产出口和国外生产供货。企业采取哪一类方式，均有多种做法可供选择。产品进入国际市场的方式如图 7-4 所示。

企业想要把产品打入国际市场，一般有两种方式可以使用。其一是在国内生产产品以出口。这种方式是企业进入国际市场最简单、最直接的方式。其优点在于投资少、风险少；缺点是费用较多、回报率低，而且常会因为贸易壁垒问题而难以如愿进入市场。产品进入国际市场的另一种方式是产品在国外生产已满足国外市场的需要。这种方式的最大优点是能很好地避开贸易壁垒的限制，而且往往能得到市场所在国政府的支持；其不足之处是这种方式需要较大的投资，而且要对市场环境有足够的了解。因此，这是一种难度较大的国际营销渠道。但是，由于这种方式本身的优越性以及贸易保护主义在“抬头”，这种方式的重要性正在日益加强。下面分别介绍以上两种方式的具体内容。

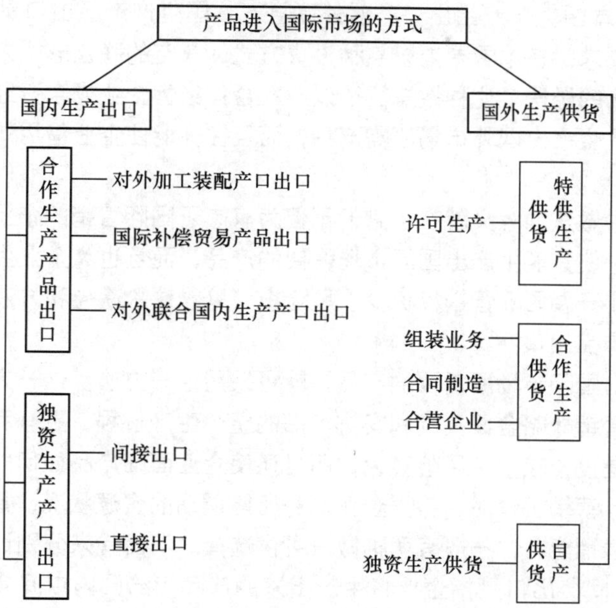

图 7-4　产品进入国际市场的方式

1. 国内生产方式

企业要想在国内生产产品以打入国际市场，实现国际营销的目的，必须先回答两个方面的问题：一是企业有没有资金、技术、管理等方面的能力把产品生产出来；二是在自身能生产出国际市场所需要的产品的情况下，又有多大的资源支持出口。针对以上两个问题，企业可以采用两种方法生产产品出口。第一种方法是合作生产产品出口；第二种方法是独资生产产品出口。

（1）合作生产产品出口

这种方法适合用于企业没有应有的生产能力和市场营销能力的情况下采用的方法。中国乡镇企业产品出口有今天迅速发展的势头，很大程度上得益于这种方法。

企业开展合作生产产品以供出口的做法很多，下面介绍几种常见的做法。

① 对外加工装配产品出口。对外加工装配产品出口是国际营销中双方合作、简便易行的做法。中国很多企业，在改革开放之初，就是采用这一做法涉足国际市场的。这是一种风险很小、投资很少的产品出口方法。对外加工装配主要包括来料加工和来件装配。来料加工是指企业接受外商提供的全部或部分原料、辅料，必要时还要接受外商提供的某些机器设备、仪器、工具等，并按照外商要求的质量、规格、款式进行加工，然后把成品交给外商销售，外商付给一定的加工费用。来件装配是指企业由外商提供原件、零件，必要时还要接受外商提供的装配所需设备、技术和有关仪器，并按照外商要求的规格、款式、质量等进行装配，把成品交给外商，外商付给一定的装配费用。

② 国际补偿贸易条件下的产品出口。国际补偿贸易是国际贸易的常用方式。这里所讨论的国际补偿贸易，仅指买方在信贷的基础上，向国外厂商购进设备、技术、物资、劳务等进行项目建设，待项目建成投产后，以该项目生产的产品来补偿还贷的做法。它实质上是产

品出口、技术进口与引进外资相结合的方式。

③ 对外联合、本国生产产品出口。对外联合、本国生产产品出口是指企业与外商按照本国法律、规程和要求，在本国国内以某种投资方式，一定的联合形式来合作生产产品，并使产品输往国际市场的做法。这种做法往往以成立合作经营企业或合资经营企业来实现。这种做法不但能使企业生产出国外市场所需产品，而且往往能使企业借用外商的关系把产品推进国际市场。

以上讨论的各种做法的意义就在于它们不但为有志于国际营销的企业提供资金、技术、管理等方面的帮助，使其能生产出国际市场需要的产品，而且也为企业生产的产品提供了外销途径。这些是企业开展国际营销投资少、风险小、见效快的途径和方法。

（2）独资生产产品出口

企业能够生产出国际市场所需要的产品，就可采用这一方法。这一方法的优势在于企业可根据自身的国际营销战略全面控制和安排产品的整个生产过程，更有利于企业实现自身的营销目标。其缺点是投资较多、风险较大，而且还使企业面临产品如何外销的问题。企业采取这种方法开展国际营销工作时，根据企业本身所能调动的资源状况、营销策略以及对国际市场的熟悉情况和营销能力，一般有两种做法可供选择。下面就来分别讨论这两种做法。

① 间接出口。间接出口是指企业将生产出来的产品卖给国内中间商或委托有关代理机构，由他们负责经营出口业务。间接出口的优点在于：企业可以利用各种出口中间商的外贸业务经验和外销渠道较快地进入国际市场；还可以节省大量开展出口业务的开支，加速资金周转，集中力量提高产品质量和数量，也可以减少企业承担的诸如商品市场、资金市场等方面的风险。不足之处是企业对外国市场的控制程度较低，也难以在国际市场上树立生产企业的声誉和产品的品牌，还会由于市场信息反馈慢而影响企业迅速、准确的对市场情况做出反应，提高企业竞争能力；也不利于企业掌握和积累国际营销经验。因此，这种方法一般适用于那些没有足够的出口力量（如人员、机构、资金等），也没有发达的海外分销渠道和信息网络以及相应的国际市场经营经验的中小生产企业。这些中小型企业由于以上的几种情况而不得不利用国内其他组织机构人才、经验、信息和渠道把产品出口到国际市场。而且，企业往往可以通过这一方法来积累经验，增强自身实力，为以后直接开展出口业务打下基础。事实上，在中国，很多企业在走向国际营销之初都采取这种方法。

② 直接出口。直接出口是指企业把产品直接卖给国外的顾客或最终用户，而不通过国内的中间商转卖给国外顾客。直接出口，往往标志着企业真正的开始走向国际市场营销。直接出口和间接出口的区别在于，企业要独立完成出口管理任务。它与间接出口相比较有很多优点。第一，企业与国外客户直接接触，更能了解国外市场的需要，能有效实现营销目标；第二，能缩小商品流转环节，节省时间和费用；第三，能更好地控制国外市场营销活动；第四，能够因直接参与国际营销活动而积累更多经验，为进一步深入、大范围开展国际营销活动奠定基础。当然，从事直接出口并非是每个生产企业都能做到的。这不但受到企业资金、人员、经验、渠道、信息等方面限制而且还要承担很大的市场风险和增加监理机构、培训出口人员等方面的费用开支。在很多国家，企业开展直接出口还有严格限制。在中国，目前可从事直接出口的企业主要包括：经贸部系统的各专业外贸公司，其他部委所属、已获得外贸经营权的外贸公司，以获得外贸经营权的大、中型生产企业，国务院直属或地方所属、经营

范围广泛的国际贸易公司，以获得外贸经营权的三资企业等。

2. 国外生产方式

前面我们讨论了企业在国内生产产品出口的方式。大多数企业在刚涉足国际市场、实力不强、国际营销经验不足时，一般都采用这种方式来开展国际营销工作。但是，这种方式往往并不一定能行得通，而且也不是国际营销的最好形式。尤其当碰到把产品运到国外的市场成本太高，进入目标市场的关税、配额及其他的条件太苛刻，而且目标市场大、劳动力、原材料成本低等情况时，企业把生产转移到目标市场所在国，就地生产、就地销售。这无疑是更好的方式。这样做不但解决了以上问题，而且会得到市场所在国的鼓励支持。更重要的是，企业把生产转移到国外，介入国际市场的程度更高，企业的国际营销就更全面、更彻底。

企业把产品生产移至国外，方法很多，下面介绍几种重要的方法。

（1）许可生产

许可生产，又称技术授权，是指企业（许可方）与国外另一企业（被许可方），签订许可协议，授权对方使用本企业的专利权、版权、商标权以及产品和工艺方面的专有技术等从事生产和销售，并向被许可方收取费用或称专利权使用费。对企业来说，许可生产的最大好处是企业几乎没有对外直接使用投资、不承担多少风险的情况下就可以进入国际市场。因此，对很多中小企业来说，即使没有足够的生产能力生产并出口产品，只要有适当的专利技术，采用这种方式，一样可以进入国际市场。但是这种方式也具有明显的缺陷。一是被许可人利用许可项目建立起自身的生产体系，许可人对其控制力就会削弱；二是在许可项目上，无疑会为今后培养起自己的竞争对手。因此，企业采用这一方式时，一定要注意两点：第一是慎重选择被许可方，第二是对许可技术留有余地，不可和盘托出。

（2）合作生产

企业按照一定的规定和要求，以某种形式与国外企业合作生产产品供国外市场需求的做法，称为合作生产。企业开展合作生产，一般有 3 种形式：一种是装配业务，一种是合同制造，再有一种是建立合营企业。装配业务是指企业在国内生产出某种产品的全部或大部分零部件，运到国外市场上就地组装，完成整个生产过程，然后将成品就地销售或再行出口。合同制造企业是企业与国外生产企业签订合同，规定由对方按照本企业的需要生产某种产品，然后由本企业负责产品的销售。合同制造的最大优点是企业无需生产投入，就能实现国际营销目的，而且能有效地控制市场。其最大的缺陷是不易控制制造工序，不能享有生产利润。与国外的企业建立合营企业是企业较高程度介入国际市场、开展国际营销的重要方式。合营企业是企业与国外企业共同投资、共同经营、共负盈亏、共担风险建立起来的企业。建立合营企业使企业在投资不大的情况下有效控制生产和营销活动，也能取得较高的报酬率，还能为企业更深入、更全面地介入国际市场积累国际营销经验。其不足在于企业需要较多的投资，风险也较大，而且往往会因双方共同管理产生问题。

（3）独资生产

所谓独资生产，是指企业在国外单独投资办企业以生产产品供应国际市场。这是企业接入国际市场程度相当高的一种做法。它使企业能单独在国外市场上控制生产和销售。因此，这种形式被认为是企业进行国外生产的最高形式。企业采用这一做法进入国外市场的好处很多。一是可确保生产成本低。低成本的原因可能来自廉价的原材料和劳动力、运费，也可能来自于外国政府的优惠政策。二是可确保高收益。这是因为企业独得生产和销售利润。三是可使独资企业的营销纳入企业的全球化营销战略，能更好地控制和安排市场。四是可避免合营企业管理方面的多种冲突，而且能确保营销计划的实施，提高企业和产品形象。采用这种方法进入国际市场的最大问题是投资大、风险大，弄不好可能就血本无归，因此，企业如果要采取这种方法，得相当有实力，对所在国的情况要有充分地了解，不可贸然行事。

四、国际分销渠道决策

1. 统一分销模式与国别分销模式的决策

统一分销是指企业将所要进入的各个目标市场作为一个整体目标，分销策略所强调的是各个目标市场中消费者的共性，而漠视个性，采取的产品销售方式、销售渠道、产品本身的性能、特点乃至包装等方面都是一样的。这种分销模式的唯一优点是其成本低，因为市场调研、产品生产、运费等方面的开支均大大减少。

国别分销是指出口企业根据各国不同情况，分别采用不同的分销模式。国别分销模式的最主要优势是增强出口产品在不同目标市场的竞争能力。但也应注意，由于对不同国家所采取的分销策略不同，必然使经营成本相应增加，因此在采用国别分销模式时，要尽可能地降低企业的经营成本。

总之，分销模式的标准化和多样化各有利弊，因此有的企业采用标准化，另外一些企业采用多样化。但一般而言，多数企业都根据各国渠道结构、市场特点、竞争特点以及企业自身特点的不同，采用适应各国不同情况的、多样化的分销模式。其原因主要有以下几点。

第一，各国的分销结构（如批发商，零售商的数量大小和特点等）不同，要求企业在不同国家采用不同的分销模式。

第二，各国消费者的特点（如数量、地理分布、购买模式、购买偏好等）也有所不同，也可能要求企业采用多样化的分销模式。

第三，竞争对手的渠道策略也可能要求企业采用与本国不同的分销模式。

第四，企业对某国分销模式的选择，还取决于企业自身的一些特点。如进入市场的方式，企业规模大小，产品组合，渠道经验以及整体营销战略等。

2. 直接分销与间接分销决策

国际市场直接分销渠道是指产品在从生产者流向国外最终消费者的过程中，不经过任何中间商，而由生产者将其产品直接销售给国内出口商、国外消费者。直接分销渠道是最短的分销渠道。

在国际市场上，直接分销有以下几种方式和途径。① 生产企业派推销员到国际市场做个别访问，上门推销。这种方式既可以推销产品，又可以解答用户的疑问，提供咨询服务，开展市场调研。② 生产企业直接接受国外用户订货，按购货合同或协议书销售。③ 生产企业在本国开设出口部，或在国外设立分支机构，现货销售，或接受国外客户的订货。④ 生产企业参加国内外商品博览会、展销会、交易会、订货会等，在会议期间直接与国外客户签订合同。⑤ 生产企业通过电视电话、计算机网络、传真等，将产品直接销售给最终用户或消费者。⑥ 生产企业采取邮购方式，直接将产品销售给国外最终用户或消费者。⑦ 生产企业直接将产品销售给国内出口商，再由国内出口商将产品销售到国外。企业初次从事国际市场营销可采取这种方式。

直接分销是工业品分销的主要方式，因为工业品技术性较强，有的是按用户的特殊要求生产的，售后服务非常重要。另外，这类产品的用户较少，购买批量较大，购买频率低，直接分销方便，有利于节省费用。保证企业信誉，更可以获得较高的利润。但对消费品则不同，消费品的技术性不强，在国际市场使用面广，每次购买量少，消费者也比较分散，许多生产企业不能或很难将产品直接销售给广大的国际市场消费者。所以，作为消费品分销渠道一般较宜通过国外进口商采取间接分销，而不是直接分销（当然也有特殊情况，如随着现代网络技术的发展，许多消费品生产企业也可以通过网络直销自己的产品）。

国际市场间接分销，是指产品经由国外中间商销售给国际市场最终用户或消费者的一种分销形式。如以出口方式进入国际市场时，较典型的间接分销渠道是制造商→出口中间商→进口中间商→经销商→最终消费者。

3. 国际分销渠道的长度决策

渠道长度可以由中间机构的层数表示，分为零层渠道和多层渠道。层次越多，分销渠道就越长；层次越少，分销渠道就越短。

零层渠道（zero—levelchannel），也叫直接营销渠道（direct—marketing channel），是指产品在从生产者流向终端客户的过程中不经过任何中间商，而是由生产者将产品直接销售给国内出口商、国外消费者或用户。

多层渠道通常有一层、二层和三层之分。一层渠道（one—levelchannel）是指在企业与产品最终用户之间设有一个中间销售机构，通常是零售商。二层渠道（two—levelchannel）是指在企业与产品最终用户之间设有两个中间销售机构。在消费品市场，这两个中间机构通常是一个批发商和一个零售商。三层渠道（three—levelchannel）是指渠道中包括3个中间机构。在食品行业，如肉类食品、方便面等的销售就需要三层渠道。因为许多小型零售商通常不是大型批发商的服务对象，有必要在批发商和零售商之间增加一层专业性经销商，专门为小型零售商服务。

4. 国际分销渠道的宽度决策

分销渠道的宽度是指渠道的各个层次中所使用的中间商的数量。根据分销渠道的宽度，国际分销策略可以分为宽渠道策略和窄渠道策略。制造商在同一层次选择较多的同类型中间商（如批发商或零售商）分销其产品的策略，称为宽渠道策略；反之，则称为窄渠道策略。企业在国际市场分销渠道的宽度上可以有3种选择策略。

（1）广泛分销策略

广泛分销又被称为密集性或普通性分销，是指生产企业使用尽可能多的中间商销售其产品，使渠道尽可能加宽。广泛分销策略适用于购买频率高但每次购买量不大的日用消费品及工艺品中的标准件、通用小工具及需要经常补充和替换或用于维修的产品、替代性强的产品等。

（2）选择性分销策略

选择性分销是指企业有选择性地精选几家中间商来分销本企业的产品。这种分销方式使用较普遍，它适应于大多数商品，尤其是消费品中的选购品、特殊品以及一些标准化程度较高的工业品。这种分销方式比独家分销面宽，又比广泛分销面窄，企业能通过对中间商的精选，去掉那些效率不高的中间商，易于节省成本和费用，又较容易控制和经常保持联系，能更好地督促中间商完成企业所赋予的营销职能，效果好。生产商往往先采取广泛分销，以促使新产品迅速上市，而后改用选择性分销，淘汰一部分经营管理差或不守信用的中间商。

（3）独家分销策略

独家分销是指企业在一定时期内在某一地区只选择一家中间商销售其产品。这种分销策略往往要求企业在同一地区不能再授权其他中间商，同时，也要求被授权的中间商不能再经营其他企业的同类竞争品。这类分销方式适应于贵重、高价和需提供特殊服务以及一些名牌商品。采取独家分销，对企业来说，可以提高对渠道的控制能力，刺激中间商为本企业服务。但这种分销方式对生产商风险较大，如果中间商选择不当，则有可能“吊死在一棵树上”，从而失去某一地区的市场。

第四节　国际市场分销渠道的管理

一、国际市场分销渠道中的矛盾

认识分销渠道中的矛盾，是渠道管理的出发点。所谓渠道管理，其中心任务就是要解决渠道中存在的矛盾，提高渠道成员的满意度和营销积极性，促进渠道的协调性和提高效率。

国际市场分销渠道中的矛盾可分为两类：一类是生产企业与中间商的矛盾，如双方发生促销费用争议、中间商未按时付款、中间商销售竞争者产品、中间商未执行生产企业的销售政策等；另一类是中间商之间的矛盾，如中间商为了争夺市场而进行价格竞争等。

国际市场分销渠道是一系列独立的经济组织的结合体，是一个高度复杂的有机系统。在这个系统中，既有出口国的生产企业或外贸企业和出口中间商，又有进口国的代理商和经销商，构成了一个远比国内市场、分销渠道复杂的行动整体。这些组织处于不同的国家，由于各国社会制度不同经济和文化发展情况存在很大差别。因此，它们的目标、任务往往存在矛盾。当成员计划、任务、目标、交易条件等出现分歧时，就必然出现矛盾。成员之间的矛盾实质上是利益关系的反映，每个成员都是独立的经济组织，获取尽可能大的利益，必然成为每一位成员追求的目标。然而，利益在成员之间又是一种分配关系，具有此长彼短的特点。大家都希望多获得利益，少承担风险。因此，矛盾的产生是不可避免的。只是矛盾的大小，表现方式不同而已。

生产企业必须对分销渠道的多种矛盾进行及时恰当地解决，否则将影响企业营销目标的实现。

第一，中间商必须正确对待渠道冲突。生产企业与中间商经营产品的目的都是为了获得利润，所以必须客观地照顾到双方利益，从对方的角度考虑问题，才有利于解决矛盾。

第二，生产企业与中间商要加强沟通，加深了解。许多矛盾是由于沟通不利造成的，保证双方信息沟通及时、通畅，可以避免许多不必要的冲突。

第三，双方必须协商制订经营活动目标和计划，使双方的营销活动有遵循的依据，便于企业进行渠道评估和控制。

二、国际市场分销渠道成员控制与管理

中间商一经选定，企业就应加强对渠道成员控制与管理，以调动中间商经营企业产品的

积极性。

1．对中间商的激励

中间商选定后，分销渠道也随之建立，企业必须采用各种措施来充分调动它们经销企业的产品的积极性。由于中间商与国际企业之间的关系，随国际企业在选择渠道的组织形式不同而有很大区别。统一垂直分销系统中，国际企业与各中间商的基本利益一致，只要明确各自的地位、作用即可为达到最大分销渠道整体效益而努力。而其他形式的分销系统中，中间商是一个独立经营者，有自己的营销目标，所以企业要随时克服自己利益与中间商利益不一致而产生的矛盾，更应采取各种措施来调整相互关系。例如，给中间商取得较高利润的机会，提供优惠的供货条件，同时还可以考虑给中间商各种人员培训及给以其广告等促销活动费用上的经济支持。不少国际企业对中间商采取“胡萝卜加大棒”的赏罚策略，来不断地激励他们。

2．对中间商的评估

要使渠道中的所有中间商明确了解到中间商也处于一个优胜劣汰的竞争状态之中。国际企业应经常性地对分销渠道成员加以考察和评估，评估内容有：平均库存、运输时间、仓储质量、促销上的合作程度、分销配额的完成情况、为顾客提供服务的质量等。根据已确定的标准进行评估，目的是随时对中间商加以必要的调整。对达不到规定标准的中间商应采取各种措施调动其积极性，或者将其从渠道中排除。

3．对分销渠道进行评估

对分销渠道的评估内容主要有3项：分销渠道已取得的经济效益是否达到渠道设计时的预计经济效益；企业对渠道的控制力是否与设计时企业应用的对渠道的控制力相符；分销渠道的应变能力。企业对分销渠道进行评估的目的，是为营销决策者在制订继续利用现在分销渠道还是废弃原有分销渠道重新设计并建立新的分销渠道决策提供准确依据。当然，有时企业发现竞争对手建立起一个全新的分销系统来与自己展开竞争，而自己这时又处于明显的不利地位，企业也会做出废弃旧渠道，重建新渠道的决策。无论从何种角度来讲，完全废弃原有渠道的现象比较少见，更多的是改造和建立新的分销渠道。随着国际市场环境的变化，企业会更积极地寻找各种适合自己发展的分销渠道及渠道的组织形式，发现开辟新的分销渠道机会越来越显得重要，这也慢慢地成为国际企业分销管理的一项重要内容。

三、国际市场分销渠道的改进

由于国际市场环境、分销渠道和企业内部条件等经常发生变化，如目标市场已经转换、中间商信誉较差、企业的营销目标和消费者购买模式的变化、企业改变了产品结构、竞争者的分销渠道与本企业的渠道冲突等，企业的国际分销渠道策略应做相应的调整与发展。如日本企业在进攻美国市场时，初期几乎都是请美国的中间商或制造商代销的，印美国公司的商标。一段时间后，日本企业开始尝试着用自己的商标，自己开设门市部或直接找连锁商店和百货公司销售。到市场完全熟悉以后，他们就脱离美国公司，自己独立经营。

企业对分销渠道的调整方式主要有3种。一是增加或减少个别渠道的中间商。国际营销企业除了对于某些不能很好地完成既定的销售计划，不积极合作，效率低下的国外中间商应中止与其的业务关系以外，还应根据业务发展的需要，通过认真评估，吸收业绩良好、市场形象好的国际中间商加入分销渠道。二是增加或减少某一分销渠道。有时企业还必须增加一些分销渠道，或者撤销一些老渠道以适应环境的变化。三是调整整个分销渠道，即建立一个新的分销渠道系统，如汽车生产企业要中止和所有经销商的关系，转而建立能完全被自己控制的自销系统。调整整个分销渠道的难度远大于前两者。

思考题

（1）垂直营销系统主要有哪几种类型?

（2）简述企业在选择国外中间商时遵循的8个步骤。

（3）影响企业国际市场销售渠道决策的因素有哪些?

案例分析

沃尔玛连锁公司是20世纪60年代崛起于美国的商业企业，也是目前世界上最大的商业零售企业，1995年销售额达940亿美元，1996年突破1 000亿美元。1996年8月，美国沃尔玛连锁店公司在深圳开设了两家商店——山姆会员店和沃尔玛购物广场，这不仅给深圳带来巨大的震动，而且引起了全国许多城市的关注。可以说，“沃尔玛”比北京的“家乐福”、“老福爷”更让人倍感新奇，比上海的“八佰伴”、“巴黎春天”更令人怦然心动。深圳正经受着沃尔玛所带来的强烈冲击。

沃尔玛购物广场位于深圳市商业最繁荣的罗湖区，3层共17 000平方米的营业场所，显得很整洁干净，货架上摆满了商品，但并不显得拥挤。商品的品种十分丰富，服饰、美国保健用品、电子设备、音像制品、文化用品以及新鲜蔬菜、净菜半成品、冷冻食品等品种繁多，顾客各自推着手推车专心致志地挑选商品，在需要帮助的时候，服务员总是会很及时地出现在顾客的身边。出口处有20多个通道，在这里一般不会出现排队的现象。最吸引人的是这里的商品比其他商店便宜，在商店的醒目位置张贴着沃尔玛的口号和格言：“我们的目标是超过您对我们的期望”，“保证让您100%满意”。在收银台上除了有让顾客随意领取的宣传品，还有一种小册子，名为《致总裁先生的信》，是专为顾客提意见和建议而设计的，上面有总裁的签名。

座落在靠近深圳市郊的福田区香密湖畔的山姆会员店，虽然周围几乎没有什么建筑，但这个孤零零的仓储式商场一点也不显得冷清。和沃尔玛购物广场相比，山姆会员店“仓储式”的特点更加明显，14 000平方米的商店中，货架上摆满了商品，顾客在货架之间穿行，家具、各种电器、计算机及其配件、保健美容用品、食品、服装、书籍乃至汽车配件应有尽有。由于是会员制商店，这里的商品比沃尔玛购物广场更加便宜。这里也允许非会员的顾客购物，但价格不同，一般来说，会员价格要比非会员价格低5%左右。要想成为会员非常简单，只要一次性交纳150元会员费即可。

虽然沃尔玛是世界上最大的商业零售企业，但其市场一直是在美国，直到1991年，沃尔玛才开始进入国际市场。目前，沃尔玛在全世界有3 000多家商店，其中，2 000多家是普通小型连锁店，400多家山姆会员店，300多家购物广场。而山姆会员店和购物广场是沃尔玛20世纪80年代推出的新型销售方式，商品齐全，价格低廉，服务周到的“一站式购物”更是目前国际上流行的方式。沃尔玛在深圳开设的两家商店不仅是进入中国市场的开始，而且也是进入亚洲市场的第一站。自商店开业以后，沃尔玛商店摆出了很多西式食品，但他们发现销售情况不如预期的好，于是便增加了中式食品的份额，适当减少了西式食品的品种和数量，现在深圳沃尔玛2万种商品基本上都是适销对路的商品。

沃尔玛劳师远征，实力固然是保障，但更重要的还是他们的经营思想和先进经营方式。作为跨国连锁店公司，沃尔玛有最现代化的商品配送中心，80%的商品都从中国当地的供货商采购。沃尔玛的经营宗旨就是，以低廉的价格为消费者提供高品质的商品。在沃尔玛商店里，商品基本上都是各地的名牌产品，这使商品质量有了最基本的保证。作为跨国连锁店公司，沃尔玛有最现代化的卫星电脑管理系统，协助管理及降低成本。同时，沃尔玛的低价格是吸引顾客的重要原因之一，也是沃尔玛在市场上所向披靡的重要法宝，他们奉行“天天平价，始终如一”的经营原则，保证信誉、减少环节、杜绝回扣、一手交钱一手交货。使沃尔玛能以最低的价格从供货商得到稳定、及时的商品供应，诱使顾客心甘情愿地掏出钱包。沃尔玛的服务观念也是很先进的，在沃尔玛购物广场的店堂内，张贴的《顾客服务原则》常常引起顾客会心的微笑：“第一条，顾客永远是对的；第二条，如有疑问，仍遵照第一条原则。”沃尔玛的员工会被“炒鱿鱼”，经营不好，市场就会把沃尔玛“炒”出市场。正是这些先进的经营思想和管理方式，给沃尔玛创造了上千亿美元的销售额，成为当今世界上最大的商业零售企业。

（资料来源：中华管理学习网，http://guanli.100xuexi.com/HP/20101022/DetailD1521400.shtml，2011-12-11，有修改）

问题：

（1）沃尔玛采取的渠道模式是哪一种？为什么会取得成功？

（2）沃尔玛可以做到“天天平价，始终如一”的基础是什么？它又是怎样为顾客服务的？

第八章 国际市场营销的定价策略

【引导案例】

在耐克美国的官方购物网站上，同样一双科比五代男式球鞋在上海市西藏中路耐克门店的售价为人民币 1 298 元；若以人民币作为计价单位，两者价差近 400 元。休闲鞋调查报告指出：美国人的平均购买力要比中国高得多，为什么耐克产品在美国的价格反而比中国便宜?下面来看看耐克定价策略分析。高价格与高利润率可以说得上是一对孪生兄弟，耐克产品在中国市场的高利润率甚至在耐克的全球市场中都独占鳌头。耐克 2012 年 6 月发布的第四季度财务报告显示，截至 2012 年 5 月 31 日，大中国区收入 4.64 亿美元，息税前利润（ebit，扣除利息、所得税之前的利润）为 1.87 亿美元，息税前利润率达到 40.3%；与之相对照，耐克在北美市场的息税前利润率为 24.2%，西欧市场为 20.2%，东欧和中欧市场为 25.3%，日本市场为 23.4%，新兴市场为 20.5%，与第二位的东欧和中欧市场息税前利润率 25.3%相比，大中国区高出 15 个百分点。一家耐克鞋中国厂商负责人日前告诉记者，价差与中国税费、营商环境以及消费习惯都有关系，除了销售人员工资外，在中国零售的其他相关费用并不亚于海外发达国家或地区。

黄湘燕说中国的关税对产品定价有较大影响。耐克奉行轻资产战略，除了研发、销售业务，本身并不生产，产品由遍布世界的代工厂生产。2009 年，耐克全球代工企业总数为 618 家，而截至 2009 年 6 月 1 日，耐克在中国共有 136 家代工厂。黄湘燕表示，耐克在中国的代工厂没有内销权，在中国生产的产品必须出口到第三地然后再以进口的形式回到国内，关税特别是进口关税增加了耐克产品的成本。另有业内人士表示，在美国，耐克属于一种功能性产品，主要是满足消费者的运动需求，因此它的定价并不高；但是中国市场不一样，中国的消费者把耐克的产品当成一种时尚，耐克是高端和奢侈品的代名词，即便价格高也趋之若鹜，这是耐克高定价策略在中国得以立足的社会基础。

（资料来源：中国联合市场调研网，http://www.cu-market.com.cn/hgjj/2010-11-9/16514458.html，2012-2-11，有修改）

价格是市场营销组合的一个重要因素。产品价格的高低，直接决定着企业的收益水平，也影响到产品在国际市场上的竞争力。国内定价原本就很复杂，当产品销往国际市场时，运费、关税、汇率波动、政治形势等因素更增加了国际定价的难度。所以，企业必须花大力气研究确定国际营销中的定价策略。本章就国际市场价格的类型，影响国际营销定价的因素，国际市场营销定价目标、方法和策略以及产品差价与价格调整等问题进行讨论。

第一节 国际市场价格类型

一、垄断价格

价格垄断是垄断厂商凭借自身的垄断地位（即在一个行业内，某些企业所占份额很大，既可决定产量又可操纵产品价格），为谋求自身利益最大化而制订垄断高价或垄断低价的行为。通过垄断价格行为，垄断者或垄断部门可获得高额垄断利润。垄断高价是指垄断组织销售商品时规定的大大超过商品价值和生产价格的垄断价格；垄断低价则是指垄断组织向非垄断企业或小生产者购买原材料时所规定的低于商品价值或生产价格的垄断价格。

垄断价格出现以后，一些商品的价格经常高于或低于其价值和生产价格，但是垄断价格与价值和生产价格的背离，并不违背价值规律。

垄断资本家通过垄断价格而多得的价值，有一部分是来自本企业所生产的超额剩余价值。因为，由于垄断企业垄断了优越的生产条件和先进的生产技术，垄断企业的雇佣劳动者就可以长时期地保持较高的劳动生产率，经常提供超额剩余价值。另一部分则来自价值和剩余价值的转移，因此，垄断价格不过是在垄断统治的条件下，使价值和剩余价值进行有利于垄断资本集团的再分配的一个杠杆，整个社会的价值总额仍然不会发生任何改变，整个社会的剩余价值总额也不会发生任何改变。所以，垄断价格的形成和发展，必然会激化资本主义制度所固有的各种矛盾。

二、转移价格

跨国公司通过转移价格控制国外子公司有时也会在内部引起一些矛盾。转移价格由公司上层掌握，一般经理人员并不知情。直到“二战”后的初期，跨国公司几乎仍可随心所欲地通过转移价格对国外子公司进行控制实现以上目的。随着许多国家在经济上独立发展为保护本国经济，对跨国公司加强了防范措施，采用比较定价公开定价原则，一旦发现异常情况就要求跨国公司重新报价，从而使转移价格受到一定限制。跨国公司通过转移价格控制国外子公司有时也会在内部引起一些矛盾。在国际企业的转移定价中，货物价格的使用占了很大比重。所谓货物，包括了生产过程中的原材料、零部件、中间产品、制成品和机器设备等。企业通过使货物价格高于或低于正常交易原则下的市场价格，实现利润的转移、资金的流动。

三、政府干预价格

政府干预又称国家限价。各国政府在许多方面限制进口定价，有些政府制定特定的法律和政策来控制进口。

各国政府都有权力控制价格，而各国控制的程度和时间各异。实行政府控制价格的目的是借助全力消除价格竞争的不利影响。政府对价格的控制只要采取以下形式：规定最低限价，最高限价和实际价格；政府参与国际竞争；政府补贴；政府垄断。

四、即期价格和远期价格

市场交易形式有现货交易和期货交易两种，因此，也产生两种不同的价格。

1. 现货交易与即期价格

现货交易又称为即期外汇交易（Spot Exchange Transactions）或现期交易，是指外汇买卖成交后，交易双方于当天或两个交易日内办理交割手续的一种交易行为。现货交易的价格叫即期价格。

即期外汇交易是外汇市场上最常用的一种交易方式，即期外汇交易占外汇交易总额的大部分。主要是因为即期外汇买卖不但可以满足买方临时性的付款需要，也可以帮助买卖双方调整外汇头寸的货币比例，以避免外汇汇率风险。企业通过进行与现有敞口头寸（外汇资产与负债的差额而暴露于外汇风险之中的那一部分资产或负债）数量相等，方向相反的即期外汇交易，可以消除两日内汇率波动给企业带来的损失。

由于即期外汇交易只是将第三天交割的汇率提前固定下来，它的避险作用十分有限。

2. 期货交易与期货价格

所谓期货，一般指期货合约，就是指由期货交易所统一制订的、规定在将来某一特定的时间和地点交割一定数量标的物的标准化合约。这个标的物，又叫基础资产，对期货合约所对应的现货，可以是某种商品，如铜或原油，也可以是某个金融工具，如外汇、债券，还可以是某个金融指标，如3个月同业拆借利率或股票指数。期货交易是市场经济发展到一定阶段的必然产物。

期货交易的初级形式是远期合同交易。它只供需双方采取签订契约交易的形式，共同约定交割日期，交割地点，交易数量和交割进行结算的价格，到期双方按合同规定的价格结算货款，交付货物。

期货交易是商品生产者为规避风险，从现货交易中的远期合同交易发展而来的。在远期合同交易中，交易者集中到商品交易场所交流市场行情，寻找交易伙伴，通过拍卖或双方协商的方式来签订远期合同，等合同到期，交易双方以实物交割来了结义务。交易者在频繁的远期合同交易中发现：由于价格、利率或汇率波动，合同本身就具有价差或利益差，因此，完全可以通过买卖合同来获利，而不必等到实物交割时再获利。为适应这种业务的发展，期货交易应运而生。

期货合约对商品质量、规格、交货的时间、地点等都做了统一的规定，唯一的变量是商品的价格。买卖者缴纳一定的保证金后，按一定的规则就可以通过商品期货交易所公开地竞价买卖。交易遵从"公开、公平、公正"的原则。一般情况下，大多数合约都在到期前以对冲方式了结，只有极少数要进行实货交割。由于期货交易是预期的买卖过程，双方都需事先了解市场的价格动向，可以变市场的滞后调节为预先调节，减少市场的盲目性，也对现货市场的价格起到稳定作用。

五、集中交易形成的价格

集中交易所形成的价格主要有以下3种形式。

1. 交易价格是历史上形成的国际贸易中心价格

交易价格是公平竞争形成的价格，是一种有代表性的国际市场价格，它受很多因素影响，经常波动，不稳定，一般能够反映供求变化。交易价格是一种实际成交价格，是许多初级产品（工业原料和农业产品）在交易所内外进行交易的作价依据。世界几个最大的交易所，如美国的芝加哥谷物交易所，荷兰鹿特丹的油脂交易所，新加坡的橡胶交易所。我国已成立了上海金属交易所和郑州粮食交易所等若干大型交易所。交易所的价格对现货市场的价格有重大影响。

2. 开标价格

开标价格，即投标招标价格。开标价格是指通过招标投标而成交的价格。开标价格通常是指某一国家或某一大企业为买进大批物资，以公告方式招标，然后通过投标而成交的价格。一般说来，开标价格由于招标数量较大、参加投标者较多、竞争性较强，往往高于一般成交价格。

以招标投标方式交易的最终价格，招标、投标的交易方式，一般包括3个阶段。① 招标。由招标人刊登招标广告或向投标人发招标通告，注明拟采购或出售商品的品种、规格、数量、交货期以及工程项目的具体要求，并说明投标人资格和举行投标的地点、日期，以便让投标人权衡是否参加投标。② 投标。投标人在规定期限内按招标条件填好投标单，采用密封方式把投标信件直接寄交招标人或指定收信人。③ 开标。标期截止后，投标人按期开标。开标方式分公开与不公开两种。采用公开开标方式，投标人可以出席并有权监督；采用不公开开标方式，投标人不能参加。开标后，招标人比较各方投标递价情况，从中选择出最优价格或出价最合理者。被选中者即为中标人，他所出具的价格即为中标价格。招标人与中标人签订合同，达成交易。在交易过程中，投标人唯恐竞卖（买）者递价比自己优惠，为能中标都尽量压低（卖）或抬高（买）价格。招标人便可以利用投标人之间的竞争，买（卖）到价格较优惠的货物。开标价格既可用于买进商品，也可用于卖出商品。

在国际市场上，一些国家的政府机构和某些大企业集团或公司，特别是一些公用事业机构，经常利用这种交易方式来采购物资。不少国家在开发近海油气田、兴建大型建筑工程等方面，往往采用开标价格的方式来确定承包价格。

3．拍卖价格

拍卖是国际市场上出售商品的一种方式。拍卖商品的规格，标准一般不易掌握，如毛皮、原毛、观赏品以及工艺品，所以，买主必须亲临购买现场决策。世界最大的拍卖中心有：纽约、伦敦的水貂皮拍卖中心，悉尼的羊毛拍卖中心，加尔各答的茶叶拍卖中心等。有些商品拍卖是国际市场主要交易形式，如美国毛皮商在国际市场上通过拍卖出售的毛皮占其毛皮出口额的70%以上。斯里兰卡出口的茶叶约95%是通过拍卖出售，澳大利亚出口原毛的95%也是通过拍卖完成的。

拍卖定价是由卖方预先发表公告，展出拍卖物品，买方预先看货，在规定时间公开拍卖，由买方公开竞争叫价，不再有人竞争的最高价格即为成交价格，卖方按此价格拍板成交。拍卖价格与投标价格有所不同，其区别在于，前者是买方公开竞价，后者是卖方密封定价。

拍卖价格也是一种实际成交的价格，并且不附带特别条件，能够反应行情的现货价格。拍卖价格是通过公开价格竞争程序的。拍卖的各种定价方法如下。

① 买主对卖主最初的底价进行加价，谁最后加价成功谁就是买主，这称为公开提价拍卖法。

② 买主按预定的拍卖条件用铅笔、手指、面部表情以及其他的约定的标志提价，拍卖人看到不同买主的表示后宣布自己接受的价格，利用折中方式可以对买者的购买数量保密。

③ 采用降价法拍卖商品，一般最初高价，然后逐渐降低，直到有一个买主同意购买拍卖人的叫价为止。

六、由买卖双方直接交易形成的个别价格

此价格是指买卖双方直接发生接触，并通过双方谈判而最终达成的双方均接受的协议价

格或合同价格。

在国际市场营销中，大部分价格属于这一范围。此价格的高低，一方面取决于市场的供求关系；另一方面也取决于买卖双方各自的讨价还价能力。

第二节　影响国际市场定价的因素

一、企业定价目标

面对不同的国外市场，企业的定价目标不可能完全一样。有些企业将国内市场作为主导市场，而将国外市场看作国内市场的延伸和补充，因此，针对国外市场往往会采用比较保守的定价策略。另外，一些企业将国际市场看得和国内市场一样重要，甚至把国内市场当做国际市场的一部分，这类企业采取的定价策略往往是进取型的。企业针对各个国外市场设定的不同目标，对定价策略也有很大影响。在迅速发展的国外市场上，企业可能更注重市场占有率的增长而暂时降低对利润的要求，采取低价渗透策略。而在低速发展的国外市场上，企业可能更多地考虑投资的回收，而采用高价撇脂策略。与当地厂商合资的企业，在定价上除了考虑自己本身的目标外，还必须考虑合作伙伴的要求。

企业的定价目标主要有以下几种。

① 维持生存：企业生产能力过剩，在国际市场面临激烈竞争导致出口受阻时，为了确保工厂继续开工和使存货出手，企业必须制订较低的价格，以求扩大销量。此时，企业需要把维护生存作为主要目标。

② 当期利润最大化：企业出于对目标市场的国家政治形势和经济形势复杂多变等原因的考虑，希望以最快的速度收回初期开拓市场的投入并获取最大的利润，往往会在已知产品成本的基础上，为产品确定一个最高价格，以求在最短时间内获取最大利润。采用这种定价策略，会使企业面临两种风险：第一，当前利润最大化，有可能会损害企业的长远利益；第二，对产品的需求弹性的测定和对产品生产、销售总成本的预计往往会有偏差，由此定出的价格可能不太准确，企业可能会因定价过高而达不到预期销售量，或者定价低于可达到的最高售价而蒙受损失。

③ 市场占有率最大化。采用这种策略需具备如下条件：a. 目标市场的需求弹性较大，偏低定价能刺激市场需求；b. 随着生产、销售规模的扩大，产品成本有明显的下降；c. 低价能吓退现有的和潜在的竞争者。

④ 产品质量最优化：由于获得质量领先地位的产品，往往比处于第二位的产品售价高出很多，以弥补质量领先所伴随的高额生产成本和研发费用。因此，采用这种策略，企业需要在生产和市场营销过程中始终贯彻产品质量最优化的指导思想，并辅以相应的优质服务。

此外，有些企业还考虑其产品或公司在国际市场上的形象，并以此作为定价目标。

二、成本因素

成本核算在定价中十分重要。产品销往的地域不同，其成本组成也就不同。出口产品与内销产品即使都在国内生产，其成本也不会完全一样。如果出口产品为了适应国外的度量衡制度、电力系统等其他方面而做出了改动，产品成本就可能增加。反之，如果出口产品被简化或者去掉了某些功能，生产成本就可能会降低。

国际营销与国内营销某些相同的成本项目对于两者的重要性可能差异很大。例如，运费、保险费、包装费等在国际营销成本中占有较大比重。而另外一些成本项目则是国际营销所特有的，如关税、报关、文件处理等。以下将对国际营销具有特殊意义的成本项目分别进行说明。

1．关税

关税是当货物从一国进入另一国时所缴纳的费用，它是一种特殊形式的税收。关税是国际贸易最普遍的特点之一，它对进出口货物的价格有直接的影响。征收关税可以增加政府的财政收入，而且可以保护本国市场。关税额一般是用关税率来表示，可以按从量、从价或混合方式征收。事实上，产品缴纳的进口签证费、配额管理费等其他管理费用也是一个很大的数额，成为实际上的另一种关税。此外，各国还可能征收交易税、增值税和零售税等，这些税收也会影响产品的最终售价。不过，这些税收一般并不仅仅是针对进口产品。

2．中间商与运输成本

各个国家的市场分销体系与结构存在着很大的差别。在有些国家，企业可以利用比较直接的渠道把产品供应给目标市场，中间商负担的储运、促销等营销职能的成本也比较低。而在另外一些国家，由于缺乏有效的分销系统，中间商进行货物分销必须负担较高的成本。

出口产品价格还包括运输费用。据了解，全部运输成本约占出口产品价格 15%左右。可见，运输费用是构成出口价格的重要因素。

3．风险成本

在国际营销实践中，风险成本主要包括融资、通货膨胀及汇率风险。由于货款收付等手续需要比较长的时间，因而增加了融资、通货膨胀以及汇率波动等方面的风险。此外，为了减少买卖双方的风险及交易障碍，经常需要有银行信用的介入，这也会增加费用负担。这些因素在国际营销定价中均应予以考虑。

下面举例分析成本因素对价格的影响。

【例】如果某公司的生产能力是年产 40 000 个单位产品，但公司近 3 年来，只生产和销售 30 000 个单位产品，其成本耗费如下。

① 原材料和辅助材料费用 10 元/单位。

② 燃料和动力 2 元/单位。

③ 包装和装潢 1 元/单位。

④ 工资福利和劳务费 8 元/单位。

⑤ 企业管理费用 2 元/单位。

⑥ 固定资产折旧或待摊费用每年 80 000 元按 30 000 单位计算，每单位产品分摊到 2.7 元。

按上述各项费用合计，该产品单位成本为 24.7 元/个。

该产品国内市场价格应包括税金利润和流动费用。假定税率为 8%，流动费率为 12%，利润率为 15%，以成本加成法定价则该产品的出厂价格是：

$$P（出厂价）=单位成本*（1+利润率）/（1-工商税率）$$
$$=24.7*（1+15\%）/1-8\%$$
$$=30.875（元/个）$$

该产品的批发价格为：

$$P（批发价）=出厂价/（1-流动费用率）$$
$$=30.875/（1-12\%）$$
$$\approx 35.085（元/个）$$

该产品单位总成本为 24.7 元/个，出厂价 30.875 元/个，批发价 35.085 元/个。

三、市场需求

产品的最低价格取决于该产品的成本费用，而最高价格则取决于产品的市场需求状况。各国的文化背景、自然环境、经济条件等因素存在着差异性，决定了各国消费者的消费偏好不尽相同。对某一产品感兴趣的消费者的数量和他们的收入水平，对确定产品的最终价格有重要意义。即使是低收入消费群体，对某产品的迫切需要也会导致这种产品能够卖出高价，但仅有需求是不够的，还需要有支付能力作后盾。所以，外国消费者的支付能力对企业出口产品定价有很大影响。要详细了解需求与支付能力，还需要深入研究该国国民的习俗及收入分布情况。

四、市场竞争结构

在国际市场上，一般说竞争是无处不在的，商品价格随竞争的变化而变动。在上限和下限之间，企业能把这种产品价格定多高，则取决于竞争者提供的同种产品的价格水平。在出口定价中，同样存在着竞争的压力，与国内市场不同，企业在不同的国外市场面对着不同的竞争形势和竞争对手，竞争者的定价策略也千差万别。因此，企业就不得不针对不同的竞争状况而制订相应的价格策略。在那些竞争者防线稳固的出口市场上，企业产品出口可能不得不制订跟随价格，或者制订比当地市场低的价格，以进入这些市场。在企业面临的竞争对手很少的某些出口市场上，企业可以制订一个比在竞争激烈的国内市场高得多的价格。时间表明出口市场的不同的竞争状态，是影响产品出口价格的重要因素。竞争对企业定价自由造成了限制，企业不得不适应市场的价格。除非企业的产品独一无二并且受专利保护，否则没有可能实行高价策略。

根据行业内企业数目，企业规模以及产品是否同质 3 个条件，国际市场竞争结构可以划分为下列 3 种情况。

① 完全竞争，价格主要取决于市场供求状况。

② 不完全竞争，企业可以根据不同产品的成本、质量、促销力量等因素来规定价格。同时，应特别注意替代品的价格竞争。

③ 寡头竞争，因为竞争者少，价格受主要竞争者行为的影响。如果存在价格协议、默契，就会出现垄断价格，致使企业只能采用跟随价格的策略。

五、政策因素

对出口定价有直接影响的政府政策与法令主要有两个方面。

1．价格控制

相当多的国家，包括西方国家，在经济状况不佳或通货膨胀严重时，都对价格实行严厉的控制。例如，比利时政府规定厂商每年只能申请两次提价。在 1981 年，比利时政府宣布对所有商品价格全面冻结，以减缓通货膨胀。政府控制价格，包括直接参与定价，如制订最低价格、最高价格，规定商业毛利等。

2．反限制性贸易活动和贸易垄断

大多数西方国家有某些反限制性贸易活动和贸易垄断的立法。所谓限制性贸易活动是指那些倾向于阻碍、限制和曲解竞争或一致性活动。主要包括：竞争双方的价格协议；竞争双方的市场分配；差别对待的定价或销售；拒绝供应、抵制等。贸易垄断系指不仅仅是实实在在的独占，而且指市场控制或吞并以及获得能控制市场的领导地位。

六、其他因素

1．市场条件

市场条件主要指运输距离、消费习惯与爱好等因素。商品运输距离的远近不同，直接影响运费和保险费，从而影响出口商品价格。例如，我国松香主要出口欧洲市场，由于距离远，运费支出多，受到来自葡萄牙的日益激烈的竞争。为了保住这一市场，我国只能压低松香的价格。

市场消费习惯和爱好不同，导致各个市场对同种商品需求不同，从而影响价格的高低。例如，我国大豆蛋白质含量比美国大豆高，适宜做豆腐，正好符合日本人爱吃豆腐和豆制品的消费习惯，因此，我国大豆在日本市场上的价格要比美国大豆高一些。美国的大豆含油量比我国高，而荷兰进口大豆主要是为了榨油，因此，在荷兰市场上，美国的大豆价格要比我国高一些。

2．商品质量与包装装潢

商品的质量、包装装潢对出口价格影响也很大。国际市场上是按质论价，好货好价，次货次价，名牌优价。商品包装的好坏也在一定程度上制约着价格的高低。美观大方、小巧方便的包装会卖好价，而粗糙笨重的包装就很难卖到好价。如我国出口的小包装茶叶比箱装茶叶高 20%。

此外，付款条件、结算币种的选择等，都直接关系到商品价格的高低。

第三节　国际市场营销产品定价的方法

一、成本导向定价法

成本导向定价法是一种主要根据产品的成本决定其销售价格的定价方法。其主要优点在于简便易用、比较公平。其主要方法如下。

1．成本加成定价法

成本加成定价法是一种传统的产品定价方法。成本加成就是以商品总成本为基础，再加上一个百分比作为利润来确定价格。

成本包括生产成本（包括固定成本与变动成本）和经营成本（包括销售费用、管理费用、运费、关税等）。

成本加成定价是企业最基本、最普遍采用的定价方法，这种方法简便易行，计算准确，但由于缺乏竞争性，没有考虑消费者的需要，是很难制订出最适宜的价格的。

若以 C 表示产品单位成本，以 S 表示百分比，P 表示价格，则有：

$$P = C(1 + S) \qquad \text{式（8-1）}$$

上述公式中，C 除了指产品的制造成本外，还应考虑许多国际营销所特有的成本项目，根据这些费用是由生产厂家负担，还是由出口商或进口商负担，决定制订价格时是否将这些成本计算在内。

也可以从商品价格出发，倒扣一个百分比，求得进价。

$$C = P(1-S) \qquad \text{式（8-2）}$$

式（8-1）称为顺加法，式（8-2）称为倒扣法，并都有所应用。在美国，多采用倒扣法。现在，我们对两种方法的运用试做分析。

例如，公司生产出口某型号的电视机 1 万台，每台固定成本 200 元，变动成本 1 000 元，预期利润率 10%。

用顺加法计算售价：

$$P = 1\ 200(1 + 10\%) = 1\ 320\text{（元）}$$

用倒扣法计算进价：

$$C = 1\ 320(1-10\%) = 1\ 188\text{（元）}$$

同一比例的加成，倒扣法算出的价格与成本和顺加法都不相同。从中我们可以体会到倒扣法的作用。与顺加法相比，在成本相同的情况下，倒扣法有较高的价格，或者说市场价格相同，而倒扣率较低，其迷惑性较强；企业欲统一市场价格或维护既定的定价策略，可根据经营条件的不同给零售商以不同的扣率，而形成统一的市场价格，以避免价格战。

成本加成定价法之所以受到企业界欢迎，主要是由于这一方法有以下几个方面的优点。

① 相对于需求的不确定性而言，成本的不确定性一般比较少，根据成本决定价格可以大大简化企业定价的过程。即使企业对国外市场上的需求、竞争等因素了解不多，产品只要能够卖得出去，根据成本加成定出的价格就能保证企业的正常经营。

② 如果同行业中所有企业都采取这种定价方法，则价格在成本与加成相似的情况下也大致相似，价格竞争也会因此减至最低程度。

③ 许多人感到成本加成法对买方和卖方讲都比较公平，当买方需求强烈时，卖方也不利用这一有利条件谋取额外利益，同时又能获得公平的投资报酬。

成本加成法的主要缺点就是忽视了市场供求关系的变化及影响产品销售的其他因素，当市场出现供大于求时，因企业定高价而未及时改变，使产品难以销售出去，当市场出现供不应求时，产品定低价，一方面未能及时提高利润率以加快收回投资，另一方面使购买者认为企业产品质量低劣，影响企业和产品形象。

我国企业在运用成本加成法制订产品价格时，还要考虑国外市场对倾销的认定。由于我国劳动力成本低，导致产品低成本和低售价，有时在国外市场上被他国政府认定为有倾销倾向。这也是我们在制订产品价格时要考虑的一个因素。

2. 目标利润定价法

目标利润定价法亦称为投资收益率定价法。它是根据企业的总成本和计划的总销售量，加上按投资收益率制订的目标利润作为销售价格的定价方法。

这种方法的实质是将利润看作产品成本的一部分来定价，将产品价格和企业的投资活动联系起来，一方面强化了企业经理的计划性，另一方面能较好地实现投资回收计划。国外大型的工业企业，因为投资大，业务具有垄断性，又与公众利益息息相关，政府对它的定价有一定的限制，常采用这种方法。

企业使用目标收益率定价法，首先要估算出不同产量的总成本，未来阶段总销售量（或总产量），然后决定期望达到的收益率，才能制订出价格。其过程如下。

$$产品收益 = 产品总成本 + 目标利润$$

且，

$$产品收益 = 产品单价 * 产销量$$

$$产品总成本 = 固定成本 + 变动成本 * 产销量$$

因此，

$$产销量 =（固定成本 + 目标利润）/（单价 - 变动成本）$$

用公式表示：

$$Q = (FC + R)/(P - VC)$$

仍以上例为例，设目标利润为 100 万元，单价为 1 320 元，则

$$(200\ 000 + 1\ 000\ 000)/(1\ 320-1\ 000) = 3\ 750（元）$$

在目标利润定价法中，价格与销量的关系是由需求弹性决定的。因此，在采用此法时，要明确：① 要实现的目标利润是多少；② 大致的需求弹性是多少，最后才能考虑价格，把定价定在能使企业实现目标利润的水平上。

目标利润定价法的不足之处在于价格是根据估计的销售量计算的，而实际操作中，价格的高低反过来对销售量有很大影响。销售量的预计是否准确，对最终市场状况有很大影响。企业必须在价格与销售量之间寻求平衡，从而确保用所定价格来实现预期销售量的目标。

二、需求导向定价法

1. 价值定价法

价值定价是指尽量让产品的价格反映产品的实际价值，以合理的定价提供合适的质量和良好的服务组合。这种方法兴起于 20 世纪 90 年代，被麦卡锡称为是市场导向的战略计划中最好的定价方法。

价值定价与认知定价是有区别的，消费者对企业产品的认知价值是主观的感知并不等于企业产品的客观的真实价值，有时两者之间甚至会有较大的偏离。企业价值定价的目标就是尽量缩小这一差距，而不是通过营销手段使这一差距有利于企业的方向扩大。企业要让顾客在物有所值的感觉中购买商品，以长期保持顾客对企业产品的忠诚。

在零售业中，沃尔玛被认为是实施价值定价法的成功典范。它的“天天低价”策略比传统零售商的“高—低”定价策略（即平时的定价较高，但频繁地进行促销，使选定商品的价格有时会低于沃尔玛的价格）更加受顾客青睐。值得强调的是，所谓的低价是相对于商品的质量及服务而言的，任何以牺牲质量为代价的低价正是价值定价法所反对的。此外，价值定

价不仅仅只涉及定价决策，如果企业无法让消费者在现有的价格下感觉到物有所值，那么企业就必须对产品重新设计、重新包装、重新定位以及在保证有满意利润的前提下重新定价。

2．倒推定价法

这种定价方法不以实际成本为主要依据，而是以市场需求为定价的出发点。可以通过以下公式计算价格：

批发价 = 零售价格 /（1 + 零售商毛利率）

出厂价 = 批发价格 ×（1 + 批发商毛利率）

显然这一方法仍然是建立在最终消费者对商品认知价值的基础上的。它的特点是：价格能反映市场需求情况；有利于加强与中间商的良好关系，保证中间商的正常利润，使产品迅速向市场渗透；并且根据市场供求情况及时调整，定价比较简单、灵活。这种定价方法特别适用于需求价格弹性大、花色品种多、产品更新快、市场竞争激烈的商品。

3．差别定价法

从根本上说，随行就市定价法是一种防御性的定价方法，它在避免价格竞争的同时，也抛弃了价格这一竞争武器。产品差别定价法则与之形成了鲜明的对比，一些企业依据企业自身及产品的差异性，特意制订出高于或低于市场竞争者的价格，甚至直接利用低价格作为企业产品的差异特征。主动降价的企业一般处于进攻地位，这就要求它们必须具备真正的实力，不能以牺牲顾客价值和顾客满意为降价的代价。而实施高价战略的企业则只有保证本企业的产品具备真正有价值的差异性，才能使企业在长期竞争中立于不败之地。

三、竞争导向定价法

1．随行就市定价法

大多数企业以竞争为导向定价的企业采用随行就市定价法。企业往往按同行业的市场平均价格或市场流行的价格来定价。

2．密封投标定价法

当多家供应商竞争企业的同一个采购项目时，企业经常采用招标的方式来选择供应商。供应商对标的物的报价是决定竞标成功与否的关键。价格报得过高自然会得到更多的利润，但是却减少了中标的可能性，反之，则可能由于急于中标而失去可能得到的利润。很多企业在投标前往往会拟定几套方案，计算出各方案的利润并根据对竞争者的了解预测出各方案可能中标的概率，然后计算各方案的期望利润，选择期望值最大的投标方案。

第四节　国际市场营销定价策略

一、新产品定价策略

1．撇脂型定价

在产品生命周期的最初阶段，把产品的价格定得很高，以攫取最大利润，犹如从鲜奶中撇取奶油；撇脂型定价适用的条件是高新产品，无竞争者；市场有足够的购买者，缺乏需求弹性；产品质量与价格符合。

2. 市场渗透定价

以低价进入市场，迅速打开销路，提高占有率。市场渗透定价的影响因素是市场价格需求弹性大，低价出售不致引起竞争者报复和倾销的指控，并且做长期内获利的规划。

二、心理定价策略

1. 声望定价策略

声望定价策略利用消费者仰慕名牌商品或名店的声望所产生的某种心理，来制订商品价格；很多白领人士和年轻人具有这样的消费特点；有些质量不容易鉴别的商品的定价适宜采用这种办法，利用了消费者“以价定质”的心理。

2. 尾数定价策略

尾数定价策略利用消费者数字识别的某种心理，尽可能在价格数字上不进位，保留零头。尾数定价一方面使消费者感到价格较低，另一方面消费者还会产生价格是严格核算结果的印象。

3. 促销定价策略（定价是出于促销目的）

企业拿出部分产品作为“牺牲品”，价格大大低于正常价，以吸引顾客上门，使其发现没有降价的商品并产生购买兴趣；企业不对商品直接降价，而是通过现金回扣的方式，鼓励消费者大量购买；向长期、经常性购买的消费者提供一定数额的低息贷款，确保彼此稳定的供销关系；原来给产品定一个高价，然后大幅度降价出售。

三、差别定价策略

差别定价也叫价格歧视，即指企业按照两种或两种以上不反映成本费用的比例差异的价格销售某种产品或劳务。

差别定价有 4 种形式：顾客、产品形式、产品部位、销售时间差别定价。

① 顾客差别定价指企业按照不同的价格把同一种产品或劳务卖给不同的顾客。例如，某汽车经销商按照价目表价格把某种型号汽车卖给顾客 A，同时按照较低价格把同一种型号汽车卖给顾 B。这种价格歧视表明，顾客的需求强度和商品知识有所不同。

② 产品形式差别定价指企业对不同型号或形式的产品分别制订不同的价格，但是，不同型号或形式产品的价格之间的差额和成本费用之间的差额并不成比例。

③ 产品部位差别定价指企业对于处在不同的位置的产品或服务分别制订不同的价格，即使这些产品或服务的成本费用没有任何差异。如剧院，虽然不同座位的成本费用都一样，但是不同座位的票价有所不同，这是因为人们对剧院的不同座位的偏好有所不同。

④ 销售时间差别定价指企业对于不同季节、不同时期甚至不同钟点的产品或服务也分别制订不同的价格。如美国公用事业对商业用户（如旅馆、饭馆等）在一天中某些时间、周末和平常日子的收费标准有所不同。

四、折扣定价策略

为了报答顾客的某种购买行为，例如，尽早付清账单、批量购买、淡季采购等，企业修订其基本价格，称为折扣和折让。

① 现金折扣——这是对及时付清账款的价格折扣，如“4/15，30”，意思是应该在 30 天内清账，如果在前面 15 天内清账，给予 4%的现金折扣。

② 数量折扣——卖方因买方购买数量大而给予的折扣，如“二两面条 3 元，三两面条 4 元”，促使顾客向特定卖方购买特定产品。

③ 季节折扣——卖方向购买非时令产品的买方提供的折扣，目的在于使卖方在一年中得以维持稳定的生产，如羽绒服制造商在秋天向零售商提供季节折扣，鼓励早期订购。

④ 职能折扣——有时候卖方会需要买方承担一定的业务功能，如商品装卸、运输、存储、包装、加工等，买方在不同环节上承担的责任不同，折扣就不一样。

（注意：不是产品的功能打折扣。）

第五节 国际市场营销调价策略

一、产品的提价策略

由于国际市场供求关系及竞争状况的变化，产品价格在不断地变动，或者是价格提高，或者是价格下降。企业提高产品价格，有可能引起消费者和国外中间商的不满，甚至本公司的销售人员也会表示异议。但是，一个成功的提价策略可以使企业的利润大大增加。产品价格提高，除了追求更高利润外，还有一些其他导致企业不断提高产品价格的因素。

1．通货膨胀

世界范围内持续的通货膨胀，使得企业的成本费用不断提高。与生产率增长不相称的成本增长速度，压低了出口企业的创汇幅度，使得许多企业不得不定期提高产品价格。

为了应付国际上普遍存在的通货膨胀趋势，企业可以采取很多方法来调整价格。

① 采取推迟报价的策略，即企业决定暂时不规定最后价格，等到产品制成时或交货时才规定最后价格。在工业建筑和重型设备制造等行业中一般采取这种定价策略。

② 签订短期合同，或者在长期合同中附加调价条款，即企业在合同上规定在一定时期内（一般到交货时为止）可按某种价格指数来调整价格。

③ 把产品供应和定价作为两个文件分别处理。在通货膨胀、物价上涨的条件下，企业不改变原有产品的报价，但将原来免费提供的某些劳务另外计价，不包括在原有定价范围内，实际上提高了产品的价格。

④ 提高最小批量，减少价格折扣。企业削减正常的现金和数量折扣，限制销售人员以低于价目表的价格来签订合同。

⑤ 取消那些以前为增加产品种类，而实际上为企业带来利润比较低的产品。对成套出口的系列产品，可以在中间增加一些利润高的品种。

⑥ 降低产品质量或者减少产品功能和服务。企业采取这种策略短期内能够获得一定的利润，但有可能影响企业声誉和形象，失去顾客的忠诚。

需要注意的是，企业提高产品价格后，应该使用各种沟通渠道，向客户说明提价原因并听取反应。企业的外销人员应该帮助客户解决因提价而带来的各种问题。

2．供不应求

企业的产品供不应求，不能满足所有顾客的需要。在这种情况下，企业也必须提价，或者对客户限额供应，或者两种措施共同采用。

3．市场竞争

在国际市场营销实践中，企业会出于对竞争者价格或产品的考虑而提价。当同行业主导企业提价时，为了避免与其抵触所造成的损失，必须考虑随之提价。当企业产品在与竞争产品的抗衡过程中，已在顾客心理上确立了某种差别优势时，企业可以考虑利用自己的独特优势提价。但此时，提价幅度必须是顾客能够承受，且能够维系顾客忠诚度的。提价幅度过大，差别优势就可能丧失，顾客将依据价格另选品牌，转向竞争产品。

二、产品的降价策略

在经济全球化的推动下，市场竞争已经从国内竞争扩展到国际竞争，企业由于诸多因素的交织作用，有时不仅会提高产品价格，也会降低产品价格。如下情况可能会导致企业降低价格。

① 供过于求。当国际市场产品供过于求时，企业为了追加出口额，可能会千方百计地改进产品，增加促销手段或者采用其他措施。这些均不能奏效时，就要考虑降低售价。

② 竞争加剧。当国际市场上出现了强有力的竞争者时，往往会导致企业市场占有率的下降。例如，美国的汽车、消费电子产品、照相机、钟表等行业，由于日本竞争者的产品质量高、价格较低的竞争优势，使美国产品已经丧失了一些市场份额。在这种情况下，美国一些公司不得不降低价格竞销。

③ 成本优势。当企业进入国际市场的成本费用比竞争者低时，一般会考虑通过降低价格来扩大市场或提高市场占有率，从而扩大生产和销售量及排挤竞争者。

总之，企业在采取降价策略之前一定要考虑降价对整个产品线的影响以及对企业利润的影响。由于价格高低常常被视为产品质量的象征，当产品降价时，顾客可能以为产品质量出了问题，且怀疑原先是否受骗了，从而影响到产品线其他产品的销售。而且，降价势必会减少企业的收益，因此，必须权衡利弊，慎重选择此策略。

三、购买者对变价的反应

企业在国际市场无论是提高价格还是降低价格，都必然会影响到国外消费者的购买，进而影响到企业产品的销量。一般说来，产品降价时，用户的购买量会增加，但也可能由于其他因素影响顾客的购买量。例如：

① 认为降价的这种产品的式样老了，将被新型产品所代替；

② 认为这种产品有某些缺点，销售不畅才降价；

③ 认为企业财务困难，难以继续经营下去才会降价销售；

④ 认为价格还要进一步下跌；

⑤ 认为现售的这种产品的质量下降了。

企业提高产品价格通常会使销售量减少，但是购买者也可能因提价而购买，其原因如下：

① 提高价格，表明这种产品很畅销，不赶快买就买不到了；

② 认为提价表明这种产品很有价值。

一般说来，购买者对于不同价值的产品价格变动的反应有所不同。购买者对于价值高、又是必需品的产品的价格变动比较敏感。对价低、不经常购买的小商品的价格变动不大注意。购买者对产品的价格变动，虽产生直接的反应，但他们通常更关心取得、使用和维护产品的总费用。因此，如果企业能使顾客相信某种产品购买、使用和维护的总费用较低就会积极购买，企业就可能把这种产品的价格定得比竞争者高，并取得较多的利润。

四、企业对竞争者变价的反应

企业改变价格策略时，不仅要考虑到购买者的反应，还必须考虑竞争对手的反应。当某一企业中企业数目很少，产品差别不大，购买者颇具辨别力与知识时，竞争者的反应就显得更为重要。

企业可以通过竞争者的内部资料或借助其他方法估计竞争者可能的反应。内部资料来源于竞争者以前的雇员、顾客、金融机构、供应商、代理商或者由其他渠道获得。企业要调查研究竞争对手目前的财务状况，销售和生产能力，顾客忠诚度以及企业目标等。如果竞争者的目标是提高市场占有率，他就可能随着本企业产品价格的变动而调整价格。如果竞争者的目标是取得最大利润，他可能会采取其他对策，如增加广告预算，加强促销或者提高产品质量等。总之，企业在变动价格时，必须善于利用企业内部和外部的信息来源，判断竞争对手的反应，以便采取适当的对策。

针对竞争者做出的价格反应，企业可以采取如下的应变措施。

① 维持原价。如果企业对产品一再降价，会造成较大的利润损失时，便可采用这一措施。

② 提高感受价值。企业可以通过改进质量、加强和用户之间的联系等手段，提高用户对产品的感受价值。

③ 降价。当企业发现市场需求弹性很大，夺回失去市场的代价远远高于降价所造成的损失时，企业可以采取降低价格的策略，以求扩大销售量。

④ 提高产品质量和价格。企业为了在竞争中采取主动进攻的策略，推出高质高价产品到国际市场销售，同时加强广告宣传，从两个方面来夹击竞争者。

第六节　跨国公司的国际转移定价

一、转移定价的含义与特征

转移定价（Transfer Price）是指跨国公司根据全球营销目标在母公司与子公司之间或者在不同子公司之间转移商品或劳务时使用的一种内部交易价格。

作为一种跨国公司内部交易价格，转移价格具有如下的特征：一是转移价格服务于跨国公司的全球营销目标和整体利润追求，并非完全反映被转移商品或劳务的实际价值；二是转移价格是由公司少数高级管理人员制订的，并非通过市场供求与竞争机制来确定；三是转移价格仅适用于公司内部的交易，转移的是成本费用或利润收入。

二、转移定价的目的

从根本上说，跨国公司的母公司与子公司之间或各国子公司之间，为转移产品或劳务制定价格的目的，就在于获取公司整体的、长期的最大利润。转移定价称为公司实行全球利益最大化的重要调节机制，希望达到的目的有如下几种。

1．加强某个子公司的竞争地位

跨国公司从全局利益出发，可能会认为某个子公司所在的市场潜力很大或很有前途，扩大公司产品在该市场的占有率，对整个公司的长远利益大有裨益。因此，母公司或其他市场的子公司就会以低价向子公司提供所需的原材料及服务，使该子公司能够保持较低的成本，以低价击败竞争对手，并使该公司显示出较好的自信状况，从而有利于子公司扩大市场份额，树立较好的财务形象，在市场竞争中处于有利的地位。

2．减少税负

通过转移定价，跨国公司可以设法降低在高税率国家的纳税基数，增加在低税率国家的纳税基数，从而减少跨国公司的整体税负。

从所得税的角度分析，各国税率相差很悬殊。当国外子公司之间进行贸易时，跨国公司先将货物以低价售给“避税地”的子公司，只是通过转移定价的形式在公司之间进行转账。这样便可以达到减轻税负的目的。

从关税的角度分析，跨国公司同样可以利用转移定价减少税负。不过只有在征收从价税和混合税条件下转移定价才具备这样的功能。当国外子公司出售产品给关联企业时，可以采用偏低的价格发货，从而减少公司的纳税基数和纳税额。

值得注意的是，减少关税和所得税有时是互相矛盾的。例如，如果进口国所得税率比出口国高，企业需要提高价格以减少所得税。但这样做的结果会增加关税税额。这时公司就要从全局的角度出发，根据各种税率进行计算、比较和分析，最后制订出使公司整体利益最大化的转移价格。

3．获取利润

许多跨国公司在国外的子公司都与当地企业共同兴建合资企业。跨国公司可以运用转移定价将利润转移出去，损害合作伙伴的利益。当然，转移利润时要考虑跨国公司在利润输入公司所持的股份，还要计算所得税及关税上的得失。国际企业只有在经过综合比较后才能制订出价格。

4．规避风险

跨国公司在国外从事生产经营，面临各种各样的风险，如政治风险、经济风险、外汇风险、通货膨胀风险等。为了逃避这些风险，跨国公司可以利用转移定价将资金转移出去，使其将可能遭受的损失降到最低的限度。

5．对付价格控制

当东道国认为跨国公司的产品或劳务是以低于其成本的价格进行“倾销”时，公司可以尽量降低原材料、零部件的供应价，减少其成本，使其较低的价格成为“合理”的价格，从而逃避东道国的限制和监督。当东道国认为跨国公司的产品或劳务价格太高，利润过多时，公司对海外子公司尽可能提高原材料、零部件的供应价格，增加其成本，使较高的价格成为“合理”的价格，这样也有效地避免了东道国的限制和监督。

6．减轻配额限制的影响

在国际市场上，配额是常见的非关税壁垒。如果配额是针对产品数量，而不是产品金额，跨国公司可利用转移定价在一定程度上减轻限制。若出口国子公司降低转移价格，而进口国配额一定，其结果等于不增加配额就扩大了进口国子公司实物的进口量，达到了扩大销售的目的。

三、国际转移定价的手段

1．高进低出，低进高出

这是在货物采购与销售时跨国公司经常使用的方法。高进低出是指跨国公司的子公司以高于市场价格从国外母公司或子公司采购货物，而在该子公司出口货物给母公司或其他子公司时采取低于市场价格的方法来制订转移价格。通过这种方法可以将该子公司的利润转移到母公司或其他子公司。低进高出则采取相反的购销活动，可将利润从国外母公司或其他子公司转移进来。

2．收取咨询费、服务费、管理费等费用

跨国公司的母公司通过提高或降低服务费、咨询费等费用水平，人为地提高或降低子公司的利润，以达到公司的多种目的。

3．收取商标、专利、专有技术等无形资产转让费用

跨国公司的母公司还可以通过调整商标、专利等无形资产转让费用来达到提高或降低子公司利润的目的。

4．提供货款或设备租赁

跨国公司母公司采取向国外子公司提供高息或低息贷款的方法影响子公司的成本，还可通过对设备租赁费用高低的调整来达到转移定价的目的。

四、转移定价的限制

对转移定价的限制主要来自两个方面。

1．公司内部的限制

高低价格的利用，虽然能使公司整体利益达到最优化，但它以转移部分子公司的经营业绩为前提，在跨国公司管理实行高度分权的模式下，有些转移定价的政策会受到某些子公司的抵制。在国外的合资企业中，由于东道国一方决策权力的存在，通过转移定价以实现公司整体利益最优化更难办到。为了解决公司集中管理与分散经营相对独立的矛盾，大型跨国公司往往通过设置结算中心来进行统一协调。

2．东道国政府的限制

各国政府都很重视外国公司通过转移定价来逃税，因而通过税收、审计、海关等部门进行检查、监督，并在政策法规上采取一系列措施，以消除通过转移定价进行逃税的现象。目前国际上普遍采用的是“比较定价”原则，又称为“一臂长”（Anns Lcllgth）定价原则，即将同一行业中某项产品一系列的交易价格、利润率进行比较，如果发现某一跨国公司子公司的进口货价格过高，不能达到该行业的平均利润率时，东道国税务部门可以要求按“正常价格”进行营业补税。

第七节　商品差价与价格调整

一、商品差价

商品差价，在国际市场上等级高的产品应支付比等级低的产品更高的价钱；反之，等级低的产品应支付比等级高的产品更低的价钱。商品差价既可由产品本身成本的变化造成，也可能由消费者心理和产品辅助范围引起。下面介绍几种常见的商品差价。

1．商品品质差价

经营者往往力图使自己产品明显区别于市场上的同类产品。因此，十分重视产品外观和性能的改进，树立优质产品的形象。产品品质可以是外表的，即限于产品外观的改造；也可是内在的，如产品质量、安全性能等方面具有明显的特征。从而制订高于同类产品的价格。

2．商品包装定价

现代产品包装十分重要，与生产、销售关系重大。由于包装材料、包装方法不同，使产品销售成本，产品形象差异很大，好的包装倍受欢迎，不好的包装会无人问津。我国出口产品要努力提高包装水平，以树立产品和企业形象，从而制订出有利的价格。

3．牌号差价

由独家制造商提供销售的特定产品或产品系列，它独有的品牌很容易使买者把它同其他类似产品区别开来，并制订出与其他类似产品不同的价格。

4．期货与现货差价

期货交易是限于通过交易所签订的买卖期货合约，须在规定时间内交割，期货交易者对实物的交收不感兴趣，而只关注合约所有权转移。现货交易是指通过商品或劳务市场进行交易的营销活动，有的即时进行实物交收，银货两讫；有的在交货后一段时间内付款；还有的先付款后交货或易货交易，在规定时期结算。不论用何种方式交割，买卖双方都是针对具体实物的交收。期货价格是指商品在期货交易中的成交价格。现货价格是指商品在现货交易中的成交价格。同一商品（一般指大宗的）现货市场价格和期货市场价格有差别，现货价格和期货价格的波动方向虽然相同，但波动的速度、幅度却不相同，一般情况下现货市场商品价格比期货市场价格变化速度快（或慢），季节性收获的农产品表现尤为明显。

5．不同分销渠道的差价

一般情况下分销渠道越长，意味着中间商越多，中间商要获得丰厚的利润和佣金，这会增加产品在国际市场的经营成本，使最终价格升级，影响企业的竞争能力。相比之下，中间商少，分销渠道短，销售成本低，价格升级幅度小，容易控制。

6．时间差价

国际市场竞争激烈，价格变化快，不同日期甚至不同时点都可以制订出明显差异的价格，如电视台对广告的收费，一天中不同时间差价很大，国际通信费用在办公时间与休闲时间的差异也很大。

7．地点差价

相同商品在不同地点可以制订不同的价格，即使每个地点的成本是相同的，如相同面积的货位，由于地点不同，收费也不同。

8．数量差价

企业为鼓励批量购买给予购买者的一种优惠，如美国对同时订购 3 条船者给 8%的优惠，订 10 条船者给予 17%的优惠。这可以充分利用生产能力，进行批量生产，降低成本，达到薄利多销的目标。

9．付款方式差价

在交易中，购方以现金付款，企业给予优惠，这是企业给当场付清货款的外国客商的一种让价。这可刺激买者及时付款，加速资金周转，减少收账费用和坏账风险。

10．交易差价

制造商给中间商提供的经销让价，是对中间商的激励，使中间商积极推销本公司的产品。通常给总经销商让价大于批发商，给批发商让价大于零售商。

11．季节差价

这是企业对消费者的让价，鼓励消费者购买淡季的产品，以分担储存的压力，使企业在一年中销量保持平衡。一般是淡季价低，应季价高。

12．促销差价

这是制造商对经销商所进行的促销活动（广告、橱窗设置）所提供的一种让价，以补偿经销商的耗费，通常是按价格表价格给予一定的减让。还有以无息贷款、无偿提供服务、样品等形式，提供隐性优惠等。

二、价格调整的方法与策略

从事国际营销的企业，应根据国际市场的具体情况，采取灵活的方式，随时对商品价格进行调整。

1．改变价格术语

价格术语是指在国际贸易中用来表示买卖双方各自负担的费用、责任和风险以及划分货物所有权转移的界线。国际上最通用的价格术语有 3 个：FOB、CIF 和 C&F。价格术语不同，买卖双方各自承担的费用、责任和风险亦不同，因此，不同价格术语代表不同的贸易条件。一般来说，卖方承担的费用多，责任重，风险大，则产品的定价就高；反之，定价就低。从此意义上看，改变价格术语，实际上就是对价格的调整。

2．改变计价货币

在国际营销中，选择何种货币计价和支付极为重要。一般来说，使用硬币结算，卖价不可能高，使用软币结算，卖价可以提高。从此意义上看，若企业不想直接调高价格，可争取由软通货计价改为硬通货计价；相反，若企业不想直接调低价格，可由硬通货计价改为软通货计价。

3．价格保值条款的利用

一般而言，所有从事国际营销的企业，都愿意以硬币计价结算，以保证其货款不受汇率变动而造成损失。如因各种原因，不得不收取软币时，可根据该货币币值疲软趋势适当加价，或在合同中订立保值条款，规定该货币贬值是可调价。

4．改变支付方式

目前，国际上通用的支付方式有 3 种：信用证、付款交单（D/P）和承兑交单（D/A）。信用证支付对卖方来说可以少担风险，但若卖方交货期长、采用即期信用证支付意味着买方需提前几个月，有的达半年左右付款后才能到货，占用了进口商大量资金，因此，买方往往压低商品价格，将损失的利息，从货价中找回。为了加强出口商品竞争力，卖方可以采用远期信用证支付方式，买方可以迟交货款，少付利息。或者可以采用付款交单或承兑交单的方式，因这两种方式对进口商都有利，进口商不必像申请开信用证那样向银行缴纳开证的押金，银行费用也较低廉，这有利于促进出口成交。

5. 调整佣金

在国际营销中，佣金是中间商介绍交易或代买代卖而取得的报酬。佣金通常按货值或数量的百分比计算。佣金在价格条件中标明者为明佣，不标明者为暗佣。佣金是卖方收到货款后再另行付给国外中间商的。对佣金的运用和调整，在商品的原价不变的情况下，调整了买卖双方的利益分配。在一般情况下，卖方大都调高佣金，以调动中间商的积极性，扩大产品销售。

6. 采用非固定价格

国际市场上风云变幻，企业自身条件也不断变化，因此，从事国际营销的企业若采取固定价格并非明智之举。企业随市场情况的变化及时调低价格，对买方来说是大快之事，但它有可能会影响整个行业市场的协调局面，也可能导致一场价格激烈战。因此，企业降价要谨慎，以免受不利影响。若企业随国际市场变化或自身情况变化要调高价格，这显然对客户是不利的，甚至会遭到潜在客户的反感。为了防止这种现象出现，国际营销企业要采取以下措施：① 报价限时制度；② 把产品供应和定价作为两个文件处理；③ 签订短期合同；④ 在长期合同中规定价格随行调整条款。

第八节　国际营销价格发展趋势与企业对策

一、价格逐步升级

同在国内销售产品相比，出口到国际市场上的产品由于地理距离的增加、经济差异的加大，导致了国际市场营销需要更多的运输和保险服务，需要更多的中间商和更长的分销渠道服务，还需要支付出口所需的各种案头工作费用和进口税。以上各种费用都作为成本费用加在产品的最终售价上，从而导致了产品在国际市场上的最终价格要比国内销售价格高很多的现象。我们把这种外销成本的逐渐加成所形成的出口价格逐步上涨的现象称为价格升级。

产品内销外销价格的巨大差异是由国际销售比国内销售需要增加更多的营销职能而决定的。我们不能因此就认为企业将产品销往国外就能得到更多的利润。出口过程中各环节费用的逐渐增加是造成价格升级的根本原因。

从上述分析可以看出，价格升级并没有给出口企业带来任何额外的利润。相反，由于价格升级，使得企业目标市场的消费者需要花高价购买同样的商品，高的价格抑制了需求，减少了企业产品的销售量，对生产企业本身产生不利的影响。因此，价格升级也是企业要想办法解决的一个问题。

企业可以采取若干措施来减少价格升级所造成的消极影响。常用的方法有以下几种。

① 降低净售价，即通过降低净售价的方法来抵消关税和运费。但这种策略常常行不通，一是因为减价可能使企业遭受严重的损失；二是企业这种行为可能被判定为倾销，被进口国政府征收反倾销税，使价格优势化为泡影，起不到扩大销量的作用。

② 改变产品形式。例如，将零部件运到进口国，在当地组装，这样可以按照比较低的税率缴纳关税，在一定程度上降低了关税负担，从而使价格降低。

③ 在国外建厂生产。这样可以在很大程度上减少运费、关税、中间商毛利等价格升级造成的影响，但也会面临国外政治经济形势变动的风险。

④ 缩短分销渠道。这可以减少交易次数，从而减少一部分中间费用。但是，有时渠道

虽然缩短了，成本却未必会降低，因为许多营销的职能无法取消，仍然会有成本支出。在按照交易次数征收交易税的国家，可以采用这种办法来少缴税。

⑤ 降低产品质量，即取消产品的某些成本昂贵的功能特性，甚至全面降低产品质量。一些发达国家需要的功能在发展中国家可能会显得多余，取消这些功能可以达到降低成本控制价格的目的。降低产品质量也可以降低产品的制造成本，不过这样做有一定的风险，决策时一定要慎重。

二、政府价格管制加强

随着经济全球化的发展，一方面，各国市场进一步扩大开放度；另一方面，各国政府为了保护国内市场，对价格控制力度加强，控制的形式多样化。政府对企业定价的调控是多方面的，既可以是宏观的，也可以是微观的；既可以是法律形式，也可以是行政命令形式。国际营销中的定价要同时受本国政府和外国政府的双重影响，国内政府多半采用价格补贴形式来降低企业出口产品价格，增强其竞争实力。国外政府对价格的管制主要通过立法形式或行政手段规定产品价格的上限与下限；以反倾销法来反对倾销政策；政府通过直接定价来限制进口货的消费及保护国内市场，例如，日本政府曾一度对进入日本市场的美国小麦定价高于日本国产小麦定价的两倍；政府在国内经济滞膨时期，往往在一定时期内冻结一切价格。此外，各国政府对国际市场上某些产品定价起着日益重要的作用，诸如咖啡国际协定、可可国际协定、白糖国际协定以及部分小麦价格通过政府间谈判来决定。

面对政府价格管制的加强，企业既要遵循东道国的立法，也必须善于运用“大市场营销”策略，特别是要注重运用政治力量这一手段，来赢得对企业有利的定价环境。

三、倾销问题日益突出

对倾销的解释多种多样，没有统一的法律定义。一种比较公认的说法是，倾销是指出口到东道国市场上的产品价格按低于当地市场价格销售，致使当地市场上生产和销售同类产品的企业受到实质性的损害和威胁。倾销可分为 4 种类型。

（1）零星倾销

零星倾销即制造商抛售库存，处理过剩产品。这类制造商既要保护其在国内的竞争地位，又要避免发起可能伤害国内市场的价格战，因此，必然选择不论定价多低，只要能减少损失就大量销售的办法，向海外市场倾销。

（2）掠夺倾销

企业实施亏本销售，旨在进入某个外国市场，而且主要为了排斥国外竞争者。这种倾销持续时间较长。一旦企业在市场上的地位确立，该企业便依据其垄断地位而提价。

（3）持久倾销

企业在某一国际市场持续地以比在其他市场低的价格销售，是持续时间最长的一类倾销。其适用前提是，各个市场的营销成本和需求特点各有不同。

（4）逆向倾销

这是指母公司从海外子公司输入廉价产品，以低于国内市场价格销售海外产品而被控告在国内市场倾销，这种情况在国际营销实践中时有发生。

国外许多公司事实上都曾进行过倾销。它们为了逃避反倾销调查，除了用给进口商回扣、把出口产品伪装成进口国内生产的产品、开具假文件隐瞒出口产品真实价值等手段隐瞒倾销行为外，还经常通过如下措施“合法地”逃避反倾销控告。

① 设法使出口产品从表面上与在国内市场销售的产品有差别，即对实质上的同一产品，通过促销宣传，使之差异化，在国内市场上也就没有相应产品做价格比较，从而使倾销行为被掩盖。这种对策不可取。

② 采取多种国际营销方式，变单纯的出口为在东道国生产，可以降低成本及低价销售。这是一种积极的对策。

思考题

（1）为了应付国际上普遍存在的通货膨胀趋势，企业可以采取哪些方法来调整价格？

（2）简述几种常见的商品差价。

（3）国际市场营销产品定价的方法有哪些？

案例分析

大约 75%的德国人都常在“阿尔迪超市”购物。这里的商品质量好，并且价格很低。秘密在于其商品的种类及规格仅是沃尔玛的 1%。单品销量大，进货成本也很低。阿尔迪 ALDI 是德国的廉价连锁超市，大约 75%的居民经常在这里购物。它在德国有 3 600 多家连锁店。“阿尔迪”的成功法则，就是其“疯狂”的低价。它的商品价格，比别人便宜 10%～20%，甚至便宜一半。按说“沃尔玛”凭借其强大的供应链管理，已经是以平价著称，但在进军德国市场时，却在“阿尔迪”的价格战中落败，于 2006 年怆然撤离德国。

那么，阿尔迪是如何做到的呢？

首先，阿尔迪的商品种类很少，只提供同类商品中质量最好的产品，每种商品只有一种规格的包装。为保证产品质量，阿尔迪找到那些名牌产品的代工大厂，委托它们生产，并冠以“阿尔迪”自己的品牌。在 2009 年，其自有品牌所占销售额的比例超过 85%。所以，阿尔迪的商品和名牌产品的质量可以不相上下，但价格却可以远远低于名牌产品。在保证商品质量的同时，阿尔迪的商品种类不多。沃尔玛有 15 万种商品及规格，而它却只有 1 400 种。这样使它单个商品的销售量很大，平均每个商品的年销售额达到 3 800 万美元，而沃尔玛仅是它的 1/20。这使得阿尔迪的议价能力很强，采购成本也就更低。品种少，虽然为顾客带来相应的选择也少，却也有另一个好处，就是顾客在买东西时，省心，购物快捷。在店面选址和设计上，阿尔迪也是能省则省。它的店址，均选在居民区、大学校区附近或边缘，以保证客流量。店面不大，多在 500～1 100 平方米，以减少租金和水电费用。只有少量日用品或食品，设有货架或冷柜，多数商品都是按照出厂的纸箱和托盘，摆放在店里。整个超市看起来就像一个仓库，非常简陋。

（资料来源：创富志，http://www.mycfz.com/wangqihuigu/2011nian1yuehao/2011nian1yuehaowenzhang/2011-09-29/1361.html）

问题：

（1）你如何看待目前零售企业的价格大战？

（2）阿尔迪为何能在德国的价格大战中获胜？

（3）你认为这一案例给国内零售企业带来了哪些启示？如何应对？

第九章 国际市场促销

【引导案例】

万宝路在中国

全球著名的万宝路在中国建立良好形象对于打开中国市场无疑是极其重要的。在地区层面的操作上，如果全球品牌的标准化战略适当地与本土战略相结合，就会有更好的效果。万宝路在这方面也做出了表率。首先看一下1993年底万宝路在中国播放的一则贺岁广告。

镜头起处，是中国茫茫的西部大漠和屹立前面的长城西陲——嘉峪关，突然，马蹄声响起，无数身着中国民族服装的马队从各个城门涌入，颇有昔日十九路诸侯觐见天子的雄壮。忽听锣鼓声震天动地，只见城上城下，城内城外，一排排，一行行西部汉子，黄皮肤黑眼睛，个个喜气洋洋，正跳着丰收的锣鼓舞，鼓声越来越急，舞步越来越快，直至高潮，戛然而止，随着一声粗犷豪迈的长啸，城门上突然倒挂下无数条鲜红的缎带，蕴含着"鸿运高挂"之意。最后在一片欢天喜地的场景衬托下，传来了"万宝路恭祝各位新年进步"的广告语。

这则广告充满了中国民族特色，给人一种原汁原味的感觉，那黄土高坡，那憨厚的汉子，那奔腾的鼓点，无不让国人感到亲切和自然。在这毫无洋味儿、充满本土气息的表现形式背后，传递给民众的却是"万宝路"不变的精神内涵。广告秉承了万宝路一贯的粗犷、豪迈不羁，仍然给人那种不同凡响、傲气冲天的"万宝路世界"的感觉。所不同的是，跋山涉水、勇往直前的牛仔换成了敲锣打鼓、欢天喜地的中国大汉。这并非是简单的表现形式的变换，而是体现着中西方文化的差异。美国人一向标榜的是探索、创新，而中国人精神首推的是朴实、善良，中国人追求的首先是富足安定。狂放不羁的万宝路精神伴着锣鼓声融入了神州的文化氛围当中。广告深刻体现出对中国文化的理解和尊重。万宝路的这一"国际品牌本土化表现"策略令其品牌概念在文化层次上与中国消费者达成了沟通，既适应了中国独特的文化，又保持了其形象的统一。

1995年开始，万宝路在中国土地上的大动作是赞助甲A足球联赛。不能不说它独具慧眼，因为1995年中国足球职业联赛制度才刚刚开始运作，所以媒体和舆论炒得热火朝天。足球运动本身的刺激和球员的男性气概，不正是万宝路所代表的精神吗?

在随后的1996年大年初一、1997年大年初三，万宝路分别在北京和广州写出了新篇章：赞助举办"万宝路新春贺岁锣鼓比赛"，它着实敲出了中国男人的大丈夫气概。我们可以明显看出，这项活动目标群体特征鲜明，影响覆盖面大、威望高、宣传到位。可以说中国的锣鼓是表现万宝路广告概念的最恰当事物，在中国的文化体系中，鼓是属于古代音乐中的民乐一类。民乐，专指民俗庆典中的音乐，以吹奏打击为主，热闹喧哗。它表现了中国音乐的节奏宣泄特色，在喧闹的节奏中，表现出一种粗犷的阳刚之气。因此，民间打击乐正是中国儒家重阳刚之美的表现物之一。锣鼓喧天的气势、恢宏的真实场面、粗犷的西北汉子、红得夺目的基调……这些正是组成万宝路广告概念的要素。这些来自中国乡村的男性鼓手，一定也让你联想到了美国豪放洒脱的西部牛仔。

（资料来源：http://www.eapoo.com/doc/VmcMOQ46UTJaOgRj.html，有修改）

在激烈竞争的国际市场上，企业要想获得成功，不仅要有适销对路的产品、合理的价格、良好的销售渠道，还必须运用合适的促销策略，以激发顾客的购买欲望，从而加强企业与消费者之间的信息传递。国际市场促销是国际市场营销组合中的 4 个要素之一，国际市场促销组合是由广告促销、人员促销、销售促进和公共关系所构成。通过本章的学习，可以掌握国际促销最基本的理论知识和概念，学习运用合适的促销组合策略进入国际市场。

第一节 国际市场促销概述

一、促销的本质

国际市场促销是指企业为了扩大产品在国际市场的销售，通过各种方式或媒介向外国消费者传递企业及其产品的信息，促进他们了解、信赖和购买企业产品的一种国际营销活动。促销的本质在于它是企业与消费者之间进行的信息传递过程，我们将这种买卖双方的信息传递称之为营销沟通。

沟通在国际营销中具有重要的意义。由于各国经济、政治和社会文化环境的不同以及国际交流的种种困难，国际营销者与国际用户之间难以彼此了解，而这对于国际营销的成功是不利的。因此，国际营销者需要花费比在国内市场更多的投资来开展国际沟通，以便交流信息、增强联系，达到彼此了解和熟悉的目的。

从本质上来看，沟通是具有共性的。国际发起者通常由广告代理商所代表，将一条信息编码成文字和图形，然后信息被翻译成目标市场的语言，通过沟通渠道，或者是媒介传递给目标市场中的国际消费者，如图 9-1 所示。这种媒介包括非人员参与的媒介：

① 印刷媒介，包括报纸、杂志、小册子等；

② 电子媒介，包括广播、电视、网络等；

③ 户外媒介，包括广告牌，汽车车身、楼体、橱窗等。

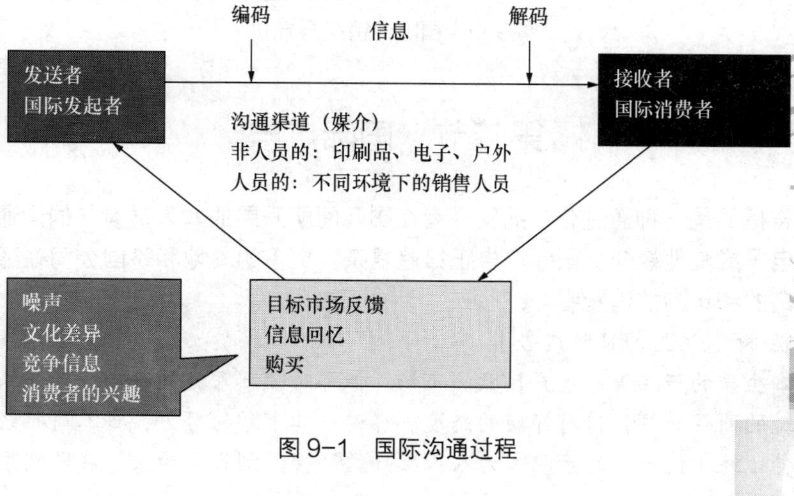

图 9-1 国际沟通过程

以及由人员参与的媒介：

① 销售人员上门拜访顾客；

② 销售人员给顾客打电话；

③ 销售人员的现场讲解及回答顾客提问。

二、国际促销的意义

国际促销，由于世界各地经济水平、风俗习惯，文化差异很大，因此，不同国家的消费者的消费模式、消费偏好也大不相同，再加上语言障碍的存在，使得一国消费者对他国产品及品牌的了解和认知非常有限。在这种情况下，适当的宣传促销活动，对当地消费者了解产品和企业的信息，积极扩大销售是非常必要的。它是现代企业进入国际市场、开展跨国经营的一个重要支撑点。对于企业在国外市场传递信息、沟通产销、突出特点、强化竞争能力、诱导需求、促进销售、加深印象、提高企业声誉等都有着极其重要的意义。

三、国际促销组合策略

国际促销组合包括国际广告、国际人员推销、国际销售促进、国际公共关系，如图 9-2 所示。企业根据产品的特点和营销目标，综合各种影响因素，对各种促销方式进行选择、编配和运用。

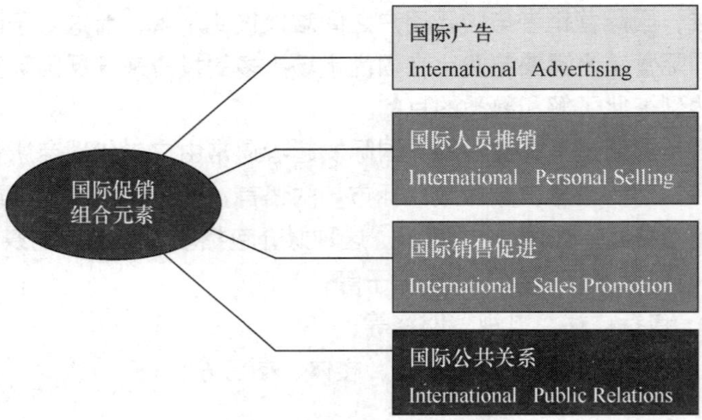

图 9-2 国际促销组合方式

第二节 国际广告

国际广告指的是一种通过公认的发送者在国际间所开展的非人员参与的沟通方式，可以使用印刷、电子或其他媒介。国际广告正日趋复杂，更多的本地和跨国公司在通过广告争夺那些见多识广的和苛刻的消费者。

【小资料 9-1：颇有远见的日韩广告】

战后日本生产的产品曾一度充斥欧洲市场。但那时欧洲人见到日本生产的商品就像现在看到中国制造的商品一样，持有怀疑的态度。经过一二十年的努力，日本商品经营者通过大量的广告宣传，终于使他们的产品成为人人熟知的品牌。到目前为止，在欧洲主要城市，日本商品的广告还是占有十分重要的地位。日本企业为进军中国大陆市场，十分重视运用广告手段，并在广告策划上取得了成功。中国消费者至今对“车到山前必有路，有路必有丰田车”、“东芝、东芝，新时代的东芝”等广告语耳熟能详。20世纪90年代前，韩国生产的家用电器在欧洲还很少能进专卖店，以后，韩国家用电器在欧洲大做广告。现在，韩国生产的产品也堂而皇之地摆在欧洲飞利浦、日本索尼产品的旁边，被视为国际品牌。由此可见，价格低、质量好是塑造品牌的基础，广告宣传是开拓国际市场的重要手段之一。

一、国际广告环境

国际广告与国内广告面临的环境有很大的不同，这主要是由不同国家的社会文化差异造成的。

1. 经济发展因素

国际经济环境是指各种直接或间接影响和制约国际营销的经济因素的总和。国际经济环境包括两个层次：一是整个世界的经济环境，二是一个国家内的经济环境。

广告主在进行国际广告策划时，必须首先分析目标市场国的市场需求、市场潜力、收入分配等经济状况以及国家的人口规模、国家的经济类型等因素。广告与经济发展水平具有相互促进的作用。一方面随着经济发展、国民收入的增加，对产品和服务需求的潜在市场在扩大，由此刺激广告投入的增加；另一方面，随着广告投入的增加，对潜在需求形成新的刺激，由此也会有利于经济发展。一般地，经济越发达，人均收入越高的国家，其广告费用支出也越高。

与此对应，广告受经济发展的影响也体现在两个方面：一是如果经济发展水平较低，则广告投入预算将受到极大的制约；二是随着广告的大量投入，广告信息的庞杂，广告单位支出的效果会受到影响。这种复杂的关联性通过实际数据的变化可以得到印证，即随着人均的GNP的增长，人均广告支出在迅速提高，广告支出占GNP的百分比也会提高。由于这种复杂关系，使决策难度增大，因为国际广告的投入预算不仅涉及全球投入的总数，而且还要解决不同地区市场分布的问题。在对不同经济发展阶段广告支出的边际效率规律性还难以确定之前，只有遵循边际投入等于边际收益的总原则。

2. 法律因素

世界上许多国家对广告业的控制都有日益加强的趋势。从事国际广告，必须了解有关国家政府所制定的广告法规。各国政府的广告法规虽有不同，但这些法规归纳起来主要如下。

① 对广告内容进行限制。例如，英、法、加、意、丹麦、挪威、瑞典、芬兰等，都禁止香烟广告。哥伦比亚政府规定，酒类电台广告，必须经政府批准，缴税后才能播放。欧洲联盟规定在广告中只允许暗示比较，不能提到竞争者的名称。在亚洲大多数国家“百事可乐胜过可口可乐”的广告也是被禁止的。泰国禁止成药广告。一般地，国际上对广告内容的限制主要是两方面：一是限制影响生命健康和社会福利内容的广告；二是限制和取缔具有欺骗性内容的广告。

② 对广告媒体进行限制，包括限制广告媒体的采用和某些广告媒体采用的时间。例如，荷兰每天电视广告不得超过10分钟，法国不得超过13分钟，瑞士不得超过15分钟，德国不得超过20分钟，奥地利不得超过27分钟等。在科威特，政府只允许电视每天傍晚时间播放32分钟的广告，美国政府对电视广告限制较松，平均每一频道每天播放广告的时间可达

180 分钟，欧洲各国平均为 100 分钟，西欧平均只有 34 分钟。

③ 对广告费用进行限制。许多国家的大公司广告费开支越来越大。因此，政府便采取措施进行干涉和限制，以降低产品流通费用，达到降低售价的目的。印度曾限定外国公司在印度的广告支出每年不得超过 1 万美元。英国政府曾指责 P&G 公司在英国所做的洗涤剂广告太多（占其销售收入的 1/4），以至于造成不公平竞争的局面。

④ 对广告实行特殊税收。奥地利通过规定各种广告媒介的不同税率，从而限制选择媒介，广告标语或广告画根据不同州、市的要求，要缴 10%～30%的税金，电台广播广告除蒂罗尔要缴 20%的税金外，都要缴 10%的税金。在全国范围内，电视广告统一缴 10%的税金。电影广告的税率在维也纳是 10%，在贝根兰是 20%，在施泰尔马克是 30%，在其他联邦州，电影广告不必缴税。

3．语言文字因素

世界上有些语言在数国通行，但世界上的语言种类却远远超过国家数目。不少国家有多种官方语言。例如，在新加坡，做广告可使用英语、汉语、马来语和泰米尔语。在瑞士可用德、法、意语。所以，制作国际广告时，会面临两大难题：一是制作人不可能也没必要通晓世界各国语言；二是广告主题可以标准化，但有说服力的广告语言往往要使用各国当地俗语，才更有吸引力。但是在把用汉语（或英语）书写好的广告词译成目标市场国的语言文字时，搞得不好，往往会引起误会。例如，在讲西班牙语的国家里，常常同一个词在不同的国家有不同的含义。美国派克公司在向拉美国家推销圆珠笔时，原拟将“ball”翻译成西班牙语“bola"，但后来发现“bola”在有的国家含义为圆球，而在有的国家含义为变革，有的含义为谎言、假货，或甚至带有色情之意。诸如此类的实例是很多的。而更难解决的问题在于语言内涵与文化背景。例如，俗语的翻译就是一个难度很大的障碍。广告用语要求精练、概括、生动，由此给广告翻译造成了极大的难度。有的国家整体文化水平较低，给广告带来了更大的麻烦。为了解决这些问题，一般要依靠当地广告代理商，让他们全权处理广告语，使广告信息能被当地潜在买主理解和接受，广告才能收到扩大销售、提高声誉的作用。

4．文化环境因素

国际文化环境是指对企业的国际营销产生影响和制约作用的各种文化因素的总和。文化环境因素的特殊性直接关系到该国或地区的消费者是否接受广告所宣传的产品。制约广告成功与否的国际文化环境因素主要有风俗习惯、宗教信仰和文化传统等。

如果人们的观念不同，人们对接收到的信息的理解自然不同。国际营销企业必须适应文化的变化。例如，色彩的象征意义就是制作广告的基本常识，白色在欧洲象征着纯洁；而在亚洲则经常与丧事联系在一起。文化多样性问题并不都是了解了就可以解决的，传统及继承的文化常常是难以逾越的。在一个国家存在的不同的亚文化也是制作广告必须注意的问题，年轻人与老年人、城市人与乡村人都存在着不同。此外，传统也是在变化，人们在一定程度固守传统的同时也在接受新的文化。例如，多年前，在日本销售咖啡似乎令人难以置信，可是，今日咖啡已成为年轻人和城市人的时髦饮料，他们希望自己能跟上潮流。

5．广告媒介因素

不同国家或地区受教育水平的差异以及政府对广告媒介的限制程度，都会对当地市场的选择和广告媒介的选择产生影响。在文盲比例较高的国家或地区，广告制作就受到较大制约。

许多国家政府禁止一些传播媒介登载广告。

6. 心理因素

不同国家的消费者，其心理因素往往有很大差别，做广告不适应异国消费心理不仅难以收到预期效果，甚至会适得其反。例如，在中国“实行三包”的广告宣传，可以使用户放心，颇受国人欢迎，但对外会适得其反，使人感到不放心，因为外国人一向认为，产品尚未使用，厂方就首先保证“实行三包”，也许说明厂方对产品质量缺乏信心，其质量不过关。

国际广告，由于不同国家或地区、消费心理和审美观念不同，对同一广告宣传的褒贬不一。例如“经久耐用”的广告，在发展中国家由于普遍存在“求实”的消费心理，“经久耐用”正是所求。但在西方国家，消费者追求的却是新、奇、异、情，“喜新厌旧”的心理尤为普遍，所以“经久耐用”的产品往往被冷落。

上述对国际广告的制约因素会对标准化广告促销活动产生很大影响，因此，必须将广告与目标市场联系起来，针对不同情况采取不同的措施。

二、国际广告策略的选择

广告策略是指企业在分析环境因素、广告目标、目标市场、产品特性、媒体可获性、政府控制、成本—收益关系等的基础上，对广告活动的开展方式、媒体选择和宣传劝说重点的总体原则做出的决策。

制订国际广告策略，首先必须有一个具体的广告目标。广告目标总的来说，一是通过广告在公众中树立企业或产品的良好印象；二是引起和刺激公众对本企业产品的兴趣并导致购买。当然，最终的目标是为了赢利。

但国际广告要实现其目标，必须使广告能适应目标市场所在国的各类环境因素，去选择广告的方式，选择广告的媒体。

1. 标准化广告与差异化广告

【小资料9-2：派克笔的统一广告策略】

派克笔，世界上最著名的老牌产品之一。到20世纪90年代派克笔销往150个国家，40多个广告代理机构在为各种各样的派克笔大做广告。

1982年，詹姆斯·R·彼得森就任总经理后，实施“同一世界、同一品牌、同一广告”战略，坚持在所有地方以相同的方式来宣传和销售派克笔。他指示：“为派克笔所作的广告必须以共同的创造性策略和定位为基础，在全世界范围内使用‘派克笔来作标记’这一广告主题。必须使用相似的图形布局和照片，使用商定的字样和批准的派克标志和图形设计，使用统一供应的材料”。他希望派克笔成为书写工具行业里的“万宝路”。这一策略的实施获得了极大成功。

【小资料9-3：迷你冰箱的差异化广告】

日本松下电器公司的迷你冰箱在美国和日本的广告创意迥然不同，因为美国人和日本人接受广告的心理是不同的。美国人看广告，比较重视实物形象和经济方面的内容，而日本人看广告，比较重视广告词句的感情色彩，尤其是广告模特对产品的感受。因此，虽然迷你冰箱在美国或在日本的目标市场是相同的，都是单身家庭或单亲家庭，但广告创意却不同。在美国的广告创意，强调迷你冰箱的体积比较小，比较节省住房空间以及价格比较便宜，适合住房较小或收入较低的单身、单亲家庭的需要，其中的广告标题是："Save money，Buy a Mini。"在日本的广告创意，却不强调这种冰箱本身的外形、体积等，而强调单身家庭使用迷你冰箱的感受，让广告受众从广告模特的感受中体会迷你冰箱的好处。在日本的迷你冰箱广告片是这样创意的：由模特扮演的一位单身妇女沮丧地望着地板上离去的情人的照片，而房间里放着一台迷你冰箱。这时，响起了画外音："在这样的夜晚，与其为他的离去而犯愁，不如痛饮一杯。这样，你的心情会好受一些。忘掉他吧！你还拥有你的迷你。"模特从地板上站起，走向迷你冰箱。

（1）标准化广告

标准化广告即在各国市场上作广告时使用相同的主题，相同的广告形象。例如，可口可乐公司在世界各地的广告选用的都是同一主题和红色的主色调。当今世界，经济一体化已成为不可逆转的潮流，国与国之间经济合作蓬勃发展，信息交往不断增加，这一切已使各国间的文化产生了一定程度的融合；而正在成长的年轻一代，更使文化传统习惯的隔阂缩小；多国公司的出现，使统一协调控制各国市场的广告活动成为可能。这些变化，使国际广告出现了标准化的趋势。

标准化广告策略的优点如下。① 节约成本。一旦形成了某个广告概念，在推广到其他国家时就不需要太多的附加成本，尤其是初入某国市场，无法确定该市场是否值得花费巨资制作全新的广告时，采用此法，可以减少广告投资的风险。② 标准化广告可以充分发挥成功广告的效益。一些成功经验的取得是经过长时间实践检验的，可谓来之不易，如能在多国市场推广同一广告，可使以往成功的经验继续发挥效益，可以缩短试验阶段。③ 一致的广告有助于建立标准化的产品形象。由于商务及非商务旅行的增加，许多人有可能在不同的国家接触到同样的产品，采取标准化的广告可以避免在不同国家产生不同的商品信息。④ 企业采用标准化广告策略，公司总部可以集中管理全球广告业务，便于合理协调各种资源，发挥规模效益。⑤ 采用标准化广告策略可以确保营销过程中企业各层次目标的实现。

荷兰皇家壳牌公司在美国成功地进行了"到壳牌来要答案"的广告活动，并把其推广到其他 12 个国家，使壳牌在各国树立一个良好的公共形象。标准化广告策略成功的又一例子是埃索公司的"油箱中的老虎"的广告活动，这一口号原封不动搬到世界各国，使其在德国、荷兰、法国、意大利的销售额打破记录。

标准化广告的主要不足之处就在于忽略了各国市场各自不同的特性，而当这种特性成为产品打开销路的关键因素时，标准化广告就显得无能为力。

（2）差异化广告

世界各国市场的差异是不容忽视的。虽然在不同国家，产品的特征和功能并未发生变化，但不同国家的人对这些特征的认识与接受的方式却各不相同。而且各国的市场由于经济发展水平不同，语言文字不同，宗教信仰或传统观念不同，社会文化心理不同，因而在国际营销活动中，一味强调标准化可能招致失败。美国纳贝斯克公司的产品奥利奥饼干在进入中国市场之初曾采用了标准化的广告，一群孩子欢快地吃着奥利奥饼干，谁知中国的一些消费者对这则广告产生了误解，一些家长反映，广告画面中一个小黑孩的特写镜头，加上奥利奥饼干本身的黑色，让他们觉得吃这种饼干与黑皮肤有某种关系，而他们生怕他们小孩的皮肤会变黑，所以他们不让孩子吃这种饼干。

差异化广告的优点如下。① 适应不同文化背景的消费者的需求。例如，宝洁公司在巴西推销汰渍洗衣粉时，就没有像在其他国家那样在广告中强调洗衣粉的增白功能，因为巴西人并不经常穿白色衣服。② 利于克服障碍，顺利进入当地市场。许多国家政府对广告宣传实行较为严格的控制，成为国外企业进入该国市场的主要障碍之一，外国企业通过雇佣当地广告商，可以避免广告宣传的失误。③ 针对性较强，不同国家的消费者对同一种产品可能有相同的需求，但是对这种产品的看法是不尽相同的，因此，广告宣传就要有不同的侧重点。

莱威牌牛仔裤在 70 多个国家打开销路，就采用地区性或区域性的差异性广告策略。在欧洲，商业电视广告性感色彩极浓。

在英国，广告突出莱威牛仔裤是美国货，塑造全美英雄——充满神奇色彩的西部荒漠中的“西部牛仔”。

在日本，商业广告主题是“英雄穿莱威”，放映像詹姆斯·丁这样的偶像人物的影片片断，这项广告活动，使认识“莱威”的日本人从 35%增加至 95%。

在巴西，主要受欧洲大陆潮流影响较突出，所以，就让巴黎的时髦青年做广告，屏幕上出现巴黎交通混乱的镜头。

在澳大利亚，商业广告目的在树立商标威信并带来产品利益，“合身不紧身，一夜好逍遥”这个广告词突出了“莱威”的质量威信。

目前，不少跨国公司采用差异化广告。他们为了控制广告成本以及世界范围的促销活动，由总部研制一套典型的广告方案，然后推向子公司，每个子公司以这个广告主题为基础，对其作适当改变。这样，既控制了跨国公司在世界所做广告的主题，也照顾了地方市场的特点。

差异化广告的不足在于企业总部对各国市场的广告宣传的控制较差，难以进行整体策划，甚至出现相互矛盾，影响企业形象。

如果广告的目的是在市场上宣传产品，说服顾客购买。关键的问题是广告能否把与市场有关的一切告知顾客，如果一个标准化的广告能有效地在所有市场上传递信息，那么就使之标准化。否则，就得有所改变。

总之，无论是选择标准化还是差异化广告策略，其目的都在于将有关信息传递给消费者，使消费者接收及理解这些信息，促进企业产品的销售。

2. 形象广告策略与产品广告策略

（1）形象广告策略

广告主要目标是为了塑造企业及其产品、商标的形象，并巩固和发展这一形象，使消费者对企业及其产品产生信赖和感情，而不是单纯地为了销售产品。形象广告的目的是为了获得长久和稳定的利润，而不是追求在商品利润上立竿见影的效果。这种广告内容真实，形象生动。

（2）产品广告策略

产品广告的目标在于推销产品，其核心是要采用各种方式介绍、宣传产品的特点和优点，利用各种劝说内容和形式，诱导人们购买。如各种降价销售广告、抽奖广告等。

形象广告与产品广告并不是截然分开的，形象广告的最终目标也是为了推销企业的产品，获得更大的利润，而产品广告也必须考虑产品形象、企业形象的树立，绝不能与产品、企业的形象背道而驰。

3. 满足基本需求策略和选择需求策略

满足消费者基本生活需求的产品，应是价廉物美、供应充足、长期耐用、维修方便。因此，广告应着重塑造其大众化和实惠特点，宣传货源充足，售后服务良好，语言简明易懂。

满足消费者选择需求的产品，应有独特性，满足消费者自尊、自我实现的较高层次需求，其广告策略应把宣传产品的独特性作为重点，显示产品高档次、高价格。广告语言尽可能美好动听，格调高雅。“人头马 XO，高人一等”这一广告就是典型一例。

4. 推动需求策略与拉引需求策略

推动需求策略是在产品已经上市的情况下，利用广告宣传这些产品，推动消费者的需求来接受这些产品，扩大销售。

拉引需求的策略是在一种新产品上市之前或一种产品在新市场上市之前，就用广告来宣传这种产品。消费者先见广告后见产品，带动消费者需求。太阳神口服液进入上海市场采用的就是这种策略。

三、国际广告媒介选择

媒体是广告传播的中介，媒体有多种多样。每一种媒体都有自身的特点，广告必须借助它们才能把生产经营者提供的信息传递给消费者。广告人在做出选择前必须对不同媒体有充分了解。

1. 各种媒介的特点

（1）报纸

一般的报纸，尤其是日报、晚报、周报等，发行量大，读者多，而且预定广告的时间短，刊登及时，可以自由选择刊登日期，费用也比较低廉。它的缺点是：广告时效非常短，很少有人重复阅读，报纸也不会再版；而且，纸张的品质和印刷层次一般不高，比如，色彩不够鲜明，图形不够逼真，立体感差，不是很生动，对感官缺乏较强的吸引力。

（2）杂志

它的优点是时效长，一般会长期保存，而且对好的杂志可能重复阅读，还往往在亲友间传递，可以在比较长的时间内吸引读者以及潜在顾客的注意。另外，杂志一般比报纸印刷精美、图画生动、制作效果理想，容易引起人们的兴趣。它的缺点是传播范围不及报纸，而且不同杂志的广告费用差异很大，预约广告的时间较长。

此外，报纸和杂志还有一些优点：① 适宜刊登较长的说明，这是电视、广播和露天广告牌所不及的；② 报纸和杂志对读者有针对性，例如，有些杂志是受知识阶层偏爱的，有些是专门为影迷准备的等，在专门性报纸、杂志上刊登专门的有针对性的广告，效果更加明显。

（3）广播

广播的听众遍及各地各阶层，传播范围很广，信息传递迅速、及时，方式灵活多样，声情并茂，吸引力强，且费用相对低廉等特点。在文盲率较高的国家或者是在电视机尚未普及的国家或地区，广播是不可替代的广告媒介。即使是在发达国家或地区，广播也仍拥有许多的听众，特别是人们往往利用驾车时间收听广播。因而，一些汽车公司和一些食品饮料等的生产厂家就大量利用广播媒介播放商业广告。广播广告的不足之处在于，听众在收听时不够专注，很容易遗忘广告内容，而且缺乏对产品形象的认识，不易留下深刻印象。

（4）电视

电视广告视听结合，传播范围广，表现手法灵活多样，在目前各种广告媒介中促销效果最好。近年来，视听技术的发展、生产销售的国际化以及电视普及率的提高，为电视作为国际性的广告媒介提供了有利条件。但是，电视作为广告媒介也有其自身的局限，如广告时间短，易受其他节目的干扰，费用昂贵，观众统计资料难以获得等。许多国家对电视商业广告或多或少有所限制，有时甚至很严格，不仅限制商业广告播出的时间，而且还限制广告的内容及目标对象。

（5）互联网

互联网已经成为当今全球最大的传播媒介。仅以容量而言，即使版面最多的报纸在互联网面前都只是沧海一粟，网络几乎给各类广告提供了取之不尽、用之不竭的“版面”。互联网高速发展到今天，世界上超过 200 个国家，上亿的人口得以透过互联网彼此紧密地联系在一起。互联网具有其他媒介所不具备的优势。首先是速度快、时效性强。它不受印刷、运输、发行、时空等因素的限制，信息上网的瞬间便可同时发送到所有用户手上。其次是容量无限和全球联通的传播范围。计算机网络可以把世界上所有的信息“一网打尽”，使人们“足不出户便知天下事”。此外，超文本的检索方式使信息变得生动活泼，易于接受。信息传递的交互性使用，使用户不再只是被动的接受者，从而适应现代人崇尚自主、渴望参与的心理要求。优势就是吸引力，有了吸引力就有市场。随着互联网用户成几何级数增长，网上广告越来越为商家看好。

（6）其他广告媒介

企业在国际市场上可以使用的广告媒介还有直接邮寄、户外广告，或者利用交通工具作广告等多种方式。在商业或工业杂志很少的国家或地区，直接邮寄广告是工业用品推销的有效媒介。企业通过邮寄样品、产品说明书或商品目录等，向目标用户传递产品信息，进行推销。由于直接邮寄广告简单易行，成本费用低，我国企业目前广告促销费用有限，国际市场广告促销经验不足，直接邮寄广告便是经常使用的一种广告媒介。利用户外广告牌、霓虹灯等所做的广告也早已是屡见不鲜了。不少企业还利用交通工具进行移动的广告宣传，例如，我国北京的双层公共汽车上大部分车身广告宣传的都是跨国公司产品。美国一家公司还专门设计了一种车辆外观影响力的统计系统，专门对车辆外观对人们视觉的影响力进行测试，并将测试结果提供给广告公司。

此外，一些新的广告形式也正在出现。例如，销售地点广告（Point of Purchase Advertising，POP）、宣传标语、印在饮料杯上的广告、T 恤衫上的广告、在电影放映前播放的“贴片广告”、由宇航员在太空里做的太空广告等。

2．选择媒介的依据

选择恰当的媒介一般应考虑以下因素。

（1）要明确范围、频率和效果

要明确在一定时间想向多少目标听众或观众显露这一广告，显露的次数是多少，并且要估计显露的效果。如同样是期刊，读者对象和发行量不同，效果也会不同。

（2）要选择广告媒体的类型

这里需要注意：① 目标消费者的习惯，例如，老年人多愿阅读报纸，对青少年广播、电视最为有效；② 广告的内容，如推出新产品，一般在电视上，“大减价”一类广告多见诸于报纸；③ 产品的特点，对于服装广告，彩色印刷的杂插页最为诱人，电视广告则便于展视商品的方方面面和优良性能；④ 费用问题，不同媒体费用高低相差悬殊，这是在选择时必须考虑的；⑤ 媒体的情况，如杂志有各式各样，条件各有不同，要根据其编辑水平、印刷质量、读者对象、发行地域、出版时间，来选择一种最为合适的。

（3）要考虑广告的发布时间

因为大多数商品都有季节性，而且还要注意顾客的周期性变化和购货频率的变动。

（4）要针对消费者心理

广告人要明确将对顾客产生哪一种心理吸引。消费者一般有安全感、舒适感、归属感、尊重感、自我实现感以及求知感等几种心理因素。要使广告具有强大魅力不是件容易的事，针对性要强。

四、国际广告代理商的选择

1. 国际广告代理的类型

公司可能会使用下面的一种或多种选择来实施其国际广告战略：自己去开发国际市场中的当地广告；使用当地的广告代理商、母国的代理商，或者使用拥有当地分支机构的国际广告代理商来开发广告；或者使用一个组合的战略。如果远离目标市场，那么可能就不允许采用母国的代理机构以及内部结构。

对于国际公司和提供广告支持的代理机构的关系，最常见的有如下几种类型。

① 聘请本地广告代理商。

② 聘请国际广告代理商。

③ 聘请本地广告代理商用以对国际代理商的信息进行补充。

（1）聘请本地广告代理商

如果是使用本地化战略，或者是关注于每个单个市场的公司，更可能会雇用一个本地的广告代理商。雇用本地的广告代理商是恰当的，特别是当市场信息很重要的时候。例如，瑞典的宜家家具公司准备在圣迭戈开展一次品牌宣传活动。于是，公司就授权圣迭戈特许经营商去聘请一家公司在圣迭戈的市场上为宜家进行宣传；它们聘请了特别善于进行本地宣传的一家洛杉矶公司——AM 广告。

在一个相对统一的市场中，例如拉丁美洲，广告商通常使用西班牙语和葡萄牙语来与消费者进行沟通。如果公司需要在拉丁美洲和加勒比地区的 25 个国家进行广告宣传，那么最好将广告翻译为每个国家的土著语言，以避免被视作外人。本地的代理商能够为每一个单个市场设计更好的活动方案。除了对于本地市场的了解，本地的代理商在与地方媒介和政府打交道方面也具有一定的优势。

不利的方面就是，广告的质量可能会不及大型的国际广告代理商所提供的。随着技术的扩散，即使是发展中国家的本地公司，也能够提供更高质量、可以与大型国际广告商相比的图形广告。然而，如果公司决定聘请本地的广告代理商，那么它也许不能协调好一个全球化的、标准的广告活动。

（2）聘请国际广告代理商

一般来说，如果公司为产品或者服务选择了一个标准化的战略，那么它更有可能会使用拥有本地分支机构的国际代理商来在各自的市场中对广告进行管理。大多数知名代理商在重要的国际市场中都会设有分支机构。在东欧，代表性的公司，例如上奇、李奥贝纳、扬雅以及奥美等在每个国家的首都都设有分支机构。其他一些公司也会选择那些客户能够带来重要利润的市场。

全球范围内顶级广告代理商集团的领袖是日本广告公司电通株式会社。电通株式会社在纽约的麦迪逊大街拥有 7 家公司：麦肯、天联、恒美、奥美、扬雅、李岱艾、智威汤逊，紧随其后的是法国的代理机构阳狮以及芝加哥的李奥贝纳，如表 9-1 所示。

表 9-1　　10 大代理网络（根据 2006 年的全球销售收入进行排列）

排名	公司	总部	全球收入（美元）
1	电通	东京	2 487.0
2	麦肯世界集团	纽约	2 127.4
3	天联国际广告	纽约	2 099.8
4	恒美国际沟通集团	纽约	2 077.8
5	奥美环球	纽约	1 714.1
6	扬・罗必凯品牌集团	纽约	1 588.3
7	腾迈全球	纽约	1 523.1
8	智威汤逊	纽约	1 496.7
9	阳狮环球广告	巴黎	1 243.8
10	李奥贝纳环球	芝加哥	1 185.0

（资料来源：Advertising Age，"Top 10 Consolidated Agency Networks"，April 26，2007. http：//adage. com.）

国际广告代理商的优势得益于母公司的经验和人才以及技术和研究能力。他们也能利用当地代表的专业和关系来与媒介和政府打交道。

（3）聘请本地广告代理商用以对国际代理商的信息进行补充

聘请拥有本地分支机构的国际广告代理商不会妨碍对本地广告代理商的使用。例如，尽管可口可乐聘请国际顶级的代理机构为其制订全球的广告内容，但是它同样会鼓励各个国家使用本地的代理商再为广告提供一些补充信息；事实上，国与国之间的沟通会形成全球层面上的想法，而后这种想法会被当地的营销人员翻译，成为可口可乐“全球化思想，本地化行动”战略的一部分。

2．选择国际广告代理商应考虑的因素

为了确保国际广告活动的成功，广告主需对广告代理商的下列条件予以考虑和甄选。

① 代理商的背景。包括代理商的经营宗旨、经营范围、经营方式、经营历史、经营规模等。

② 代理商的声誉。包括代理商的知名度、信任度、工作责任感、职业道德水平以及资信情况。

③ 市场覆盖范围。该广告代理商的信息传播范围是否包括了企业的目标市场；广告代理商与各国代理商是否建立了稳定的业务联系；是否在本企业感兴趣的目标市场有分支机构；与本企业在对待广告的原则和态度上是否相同；在创意上是否意见相投等。

④ 业务水平。考察代理商的业务水平重点要看其有哪些专门的人才和经验；是否做过

类似的广告和是否有能力做好这种广告；其广告技巧是否熟练和独特；提出的广告方案是否恰当；所派来经办广告业务的人员是否有经验和能力等。

⑤ 市场调研、公共关系及其他营销服务的水平。如果企业在国外市场上需要这些服务，则除广告作业外，尚可依其所能提供的服务项目进行选择。

⑥ 广告费用。一般国外代理商的收费较高，国内代理商的收费较低；大型综合广告代理商收费较高，小型广告代理商收费较低。企业应根据广告项目的大小、要求和财力，权衡利弊，量力选择。

第三节　国际市场人员推销

国际市场人员推销是指国际企业向目标市场国派出推销人员或委托、聘用当地或第三国的推销人员，面对面地与潜在顾客接触、洽谈，并说服其购买本企业产品的促销活动。人员推销是企业最早划分出来的促销方式，它尽管古老但十分有效，在国际市场营销活动中仍有着其他促销方式无法替代的优势，发挥着重要作用，始终是企业拓展国际市场不可缺少的主要手段。

一、国际推销人员的选择

一家企业的国际推销人员，可能有 4 类：① 企业的外销人；② 企业常驻国外的销售人员；③ 企业的国外子公司销售人员；④ 企业的国外代理商的销售人员。

这里主要研究前两类人员的选择问题，后两类国际销售人员分别由国外子公司和国外代理商选择，这里就不再加以研究。

沃尔什研究过国际推销人员的选择标准，并提出 6 条素质标准：① 决断能力；② 调查能力；③ 文化环境适应能力；④ 独立工作能力；⑤ 身体素质；⑥ 外语能力。

国际推销人员需要具备决断能力。第一，国际市场变化很快，如不能果断决策，就很可能贻误时机。第二，国外客户一般都很珍惜时间，不愿同优柔寡断的销售人员打交道。第三，国际人员推销是面对面地同外商接触和交锋，本身具有一种紧逼感，它往往迫使人做出决断。第四，有决断能力的人，一般也是有魄力、有勇气承担风险的人，而国际销售工作是有较大风险的，只有敢于承担风险的人，才比较适合这项工作。

国际推销人员需要具备调查能力。国外客户的购买行为是比较复杂的，受其内外环境多种因素的影响，国际销售人员只有善于调查并通过调查更多地掌握国外客户的购买行为及影响因素，才能提高与他们沟通的效率和取得更好的沟通效果。另外，国际销售人员本身就兼有市场调查或收集市场信息的职能，就是说，企业派人出国销售，不仅仅是为了签下销售协议，也是为了收集国际市场的信息。因此，不具备调查能力的国际销售人员很难完成这双重任务。

国际推销人员需要有文化环境的适应能力。因为，国际文化环境的差异是国际沟通乃至整个国际营销最大的障碍之一，国际销售人员只有尽量去适应东道国的文化环境，就是所谓的“入乡随俗”，才能减少或克服这种障碍。

在国际营销中，要完全“入乡随俗”是很难的。外来文化与当地习俗之间总是多少有些冲突。完全“入乡随俗”意味着解决这个冲突的办法是放弃外来文化中不符合当地习俗的部分，这可能也就意味着体现外来文化的国际产品退出当地市场。国际营销界流传着这样一个“经典”故事：一个英国推销员和一个美国推销员去南太平洋一个岛上推销皮鞋。英国推销员到岛上一看，岛上的居民都不穿皮鞋，他大失所望，给公司发回的信息中称：该岛居民都不穿皮鞋，没有市场，他本人也立即返回。美国推销员到岛上一看则大喜过望，给公司发回信息中称：该岛居民都没穿皮鞋，市场潜力很大，他本人也决定留下来做市场。在这个故事里，英国推销员对当地“不穿鞋”的习俗是完全“随从”或“尊重”的，但这样的结果是退出当地市场。而美国推销员没有退出当地市场，就因为他“入乡”但不“随俗”，而且准备说服当地人放弃“不穿鞋”的习俗。因此，国际营销人员的“入乡随俗”，要尊重当地习俗是对的，但“尊重”不一定是完全“随从”。在当地习俗与国际产品的文化理念相冲突的情况下，国际营销人员可以尽量说服对方改变习俗（如果国际产品代表较先进的文化理念）；也可以可以通过信息反馈部分地修正国际产品的文化理念，以便与对方“求同存异”。

国际推销人员需要有独立工作的能力。这种能力主要表现为：能在远离上司和同事的情况下独立处理业务和做出决策；能以个人形象代表企业形象；在缺乏监督的情况下能自律和保持对企业的忠诚；能在面临困难和挑战的情况下，保持耐心和坚韧不拔的意志力。事实上，国际销售工作正是一种远离上司及同事、缺乏监督和经常面临挑战的工作，没有独立工作能力的人是难以胜任的。

国际推销人员需要有良好的身体素质。国际销售人员的体质，要能够适应长期旅行、恶劣的气候、怪异的食物、各种各样的旅馆条件、繁忙的商务聚会和应酬。国际人员销售要有饱满的精神和充沛的活力，因为如前所述，销售人员是产品的“活包装”，“活包装”只有充满活力，才能起到促销产品的作用。然而，身体素质较差的销售人员很难始终保持饱满的精神和充沛的活力。

国际推销人员需要有较强的外语能力。国际沟通最大的障碍之一是文化环境的差异，而文化环境的差异表现之一就是语言差异。国际销售人员只有具备较强的外语能力，才能克服语言障碍，提高国际沟通的效率。

二、有效推销的主要步骤

1. 寻找潜在顾客

推销过程的第一个步骤是确定潜在顾客，公司可通过向现有顾客询问的方式寻找潜在顾客，也可以从供应商、中间商等渠道寻找线索，还可以利用电话和邮件查询顾客来源。

2. 准备工作

推销员在活动开展之前，应尽可能多地了解潜在顾客的情况，如他们确实需要什么商品，何人参与其购买决策，执行采购任务的购买者个人性格和购买习惯等，推销员可通过查阅资料和寻访他人等手段来掌握这些情况。推销员还必须事先确立访问目标、访问方法及访问时机，针对顾客特点拟订一个整体性的推销策略。

3. 接近顾客

推销员应以整洁的仪表、礼貌的开场白和恰当的举止接近顾客，使双方的接触有一个良好的开端。在交谈过程中，还要通过顾客的表情和举止等揣摩顾客心理，聆听顾客的需求表达，根据顾客心态和情绪的变化来调整自己的言行。

4. 讲解与示范表演

推销员在讲解中应把产品能给消费者带来的利益放在首位，把对产品价值的强调放在其后，在推销中常犯的错误是过分宣传产品特征，而忽略了顾客利益的存在，例如，最古老的推销方法是将顾客置于被动地位，推销员用正面的刺激性语言、图片来讲解，希望能激起购买欲望，说服顾客购买，这是典型的产品导向推销法。另一种方法是推销员先识别消费者需要，与消费者一起探讨问题，了解他们的需要和态度，然后再开始一种模式化讲解，说明产品如何能满足他们的需要。还有一种方法是推销员不多讲话，而是鼓励消费者多发言。推销员扮演一个知识丰富的消费顾问角色，这要求推销员善于倾听别人意见，从中了解他们的真实需要并能帮助消费者解决问题。后两种方法是市场营销导向的推销方法。

除讲解外，推销员还可以当场示范。顾客如果能看到或自己使用产品时，会更好地记住产品特点，这对于消除国外消费者由于对商品规格、性能、用途及语言文字等不了解、不熟悉或者由于社会文化、价值观念、审美观、风俗习惯的差异而产生的各种疑虑，具有直接而明显的效果。

5. 处理不同意见

在推销员所接受的推销技巧训练中，如何应付反对意见是一个重要组成部分，因为在推销员介绍产品过程中或要求顾客订货时，消费者会经常表现出一种本能的抵触。有些消费者已形成品牌偏好，对所介绍的新产品反应淡漠；有些消费者在订货时对价格、交货安排等方面也有抵触情绪。这时推销员要采取积极对策，请顾客说出抵触的原因，针对这些原因进行解释，将对方的反对意见转化成购买理由。

6. 达成交易

在推销过程中，推销员应意识到达成交易的最佳时机，在该设法达成交易的时候，推销员应知道如何识别顾客发出的交易信号，包括他们的举止、言语和表情等。这时推销员可着重询问顾客是要甲产品还是乙产品，或引导顾客对式样、大小、颜色等做出选择，或说明现在如果不买，将来可能会后悔等，也可以通过特价、免费额外赠送等推广手段来诱使成交。

7. 售后服务

交易一旦达成，推销员应着手做好各项具体工作，如交货的时间、地点及条件等，尽量使顾客满意为了维持顾客的继续购买，还应提供良好的售后服务，包括对商品的安装、维护及使用方法指导等。推销员的推销计划中应有一个完整的售后服务计划。

三、国际市场人员推销的组织模式

国际市场人员推销的组织模式是指推销人员在国际市场的分布和组成。合理的组织模式是良好推销效果的保障。国际市场人员推销的组织模式主要有以下 4 种。

1. 区域型推销组织模式

区域型推销组织模式是指企业根据销售区域来配备推销人员，这是最简单的组织模式。这种方法便于推销员明确责任，了解和熟悉目标促销市场环境，尤其是目标顾客群和市场状况，从而有针对性地开展推销工作；也利于与顾客建立和维系长期稳定的关系；同时，这种组织模式也便于企业考核推销员的工作业绩，也能为企业节约推销费用。但是如果同一地区产品大类繁多，则不利于推销员了解和熟悉产品和市场状况，因而区域型推销组织模式适用于同一地区产品大类较少的企业。

2．产品型推销组织模式

产品型推销组织模式是指企业根据产品来配备推销人员，每个推销员负责推销一种或几种产品而不受国家和地区的限制。这种组织模式有利于集中推销某种产品，为顾客提供专门的服务，同时也有利于推销员队伍的专业化建设。但是由于跨地区推销费用较高，而且可能发生同一企业不同产品的推销员出现在同一推销区域，导致企业难以制订统一的促销策略。因此，产品型推销组织模式适用于出口产品种类繁多、分布范围广、差异性大、产品技术性能和技术结构复杂的企业。

3．顾客型推销组织模式

顾客型推销组织模式是指企业根据不同的顾客类型来配备推销人员。这一模式设置的前提是对某个产品的顾客进行分类，顾客分类的标准可以是职业、产业类型、规模大小、职能状况等。这种组织模式便于推销员把握目标顾客群的消费心理和消费习惯，有针对性地开展推销工作。该模式的弊端是：如果顾客分布较分散，则会增加推销费用。

4．混合型推销组织模式

混合型推销组织模式是指综合采用上述两种或 3 种推销组织模式来配备推销人员。当企业规模大、产品种类繁多、市场范围广而顾客分散时，上述任何一种组织模式都无法实现预期的推销效率，因而可以采用区域一产品型、区域一顾客型、产品一顾客型推销组织模式或者区域一产品一顾客型推销组织模式。

四、国际市场推销人员的管理

【小资料 9-4：Philip Morris 公司在委内瑞拉的人员推销管理】

Philip Morris 烟草公司在委内瑞拉的经验表明，人员推销在该国市场是非常有效的促销方式。由于委内瑞拉工资低廉，因而公司在该国的销售部门聘用了 300 多名员工，其中 1/3 是推销人员，其余均为销售助理人员，负责销售资料的传送与寄发工作。该公司对推销人员的控制方式主要有销售区域的划分、销售工作计划与访问客户的频率等。为了更大范围地覆盖市场，该公司对于在委内瑞拉较偏远省份的推销人员，给予较高的佣金或额外补贴，同时，对考绩优秀的销售助理人员提供一辆汽车，作为交通工具和奖品。

国际市场推销人员的管理主要包括招聘、培训、激励、评估各环节。

1．国际市场推销人员的招聘

国际市场推销人员的招聘多数是在目标市场所在国进行。因为当地人对本国的风俗习惯、消费行为和商业惯例更加了解，并与当地政府及工商界人士，或者与消费者或潜在客户有着各种各样的联系。但是，推销人员的社会地位和职业性质在不同的国家或地区却有很大的区别。例如在日本，推销员的职业以往被认为是低下的，大学毕业生通常不愿意从事推销工作。当然，这种偏见近年来逐渐得到改变，大学毕业生已占日本企业推销人员的多数。在海外市场招聘当地推销员还会受到当地市场人才结构的限制，在某些国家或地区要寻找合格的推销人选并非易事。

企业还可以从国内选派人员出国担任推销工作。企业选派的外销人员，要能适应海外目标市场的社会文化环境。例如，派往伊斯兰教地区的推销员最好能熟悉及尊重伊斯兰教的信仰。推销人员还要能熟练使用当地的语言。企业的外派人员由于已在企业工作过，熟悉企业的业务流程，企业对他们的业务能力与为人处世也比较了解，因而常常被作为骨干使用或者被委以领导责任。

2. 推销人员的培训

（1）培训的地点与培训内容

推销人员的培训既可在目标市场国进行，也可安排在企业所在地或者企业地区培训中心进行。跨国公司的推销人员培训多数是安排在目标市场所在国，培训内容主要包括产品知识、企业情况、市场知识和推销技巧等方面。若在当地招聘推销人员，培训的重点应是产品知识、企业概况与推销技巧。若从企业现有职员中选派推销人员，培训重点应为派驻国市场营销环境和当地商业习惯等。

（2）对推销高科技产品推销人员的培训

对于高科技产品，可以把推销人员集中起来，在企业培训中心或者地区培训中心进行培训。因为高科技产品市场在各国具有更高的相似性，培训的任务与技术要求也更加复杂，需要聘请有关专家或富有经验的业务人员任教。

（3）对推销人员的短期培训

由于科学技术的发展，新技术、新工艺和新产品不断涌现；由于市场供求关系或者竞争态势的变化，企业需要调整推销计划或者开拓新市场。为此，就需要对推销人员进行临时性的短期培训。对于这类性质的培训，企业既可采取组织巡回培训组到各地现场培训的方法，也可将推销人员集中到一起去培训中心进行短期集训。

（4）对海外经销商推销员的培训

企业在国际市场营销活动中，经常利用海外经销商推销产品。为海外经销商培训推销人员，也是工业用品生产厂家常常要承担的任务。对海外经销商推销人员的培训通常是免费的，因为经销商推销人员素质与技能的提高必然会带来海外市场销量的增加，生产厂家与经销商均可从中受益。

3. 推销人员的激励

对海外推销人员的激励，可分为物质奖励与精神鼓励两个方面。物质奖励通常指薪金、佣金或者奖金等直接报酬形式，精神鼓励有进修培训、晋级提升或特权授予等多种方式。企业对推销人员的激励，应综合运用物质奖励和精神鼓励等手段，调动海外推销人员的积极性，提高他们的推销业绩。例如，菲利浦·莫里斯公司在委内瑞拉市场的做法，是定期公布最佳推销员的销售成绩，给予金钱奖励，并为销量居前 4 名的推销员举行宴会进行表彰。

对海外推销人员的激励，更要考虑到不同社会文化因素的影响。海外推销人员可能来自不同的国家或地区，有着不同的社会文化背景、行为准则与价值观念，因而对同样的激励措施可能会做出不同的反应。

4. 推销人员业绩的评估

对于海外推销人员的激励，建立在对他们推销成绩进行考核与评估的基础上。但是企业对海外推销人员的考核与评估，不仅是为了表彰先进，而且还要发现推销效果不佳的市场与人员，分析原因，找出问题，加以改进。人员推销效果的考核评估指标可分为两个方面：一种是直接的推销效果，例如，所推销的产品数量与价值、推销的成本费用、新客户销量比率等；另一种是间接的推销效果，如访问的顾客人数与频率、产品与企业知名度的增加程度、顾客服务与市场调研任务的完成情况等。

企业在对人员推销效果进行考核与评估时，还应考虑到当地市场的特点以及不同社会文化因素的影响。例如，产品在某些地区可能难以销售，则要相应地降低推销限额或者提高酬金。若企业同时在多个海外市场上进行推销，可按市场特征进行分组，规定小组考核指标，从而更好地分析比较不同市场条件下推销员的推销成绩。

第四节　国际市场销售促进

【小资料 9-5：可口可乐打进中国前先无偿赠送】

美国可口可乐公司，为了打开中国市场，不是一开始就向中国倾销商品，而是采取“欲将取之，先支予之”的办法。先无偿向中国提供价值 400 万美元的可乐灌装设备，花大力量在电视上做广告，提供低价浓缩饮料，吊起你的胃口，使你乐于生产和推销美国的可乐。而一旦市场打开，再要进口设备和原料，他就要根据你的需求情况来调整价格。

二十多年来，美国的可口可乐风行中国，销量和价格也成倍增长。美国商人赚足了钱，无偿供给中国设备的投资早已不知收回几十倍了。

销售促进活动具有促销针对性强、方式灵活多样和短期促销效果显著等特点。但是销售促进活动不像广告、人员推销和公共关系那样具有常规性，通常是为了解决具体促销问题或者达到临时促销目的而进行的。例如，介绍新产品，推销积压商品，加强广告或人员推销的效果等，并常与广告宣传或人员推销等其他促销方式结合使用。

广告给购买者提供了信息，销售促进却能给购买者以激励；广告能建立长期的消费者忠诚，销售促进具有明显的短期促销效益在国际促销中，企业采用销售促进的主要目的是：诱导消费者试用或直接购买新产品；吸引消费者走进商店并刺激其购买行为；鼓励零售商在橱窗内陈列本企业产品以扩大影响；诱使中间商，尤其是零售商订货；配合广告和人员推销以增强整体促销能力；与竞争对手的销售促进相抗衡，以稳住本企业的市场占有率。

所以，销售促进具有广告等其他促销手段所不能替代的作用。尤其是 20 世纪 90 年代以来，无论是在企业还是在非营利组织，销售促进都得到了广泛运用。目前，国际市场销售促进的总费用增长速度已大大超过广告费增长速度，销售促进在解决国际目标市场某一短期促销任务方面具有自身独特的优势。

一、销售促进方式

企业根据其销售促进目标，可使用多种销售促进工具。在选择推广工具时应考虑的因素有市场类型、竞争条件和各种工具的效益成本等。销售促进依据其针对的促销对象不同，可分为针对消费者的销售促进、针对中间商的销售促进和针对推销员的销售促进 3 种类型。

1. 针对消费者的销售促进方式

企业针对消费者的销售促进方式主要有赠送代价券、折扣、赠送样品、商业贴花、附加赠送等。

① 赠送代价券，指用邮寄或附在产品包装中等形式附赠小面额的代价券，持券人可凭券在购买某种产品时得到优惠。

② 折扣，指消费者在购买产品时，可凭一定的票据向制造商索取折扣。

③ 赠送样品，即以实物赠送给消费者，使产品被了解和接受。

④ 商业贴花，指消费者每购买单位产品就可获得一张贴花，若筹集到一定数量的贴花就可换取这种产品或奖品。

⑤ 奖品，有两种类型：一种是顾客持购买凭证（如发票）去领取奖品；另一种是将奖品与产品一起包装，通过消费者购买行为来获得。

⑥ 附加赠送，指按消费者购买产品的金额比例附加赠送同类产品。

⑦ 竞赛抽奖活动，即通过竞赛或抽奖活动，将奖品发给优胜者，以吸引消费者。

⑧ 售点促销，即放置于销售点的广告物，目的是吸引消费者，起到宣传产品的作用。

2．针对中间商的销售促进方式

针对中间商的销售促进主要有合作广告、现场演示、交易推广、经销商竞赛等多种方式。

① 合作广告，即与经销商合作进行广告宣传，提供详细的产品技术宣传资料，帮助经销商培训销售技术人员，协助经销商进行店面装潢设计等。

② 业务会议和交易展览，指邀请中间商参加定期举行的行业年会、技术交流会、产品展览会等，传递信息，加强双向沟通。

③ 现场演示，指企业为经销商安排的对产品进行特殊的现场表演或示范及提供咨询服务。

④ 交易推广，指通过折扣或赠品形式来促销和促进与经销商的合作。

⑤ 经销商竞赛，指企业采用现金、实物或旅游等奖励形式组织经销商开展竞赛活动以达到促销的目的。

⑥ 发送企业刊物，指企业定期向经销商发送企业刊物，以保持联系。

3．针对推销员的销售促进方式

针对推销员的销售促进主要有推销培训和推销竞赛两种形式。推销培训是指通过课堂讲授、集体讨论、个案研究、角色扮演等方式培训推销人员，以提高其知识和技能水平、服务态度等。推销竞赛是指以推销员的销售额、开发的新客户数、总利润额及各种评估结果为依据对优胜者予以奖励，促使推销员彼此展开竞赛。

此外，国际博览会也作为一种重要的国际销售促进方式，在国际市场营销中发挥着越来越重要的作用。世界上有 70 多个国家每年举办近 2 000 个国际博览会，博览会为来自世界各地的企业提供了一个交流信息和达成交易的机会。在博览会上，企业之间可以买卖产品洽谈合同，还可以通过博览会广泛结识较理想的代理商、经销商，为开拓国际市场创造良好的条件。此外，通过国际博览会，企业可以了解同类产品的国际市场行情，如产品质量、价格、包装及销售情况，竞争对手的产品情况，收集国际市场技术、经济等方面的信息，以便及时调整或正确选择企业的国际市场营销策略。

二、销售促进策略

公司在国际市场采用销售促进这一促销手段时，应特别注意不同国家或地区对销售促进活动的限制、经销商的合作态度以及当地市场的竞争程度等因素的影响。

国际企业的销售促进策略就是关于国际企业如何选择适当的促销方法和手段，创造高效的促销工具的过程。

1．要了解和分析各国对销售促进方式的限制和管理规定

许多国家对销售促进方式在当地市场上的应用加以限制。例如，有的国家规定，企业在当地市场上进行销售促进活动事先须征得政府有关部门的同意。有的国家限制企业销售促进活动的规模，限定免费赠送的物品不得超过消费者所购买商品的一定百分比，还有的国家对销售促进的形式进行限制，规定赠送的物品必须与推销的商品有关。还有的国家的法律对现金折扣和数量折扣加以限制。如新西兰法律规定，折价券只能兑换现金；英国对销售促进活动的合法性、公正性、诚实性都有专门的解释。进行国际营销的企业必须熟悉这些规定，才能避免陷入误区，遭受不应有的损失。

2．要确定合理的销售促进预算

销售促进的预算与销售促进的规模有着直接的联系。在一定的规模以内，销售促进的费用与效果之间存在着正相关关系，但当销售促进费用达到一定水平以后，其效果就会出现递减现象，最后甚至出现与销售促进费用负相关的关系。企业必须正确确定销售促进的规模，一般地讲，单位产品推广费用最低时，销售促进的规模为最佳规模。低于或高于这一规模，都不能充分发挥销售促进费用的效果。

3．要合理选择销售促进的时间

选择销售促进的时间有两层含义。一是确定销售促进活动的起始时间，如是否在新产品一上市就开展推广活动，或者是否在产品的销售淡季搞销售促进活动等。二是确定销售促进活动的时间长度。企业开展销售促进活动的时间的长短，应视产品、地区、人口的状况而定，时间过短，可使许多潜在消费者没有机会购买产品，无法达到预期的推广目的；时间过长，可能给消费者造成不良印象，认为企业急于出货、推销滞销产品。

4．要深入考察目标市场状况

① 经销商的合作态度。企业国际市场销售促进活动的成败与当地经销商或中间商的支持与否有很大关系。在一些零售商数量多规模小的国家或地区，企业在当地市场的销售促进活动因为零售商多而分散不容易联系，商场规模小，无法提供必要的营业面积或者示范表演场地，加上缺乏销售促进经验等原因，往往使销售促进活动难以收到满意的效果。如果经销商能够代为分发赠品或优惠券，甚至由零售商来进行现场示范或者商店陈列等，销售促进活动就较易取得成功。因此，在决定进行销售促进活动之前，需要慎重了解经销商的合作态度。

② 目标市场的竞争程度以及竞争对手在促销方面的动向或措施。目标市场上竞争对手的情况将会直接影响到企业的销售促进活动的决策。例如，在竞争不太激烈的市场上推出产品，在设计销售促进方案时需要研究如何制订适宜于本企业的方案；但是如果市场上存在激烈的竞争，而竞争对手出台新的促销举措来吸引顾客争夺市场，企业就必须针对对手的行动采取相应的对策。另外，企业在海外目标市场进行销售促进活动时，还很可能遭到当地竞争者的反对或阻挠，甚至可能通过当地商会或政府部门利用法律或法规的形式来加以禁止。所以企业决定在一个市场上进行某种销售促进活动时，必须将竞争程度及竞争对手的动向考虑在内。

总之，国际市场的促销策略比国内市场促销更为复杂，进行国际经营的企业需根据目标市场国的实际情况，采取相应的方式，克服地域、文化等因素带来的障碍，只有这样，才能够成功地进行国际营销，收到事半功倍的效果。

第五节　国际公共关系

【小资料 9-6：美国摩托罗拉公司在中国的公关活动】

美国摩托罗拉公司进入中国后，就提出要“以中国为家”，“做社会好公民”，做一个“中国公司”。在融入中国社会的努力中，摩托罗拉提出“三心”，即爱心、诚心和耐心。从 1994 年起，摩托罗拉就参与中国的“希望工程”，制订了全面、持续的资助计划。摩托罗拉不仅追求援建学校的数量，而且注重提高学校的质量，力争将援建学校办成全国的楷模。到 2000 年，摩托罗拉已经为“希望工程”捐资 1 200 万元人民币，建立了 24 所希望小学。

国际公共关系，是国际营销界越来越重视的一种国际沟通方式，这种沟通方式的采用是国际营销进入所谓“大营销”的标志之一。所谓国际公共关系，就是一个组织以国际公众利益为出发点，通过有效地管理和沟通，在国际公众中树立良好的形象和信誉，以赢得组织内外相关公众的理解、信任、支持和合作。

国际公共关系与国际广告或其他国际沟通方式相比，有下述优点。① 社会性。国际公共关系积极关心东道国的社会热点问题，因此可以比其他国际沟通方式更快地扩大企业在东道国的社会知名度和社会影响力。② 间接性。国际公共关系不是直接地向东道国消费者介绍企业的产品，而是通过与东道国社会公众的沟通，树立在东道国良好的形象，从而间接地达到产品促销的目的。这种间接性的沟通促销，可以使营销者的利益或经济目的不太直露，使国际营销者与东道国消费者之间的利益矛盾淡化，从而使东道国消费者对营销者产生认同感。③ 渗透性。国际公共关系是一种“民间外交”，它能比国际广告、国际展览等更好地突破国际政治的障碍。④ 长远性。国际公共关系着眼于在东道国的长期发展，其沟通的效果，即企业在东道国社会形象的建立，能对国际营销起到长远的促进作用。

一、国际营销公共关系的特点

1. 主体的复合性

公共关系的主体是一定的社会组织，但国际公共关系活动这个主体往往具有复合性，即企业为把自己的产品打入国际市场要开展公共关系活动；地方政府或某一行业部门为扩大出口要开展公共关系活动；国家为树立在国际社会中的地位要开展公共关系活动，这几个主体的公共关系活动虽然各自分离，但却相互依托。

2. 客体的复杂性

公共关系的客体是公共关系的活动对象，在国际营销公共关系活动中，其客体是不同种族、不同民族、不同信仰的世界各国的不同层次的群体。

3. 传播媒介的局限性

由于国际公共关系公众复杂性，使公共关系传播对象在语言、文化、心理、行为等方面存在着极大的差别，致使国际公共关系在传播媒介和方式上受到很大的限制。

二、国际公共关系的内容

通常情况下，国际企业开展国际公共关系活动，主要有以下内容。

1. 了解本企业在国际市场的形象和知名度

认真听取和搜集国际市场公众对本企业产品、营销策略、服务、人事、财务等各方面的意见和态度，了解本企业在国际市场的形象和知名度。

2. 建立与公众之间的联系制度

建立与公众之间的联系制度，答复他们向本企业提出的各种询问，提供有关本企业情况的材料，对任何来访、来电和来信的人，进行迅速、有礼、准确、友好的接待和处理。

3. 建立与国内外组织的公开往来制度

与国内外有关组织特别是国际目标市场的公众，建立固定的公开往来制度，经常向他们说明本企业对顾客、公众和社会可能做出和已经做出的贡献。为了完成这项任务，企业可以在国际社会搞一些赞助、捐赠、竞赛等活动。

4. 协助本企业职能部门有关对外联络、宣传和信息沟通等事务

协助本企业的董事会、经理、各职能部门和职工，处理有关对外联络、对外宣传、信息沟通等事务。企业的国际公共关系的开展，必须与企业的国际市场人员推销、广告和销售促进相结合。在国际市场总体促销策略的基础上，制订良好的公共关系策略，使企业在公众中树立良好的形象，培养国外消费者对企业产品的偏爱和信任，从而达到稳定销售、促进销售的目的。

5. 负责协调与理顺企业与社会公众之间的关系

为了调整本企业的国际市场经营目标、经营方法、经营策略、产品结构和经营规划，适应市场变化，公共关系部门要提供最大的帮助，努力理顺企业与社会公众之间的关系，为企业顺利地开展国际市场营销开辟道路。

6. 协助处理本企业生产经营中出现的问题

以具体的行动向社会公众表明，本企业正在虚心听取各方面的意见，并迅速做出反应，从消费者利益出发，从公众利益出发，为社会公众提供完善的服务，做出有益的贡献。例如，日本的东芝、日立，美国的柯达、IBM，德国的西门子等公司，在对中国市场促销时，总少不了“本公司竭诚为中国服务”的口号。

7. 负责处理危机事件

当企业的国际市场营销战略发生失误，或出现较大的营销问题时，可以利用公共关系给予补救；对不利于本企业发展的社会活动和社会舆论，要运用公共关系进行纠正和反驳。

三、国际公共关系的任务

企业在国际营销中开展公共关系活动的最主要目的就是树立企业良好的社会形象和声誉。为达到这一目的，公共关系部门应完成以下 4 项任务。

1. 加强与传播媒介的关系

大众传播媒介承担着传播信息、引导舆论等社会职能，传播媒介对企业的报道对公众具有极强的引导作用，因而也在很大程度上影响企业的公众形象。企业必须充分利用传播媒介来为其服务，与之建立良好的合作关系，及时提供信息，使媒介了解企业；同时，也要积极创造具有新闻价值的事件，争取媒介的主动报道。

2. 改善与消费者的关系

与消费者的关系是国际企业的生命线，国际上任何一家享有信誉的公司几乎都把改善与消费者的关系列为头等重要的问题来处理。运用公共关系同消费者加强沟通，增进了解，使消费者对企业及其产品产生良好的印象，对企业开展国际营销活动意义十分重大。

3．调整与政府的关系

与国内经营企业不同，国际企业面临来自各个国家政府的各种不同的要求或压力。企业一方面必须随时调整自己的行为以适应政府政策的变化，另一方面又要左右逢源，以协调可能发生的冲突和利益矛盾。公共关系部门必须加强与目标市场国政府官员的联系，识别他们的意图，了解所在国的法律，争取相互之间的谅解，以求得企业的生存和发展。为了达到这一目的，企业可以搞些公益活动，如为公用事业捐款，扶持残疾人事业，赞助文化、教育、卫生、环保事业等，从而树立为目标市场国的社会与经济发展积极做贡献的形象。

4．不同时期和阶段采取不同的公共关系活动

在进入目标市场国的初期阶段，面临的问题多、公关任务繁重，工作的重点是争取被目标市场国的政府及国民接纳；进入营运阶段以后，就要关注目标市场国的政局与政策动向以及公司利润汇回母国的风险等问题，工作的重点是扩大企业在目标市场国社会上的影响，树立良好的声誉；最后，即使是在撤出阶段，也仍然要注意保持与目标市场国的良好关系以维护企业其他方面的利益。

以上只是企业开展国际公共关系的基本内容和任务，各个企业应当根据不同时期不同市场的具体情况，确定公共关系具体内容、任务和方法。

随着商业社会日趋复杂，国际环境不断变化以及人们对经济增长和公司作用的期望越来越大，公共关系在今后的国际营销管理中将发挥越来越大的作用。

四、国际公共关系策略

在国际市场营销中，企业应根据不同目标市场国的环境特点，采取相应的公共关系策略。常用的公共关系策略有以下几种。

1．宣传型公共关系策略

宣传型公共关系策略是指企业在目标市场国运用大众传播媒介开展宣传活动，让公众充分了解和支持企业，进而形成有利于企业发展的良好的社会舆论，以获得更多的支持者与合作者的公关策略。宣传型公共关系策略的优点是主导性强、时效性强、传播面广、推广企业和产品形象效果好。因此，这种策略较适用于企业和产品刚进入国外市场时帮助企业在国际市场上迅速树立良好形象，如“健力宝”利用克林顿的竞选招待会制造了克林顿夫妇饮中国魔水“健力宝”的新闻而一举进入美国饮料市场。

2．交际型公共关系策略

交际型公共关系策略是指企业营销人员在目标市场国通过人际交往与目标市场国公众进行情感沟通，为企业广结良缘，建立广泛的社会关系网，从而形成有利于国际营销的人际环境，并以此为沟通平台传播企业和产品形象，使目标市场国公众在不知不觉中接受企业和产品的公关策略。交际型公共关系策略的运用需要企业营销人员深入了解目标市场国人际交往习俗和要求，并能灵活运用。同时，也要明确自身的公关职责，不能将“迎来送往”淡化为纯粹的人际交往。

3．服务型公共关系策略

服务型公共关系策略是一种以提供优质服务为主要手段的公关策略。企业通过为目标市场国公众提供优质的服务来博得信任、支持，进而树立或塑造良好的产品及企业形象。服务型公共关系策略最显著的特征在于实际行动，企业以特殊的媒介——服务来密切与公众之间的关系，因而具有较为显著的公关效果。

4．社会型公共关系策略

社会型公共关系策略是指企业通过在目标市场国开展社会性、公益性、赞助性活动，扩大企业的社会影响力，提高其社会声誉的公关策略。社会型公共关系策略的特点是公益性和文化性强、影响力大、影响范围广。不足之处是有关社会公关的活动费用一般较高，而且效益很难在短时期内体现出来。

5．征询型公共关系策略

征询型公共关系策略是通过提供信息服务这一手段，建立企业与目标市场国公众的联系，在其心目中树立起脚踏实地、以顾客为中心的良好形象的公关策略。征询型公共关系策略在具体运用中可采用民意测验、访问重要客户、征询调查等方式。

思考题

1．选择题

（1）日本丰田汽车公司赞助“丰田杯”足球赛，使丰田公司的名字传遍全世界，这种促销策略是（　　）。

A．广告　　B．人员推销　　C．销售促进　　D．公共关系

（2）美国宝洁公司进入西欧市场后，开展大规模的广告攻势。当地厂商不得不大幅度增加广告预算进行反击。以上材料表明，国际企业在执行广告策略时，应考虑到当地的（　　）。

A．语言障碍　　B．竞争状况

C．广告媒体的限制　　D．政府管制

（3）下面各种广告形式中，交互性最好的是（　　）。

A．报纸广告　　B．电视广告　　C．网络广告　　D．展板海报

（4）在短期内刺激需求效果显著的促销策略是（　　）。

A．广告　　B．人员推销　　C．销售促进　　D．公共关系

（5）下列各种销售促进的方式中，不属于面对消费者的一种是（　　）。

A．免费赠送样品　　B．廉价包装

C．有奖销售　　D．业务会议和贸易展览

（6）公共关系不同于人员推销、销售促进和广告3种促销策略的最大特点是（　　）。

A．影响持久而深远　　B．具有高度的可信性

C．具有巧妙的灵活性　　D．付出的成本最低

（7）（　　）适宜刊登较长的说明。

A．电视广告　　B．广播广告　　C．杂志广告　　D．露天广告牌

（8）在文盲率较高的国家或者是在电视机尚未普及的国家或地区，（　　）是不可替代的广告媒介。

A．电视　　B．广播　　C．杂志　　D．露天广告牌

（9）（　　）公共关系策略的优点是主导性强、时效性强、传播面广、推广企业和产品

形象效果好。

A．交际型　　B．服务型　　C．征询型　　D．宣传型

2．判断题

（1）采取标准化的广告可以避免在不同国家产生不同的商品信息。（　　）

（2）产品广告的目的是获得长久和稳定的利润，而不是追求在商品利润上立竿见影的效果。这种广告内容真实，形象生动。（　　）

（3）满足消费者选择需求的产品，应有独特性，满足消费者自尊、自我实现的较高层次需求，其广告策略应把宣传产品的独特性作为重点，显示产品高档次、高价格。（　　）

（4）推动需求的策略是在一种新产品上市之前或一种产品在新市场上市之前，就用广告来宣传这种产品。（　　）

（5）如果远离目标市场，那么可能就不允许采用母国的代理机构以及内部结构。（　　）

（6）如果公司为产品或者服务选择了一个标准化的战略，那么它更有可能会使用拥有本地分支机构的国际代理商来在各自的市场中对广告进行管理。（　　）

（7）在当地习俗与国际产品的文化理念相冲突的情况下，可以入乡随俗。（　　）

（8）在一定的规模以内，销售促进的费用与效果之间存在着正相关关系，但当销售促进费用达到一定水平以后，其效果就会出现递减现象。（　　）

（9）区域型推销组织模式适用于出口产品种类繁多、分布范围广、差异性大、产品技术性能和技术结构复杂的企业。（　　）

（10）推销员访问的顾客人数与频率是间接的推销效果。（　　）

3．问答题

（1）什么国际促销？国际促销组合策略的内容是什么？

（2）简述标准化广告和差异化广告的优缺点。

（3）简述不同广告媒体的特点。

（4）简述有效推销的主要步骤。

（5）国际公共关系的策略有哪几种？

案例分析

在南非促销可乐

可口可乐公司刚刚将其运营团队的总部由英国迁往了南非的约翰内斯堡，为了与目标顾客进行更近距离的接触。可口可乐公司是南非最大的顾客商品提供商。迄今为止，公司通过与其瓶装和零售伙伴的密切合作取得了更大的发展。公司总部对于非洲大陆有一个更激进的计划，特别是对南非：在其人口比例中有很多年轻人和流动人口，因此应该认真对待这样一个市场。作为接近这部分人口的一部分，可口可乐公司建立了可口可乐的非洲基地，用于与入陆内部的合作伙伴进行沟通。为了接近南非的年轻人，公司聘请了对其具有吸引力的南非艺术家对原有的主题音乐“我愿意为世界购买一瓶可乐”进行了重新的编排，音乐中包含了雷盖乐、Kwaito、说唱、hip-hop以及硬摇滚。广告是“The Coke Side of Life”活动的一部分，其主题曲如此流行，以至于广播电台都将其加入它们的播放列表。

南非是可口可乐于1928年登陆非洲大陆的首站。公司在约翰内斯堡设立了首个瓶装和

销售公司，而且从那以后在那里进行了业务扩张，雇用了1万多名当地人。可口可乐公司的出现为南非提供了更多的就业机会：由可乐的生产和营销所创造的工作，在南非的相关产业还平均创造了大约10项额外的工作。

可口可乐公司向南非的消费者销售了很多种不含酒精的饮料，包括可口可乐、芬达、雪碧、特伯可乐、Sparletta、Lemon Twist、Schweppes、Mixers、Fresca、美之源、Powerade、Bibo、Milo、Krest、醒目、Bonaqua以及Vitango。其在南非的产品组合比美国还要多，这是因为在南非，公司还购买了一些受欢迎的地区性竞争对手。

在非洲运作的这一阶段，可口可乐还开展了一些成功的促销活动。首先，在2002年，它聘请了位于康涅狄格州的Riverside技术公司来从技术层面上为公司的品牌分离提供一些思路。Riverside设计了能够加入到包装中的模块；这些模块能够唱歌，并宣布可乐促销中的胜者。购买到获胜容器的消费者立即就能够赢得松下电器的音响设备。获胜容器装满了二氧化碳和水，具有相同的质量，使之感觉像一听真正的可乐，它是由德国波恩的Schmalbach-Lubeca Continental Can进行组装的。50个会说话的用于促销活动的容器已经生产出来并在国内进行了配送。促销活动刚开始的第一个月，听装可口可乐的销量已经增长了3.2%，特种的听装可乐增长了18. 6%，芬达与去年相比也增长了3. 8%。这与促销的目的正好一致，从字面上来看就是“这个夏天仅有可乐在说话”，从数字上来看，就是销售量在增长。

自2002年以来，可口可乐的很多促销活动都再没有产生过类似的影响。例如，在2004年的春天，公司与其广告代理商合作了另外一个促销活动，但是并没有赢得南非顾客的响应。促销活动让人们对他们知晓的、会在开普敦传递奥运圣火的最鼓舞人心的人进行提名。分销商由于没有参与到这次促销中，所以都表现出了不满，于是需要使用一个更加积极和具有创造性的方法来使可口可乐的销量复苏。

在2006年年初，可口可乐聘请了南非著名的促销方面的专家Conceptualise，其专业领域就是开发和实施促销竞争和游戏。公司为南非市场开发了可口可乐的Mega Million游戏，这深深吸引了南非的消费者。Mega Millions有一个游戏展示的版本，当首次打开南非最大的网站SABC 1时，它就会跳出来播放。在游戏中，参与者通过实际的交易可以赢得汽车和大量的现金奖励。要进入游戏，人们需要购买可口可乐的碳酸饮料，收集商标，而后看是否能够赢得奖项。他们所收集的商标的数量还使得他们有资格成为现场竞赛的候选人。Mega Millions的游戏也获得了巨大的成功，在4个月内，共有2 200万人参加了该活动。

（资料来源：http://rsa.coca-cola.com，http://www.cocacola.co.za）

问题：

（1）试分析可口可乐公司在南非的促销策略。

（2）该案例成功的关键因素有哪些?

第十章　国际市场营销的计划、组织与控制

【引导案例】

可口可乐的管理程序

1902年可口可乐公司投下12万美元广告费，使可口可乐成为最知名的品牌。次年，可口可乐改变配方，除掉古柯碱成分。由于受到广告刺激与禁酒运动的影响，可口可乐快速成长起来。

1984年，可口可乐公司遭到百事可乐公司强有力的挑战，为了扭转不利的竞争局面，可口可乐公司把重任交给了塞吉诺·扎曼。扎曼采取更换可口可乐的旧模式，标之以“新可口可乐”，并对其大肆宣传。他的信条是：“打破常规，敢于冒险”。在这个信条的指引下，扎曼为可口可乐公司成功地策划了一个又一个发展战略。

2005年年底，太古可口可乐公司将正式投产，随后可口可乐转变经营战略目光瞄准农村，可口可乐希望小学2万学生将会免费喝豆奶，以此来占据中国这个巨大的消费市场。

从这几个例子我们就可以看到可口可乐的计划既有长远的也有兼顾眼前的。我们着重看看可口可乐转变经营战略，把目光瞄准农村这一计划。

可口可乐公司在发现问题后及时计划新的目标以应对环境的变化：众所周知，可口可乐通过十几年的努力在我国大中型城市已经完成了布局，再加上国内消费者对国际品牌的偏好，可口可乐在城市市场的占有率保持了多年的稳定，优势十分明显。

然而，随着其他饮料品类的陆续崛起，碳酸饮料市场的整体份额正在受到蚕食，市场占有率一路下滑，其销售量在短期内很难有大幅度的提升。于是可口可乐公司试图开拓碳酸饮料以外的市场，但除了果汁以外，其他市场表现并不景气，所以可口可乐就把市场瞄向了农村这一潜在市场。

在这一过程中可口可乐公司采取了逐步铺垫的战略：中国城市市场并非一个潜力无限的市场，随着本土企业的崛起和市场的逐渐饱和，跨国企业在中国城市市场的“黄金岁月”似乎也要结束了，那么农村市场就自然成为跨国企业在中国的第二个战场。

计划的实施，问题的解决需要有组织进行协调和控制。可口可乐公司采用了虚拟企业这一独特的组织结构。

目前，虚拟企业这种组织结构在中国的企业中还比较陌生，不像其他各类组织结构那样有着较为丰富的应用经历和经验。但是国外虚拟企业成功的典型有很多，可口可乐公司在生产经营活动中应用虚拟企业这种组织结构都获得了巨大的成功。虚拟企业已成为企业成功的秘密武器。

在虚拟企业中，接受业务的企业本身不具备完成任务（或者是出色完成任务）的全部技术和资源，但却可以高效且出色的完成任务。正是由于可口可乐这一组织结构的人力集成化，文化多元化，组织的动态化和结构的虚拟化使得可口可乐在战略计划的实施方面有很突出的

一面，当然成绩也是有目共睹的。

可口可乐公司注重领导能力的培养：可口可乐在中国专门设立了企业发展部门，郑大年被任命为企业发展总监之后，就开始着手做一项名叫“LDP”的领导力发展项目。在他看来，好的领导者，并不是认识深刻、态度好的员工，而是知道怎么去做的员工。“行为的改变，最终导致结果的改变。”他强调说。

正因为如此，可口可乐有一批有实力的领导者，才使得可口可乐有能力去寻求从企业的所有资源中获得尽可能大的利益，引导组织达到它的目标。

组织在领导者的指挥下指定有效的计划战略以后还需要有效的控制。以下是可口可乐的控制环节。

俗话说：“没有规矩，不成方圆”。可口可乐将用卫星定位系统控制员工的行动，目的很明确，就是要规范员工的作业行为，以及提高工作效率。

可口可乐不仅对员工有有效地控制，对其物流的控制也是卓有成效的，这也使可口可乐的生产销售都是井然有序。在生产控制环节，可口可乐对成本进行控制的同时对产品质量的控制并没有放松，它理解饮料的生产工艺流程和品质的控制环节，并能独立做具体的工作。对成本的控制一方面有利于可口可乐进入农村这一消费能力相对低下的潜在市场，同时也是提高利润的有效方法。

可口可乐公司的管理层次分明，组织得力有效，领导得心应手，控制及时恰当。之所以可口可乐能在世界市场能独挡一面，也正是得力于它出色的管理环节的紧凑。

（资料来源：中国科技论文在线，http://www.paper.edu.cn，有修改）

为了迎接国际市场上的各种机遇和挑战，国际企业必须编制出适合本企业实际情况的各种计划，建立适当的营销组织，并且注意执行计划的过程与技巧，最后还必须建立适当的控制程序，使各种偏差与冲突的影响减少到最小。本章将依次讨论国际市场营销的计划、组织与控制。

第一节 国际市场营销计划

国际营销计划是保证国际企业的国际营销活动正常而高效的运转所必不可少的。所谓国际营销计划即是国际企业在将来一定时期内所要达到的营销目标和实现这些营销目标所要采用的方法与手段。

国际商务营销计划能促使公司内部各职能部门、各地区、各海外子公司有关助理人员深刻地意识到现实工作中可能遇到的问题，并积极采取应对措施，朝着既定的目标努力。商务计划在不同的企业处于不同的地位，有些企业将商务计划视为企业整体计划的一个组成部分，而有些企业把商务计划视为企业整体计划，这是高度贯彻市场导向的观念的企业。商务计划在一个企业的地位的差异主要是由企业在经营观念、营销战略、组织体制、竞争环境等方面的差异所决定。

一、国际营销计划的种类

不同的国际企业，由于其产品不同、市场不同、营销活动的先后次序和侧重点不同，因此，营销计划也不同。然而，一般来说有下述几种。

① 短期计划又称年度计划，包括年度营销目标、地区营销目标、产品营销目标以及实现上述目标的方法与手段。执行期一般为1年到1年半。短期计划主要由国际企业的高层和中层管理人员及计划部门制订，其执行者与控制者一般也是上述人员或部门。随着国际市场的进一步扩大，市场竞争更加激烈，企业要想在复杂多变的国际营销环境中取得主动地位，就应有长远的营销设想，从而也就需要指定长期营销计划。

② 长期计划又称战略计划，可分为5年计划、7年计划、10年计划，甚至还有20年计划。长期营销计划包括长期营销目标、成长计划、竞争计划等，以及实现这些目标和计划的方法与手段。长期计划一般由高层管理人员和计划部门制订。其执行者与控制者一般也是上述人员和部门。

③ 产品营销计划，即产品所要达到的目标、产品策略、产品预算等。

④ 投资计划，包括新产品开发计划、建立新企业计划、购买企业计划等。

⑤ 执行方案计划，主要指上述各种计划的执行时间表，它较详细的包括了实现计划的方法和手段。

国际营销计划从制订和执行的主体来看，可分为总公司计划和子公司计划，总公司一般偏重于战略计划，子公司偏重于短期计划。

由于国际环境的复杂性，国际竞争的激烈性，国际商务营销计划应该具具有一定的灵活性，可以加以调整以适应变化的环境。

二、国际市场营销计划的内容

一份完整的计划中应该说明企业利益相关方面的期望；详细地SWOT分析；陈述企业的目标，围绕目标的战略决策；评价竞争对手对本企业战略决策可能做出的反应；选择正确的策略，并说明理由和细节……一个具体完整的国际市场营销计划牵涉的内容很多，诸如企业发展计划、产品线计划、产品计划、市场拓展计划、品牌创立计划、生产计划、财务计划、人事计划、研究和开发计划等。该计划应预测全球经济以及主要市场的发展趋势，准确把握了企业现状、优势劣势，确认了长远目标以及实现策略，并评估了竞争者的反应以及纠正意外行动的控制程序。

不同企业的市场营销计划详略程度不同，但大多数市场营销计划应包括以下8部分。

（1）计划概要

计划概要即对主要营销目标和措施简要概括的说明。撰写计划概要的目的，是让企业主管对计划的核心内容尽快了解、掌握。如果主管人员需仔细推敲计划，则可查阅计划书中的有关部分。从这个角度讲，计划概要之后最好能附列整个计划分项的目录及相应页码。例如，某企业年度营销计划的概要："本年度增加了20%；利润额达到800万元，比去年增加了25%。之所以能实现这些增长，是因为目前的经济形势、竞争形势以及分销能力都比去年同期有较大进展。为达到上述目标，今年的营业推广预算要达到160万元，占计划销售额的2%；广告预算额要达到240万元，占计划销售额的3%……"

（2）现状分析

现状分析，这部分提供与国内外市场、产品、竞争、分销、信息媒体和宏观环境因素有关的背景材料。市场现状，主要描述市场规模与增长状况、各细分市场的销售情况、顾客需求和购买行为的变化趋势等。产品现状，主要描述主要竞争者的规模、目标、市场占有率、产品质量、市场营销策略，并要了解他们的意图和行为。分销现状，主要描述各种分销渠道上产品的销售量以及每个渠道重要地位的变化。这种变化不仅包括分销商、经销商能力的变化，而且也包括激励他们经销热情所需要的价格和贸易条件。宏观环境状况，主要描述对营销前景有某种联系的客观环境的主要趋势，如人口、经济、技术、政治法律和社会文化因素等的发展趋势的统计数据。

（3）机会与威胁分析

机会与威胁分析即在市场营销过去、现状及未来分析的基础上，围绕企业及相关产品找出主要的机会和威胁、优势与劣势以及面临的问题。有关这些问题的决策将导致不同的企业目标、战略和策略的选择。企业市场营销机会是指合适于自己条件，能产生一定效益的一种机会。企业要获取一种营销机会必须具备某些条件，而每个企业都有自己的优缺点和特定的生产能力，只有两者相结合才能形成企业机会。威胁是指企业面临严重竞争或又被挤出市场的可能。每一个企业只有分析了市场机会与问题，找出优势与劣势，才能扬长避短。有关这些问题的分析决策将导致不同的企业目标、战略和策略的选择。

（4）营销目标

营销目标是营销计划的核心部分，是在分析营销现状并预测未来的机会与威胁的基础上制订的。营销目标包括销售额、市场占有率、分销覆盖面、利润率、投资收益率等。所有目标都应以定量的形式表达，并具有可行性和协调一致性。例如，本期计划要使市场占有率提高 15%，销售利润增加 20%，投资收益率提高 25%等。假设目前市场占有率只有 10%，那么管理者应考虑采取哪些措施，如何使之达到计划所要求的目标，这就是本期所要解决的课题。

（5）营销策略

营销策略是完成计划目标的主要营销途径和方法，包括目标市场信息的选择、进入国外市场的方式和市场定位、营销费用安排及国际营销组合策略等。企业营销的每一个目标都可通过各种方法去实现。如企业的利润指标增加，既可以提高单位产品的销售价格，也可以通过扩大产品销售量去取得。营销战略就要从这些方法中选择最佳方案。提高单位产品的销售价格，可能会引起销售量下降；扩大产品销售量又可能会受到企业生产能力的制约等，这就需要企业注意各方面的分析，保证计划的可行性。

（6）行动方案

行动方案即将营销策略具体化，内容包括：① 具体做什么？② 何时开始，何时完成？③ 由谁负责？④ 花费多少？按上述问题把每项活动都列出详细的程序，以便于实施和评价。所以，行动方案是以行动的时间、空间、人力、步骤、经费为要素，规定着哪些行动能促使目标的实现，防范那些背离和干扰目标的行动，避免混乱和浪费。

（7）预算

预算实际上是关于某项活动预计赢利或亏损的报告，是对收支计划的量化。在预算的收入一方要说明预计销售量及平均单价，在支出一方要说明生产、分销成本及营销费用，收支的差额为预计的利润（或亏损）。企业的各业务单位编制出预算后，送高层管理者审批，预算一经批准，便成为各有关部门安排生产、劳动人事及市场营销工作的依据。

（8）控制

控制，这是市场营销计划的最后部分，说明企业如何对计划的执行过程、执行进度进行管理。典型的情况是将计划规定的目标和预算按月或按季度分开，以便于企业高层管理者进行有效的监督检查，不断发现问题，找出原因并解决之或督促未完成任务的部门改进工作，以确保营销计划的完成。有些计划的控制部分还包括发生意外时的应急计划。该计划简明扼要地列举可能发生的某些不利情况，并提出管理部门对不利局势应采取的对策与措施。

三、国际市场营销计划的步骤

制订市场营销计划，一般要经过以下步骤。

第一阶段：信息的收集和整理。信息的收集和整理是编制国际市场营销计划的前提条件，只有了解现在，才能预测未来。因此，在编制国际市场营销计划之前，一定要广泛收集各种信息，充分把握各种信息，使之成为有序的可用的信息。

第二阶段：初步分析和筛选。首先，企业要对潜在的各国市场进行评估，对各国进行分析和筛选。其次，是建立筛选标准以评估那些有发展前途的国家市场。最后，运用建立的标准对企业经营的环境进行全面的分析。

第三阶段：使市场营销组合适合目标市场。

第四阶段：制订国际市场营销计划。从国际市场营销调研信息的输入应用，到所要的各种市场营销计划的输出的整个过程。

第五阶段：计划的执行与控制。衡量是否得到预期标准，激动灵活的调整行动，纠正工作偏差使之符合计划要求。

四、国际营销计划与国内营销计划的区别

国际营销计划与国内营销计划在编制程序上可能基本相似，但内容却有很大差别。其主要区别于以下几点。

（1）经济环境因素迥然不同

影响企业营销活动的经济环境因素较多，例如，收入水平、汇率、基础设施条件等。国内营销计划只是针对单一国家和语言以及单一货币，不存在汇率波动等情况，而国际营销计划则面对多种国籍、多种语言和多种文化，并且各国发展极不平衡，消费的购买力差别巨大。

（2）市场条件不同

国内营销计划，一般是针对同类型的市场，企业对市场有较深的了解甚至对市场具有影响力，资料收集容易，业务规则简单，竞争条件趋同；而国际市场营销计划，则必须考虑一些更复杂的因素。例如，存在各种不同类型的市场，资料分散、收集资料相当困难、政府对市场的干预较大等。

（3）风险不同

国际市场营销计划必须考虑到一些国内市场营销不曾有或少有的风险，如国际市场营销，政治因素带来的风险，往往从根本上决定着企业的存亡，又如运输问题，国际市场营销往往是长距离，长时间，突发的自发事件无法避免，因此，加大了营销活动的风险。具体情

况如表 10-1 所示。

表 10-1　　国内营销计划与国际营销计划的区别

国内营销计划	国际营销计划
单一国家和语言	多国籍、多种语言和多种文化
相同类型市场	各种不同类型市场
资料收集容易	资料分散且不易收集，花费大
政府干涉较少	政府干涉和贸易保护主义限制较多
政治因素不重要	政治因素重要
企业环境相对稳定	多种多样环境且不稳定
单一货币	多种货币
经营业务规则已成熟	规则复杂且难以掌握
运输方便	运输时间长和需多种保险
在平等的条件下竞争	受各国爱国主义和排外的压抑
价格稳定	价格升降幅度大
管理当局熟悉有关的预算和控制制度	管理当局往往不熟悉有关的预算和控制制度

第二节　国际市场营销的组织

国际市场营销组织是组织中的一种具体形式，是指按照一定的宗旨和系统建立起来的从事国际市场营销活动的集合体。它主要包括组织形式和组织内部关系以及组织的运行机制等内容。行之有效的组织结构是保证企业经营顺利进行基础，是执行企业战略与策略的保障。

【小资料 10-1：海尔组织结构的变迁】

海尔集团成立于 1984 年组建的青岛电冰箱厂，经过 20 年的发展，目前成为中国家电第一品牌，并且在世界范围内生产和销售其家电产品，海尔成功的一个关键因素是能够根据企业的规模、发展目标，及时地调整组织结构，使组织结构更好地为企业的发展服务。海尔的组织结构调整大致分为 4 个阶段。

1. 直线职能制阶段

青岛电冰箱厂刚成立时采用的组织结构形式。

2. 事业部制（按产品划分）阶段

1993 年海尔冰箱股份有限公司在上海挂牌上市，并在海尔集团内部逐步推行了事业部制。集团主要是资本运营和战略决策中心，各事业部独立核算，自负盈亏，是利润中心，事业部下的企业是成本中心。实行事业部制给集团增强了活力，集团急剧扩张，其销售额 1994 年为 25 亿元，1995 年达到 43 亿元，1996 年达到 62 亿元，1997 年达到 108 亿元，2006 年海尔集团在全球营业额 1 039 亿元，其中出口与海外市场销售额 28 亿元。

3. 本部制阶段

由于海尔事业部内仍是实行直线制管理，导致各分部缺乏相应的分权，而且整个系统快速反应能力差，甚至出现了十几个生产厂共用一套职能部门的现象。有鉴于此，迫切需要对现有组织结构进行调整。1997 年年初，在借鉴日本松下电器公司的经验基础上，改进为本部制组织结构。改组后组织结构的特点是分层利润中心制。实践证明，改组是成功的。本部由集权的直线职能制转变为相对分权的扁平型，同时形成了两级利润中心，职能部门的职责更为明晰，企业也更贴近市场。

4. 跨国经营的组织结构调整阶段

在 1998 年以前，海尔将主要精力用在国内市场上，随着海尔国际业务的不断开展，现有组织结构不能体现对国际业务管理的重视，因此，为了快速实现国际化经营的效果，海尔在保持基本组织结构形式不变的基础上，在各产品本部根据各自的国际市场情况设立了相应的机构。这个结构只是一个过渡形式，1999 年 8 月，海尔对组织结构进行了战略性调整，形成了扁平化、信息化的组织结构。这次调整是按照业务流程实施组织结构的改造，特别成立了物流和商品流本部，最大限度地整合了市场资源，大幅度降低了运营成本。2009 年海尔海外销售网络拓展到 60 个以上的国家（地区）市场，尤其是在收购新西兰著名家电制造商斐雪派克之后，海尔在澳洲、北美地区市场的品牌影响力和产品优势进一步凸显。在此情况下，不排除今后海尔继续收购海外市场当地品牌、工厂，扩大其海外市场竞争优势的可能。

（资料来源：李红琨，“浅谈跨国公司组织结构”，中国外资，2010.1，有修改）

一、国际营销组织结构的形式

任何企业的成功经营都离不开完善的管理体制，而合理的组织和高效率的组织运行是管理体制的基础。一个国际企业仅制订战略和策略是不够的，还需要有一定的组织结构去实施战略和策略。由于国际营销活动在企业内部所处的地位不同，国际企业内部可以有多种组织结构。一般来说，随着国际营销活动在国际企业内部地位的提高，国际企业的组织结构的形式也越来越复杂、越高级。由于各个企业的情况不同，每个企业的国际营销组织架构也不尽相同，不同的发展阶段有不同的组织架构。但总体来说，企业通用的国际营销组织形式主要有出口处、国际业务部、产品型、地区型和矩阵型，各种类型都有其适用的条件和优缺点。企业应根据本行业的特点、目标市场国的特定环境以及企业的自身成长阶段的要求，选择最适合的组织结构。

1. 出口处（科）

随着企业国外销售业务的开展，企业需要建立出口处（科）来统一处理其国外业务。于是在营销部设立出口处（科），负责与所有海外市场和海外顾客保持联系，解决出口中的问题，履行管理和财务职责，选择并监督代理商，如图 10-1 所示。

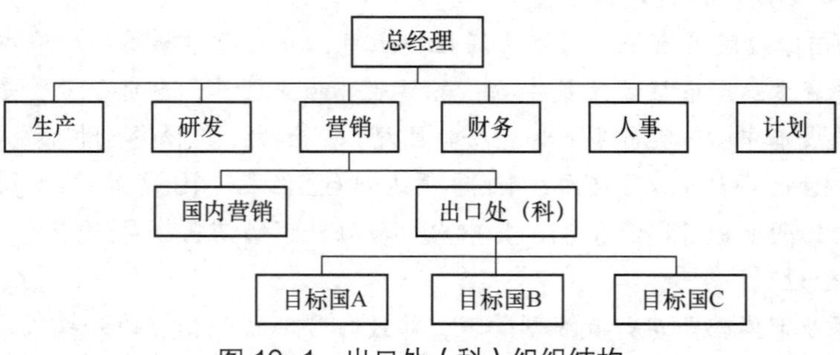

图 10-1 出口处（科）组织结构

但在实践中随着销售业务的开展，出口处往往缺乏公司总部和其他职能部门的支持，从而影响其海外业务的扩展。因此，为了解决这个问题，企业在出口业务发展到一定程度时会把出口处（科）从原来的营销部门独立出来，变成国际营销部，也即国际营销部和国内营销部分设，地位与国内营销部同等，如图 10-2 所示。

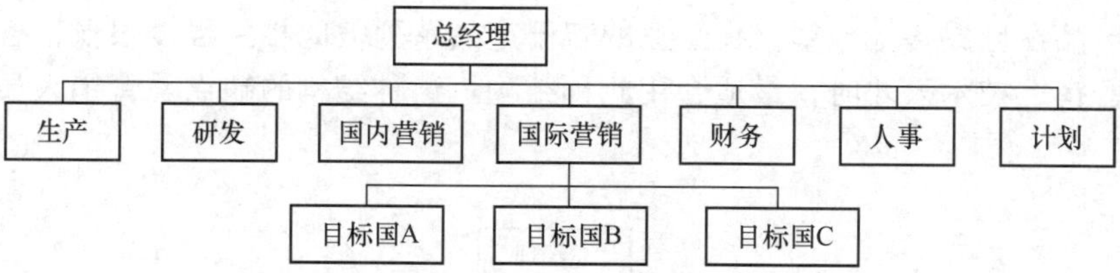

图 10-2　国际部组织结构

2．国际（业务）部

随着国际业务的不断发展，企业进入国际市场的方式日趋多样化，因而使得协调国际市场活动的职责超出了国际营销部（或出口科）的范围。同时，由于国际营销部在国际业务方面与日俱增的权力会引发与国内营销部之间的摩擦。因此，原有的国际营销部（或出口科）已不足以解决这些问题，而需要建立一个能统一管理和协调生产和财务等职能部门之间差异的组织结构，这个机构在许多公司里被称为国际（业务）部。在这种结构下，公司活动分为两部分：国内部和国际部。国际部的主要职责是分管公司在国外的业务活动。

国际部与公司其他职责平级，它由营销、生产、研发、财务、计划以及人力资源等部门组成，由国际部经理负责。国际部与国外的客户保持直接关系，其职能是制订和实施促销计划，向生产部门提供产品信息，为制定财务政策出谋划策。这种组织结构发展到一定阶段时，由于国家子公司数量的增加，往往需要企业在国际部和国家子公司之间增加一个管理层次——地区管理中心，每个地区管理中心负责管理几个国家子公司。

这种组织结构的主要优点是，国际部经理拥有更大的权力，能在更大的程度和范围引导企业拓展国际市场，使公司能充分利用自己的资源和能力在国际市场上施展拳脚。但是，这种组织结构也有缺点。首先，国际部仍然是从属于公司的一般业务部门，那些国内市场占绝对重要地位的企业可能会限制其国际部在国外市场的拓展；其次，国际部往往不能参与公司整体战略的制订，这就使得国际部得不到足够的资源用于开发特殊产品、实施促销计划和开拓海外市场；随着海外业务的发展，高层管理者之间的摩擦也将增加；此外，由于公司的研发以国内市场为导向，海外市场的研发往往沦为简单的产品改良。因此，到一定阶段时，这种组织结构形式就不能适应国际业务进一步发展的需要。

3．产品型组织结构

【小资料 10-2：宝洁公司的早期组织结构】

产品管理形式营销组织最早于 1927 年出现在美国宝洁公司，当时一种新的“佳美牌”香皂经营状况不佳，一位年轻的经理麦克尔罗伊被派去专门负责开发和推销这种产品，结果获得成功。此后，该公司又增设了其他产品经理。麦克尔罗伊后来成为该公司总经理。美国宝洁公司试行的产品管理形式营销组织获得成功，引发其他企业纷纷仿效，尤其是食品、肥皂、化妆品和化学药品等企业，都建立了产品管理形式营销组织。产品经理的主要任务是：制订产品长期发展战略，制订年度营销计划和营销组合决策，做好本产品的广告促销工作，收集产品信息，并对计划实施进行监督，分析和预测，提出改进措施，确保产品适应市场的需要。

如图 10-3 所示，这种结构要求企业根据经营产品的类别来划分组织结构，产品经理仅负责该产品在世界各地分销。在企业的若干产品系列彼此相关程度很低，各类产品都需专门的营销、技术人才时，最适合用此种结构。这种结构的缺点是营销人员增多，营销费用高。

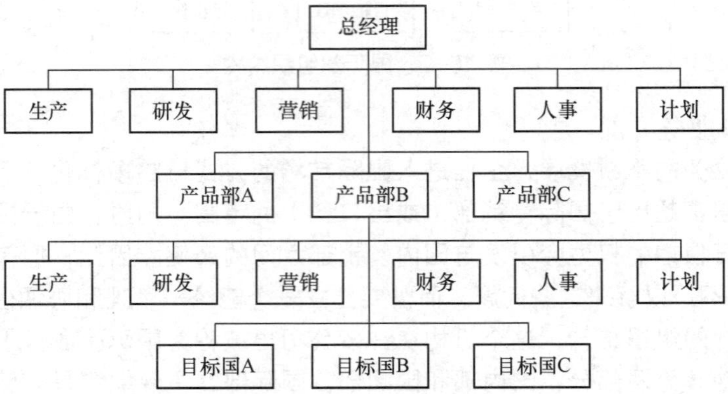

图 10-3　产品型组织结构

4. 地区型组织结构

企业还可按照其从事营销活动的地区来设计营销组织结构。如图 10-4 所示，在地区型营销组织结构中，由一名经理负责企业在某一地区或国家中的所有产品及所有职能的工作。在企业从事营销的主要地区间差别大，而地区内各国间差异较小时以及企业经营的产品系列差别较小，产品技术性能和营销方法较接近时，应采用地区型组织结构。其缺点是容易引起机构重叠问题。

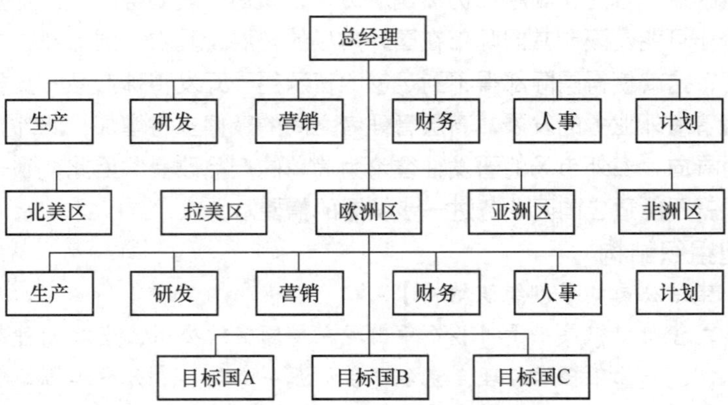

图 10-4　地区型组织结构

5. 矩阵型组织结构

矩阵型组织结构兼顾地域和产品两大变量在营销决策中的重要性，适应于产品经营高度多样化并且地域经营也高度多样化的国际企业。许多跨国公司为了帮助计划、组织和控制相互依赖的业务、关键资源和战略以及地理区域，采用了矩阵结构。例如，柯达公司是一个以营业单位为基础的矩阵系统，其业务往往是由一个全球业务单位推动，并由地域组织来实施。地域组织及其在各国的分支机构充当着各个自治的生产机构之间的“黏合剂”。矩阵型组织结构如图 10-5 所示。

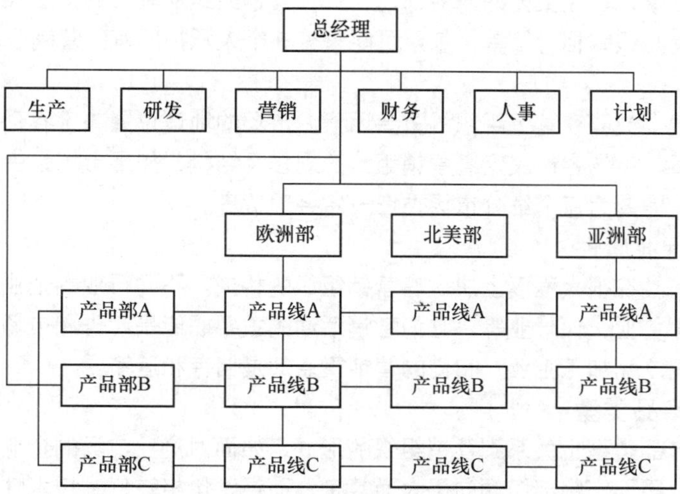

图 10-5　矩阵型组织机构

由于每一基本组织形式都有其优点和缺点，因此，将两个或两个以上的基本形式相混合的目的在于取长补短，充分发挥每种形式的优势，其结果相对于其他简单的组织形式来说，矩阵型组织结构要复杂得多。

在一个地区产品结构的矩阵型组织结构中，按地理区域设置的地区部，由总经理直接领导，负责企业所有产品在该地区的经营活动；按产品线设置的产品部，也由总经理直接领导，负责该产品大类在世界各地的销售活动；企业产品在某一特定地区的经营活动同时受该区域部和有关产品部的双重领导。

矩阵型组织机构的优点在于能应付复杂的业务环境的需要；能综合分析和处置多种环境因素；应变能力也较强，较好地解决了市场反应灵活与规模经济之间的矛盾；加强了公司总部对各个区域的经营活动的计划和控制；加强企业内部之间的协作，能集中各种专门人员的知识技能，又不增加编制，组建方便，适应性强，有利于提高效率。此外，这种结构试图创造一种协同力，使经理人员相互依赖和协作，具有整体观念，能根据对整个企业而不只是仅对某个部门的影响来判别是非，衡量某项决策的得失。不足之处是容易引起矛盾和摩擦，产品部和区域部则更多地从自身利益出发来考虑问题；组织结构较为复杂，基层部门要同时受区域部和产品部的领导、监督，检查和评估；双重指令体系和双重核查体系会造成额外的管理费用，抵消了一部分效率；过于分权化，稳定性差。

矩阵型结构最适用于那些产品经营范围高度多样化而且地区经营范围也高度多样化的

企业，因为矩阵型结构兼顾了产品和地区两大变量在营销决策中的重要性。

二、影响国际市场营销组织结构设计的因素

国际市场营销组织结构的选择，最基本的原则是要根据公司的规模、市场、企业的行业属性和经营的产品类型、经济联盟、子公司的位置及其特征而加以考虑。

1. 企业规模

企业规模的大小，决定着营销组织的复杂程度。大型企业往往具有规模较大的营销组织，需要更多的营销专家，设置更多的职能部门，并且营销组织从基层到高层具有较多的层次。而小型企业的营销组织就相对简单，甚至可能只有一个人承担所有的营销职能。

2. 市场

市场是考虑建立或改变营销组织的重要因素。市场的地理位置决定着企业营销活动区域及业务人员的配置，市场容量决定着营销组织的规模及结构，如果市场是由几个较大的细分市场组成，企业就需要为每个细分市场委任一名经理负责。

3. 企业的行业属性

企业的行业属性在很大程度上决定着营销组织的构成。不同行业的企业，其营销职能的侧重点不同，如零售业、保险业等，它们营销活动的主要职能是广告和市场调查；而原材料行业，如木材和农产品加工企业，它们的营销重点却是储存和运输。

4. 经营的产品类型

企业经营的产品类型也关系到营销组织的形式，如面对产业市场的企业，其促销活动的重点是人员推销，因而销售部门倾向于大而复杂；而经营价格较低、技术性弱、买主多而分散的消费品企业，广告部门通常也大而复杂，这是因为广告是推销这类产品的主要手段。此外，企业在决定其组织结构模式时，还应考虑是否拥有相应的能适应这一机构运转及胜任其岗位工作的经营管理者。

5. 经济联盟

在一个地区经济联盟中运营的公司通常会整合该联盟地区内的子公司，以便更好地对付贸易壁垒，并通过建立特殊的地区性组织部门监管这些经营活动。通过这种方式，可以应对联盟内独有的经济特征。公司最终选择何种国际组织结构需要根据公司运营环境的具体特征而定。因此，即使在同一行业中，也不会有两家公司采用同样结构。例如，在计算机行业中，IBM、苹果和康柏就采用了不同的组织结构。康柏采用产品式结构，IBM 由于规模庞大，采用地区式组织结构，苹果的产品和国际业务没有扩展到必须有更多分层决策的程度，因此，可以有效地采用职能式结构。

6. 子公司的位置及其特征

强调地区差异的公司倾向于采用地区式结构，因为具体的地区差异必须具体对待。另一方面，如果子公司与母公司相似（如一个美国母公司和加拿大子公司），它就不愿采用地区式结构，因为在促销产品时，可以在相当大的程度上采用标准模式。

总之，企业组织机构的设置可有多种模式，同一企业也应根据其发展中所处的不同阶段而调整其组织结构的设置。美国伊诺的食品公司成功打进欧洲干酪市场，由于公司总部距离欧洲太远，伊诺决定在巴黎建立一个市场营销子公司，其责任是保证维持零售的库存，控制

欧洲的销售渠道。同时还指定一家法国公司担任销售商，调整从美国装运来的货物，向欧洲200多家超级市场和大的零售商店发售产品。

三、企业组织结构发展的趋势

1. 企业组织结构分立化

分立化是在企业内部组织结构上，使决策尽可能地分散化，将大公司尽可能地分散成若干小的相对独立的公司、分公司或部门。将权力下放到基层，使基层组织充满活力，以应付各种突变和适应各种变化的条件。分立化的组织形式，又分为横向分立和纵向分立两种形式。德国西门子公司是一个集电气、机械制造、医疗设备、电子计算机、通信设备等多种行业为一体的公司，其成功开发的成果可以应用到各个部门研制生产的产品中去。这就是一种横向分立的组织形式。英国壳牌石油公司也是采取横向分立的形式。该公司按勘探开采、石油产品、化工等5大业务重新建立了5个组织，增加了各国分公司的自主权。横向分立的特征为：企业的组织结构与产品结构有密切联系，其产品的多元化又有许多不同的功能。专业分立设置机构可以促使分公司或子公司的市场开拓能相对独立的发展。纵向分立的特征为：不仅仅是将多种经营、不同的竞争内容分离出去，就是一种产品也进行上下游的分离。例如，松下电器集团下属的先锋公司，为了扩大市场领地，将影碟机委托给别人生产，从而在市场竞争中战败对手。

2. 组织结构简单化

许多跨国公司的组织结构开始由传统的金字塔型向扁平型发展，通过减少管理层次和裁减冗员而建立起了一种紧凑的扁平型组织结构。因为这种组织结构既有利于信息的收集、传递和处理，又能保持信息的真实度，保持决策与管理的有效执行，还适应了当今信息经济时代对组织的要求。日本丰田公司从董事长到一线管理人员之间共有5个层次，而美国福特公司却有15个层次。实践证明，简单化是企业未来组织结构创新的一种有效形式。

3. 组织结构弹性化

组织结构弹性化强调组织设计上不存在一个既定的模式，应根据本组织的性质和工作需求来确定。而实际上组织的性质和工作要求则取决于环境的变化和市场的要求。在未来的知识经济社会，科学技术高速发展，导致新产品不断问世，产品寿命周期缩短，市场竞争加剧，这要求企业不断调整策略，以适应市场竞争的需要，这必然引起组织结构的相应变革和调整。因此，组织结构的弹性化成为必然结果，动态灵活的弹性结构必然成为企业组织结构创新的一种趋势，成为组织形式创新的一种选择。

4. 组织结构网络化

企业组织与市场组织的网络化分布符合个性化消费者分布的市场生态环境，长期提供大规模标准化无差异的产品与服务的企业不得不适应日益多样化的需求。企业组织的网络化分布扩展并充实了实时库存的管理思想，即不仅在产品制造、销售，而且从抵押、保险、金融等方面全方位考虑资产管理方式。组织网络化为企业配置资源提供了更加广阔的空间。信息化企业可以只控制关键的价值流要素，如产品开发、设计，甚至只是品牌、配方等专有技术或专利技术，将关键的加工、生产等工序委托给组织外的企业，从而形成分散但功能更加灵活的网络型组织结构。

5．组织结构的虚拟化

虚拟企业是指随着市场竞争的激烈化，在企业之间出现的以信息技术为连接和协调手段的、临时性的、动态联盟形式的虚拟组织。其基本运行模式是存在多个项目小组或企业，在一个项目中各自负责一个子任务块，在自己的优势领域独立运作，并通过彼此间的协调与合作，达到整个项目的实施。运用虚拟企业的模式，可以把不同地区的现有资源迅速组合成为一种没有围墙、超越空间约束、靠电子网络手段联系、统一指挥的经营实体。虚拟企业的实质在于突破企业的界限，在全球范围内对企业内部和外部资源进行动态配置、优化组合，达到降低成本、提高竞争力的目的。

所谓虚拟，是指“虽然没有实际或明确的表现，但是却能够一样有效”。“虚拟”有不真实的含义，然而一个虚拟资源却是非常真实的。虚拟的东西是可以得到的、能适用的资源。

虚拟企业的例子很多。许多计算机企业具有虚拟性，主要表现为：通过计算机网络，人们可以与工作设备、设计工具、软件总的连接起来，即使它们处于不同的位置、属于不同的所有者，它们也可以密切合作。一个企业不需要正式雇佣许多需要的人才，也不需要所需的工厂和设备，它可以选择和利用企业外部资源来完成任何一部分活动。企业可能只是一个空壳，它完全利用外部资源完成产品设计、生产，进行产品市场营销策划、销售、订单履约及会计核算。

【小资料 10-3：虚拟的企业组织形式】

采用虚拟的形式，有利于企业之间的合作。特别是不在同一地理位置的企业，通过电子手段，借助于互联网络，可以进行虚拟经营，如同属于同一地域同一企业一样。如波音 777 客机的制造是一个非常典型的虚拟合作的例子。他们在不用图纸的情况下设计了第一架商用飞机。所有的合作者通过在网络上使用同样的 CAD 软件，在世界范围内交换设计方案。运用这一软件，先对飞机的每一部件设计出模型，然后“组装”成一个三维飞机模型，接着对之进行大量修改。设计者和潜在的顾客可以在虚拟现实中“步入”飞机，检测它的各个部分，提出修改意见。很多的设计都是由不同组织协作完成的，软件确保他们能够在一起工作。在没有什么大问题后，公司便着手准备实物零部件组装。由于软件的帮助，大大降低了设计时间和设计成本，设计也更出色。

耐克（Nike）公司和锐步（Reebok）公司是两家著名的运动鞋制造厂商。但实际上，Nike 只生产气垫系统，Reebok 更是完全不从事制造活动，他们均与亚太地区的运动鞋制造厂签订生产合同。他们只负责产品设计和营销，并运用信息网络将所有的加盟企业活动联系起来。虚拟组织使得他们能够很快地对市场上流行起来的顾客要求做出反应。

虚拟企业的组织结构也是虚拟的，它是一种由许多独立企业组成的临时性机构，分合迅速。目的在于及时利用变化多端的种种机会。这种虚拟组织机构的特点如下。① 发挥优势，发挥每个伙伴的优势，创造一个“一切都最优等”的机构。每项工作、每个环节都可能是世界第一流的，而这是任何一家单独公司都做不到的。② 相距遥远的公司，可以借助信息网络，彼此联系、共同工作。③ 这种伙伴关系并不持久，但更注重利用机会。凡有具体机会来临成员公司便聚兵会战，问题解决后再分开。④ 伙伴关系使公司成员之间彼此信赖、相互信任。⑤ 公司模式和组织机构区别于以往任何一种组织结构，既无总部，也无组织章程；既无职务等级，也没有上下级关系。这种新的组织模式是流动的和灵活的。

第三节 国际市场营销的控制

为了成功地开展营销业务，需要进行不间断的协调和有效的管理控制。通过有计划的协调和周密设计的控制体系，既可以使营销工作适合于具体市场的特殊情况，又可以使规划、战略及营销方案在不同程度上实现标准化，使之适应于全球市场的需要。

营销控制就是指对营销计划执行过程的监督和评估，纠正计划执行过程中的偏差，旨在保证既定营销目标的实现。营销控制是营销管理的一个重要组成部分，有效地控制使我们能够指导、规范和管理企业的国际营销。对国际企业进行营销控制尤为重要，因为从地理区域角度分析，国际企业的总部与子公司或分支机构之间的地理距离较远，各自所处的外部环境不一，需要及时沟通信息，协调营销策略；从市场角度分析，国际企业的目标市场分散在世界不同地区，在执行营销战略的过程中，各分支机构或子公司会出现各种偏差，只有及时了解和纠正这些偏差，才能形成整体营销的合力；从子公司角度分析，各分支机构或子公司之间，无论是在外部环境方面还是在内部实力方面都相差较大，公司总部要正确评价其业绩，必须十分熟悉其各方面的情况，加强对其的控制和管理。

一、营销控制的类型

1. 正式控制和非正式控制

营销控制可以分为两大类，即正式的和非正式的。正式的营销控制是一套书面的控制系统，是管理驱动的机制。而非正式的营销控制是非书面的，并且是员工自我驱动的控制机制。正式的营销控制按照不同的导向又可以分成过程控制和结果控制两种类型。过程控制主要是对营销工作的流程、销售人员的行为规范等进行了书面化的制度规定，这些制度定义了某一项工作应该以何种方式完成。过程控制对营销结果没有严格的要求，因为规范化的过程往往导致了良好的营销结果。结果导向的控制系统更加强调营销结果的重要性，对销售人员的评价也主要是基于他们的业绩水平，例如，销售额、市场份额、毛利润水平等，结果控制的模式给予了销售人员较大的行为自主支配权。

非正式的营销控制主要包括他人（或者同事）控制和自我控制两种方式。他人控制就是指销售人员内部这个小群体自己建立的一套内部共同认可的行为标准，以控制他们行为的一致性，这种行为的评价和控制都是非正式的，是销售人员自发形成的。当某个销售人员违反了这个标准，他所在的群体就会给他施加公开的或者暗地的压力。自我控制是指销售人员自己设定行为目标，并对目标的实现负完全的责任，并基于目标的完成情况进行自我奖励和惩罚。

2. 不同营销控制模式适用的条件

任何一种营销控制模式都不是万能的，不可能适合于所有的管理环境。选择了恰当的营销控制模式，不但可以规范销售人员的行为，而且可以保证营销计划顺利实施，实现企业营销目标。也就是说，环境特征决定了企业所适用的营销控制模式。

① 宏观环境不稳定性及变化速度与灵活性密切相关。一个快速变化的不稳定性环境要求更多的随机应变措施，而不是刚性的规则、程序和文件。所以，营销组织的宏观环境变化

越快，非正式控制的使用就越多。

② 市场竞争强度影响营销行为。这种情况下，量化的业绩要求被强化，如成本、销售量等结果控制的要素刚性加大。因此，市场竞争越激烈，正式控制的使用就越多。

③ 市场份额占得越多，营销组织可能会更具有明确的主观战略和程序化工作机制，因此，正式控制的使用越多。

④ 随着营销团队的规模扩大，协调、交流、控制难度增加，规章制度的作用越发重要。因此，营销团队的规模越大，正式控制的使用就越多。

⑤ 营销和其他部门的关联度越大，非正式控制的使用就越多。

⑥ 培养企业营销团队的能力和素质，提高对企业的忠诚度。少培养营销个人英雄，避免因跳槽给企业造成损失。高素质、高忠诚度的营销团队，非正式控制用得就越多。

⑦ 营销组织的产权结构和客户的产权结构构成影响营销人员对营销组织利益的关切度和工作行为。每个人对自己的财产处置最认真最谨慎。客户的产权结构决定供应控制的方式方法，同时反作用于营销人员，形成互动关系。一般认为，营销组织和客户的产权结构中其成员个人股份额越大，非正式控制使用得就越多。

⑧ 市场形态的变化主导供需双方的地位，买方市场买方在市场关系中占主动位置，卖方市场卖方在市场关系中占主动位置。营销组织在市场中的不同位置决定自身的控制方法，卖方市场的情况下，非正式控制用得多，买方市场条件下，非正式控制用得少。

⑨ 现代营销观念倡导营销要满足消费者个性化的需求，个性化需求增大了营销的难度，个性化程度越高，顾客满意度越难以提升。此时非正式控制适应性更大。

⑩ 营销组织在销量、利润减少的困难条件下，一般都会采取紧缩开支，加强成本管理。严格的财务控制等措施，也更会强调量化业绩标准。所以，营销组织的财务状况越困难，正式控制的使用就越多。

二、国际营销控制的程序

控制程序，即控制的实际操作过程，由以下 7 个步骤组成。

1. 确定控制目标

目标是控制的核心和起始点，即有了目标才能开始进行控制。控制目标具有两个特征：其一，控制目标必须是量化的、具体的、可操作的；其二，控制目标是比较详细的，不仅企业各个层次、各个部门（单位）的目标明确无误，而且应指明各项目标的种种细节。

2. 选择控制方法

国际营销的控制方法基本有两种：一是直接控制，二是间接控制。直接控制就是企业总部有关管理人员直接参与下属机构的经营管理。例如，可以通过签订正式销售或许可证合同的办法控制；或者，总公司上曾领导以股东身份直接指定子公司的经营计划，以至直接参与选择中间商和直接参与指定某项产品的销售价格等。间接控制则是指企业总部有关管理人员通过各种杠杆机制干预调节下属机构的经营活动。间接控制包括下达各种指令性或指导性计划指标，制定和实施一整套完善的规章制度，投入或撤回部分资金，制定并下达各项政策，组织企业竞赛等。间接控制具有明显的灵活性，因此，比较适合国际企业的管理，但是它难度比较大。一般而言，国际企业应该根据不同情况，在不同的时候采取不同的控制方法。

3. 确定标准

控制的衡量标准与目标的指标是一致的，只有在依据企业目标制定出用以衡量业务绩效的标准之后，控制机制才能发挥作用。确定国际营销的控制衡量标准时应注意 3 点：一是要数量化，例如金额、数量要明确，并要确定相应的等级范围；二是要充分考虑国外企业当地的经营环境，如不同的币种及其汇率，当地政府的税收、价格、金融等方面政策；三是要顾及某些比较抽象的目标，如进入某一国家或地区市场对企业全球战略的意义、改进产品和公司形象等。

4. 制定责任人

制定责任人最关键的一点是必须遵循责、权、利三者结合的原则，即无论是控制者或是被控制者都必须有明确的责任、权力和利益。由于国际企业内、外部环境的特殊性和复杂性，还由于许多跨国公司对国内外子公司的组织领导属于非单维结构的领导，因此，总是尽可能地将基本职责、权利和利益落实到具体人，如果违反这一原则，那么跨国公司控制机制就得不到充分有效的发挥。

5. 建立双向信息沟通系统

报告和控制系统是公司的中枢神经系统，是收集信息并发布行动指令所必需的。互联网技术建立的内部网会极大地提高跨国公司内部的沟通效率和质量，与国内业务相比，国际营销业务的信息系统更应正规、更成体系。这一系统基本由 3 部分组成：其一，定时的业务报告，如季节业务报告，年度业务报告；其二，定时的财务会计报表及其分析报告；其三，不定时某项业务发展情况报告。上述 3 项是控制系统以及掌握的基本咨询材料，应加以充分重视；总公司也可适当地派员到国外营销机构所在地检查工作，可以增强对国外业务机构与总部的了解；控制者视野要开阔，目光不能局限于本企业内部，应该建立必要的情报机构，收集竞争者的有关资料，了解科技发展与市场的动态，征询客户的意见，以提高自己的控制水平。

6. 评估结果

评估就是在占有详尽资料的基础上，依据制定的标准，将被控制单位的经营业绩与公司的有关目标进行比较，再对被控制单位的工作做出评估。评估应该严格依据既定标准，确定被控制单位的业绩是否达到了预期的水平，同时应充分考虑当地的经营环境，如发生在东南亚的区域性的金融危机、汇率变化，通货膨胀，经济不景气，政府政策变动等都会对企业的经营业绩产生重大影响，评估遵循实事求是的原则是十分重要的。

评估过程同时又是分析过程，尤其是被控制单位工作未能达到既定目标时，必须分析其原因，并提出相应的改进措施。

7. 纠正偏差

纠正偏差或失误是控制的直接目的，因而它是控制的最关键环节。由于国际业务单位相距遥远，文化背景不同，组织复杂，纠正的实际操作难度较大，纠正的措施必须及时，这就要求控制部门必须建立完善的纠正机制和充分利用当今先进的国际互联网技术。

营销计划履行过程中产生偏差的原因是多方面的：一是时常会发生变化，例如，消费者对产品的需求偏好有所改变，从而导致企业产生销量下降；二是企业决策或人员决策的失误，例如，促销广告宣传效果不佳使企业销售量下降，市场份额减少；三是营销计划本身的问题，例如，营销目标订得过高，控制标准选择不当，都可能使实际情况与计划目标产生偏差。

在分析并寻找出产生偏差的原因后，就必须着手对其加以纠正。但在纠正过程中，常常会遇到技术上和人员上的难题。技术上的困难主要体现在认识偏差同实施修正措施之间往往存在着时滞，修正措施的改变速度远远低于偏差的变换速度。修正措施的这种滞后，常常形成“马后炮”，不仅没能纠正偏差，反而对实际营销活动产生误导，从而形成新的偏差。另一方面，纠正偏差需要现时成本和投入的增加，而纠正偏差带来的收益却是预期发生的。如果纠正偏差带来的收益同其花费的成本大体相当，则这一偏差的纠正是毫无意义的，控制者必须在成本收益上做大量的分析以利决策。人员上的困难则是指计划改变常常会受到公司职员的抵制，这是因为计划的改变意味着前一段工作努力的丧失，在心理上公司营销职员难以接受，因而形成一种抗拒心理。因此偏差纠正的首要工作是转变员工的这种心理状态，使他们积极、主动地参与到偏差纠正的过程中。

控制是一个动态的运行过程。上述 7 个步骤按照顺序不断重复，当然每次重复都在一个更高层次上进行，使企业战略和策略的实施绩效不断得以提升。

三、国际营销控制的范围

国际市场营销控制主要是通过年度计划控制、利润计划控制和市场营销审计控制等，把控制的焦点集中在实际的经营业务上，在企业的经营实际和计划指标之间进行调解。

1．年度计划控制

年度计划分为母公司与子公司（或总公司与分公司）年度计划。控制的目标在于保证实现计划中预定的指标。对年度计划控制的方法主要如下。

（1）销售分析

分析计划销售目标完成情况，判断各种因素的影响，以便采取具体措施。具体分析销售差异，决定各个不同的因素对销售绩效的不同作用。分析微观销售，决定未能达到预期销售额的特定产品、地区等。销售分析主要用于衡量和评估管理人员制订的计划销售目标与实际销售之间的关系。

（2）市场占有率分析

市场占有率分析主要分析企业自身的经营状况。其分析方法常见的有以下 4 种。① 全部市场占有率，以企业的销售额占目标国全行业销售额的百分比来表示，用这种方法测量市场占有率必须做两项决策：第一是要以单位销售量或销售额来表示，第二是确认行业的范围，即明确本行业所应包括的产品、市场等。② 可达市场占有率，是其销售额占企业所服务市场的百分比。所谓可达市场就是企业产品最适合的市场，企业营销努力所及的市场。③ 相对市场占有率（相对于 3 个最大竞争者），以企业销售额占最大的 3 个竞争者的销售额总和的百分比来表示。④ 相对市场占有率（相对于市场领导竞争者），以企业的销售额相对于市场领导竞争者的销售额的百分比来表示。

（3）经济效益分析

这是综合分析，主要分析销售费用率、利润率、计划完成百分比、资金利用率、合同完成率、退货率、退款率等，显示企业国际市场营销工作的效益情况。

2．利润计划控制

国际市场营销利润计划控制主要是用来测定不同产品、不同国别、不同渠道及不同定货规模的赢利能力。通过赢利能力的信息，有助于管理者决定各种产品或市场营销活动。利润计划控制的方法主要有：市场营销成本控制（包括直接推销费用、促销费用、仓储费用、运输费用和其他营销费用）；赢利能力控制（包括销售利润率、资产收益率、销售人员效率、广告效率、促销效率、渠道效率等）。

3．国际市场营销审计控制

市场营销审计是20世纪70年代以来，美国的工商企业，特别是跨国公司采用的一种控制方法。从单纯关注利润发展为全面检查和控制其经营战略、计划和组织工作，以便更高瞻远瞩地改善经营管理和更有效地提高经济效益。

国际市场营销审计是通过对一个公司或一个业务单位的检查，包括对市场环境、目标、战略和各项经济活动的全面的、系统的和定期的分析，找出营销薄弱环节，从而提出行动计划方案和提高公司的营销绩效。

国际市场营销审计的主要内容包括以下几个方面。

（1）营销环境审计

它主要分析宏观环境因素（人口环境、经济环境、社会与文化环境、法律环境、科学技术环境）和企业任务环境（市场、顾客、竞争者、分销商和经销商、供应商和辅助机构）中关键组成部分的现状及变化趋势，审计其与企业的适应性，找出其给企业带来的机会和威胁，做出因适应环境、创造环境或回避不利环境的战略选择。

（2）营销内部控制制度审计

营销审计的一项主要内容就是评价营销控制系统的适当性与有效性，即检查和评价此类内部控制的设计是否适当以及在多大程度上被营销人员有效地执行。通过对内部控制制度的测试和评价，确定审计范围并帮助企业完善内部控制，加强营销活动的管理，确保营销系统的正常运行。

（3）营销战略及策略审计

它主要审计企业的各种营销目标和战略，评价它们对当前的和预测的营销环境的适应程度。它主要包括制订营销战略的基础的审查，选择营销战略类型审查，选择目标市场审查以及拓展海外市场战略与行动策略审查。

（4）营销组织审计

营销组织审计包括营销组织结构，责权利配置、营销职能部门的效率，与其他职能部门如制造部门、研究与开发部门、采购部门财务管理部门的协调性等方面的审计。要求评价营销组织在实施预期环境下的战略和策略方面所具备的能力。主要包括市场营销部门的内部组织审查、国际营销组织结构审查以及国际营销组织的弹性策略审查。

（5）营销系统的审计

营销系统的审计包括对营销信息系统、营销计划系统、营销控制系统、新产品开发系统等方面的审计。要求评价各子系统的有效性及子系统间的协调性。其中，营销信息系统审计主要包括设计营销信息系统的审查、使用营销信息系统的审查、构成营销信息系统的审查、建立营销信息系统的条件审查；营销计划系统审计主要包括营销计划范围的审查、市场营销计划应具备的要素审查、市场营销计划的特性审查、市场营销计划制订程序审查、营销计划方案审查等；营销控制系统主要包括销售效率审查、市场占有率审查、比率的分析运用审查等；新产品开发系统审计包括检查企业开发新产品的观念、检查新产品的开发方针、检查新产品的开发程序、检查新产品的开发计划、检查企业对新产品研制的重视程度、检查企业选择新产品的标准、检查新产品管理程序等。

（6）营销功能审计

营销功能审计包括产品、定价、分销、广告、公关、销售队伍、其他销售促进等方面的审计，包括营销管理的总体审计、销售管理审计、市场调研管理审计、广告管理的审计、实体分配管理的审计。

（7）营销绩效审计

营销绩效主要是指营销活动对于企业实现目标的贡献份额与营销活动本身所消耗资源之间的比率。营销绩效审计可以通过测算营销成本并将其与标准成本比较、对营销活动的成本与效益进行分析等方法，评价企业营销活动已取得的业绩，发现营销活动中存在的问题及其对经济效益产生的影响，对营销活动中存在的不合理因素提出审计意见或管理建议书，主要包括利润分析、成本——效益分析、营销成本审查和赢利能力审查、销售收入绩效评核审查、销售费用绩效审查，实施与计划的比较分析、推销活动绩效的审查，货款回收与成品库存绩效评核分析等。

四、影响国际营销控制的因素

由于不同企业的条件和所处的环境不同，因此，采取的国际营销控制手段也不完全相同。一般说来，影响国际企业营销控制的因素包括以下几个。

1．国内营销控制方法

大多数国际化经营的企业都是首先在本国市场上取得成功后才开始开拓国际市场的，在国际营销控制中，这些企业便继续沿用那些在国内市场营销中已被证明为行之有效的控制方法。现在许多国际企业已经在传统的国内营销控制方法的基础上建立起了一整套标准化的控制制度，用以控制企业在全球范围内的经营和销售。国际企业的公司总部要求国外子公司定期提交标准格式的有关经营状况的报告，如果国外子公司的规模较小，则定期报告的内容可以简略，报告的周期可以缩短。这种标准化的报告控制制度有利于国际企业在全球范围内比较各子公司的经营状况，有利于国际企业人才和信息在全公司内的流动。

2．交通和通信系统

影响国际营销控制的另一个主要因素是交通和通信设施的发展水平。一个世纪以前，由于交通和通信设施很不发达，企业不得不采取高度分权化的管理。今天，交通和通信手段已经得到了飞跃的发展，除了陆上交通和海上交通外，飞机已经成为世界上主要的远距离交通手段。这使得国际企业总部的管理人员能定期和国外子公司管理人员进行面对面的商谈，电话、电传和传真等电子通信手段使公司总部和国外子公司能保持不间断的接触。发达的现代交通和通信系统使国际企业加强国际营销控制成为可能。

3．母公司和子公司间的距离

在其他条件都一样的情况下，母公司和子公司间的距离越大，母公司对子公司的控制就越小，子公司享受的自主权也就越大。这是因为遥远的距离不仅增加了旅差费用和使用电话、电传和其他电信设备的费用，而且也可能延误决策的时间，因此，随着子公司与母公司距离的增大，母公司对子公司的授权范围也增加。

4．产品的性质

产品的性质直接影响国际营销控制的方法。技术复杂的产品由于在世界各地的用途很接近，所以可以由公司总部集中制定，制定统一的控制标准和绩效评估方法，计算机和许多工业产品都是属于对文化环境不敏感的产品，所以可以采取统一的国际营销控制方法。药品和食品以及许多日用商品如衣服等是属于对文化环境敏感的产品，所以对这些产品的控制不能一刀切，而要对具体情况做具体分析，采取分权式的控制方法。

5．环境差异

母公司和子公司所处的政治、经济、社会、文化、技术、法律等环境相差越大，母公司对子公司的授权范围就越大，子公司所受的控制也就越小。

例如，由于加拿大和美国在政治、经济、社会、文化等方面很相似，所以许多美国跨国公司对设在加拿大的子公司进行高度集权化的控制。许多国际企业为了加强对国外子公司的控制便采用了地区型的组织结构，成立若干个地区总部，使得各地区之间环境差别较大，而每个地区内各国之间环境差异较小。

6．环境的稳定性

子公司所在国环境（尤其是政治和经济环境）越不稳定，母公司对子公司的营销控制就越小。在子公司所在国环境动荡不定时，对母公司来说比较明智的办法是放手让处在第一线的子公司独立决策，自主经营。

7．子公司的计划效率

当国外子公司能圆满完成母公司制订的营销计划，绩效显著时，母公司对其控制将放松，国外子公司的自主权将加大。相反，当国外子公司完不成计划，屡遭败绩时，母公司对其控制将加紧，国外子公司享受的自主权不可避免地要被削弱。

8．国际营销业务的比重

国际营销业务的比重越大，公司总部的职能管理人员也就越多，对子公司的控制相应地就越广泛。反之，国际营销业务的比重越小，公司总部所能雇佣的职能管理人员就越少，对子公司的营销控制也就越狭窄。

思考题

1．选择题

（1）下列组织形式中适合那些刚进入国际市场的企业的是（　　）。

A．出口部形式　　B．地区型结构

C．产品型结构　　D．矩阵型结构

（2）功能型结构在国际营销中比较少见，其最大的缺点就是（　　）。

A．权限太分散　　B. 权限太集中

C. 职能部门间的协调比较困难　　D．对市场反应迟钝

（3）下列不属于产品型结构优点的是（　　）。

A．能够避免机构重叠的弊病

B．能够对市场变化做出积极反应

C．有专门的产品经理，那些较小品牌产品就不会被忽视

D．营销经理能够有效地协调各种营销职能

（4）下列不属于营销控制基本过程的是（　　）。

A．建立营销绩效标准　　B．衡量关于标准的执行情况

C．纠正对于标准和计划的偏离现象　　D．重新制定绩效标准

（5）一些技术性强的工业产品，如计算机等，属于对文化环境不敏感的产品，国际企业可采取统一的管理方法。但日用品及服装等对文化环境敏感的产品，企业只能采取分权管理的控制方法。这表明国际营销控制的一个重要影响因素为（　　）。

A．国内营销控制方法　　B．国外市场的营销环境

C．母公司与子公司的距离　　D．产品的性质

（6）国外股东的目标与本企业不一致，东道国新颁布的有关外资企业的法规等都会影响国际企业对营销活动的控制。这表明国际营销控制的一个重要影响因素为（　　）。

A．交通及通信系统　　B．国外市场的营销环境

C．母公司与子公司的距离　　D．国际营销业务的规模

（7）总公司一般偏重于（　　），子公司偏重于（　　）。

A．战略计划　　B．短期计划

C．年度计划　　D．执行计划

（8）营销组织的宏观环境变化越快，（　　）的使用就越多。

A．正式控制　　B．非正式控制　　C．过程控制　　D．结果控制

（9）不属于经济效益分析的是（　　）

A．销售费用率分析　　B．资金利用率分析

C．市场占有率分析　　D．利润率分析

（10）（　　）是控制的直接目的，因而它是控制的最关键环节。

A．确定控制目标　　B．建立双向信息沟通系统

C．评估结果　　D．纠正偏差

2．判断题

（1）市场容量决定着营销组织的规模及结构。（　　）

（2）横向分立的组织结构特征为：不仅仅是将多种经营、不同的竞争内容分离出去，就是一种产品也进行上下游的分离。（　　）

（3）正式的营销控制是员工自我驱动的控制机制。（　　）

（4）过程控制对营销结果没有严格的要求。（　　）

（5）虚拟企业的组织结构也是虚拟的，它是一种由许多独立企业组成的临时性机构。（　　）

（6）市场竞争越激烈，正式控制的使用就越多。（　　）

（7）营销组织和客户的产权结构中其成员个人股份额越大，正式控制使用的就越多。（　　）

（8）随着子公司与母公司距离的增大，母公司对子公司的授权范围也增加。（　　）

（9）技术复杂的产品可以由公司总部集中制定，制定统一的控制标准和绩效评估方法。（　　）

（10）企业的销售额占目标国全行业销售额的百分比叫可达市场占有率。（　　）

3. 问答题

（1）企业通用的国际营销组织形式都有哪些？各种类型适用的条件和优缺点是什么？

（2）简述虚拟组织机构的特点。

（3）影响国际营销控制的因素有哪些？

（4）国际市场营销审计的主要内容包括哪些？

案例分析

董事长李健熙落马三星公司未来重组成为焦点

北京时间2008年4月21日消息，国外媒体今天刊登的分析文章指出，负责调查韩国三星集团贿赂和腐败丑闻的特别检察官赵俊雄上周四宣布，已对三星集团董事长李健熙提起偷税罪和渎职罪两项指控。三星管理层随后表示，将于本周内公布公司改组细节。但业界人士称，鉴于韩国家族企业问题已是“积习难返”，三星改组是否有效，将成为人们异常关注的问题。

赵俊雄表示，在经过长达3个月的调查活动后，除对李健熙提起法律起诉外，还对其他9名三星高管提起犯罪指控。赵俊雄称，今年66岁的李健熙涉嫌偷税金额达1 128亿韩元(约合1.14亿美元)；他在担任三星集团董事长期间严重失职，使该公司蒙受了巨大经济损失。

1. 专案调查

有关李健熙及三星集团贿赂基金的调查始于今年1月。此前三星前首席法律顾问曾对三星提起法律诉讼，称该集团设立了2 000亿韩元（约合1.97亿美元）的贿赂基金，用于贿赂韩国政府人员。随后韩国国会通过投票表决，同意设立独立调查组就此展开独立调查。

除贿赂基金外，专案调查组还就李健熙涉嫌非法将三星控制权转交给其子李在镕一事进行了调查。李在镕为三星电子高管之一，他本人曾于今年3月接受讯问，随后检察部门以证据不足撤销了对他的起诉。

2. 家族企业

在赵俊雄对李健熙及其他9名三星高管提出起诉后不久，三星集团表示，将于本周内公布公司改组细一节。

三星贪污丑闻浮出水面后，再度引发了外界对韩国家族财团控制大型企业的争论。韩国存在着大量家族控制的企业集团，在韩国国家资金的支持下，这些企业创造了“韩国奇迹”，然而这些家族企业的无限制扩大，也给韩国经济带来负面影响。如1997～1998年发生的亚洲金融危机，就与韩国的这些家族集团存在一定联系。

韩国韩城大学国际贸易学教授Kim Sang Jo表示，三星丑闻调查案表明，韩国政府将加强对大型企业的干预和管理力度，但干预效果如何，还有待进一步观察。他说：“即使李健熙辞去他所担任董事长一职，他仍然会在各个方面对三星集团施加影响。三星丑闻案表明，韩国家族财团的管理机制仍不透明，仍然是少数个别人说了算。”

Kim Sang Jo接着表示：“虽然三星集团的市场业绩增长很快，其本身也是一家上市公司，但该公司的管理权仍被三星家族子公司或一些未上市公司操纵。”他认为，正是为了保证对三星公司的操纵权，这些三星家族子公司才决定设立贿赂基金。以贿赂韩国政府官员。

韩国国立开放大学的经济学家Kim Ky-Won也表示，就目前情况来看，只要李健熙及少数人对三星的实际影响力仍然存在，即使三星本周公布其改组措施，恐怕也只是糊弄公众的“花拳绣腿”，而不会有多少实质内容。

分析人士称，三星出台改组措施后，可能会大幅削减其战略规划办公室的权力。韩国大信证券分析师 Kwak Bung-Ryul 对此表示“通过改组，或许职业管理人将在三星集团中发挥更大作用，公司管理透明度将有所加强。”

3. 亡羊补牢

韩国首尔大学经济学家 Yun Chang-Hyun 则认为，这次韩国政府决定向三星集团等家族企业“开刀”，有利于使韩国经济回归健康状态，但问题是韩国政府的打击措施有点为时已晚。他认为，作为亡羊补牢措施，韩国政府应对三星现行管理结构进行大幅改革，否则李健熙等人的影响力不会轻易消除。

Yun Chang-Hyun 说：“从短期看，三星集团应给予旗下子公司更多市场运营权。但着眼于长期发展，三星应设立一家控股公司，使母公司与子公司之间的财务核算各自独立。”

对于外界认为“三星应设立一家控股公司使母公司与子公司之间的财务核算各自独立”的说法。三星集团表示，由于转换控股公司需要 20 万亿韩元的资金，加上目前整个集团经营权受到威胁，因此决定日后再研究该问题。此外，该公司表示，将在今后 4～5 年内出售持有 25.64%股份的爱宝乐园的股份。

（资料来源：中涛编译：《董事长李健熙落马，三星公司未来重组成为焦点》载《腾讯科技》，2008-04-21）

问题：三星丑闻暴露了三星集团的主要问题是什么?

第十一章 国际会展

【引导案例】

一届成功的博览会

一届博览会要办得好、办得出色，其中有很多影响因素。主办城市、国家、一个好的策划、诱人的主题和展览场地紧密地联系，所有这些都足以成为吸引相当数量的国家为了他们自身利益而参与世博会的理由。如果举办国本地的企业和社团确信举办博览会及为其筹措资金是物有所值，而且外国参展者认为博览会对其有足够的吸引力，其他因素就会集中起来造就一项伟大的盛事。

参观博览会的兴奋和从博览会获取知识两者之间存在着差异，它们属于不同的范畴。博览会将为参观者带来一种多感观、多文化的体验，它会使参观者尝尽神奇，经受激励和感受舒畅。人们会牢记参观世界博览会的体验，但他们并不会记得黄金时间播放的电视节目或大多数参观主题公园的体验。参加博览会是一种能使参观者认识和牢记的体验，而其他的体验只是使人感到眼花缭乱。

从更传统的意义上考虑，举办博览会仍有较大的空间。博览会能为艺术、科学技术、新建筑、建筑材料、构架、雕刻和绘画的创新提供一个巨大的平台。博览会为艺术家和创作者提供了充分展示其想象力和创造力的良机。几乎所有主要的艺术家和创作者都会向同时代的博览会提交作品。博览会的变革是重要的，但我们不应当失去我们对时代的感觉，不应该单纯为了博览会跟上现代潮流，而否定对博览会的经典诠释。

1992 年塞维利亚世博会秘书长说过："像 1992 年塞维利亚世博会那样的博览会再也不会出现了。"

诚然，就国际参与度、建筑和流行及经典文化的提供而言，这确是一次气势宏大、史无前例的盛会，也许是最后一次按照传统所举办的综合类博览会。但是必须记住，1992 年塞维利亚世博会是为了庆祝发现美洲 500 周年而举办的盛会，从国际社会对本次博览会的关注程度和参展国家的范围等方面的反响来看，选择塞维利亚作为这次盛会举办地是适宜的。大家认为塞维利亚博览会的风格有利于强调主题和客观形势。

塞维利亚世博会的亮点之一在于，许多新成员来自非洲和美洲大陆，他们的积极参加，不仅拓宽了博览会参展国的范围，而且为世博会增添了新的风格。

现在对 1992 年塞维利亚世博会作历史性评价还为时过早。毋庸置疑，西班牙和安大路西亚在许多方面受益最大。

（资料来源：世博信息丛书—《国际级博览会影响研究》）

会展作为市场营销策略之一，早在中世纪已经在欧洲出现了。世界第一次有影响的国际展览是 1851 年的英国伦敦水晶宫博览会。会展在沟通生产与消费，促进经济发展方面有其独特的效果，近年来呈现突飞猛进的发展态势，许多国家都把会展作为对外交流、促进经济发展的新的增长点。会展是一种全球营销媒介，任何一个公司都可以通过向其特定的细分市场展示产品与服务等方式展开品牌关注与市场竞争，买卖双方由来已久的直接接触方式，使会展有别于其他市场营销方式。

第一节　国际会展概述

一、会展的概念

【小资料 11-1：会展是什么？】

组展者说：展览是特殊的服务行业，核心本质是服务。

展台设计者说：会展是受参展商资金与观念限制的艺术创作。

展台搭建商说：会展是"奢华"，一掷千金三五天，是最短命的装饰工程。

参展商说：会展是经济、实惠、有效的立体营销广告。

市长说：会展是一项提升城市两个文明建设、利国利民的德政工程。

学者说：会展是智者的峰会，是传播新思想、新观念的论坛。

哲学家说：会展是企业经营理念的展示，是步入市场经济后理性成熟的表现。

建筑家说：会展场馆规模宏大、气派，是城市标志性建筑。

数学家说：布展是排列与组合、平面与立体、黄金分割与数模运筹的应用。

美术家说：会展是生活中一道五彩斑斓、丰富亮丽的色彩。

环保专家说：会展是“不冒烟的工厂”，是无污染的绿色产业。

经济学家说：会展是经济发展的又一个新的增长点。

投机招展商说：展不在好，能办则赢，展不在精，能捞则灵。

模特说：会展梳妆台，企业争未来，靓女靠打扮，产品靠会展。

所谓展览会的“会”和我们通常所说的开会、会议有所不同，它主要是指为了实现某种目的集中在一起，进行交流。既是参展商的交流，也是观众的交流，更是观众与展商的交流。所谓“展”就是陈列、展示（物品）。从“展览”或“展览会”的角度来说，就是会展的参与者通过物品或图片的展示，集中向观众传达各种信息，实行双向交流，扩大影响，树立形象，实现交易、投资或传授知识、教育观众的目的。

由于展览的一个显著特点是它常常与会议、各种“节”的结合，所以现代意义上的展览并不是孤立的“展”或“展览”，而是有将展览与会议、各类贸易、旅游、艺术节等相结合的趋势。这一方面是展览与会议、节事的内在联系使然，另一方面则反映了主办者对展览的重视，希望更隆重、更有效地举行。它大大地丰富了展览的内容，提高了展览的档次，增加了展览的吸引力。

综上所述，会展也就是会议、展览和节事等集体性活动的简称，是指在一定地域空间，由多个人集聚在一起形成的，定期或不定期的集体性的物质、文化交流活动。简言之，会展是指特定空间的集体性的物质文化交流交易活动。

会展的外延很广，它包括各种类型的会议、展览展销活动、体育竞技活动、集中性商品交易活动以及各种节事活动等。在现实中，如世界贸易组织会议（大型会议）、我国的广交会（交易会）、昆明世界博览会（博览会）、奥运会（体育运动会）、高新技术展览会、上海旅游节等都属于会展的范围。

与会展紧密相连的会展经济即以会议、展览和节事活动作为发展经济的手段，通过举办大规模、多层次、多种类的会议、展览和节事活动，带动源源不断的物流、人流、商流、资金流和信息流，从而创造商机、吸引投资、推动商贸旅游业的发展，进而拉动其他产业发展的一种经济现象和经济行为。一般认为，会展活动拉动经济的比为 1∶10，会展在城市经济的发展中起着重要作用。

二、会展业发展概况

1. 国外会展业发展概况

德国有“世界展览王国”之称，德国会展业的突出特点是专业性、国际性的展览会数量最多、规模最大、效益好、实力强。在国际性贸易展览会方面，德国是世界第一会展强国，约有 2/3 世界著名的国际性、专业性贸易展览会都在德国举办。按营业额排序，世界前 10 名的展览公司中 6 个是德国公司。每年德国举办的国际性贸易展览会约有 130 多个，净展出面积 690 万平方米，参展商 17 万家，参观商逾千万，其中，48%的参展商来自国外。在展览设施方面，德国更是世界第一：现拥有 23 个大型展览中心，其中，8 个超过 10 万平方米，展馆总面积达 240 万平方米，世界最大的 4 个展览中心有 3 个在德国。德国 2000 年展览会销售收入 45 亿马克，创造社会综合价值 450 亿马克，产生新的就业岗位 23 万个。

法国拥有 160 万平方米的展馆，分布于 80 个城市，每年大约举办 1 400 个展览会（包括专业展和大众性展会两种）和 100 个博览会（指以社会公众为观众的多种行业参加的展览会）。其中，全国性国内大展和国际展约为 175 个。

北美洲的美国是举办会展数目最多的国家，每年达 1 万多个，它的会展产业每年的直接收入是 800 亿～1000 亿美元，其中，净展出面积超过 5 000 平方米的展览会有 4 000 多个，总的净展出面积约 4 600 万平方米，参展商 120 万，观众近 7 500 万。举办展览最多的城市有拉斯维加斯、多伦多、芝加哥、纽约、奥兰多、达拉斯、亚特兰大、新奥尔良、旧金山、波士顿等。

在中美洲和南美洲，经济贸易展览会近年来逐步发展起来。整个拉美的每年会展经济总量约为 20 亿美元。巴西每年办展约 500 个，产值 8 亿美元；阿根廷每年办展约 300 个，产值 4 亿美元；墨西哥每年办展近 300 个，产值 2.5 亿美元。除这 3 个国家外，其他拉美国家会展经济处于起步阶段。

亚洲会展经济的规模和水平仅次于欧美。2000 年以来，日本会展业产值从 2000 年的 25 兆日元（1 兆日元约合 94 亿美元 ）一路下降到 2002 年的 18 兆日元，下滑的原因除了国内经济不景气外，还受到美国经济萎靡的影响以及大量日本厂商投资中国大陆建立制造基地，也间接地影响了日本会展业。2002 年下半年开始，由于日本政府的减税政策刺激了市场增长，情况有所好转，2003 年日本会展业产值超过 19 兆日元，增长 5%以上。

新加坡会展业起步于 20 世纪 70 年代中期，政府对会展业十分重视，新加坡会议展览局和新加坡贸易发展局专门负责对会展业进行推广。新加坡具有发达的交通、通信等基础设施，较高的服务业水准、国际开放度、英语普及率，这些都是发展会展业的有利条件，新加坡成为亚洲首选会展举办地城市，每年举办的展览会和会议等大型活动达 3 200 个，2000 年新加坡曾被 UIA 评为世界第五大会展城市。

大洋洲会展经济发展水平次于欧美，规模小于亚洲。例如，澳大利亚每年约举办 300 个大型展览会，参展商超过 5 万家，观众 660 万人次。

非洲大陆的会展经济主要集中于经济较发达的南非和埃及，其他国家一年仅举办一两个展览会，而且受气候条件的限制，这些展览会难以定期举办。南非会展业在整个南部非洲地区处于遥遥领先的地位。北非的会展业以埃及为代表，埃及凭借其在连接亚非欧和沟通中东、北非市场的极有利地理位置，每年举办的大型国际展览会达 30 多个。

2．我国会展业发展概况

目前，我国会展业显示出强劲的发展势头，会展业的发展已成为拉动经济增长的重要手段。而会展经济 1∶9 的概念，即展会收益比例为 1，带动其他产业利润的比例是 9，被市场和企业誉为朝阳产业。

自 20 世纪 90 年代以来，我国会展业以年均 20% 以上的速度递增。从会展的环境、设施、规模、种类、水平、作用、影响等来看，我国已成为亚洲展览大国，正逐步成为亚洲区域性的“会展中心”，世界正看好中国的展览大市场。

近年来，我国会展业快速发展：承办了一些大型国际会展活动如昆明世界园艺博览会、上海 APEC 会议、博鳌亚洲论坛等，举办了 2008 年北京奥运会、2010 年上海世博会，培育出一批有中国特色的大型展览会，形成了北京、上海、广州等具有国际知名度的会展热点地和以省会城市为代表的国内会展集中地。

我国的会展业正向专业化、国际化和品牌化发展，主要表现如下。

首先，我国会展加入国际展览联盟数量增加迅速，根据 UFI 报道，目前为止为 19 个。其次，国际资本运作加强。德、英、美、新加坡等国际会展业巨头通过资本运作，寻求低成本扩张，先后进入发展中国家市场，如德国在浦东上海新国际博览中心投资和运营管理。再次，展会收购增加。一些跨国公司收购我国展会数量增加，如德国汉诺威展览公司直接收购了上海一个较有名气的地面装饰展览会。最后，会展移植。外国会展企业将一些国际名牌会展项目移植我国，如德国汉诺威展览公司把国际信息和通信技术领域最大的 CeBIT 展览会移植上海举办。通过跨国项目运作满足了国际市场贸易需求并达到抢占世界会展市场份额目的。此外，中外联合办展。如 2003 年上海汽车展可谓中德合作的国际化高水平的杰作之一，它引领了我国展览业向国际化、专业化方向发展。

中国会展业搭上中国经济快速发展的列车，一路增长走来，已经确定了在世界上会展大国的地位，并正向会展强国挺进。中国会展业的发展，简直可以用飞速来形容，1997 年，中国内地全年举办的各类展览会数量第一次达到 1 000 个，短短 10 年，这一数字在 2006 年跃升至 3 800 个。全球拥有的展览会的主题，在中国市场上都能找到，新主题的展会几乎无可开发的可能。包括德国、美国等世界前 10 名的国际展览公司都不同程度地参与了中国市场。中国的展览馆的数量和规模都堪称名列世界前茅。随着经济快速增长，中国内地已成为全球发展最快的展览市场。

三、会展的作用

会展在企业市场营销战略中的地位越来越重要，就其功能和作用而言，主要有以下几方面。

第一，通过会展，企业可以展示自己的品牌，通过会展提供的信息渠道和网络宣传自己的商品。企业可以在很短的时间内与目标顾客直接沟通，可将产品的信息发送给特定的客户，并可产生来自顾客的即时反应。

第二，会展是生产商、批发商和分销商进行交流、沟通和贸易的汇聚点。专业性会展是其所代表行业的缩影，在某种程度上甚至就是一个市场，企业可以在会展中建立并维持与利益相关者的关系，建立在市场中的企业整体形象。

第三，通过展会期间的调查和观察，企业可以收集到有关竞争者、分销商和新老顾客的信息，能够迅速、准确地了解国内外最新产品和发明的现状与行业发展趋势等，从而为企业制订下一步的发展战略提供依据。

第四，成本低。据英联邦展览业联合会调查，会展是优于推销员推销、公关、广告等手段的营销中介体。

可以说，会展具备了其他营销沟通工具的共同属性。作为广告工具，会展利用特定媒体（展览会）将消息发送给有针对性的观众；作为促销工具，会展具有多方面功能并提供顾客以刺激和购买的紧迫感；作为直销的一种形式，会展可产生来自观众的即时反应；作为公共关系，会展通常可以增强公司形象。

四、国际会展的类型

国际会展有不同的类型，国际参展者应确定国际会展的类型和掌握其特点。

国际展览，按展览地点分，有在本国的国际展览和在国外的国际展览两种。国际营销者参加在本国举办的国际展览的优点是：① 可以增强本国的产地特色和产地形象，这一点对于一些具有本国产地特色的产品是重要的，如我国的丝绸、茶叶等出口产品在我国本土参展就比到国外参展更能体现产地特色和保持产地形象；② 可以同更多的本国同类产品集中在一起向国际展示，这样可以增强本国产品的整体声势；③ 参展费用比较省。国际营销者在国外参展的优点是：① 可以接近目标市场；② 可以利用国外一些国际展览的权威性和影响力；③ 可以更多地获取国际市场的反馈信息。

我国北京、上海和广州的国际展览最多。在北京，每年举办的各类国际展览和技术交流会有 300 多个，包括国际汽车展、国际服装服饰博览会、国际纺织机械展、国际农业展览会、国际通信及网络技术展、国际无线通信设备展、国际玩具及礼品展、国际食品加工和包装机械展、国际工程机械展等。上海每年的国际办展次数仅次于北京，达到近 300 个。上海的国际工业博览会、华东商品交易会一届胜过一届，如第三届上海工博会有来自国内外的 1 192 家公司参展，展位达到 2 036 个，展出面积接近 5 万平方米。广州作为华南展览之都，其国际展览业也很发达，其举办的国际展览有国际印刷业包装展、国际自动化展、国际广告展、国际陶瓷工业展、国际照明展、国际通信设备与网络展、国际家具博览会。被誉为“中国第一展”的广州中国出口商品交易会，自 1957 年创办至今，每年春秋两届。2001 年广交会秋季展展出总面积达 12 万平方米，参展公司 4 000 多家，展位总数达 8 153 个，创历史新高。

我国企业到国外参展，最理想的选择之一可能是去欧洲。欧洲是世界上展览业最发达的地区。欧洲各国的商贸展览不仅历史长，而且规模大。法国巴黎凡尔赛展览场，展出面积达 40 万平方米。意大利米兰，有展馆 38 个，总面积达 65 万平方米。德国是著名的展览大国，仅汉诺威、法兰克福、莱比锡、慕尼黑、柏林等市的展览面积就达165万平方米。我国企业去欧洲参展是比较理想的：第一，欧洲市场是我国企业最主要的国际目标市场之一，去欧洲参展可以直接接触目标市场；第二，欧洲的国际展览历史长、规模大，在国际市场上有权威性和很大的影响力；第三，去欧洲参展的厂商多，客商或观众也比较多，有关国际经济、科技和市场的信息也比较密集。随着我国企业越来越多地去欧洲参展，我国展览业也开始进入欧洲。如我国中信公司在欧洲贸易中心之一的荷兰鹿特丹独资开办的中港公司，在欧洲展览业界已小有名气。该公司拥有的“亚洲展览馆”，有1 500平方米的展出面积和70个标准展台，近年来先后举办了“中国消费品展览”和“中国轻工产品展览”等多次国际展览，为国内企业展销产品总额近6 000万美元，成为欧洲市场的一个“中国窗口”。

国际展览，按展览时间分，有定期展览、不定期展览和临时性展览3种。定期的国际展览，每隔一定的时间举办一次，而且展览地点或场所一般也是固定的。汉诺威工业博览会、迪拜博览会、广交会等，都是定期、定点的国际展览。定期展览与不定期展览相比的优点主要是：① 形象比较稳定、可靠；② 便于有计划地进行参展策划；③ 有利于参展者积累参展经验，提高展览技术水平；④ 有利于联系和保持国外老的客户或观众队伍。大多数国际展览是不定期的，是针对某一时间国际市场、国际科技、国际社会所关心的热点问题而举办的，如“国际环保技术和产品展”、日本高岛屋公司举办的“大中国展”等。由于国际热点问题的出现并无一定的时间规律，因此，大多数国际展览是不定期也很难定期的。很明显，不定期国际展览的优点主要是能针对国际市场和国际社会所关心的热点问题，容易引起国际观众的兴趣，时效性比较强。还有一种是临时性的国际展览，主要是为了配合新闻发布、看样订货、商贸洽谈等而临时举办的展示活动。日本富士通公司在北京人民大会堂举办的为时3天的“富士通综合技术展示会”，就属于这种临时性的国际展览。

国际展览，按展览内容分，有综合性展览和专业性展览两种。综合性国际展览，有多种行业参展，上述迪拜国际博览会、汉诺威工业博览会、广交会等都是综合性国际展览。专业性国际展览，只有单一行业参展，如国际时装展览、国际钟表展览、国际航空工业展览等。综合性国际展览的优点主要是：① 参展面和观众面比较宽，国际声势和影响力比较大；② 有利于不同行业之间沟通信息和相互促进，事实上，不同行业之间在市场和技术等方面可能存在着相关性或竞争性，综合性国际展览为了解这类信息提供了机会。专业性国际展览的优点是：① 观众面与目标市场比较接近，比较能吸引目标客户；② 有利于同行业企业之间相互了解信息，事实上，为了适应国际市场激烈竞争的环境，了解国际同行即竞争对手的动态是很重要的。

【小资料11-2：汉诺威工业展览会】

汉诺威工业展览会是欧洲工业展览界的奥运会，拥有400万平方英尺的室内展地和7 500个展位，其规模相当于世界其他地方的商业展览的10倍。它被组织得很好：拥有自己的火车站、邮局、35家饭店、600名长期雇员。2000年，该展览关注工厂自动化、材料处理和后勤。汉诺威展览会的巨大规模和技术展示给人以深刻的印象，但这并不是最重要的方面。更确切地说，它为世界各地的人们提供了一个观摩技术和学习的机会，人们可以学到很多与自己的产业相关的东西。最重要的是，它提供了一个与数以百计的人接触的机会，这些人会是一笔巨大的将来可用的资源，即使并不一定是直接的生意来源。50万以上的人参加这一展览。尽管其中只有25%的是来自德国以外，但他们几乎都是来自商界而并非一般公众。

2000 年，在来自 70 个国家的 7 500 家参展者中，有 65% 来自德国本土，其余的也几乎都是欧洲人，法国、意大利、瑞士、西班牙、英国、丹麦和荷兰占了 25% 以上，美国公司占了不到 3%，其中不包括美国跨国公司的欧洲子公司。

世界上影响较大的 150 个专业贸易展览会，有近 120 个在德国。在欧洲 20 大专业贸易展览会中，德国占了 16 个。

国际展览，还可按参展的国别和面向的观众分类。按参展国别分，有一国参展的国际展览和多国参展的国际展览两种，前者如广交会，后者如迪拜博览会、汉诺威工业博览会、马来西亚国际旅游展销会等；按面向的观众分，有面向商界的国际展览和面向社会各界的国际展览。

国际营销者不仅要重视参加面向商界的国际展览，也要注意利用某些面向社会的和非商业性的国际展览。如 1996 年在上海举办的“中国国际摄影展”，是一个面向社会的和非商业性的国际展览。然而，美国柯达公司却十分重视利用这次机会，积极参展，柯达公司此举是很有眼光的：它知道参加面向社会的国际摄影展可以培养一批“柯达”的用户，而且这种商业色彩不重的展览能比较自然地说服用户，引起用户的购买愿望，而只要用户的需求形成了，商界自然就会重视并会找“柯达”订货的。

第二节　国际会展策划

会展是一项极为复杂的系统工程，受制因素很多。从制订计划、市场调研、展位选择、展品征集、报关运输、客户邀请、展场布置、广告宣传、组织成交直至展品回运，形成了一个互相影响互相制约的有机整体，任何一个环节的失误，都会直接影响展览活动的效果。

一、会展策划的基本流程

大型展会如世博会的策划，不仅要考虑经济因素，还要考虑政治因素、社会文化因素等，因而，它的策划有时国家的有关部长乃至元首都会参与。在我国，虽然展会市场化的进程在加快，但不少的大型展览会还带有政府行为的色彩，因而，其决策规划情况更加复杂。这里，参照国际展会的一般惯例，就一般展会的策划流程进行概述。

1. 成立策划小组

会展策划工作需要集合各方面的人士进行集体决策，因此，首先要成立一个会展策划小组，具体负责会展策划工作。一般而言，会展策划小组应由以下几种人组成。

① 项目主管，一般由总经理、副总经理或业务部经理、创作总监、策划部经理等人担任。在会展公司里，业务主管（贸易展会经理）具有特殊地位，他是沟通会展公司与展会服务承包商、参展商的中介，一方面，他代表会展公司与展会服务承包商、参展商等洽谈业务；另一方面，他又代表展会服务承包商、参展商等监督会展公司一切活动的开展。

② 策划人员，一般由策划部的正副主管和业务骨干来承担，主要负责编拟会展计划。

③ 文案撰写人员，专门负责撰写各种会展文案，包括会展常用文书、会展业务社交文书、会展业务专用文书、会展业务推介文书、会展业务事务文书、会展业务合同协议文书、会展业务法律文书以及会展策划案等。

文案撰写人员应该能够精确地领悟策划小组的集体意图，具有很强的文字表述能力。

④ 会展设计人员，专门负责进行各种类型视觉形象的设计。会展设计人员是策划小组很重要的组成部分。因为在整个会展策划过程中，诸如各种类型的广告设计、展示设计、展示空间设计等都需要设计人员的参与。设计人员必须具有很强的领悟能力和很强的将策划意图转化为文字、图画的能力。

⑤ 市场调查人员，能进行各种复杂的市场行情调查，并能写出精辟的市场调查报告。

⑥ 媒体联络人员，要求熟悉各种媒体的优势、劣势、刊播价格，并且与媒体有良好的关系，能按照会展策划的部署，进行媒体规划，争取最佳的广告宣传效果。

⑦ 公关人员，能够为会展公司创造融洽、和谐的公众关系氛围，获得各方面的支持帮助。同时，能够从公关的角度提供建议。

在会展策划过程中，由项目主管负责，各方面人员需通力配合，协调一致，共同做好会展策划工作。

2. 进行市场调查

市场调查是以科学的方法，有系统、有计划、有组织地收集、调查、记录、整理、分析有关产品或劳务市场等信息，客观地测定与评价，发现各种事实，用以协助解决有关营销的问题，并作为各种营销决策的依据。

会展市场调查是会展策划的基础。从传播学的角度来看，市场调查是会展策划者为了了解市场信息，把握市场动态，进而确定会展目标和主题，编写会展策划方案，选择会展策略，检查会展效果等所必需的调研工作。只有在系统地收集有关市场与相关背景的资料，并加以科学概括分析基础上确立的会展策划，才能卓有成效地实现其总体目标。

在执行市场调查时，不仅要考虑本区域的优势产业和主导产业，还要考虑重点发展中的行业、政府扶植行业等，具体分析市场状况，要摸清市场的归属，即买方市场还是卖方市场等。

主办者需要将市场调研的重点放在以下 4 个方面。

① 市场前景分析（如政策可行性、市场规模及类型等）。

② 同类展会的竞争能力分析。

③ 本次展会的优势条件分析。

④ 潜在客户需求调查。

总之，在瞬息万变的市场中，如果没有科学的市场调研和预测做先导，会展的策划、运作就很难达到预期的目的。

3. 决定会展策略

做出会展决定是一个决策过程，应该有相应的程序。在一般情况下，会展决策应考虑营销需求、市场条件、营销方式、内部条件等因素。

在充分地进行市场调研与预测之后，接下来，需要进行会展目标市场的定位与制订会展营销计划。

以展览会为例，组织者在进行目标市场定位时需考虑以下因素。

（1）展览会的类型

组织者首先要明确自己所主办的是什么类型的展览会，因为政府主办的展览会、公益性质的展览会和商贸展览会在具体操作模式和策略的制订上有很大区别。

（2）产业标准

导致展览目标市场定位复杂的原因之一是一次展览会往往要涉及多个产业。如举办一次汽车展览会，组织者除考虑汽车生产企业外，还要努力吸引销售、运输等汽车需求较大的企业，甚至一些研究机构等。

（3）地理细分

由于不同地区的参展商和专业观众有着不同的需求特征及营销反映，所以地理变量经常被作为划分展览市场的依据。在进行地理细分时，展会组织者不仅要分析不同国家的参展商对展览会的个性化要求，而且要弄清参展商在本国的具体分布，这样才能行之有效地进行决策。

（4）行为细分

行为细分是指根据参展商的参展动机、购买动机、购买状态或对展览会的态度等进行划分，其中参展动机被认为是进行展览市场细分的最佳起点。

决定会展策略应该在充分掌握现有相关资料的基础上进行，如宏观政策环境、企业经营实力、会展市场竞争状况、顾客满意程度等。如从会展营销角度来说，一份会展营销计划应包括会展营销现状分析、企业（或具体会议、展览会、节事活动）SWOT 分析、营销目标的确立、市场营销组合策略、具体的行动方案、营销预算费用以及营销计划的执行与控制等。

4．制订媒体策略

现代社会是一个信息社会，人与人之间、企业与企业之间都需要交流，而信息交流的主要载体便是各种各样的媒体。实施有效的媒体策略对会展活动组织者至关重要，会展组织者要根据有限的广告预算以及举办会议、展览会、节事活动的需要和条件，来选择合适的媒体。在选择媒体的类型时需要综合考虑目标受众的媒体习惯、产品性质、信息类型以及广告成本等因素。

在市场经济的冲击下，中国传媒的市场化步伐越来越快。市场化程度的提高，带来了媒体的迅速成长或衰落，会展专业媒体也不例外。因而，在制订具体的媒体策略时，必须要分析媒体在会展活动中的成长策略。以展览活动为例，在制订策略上，要综合考虑媒体在宣传活动中、在联系活动中以及在提升展览企业形象活动中的成长策略等。

例如，若从提升城市形象的角度分析，在一次大型的国际会议、展览会或节事活动中，城市政府面向媒体的主要工作包括以下 3 点。

① 在会展活动开始之前，政府需要媒体对展会前期的准备工作、展会的特点及创新性等做大量宣传报道，具体方式有举行记者招待会，或组织专家学者讨论并在专门的媒体上发表声明，以吸引市民和潜在专业观众的注意。

② 在展会举办期间，继续组织有关媒体尤其是本地的主流报纸或电视台对会展活动作进一步宣传，以满足不同公众对此次活动的关注需要。

③ 活动结束之后，政府应该鼓励媒体对此次活动的效应和成果等做总结性的报道，以加深公众的印象，并达到提升城市形象的目的。

若从参展商与媒体的角度来说，在展会开幕之前，参展商除了可以通过直接邮寄等方式与客户联系并邀请对方光临自己的展台外，还要积极利用各种形式的媒体对本企业的参展活动作大量的宣传，可以在报纸、杂志或参展手册上刊登广告，也可以利用展会主办者发行的展会快讯，宣传和介绍企业参展产品，以吸引专业买家来洽谈。在展会期间，还可以通过别出心裁的现场表演、公关事件，或召开新产品推介会等，来吸引媒体和专业观众的广泛关注。

另一方面，为推广企业的品牌形象或提高产品的知名度，参展商必须与媒体保持良好的关系，并积极提供有价值的新闻，争取让媒体在展会期间对本企业给予更多的报道。

随着会展活动的不断升温，不仅是大众媒体，专业媒体也跟着热起来。纵观现有的会展杂志、报纸及网站的竞争格局和特点可以发现：专业刊物正走向多元化，刊物定位也更加鲜明，媒体的形式丰富多彩，互联网正在被深入地应用，因而，在会展的媒体制订上，必须与时俱进，选择更加有效的媒体策略。

5．制订设计策略

商业展览展示设计是以传达展览信息，吸引参观者为主要机能的有目的、有计划的环境、展台、展品设计。好的设计能提高展会的品位，吸引参展者、参观者，对产品营销也起着潜移默化的作用。

一般而言，较大的展会活动，会展的有关设计问题在开展前9个月就开始了。从参展商的角度来说，设计不仅仅是一个展台设计的问题，在策划阶段就要考虑设计展览结构、取得展览公司的设计批准、制作展会宣传册等。

展台设计根据具体情况要求有不同的设计原则、功能区分，所以其设计的策略也是千变万化的。

我们以宣传材料的设计与制作为例。对于参展商来说，狭义的宣传材料主要指各种文字资料，如宣传册页、新闻稿件等。而事实上，宣传材料不仅仅限于现场分发给观众或记者的文字资料，它还包括很多形式，如直接邮寄资料、产品介绍、DVD、纪念包（手提袋）、酒店的户外广告或展会的每日快讯等。

在宣传材料外观的设计上，必须要尊重整体风格，同时，要能形成强大的视觉冲击力。外观设计主要是要解决材料的形状和大小两个问题，并要求设计富有人性化，便于人们携带。

6．制订预算方案

良好的财务管理和预算控制是筹办会展最重要的因素之一，如果安排得当不仅能起到增加收益、提高效益的作用，而且，能使管理者了解收入的来源及比例、分析主要的投入项目、确定主要的收入来源。预算是协助实现财务目标的一个工具。可以把预算看作是一张特有地图，它能引导公司达到所寻找的目标。为了达到这个目标，会展在制订预算时必须做到有计划、有步骤，不断更新信息。

一般说来，制订一份会展预算至少包括以下几方面的内容。

① 历史数据。回顾过去的工作，以便制订出相对精确的新预算。

② 行政管理费。包括项目共享的费用如工资、奖金和复印、电话、信函来往、计算机等要支付的费用。

③ 收益。即预算带来的收入，包括拨款、预算、注册费、出售展品和纪念品的收入、赞助等。

④ 固定费用。如印刷和邮寄宣传资料所需的费用。

⑤ 可变费用，如餐饮费等。

⑥ 详细开列的项目。详细开列的项目列明预算中的各个项目。

⑦ 调整控制。由于预算是根据估计而制订的，因此不一定准确，需要不断地调整。

在会展中，为了衡量一个项目的财务成果，必须设置一个用于实现既定财务目标的预算开支。预算采用的方式，可视具体情况而定。

7. 撰写策划方案

会展策划就是会展的策略规划，为了会展的成功举办，必须对会展的整体性和未来性的策略进行规划。它包括从构想、分析、归纳、判断，一直到拟定策略、方案的实施、事后的追踪与评估过程。

会展策划与计划不同，它有为达到目的的各种构想，这些构想和创意是新颖的，与目标保持一致的方向，有实现的可能。把策划过程用文字完整地记录下来就是会展策划案。

广义的会展策划案可以涵盖经市场调查而产生的可行性研究报告、项目意向书、项目建议书以及广告策划方案、宣传手册等，包括围绕某次会展的展前、展期、展后所有的策划文案。

8. 实施效果评估

展会的效果是长期的。展出者在重视并投入很大力量进行展台设计、产品展示、展览宣传、展台接待和推销等工作的同时，也应当投入相当的力量做会展后续工作。如果说会展相当于“播种”，建立新的客户关系，那么，会展的后续工作就相当于“耕耘”与“收获”，将新的关系发展为实际的客户关系。会展的后续工作有很多，实施效果评估是其中的重要一环。

会展的效果评估内容也很丰富，有展会工作评估和展会效果评估。

展会效果评估需要由展出者自己安排或委托专业评估公司来做。展会效果的评估内容有定性的内容也有定量的内容，条件许可的情况下尽量用定量的评估内容，这样，能使评估的结果更客观、更有价值。

二、会展策划案的内容

会展策划案是对前期策划工作的归纳与总结，是将办展策略、计划、具体方法以全面的方式呈现出来，它可以作为办展机构工作的总纲要，也可送呈有关部门、相关单位，使其对会展内容有一个总体的了解。

一份完整的会展策划书应包括以下内容。

1. 产业与环境市场分析

产业与环境市场分析即对前期收集的行业与市场信息资料进行分析整理，概括行业总体特征及行业内企业的情况，并对行业所面对的市场进行剖析预测。

2. 会展具体策划

会展具体策划，即对会展筹备的具体实施工作进行规划部署，重点包括对会展承建商、运输代理、旅游代理等合作者的资质要求、工作的进度规划及质量要求。

3. 会展招展计划

会展招展计划，即对前期招展信息与市场调查结果进行全面的分析概括，详细部署随后的招展工作。招展计划中应尽量做到职责、进度、工作要求的明确，以利于具体招展工作时参考对照。

4. 会展招商计划

会展招商计划，即制订后期招商工作的详细安排，重点包括招商工作的职责划分、进度安排与对各项工作的标准和要求。

5．会展宣传推广计划

会展宣传推广计划，即对会展的宣传推广活动进行策划安排，主要包括宣传推广的策略、渠道、手段、预期效果等。

6．会展组织分工计划

会展组织分工计划，即划分会展举办参与单位及个人的职责。应尽可能地详细明确，是会展工作安排及绩效考核的依据。

7．会展整体预算

会展整体预算，即对会展的招商、招展、宣传等各项主要活动收入与支出进行宏观预计，明确筹资渠道、方法、金额及资金到位日期等。

8．会展筹备进度计划

会展筹备进度计划，即整体规划会展筹备上作，保证各项工作的有序开展与协调配合。

9．会展现场组织管理计划

会展现场组织管理计划，即现场活动分为布展、展示与撤展3部分。本计划主要包括现场活动的时间、内容安排、管理职责和人员安排等。

10．会展相关活动安排

会展相关活动主要包括围绕展会主题进行的会议、表演及比赛等活动。这些相关活动是现代会展必不可少的组成部分，起着增强展示效果、提升会展形象、扩大会展影响的重要作用。

11．会展结束计划

某一主题的会展可能要一届届地办下去，这就有必要在一次会展结束时对策划、招商、招展、现场管理等各环节的工作进行认真的分析总结，明确工作中的得失与教训，为下届会展积累经验。

第三节　国际会展营销

会展业作为一种特殊的产业，随着我国加入WTO，竞争将会越来越激烈，为了提高我国会展业的竞争水平。我们需要有现代化的市场营销思想作指导，运用现代的营销策略逐步把这种产业做大做强，促进国民经济的发展。

【小资料11-3会展——高效的营销方式】

美国一家展览调查公司根据对美国公司参展情况的统计指出，参展是一种高效的营销方式，因为参展能“低成本接触合作客户”。依照这家展览调查公司的研究，参展商在展销会上接触到每一个参观者的平均成本为177美元，而通过电话接触一个客户的平均成本为295美元。参展“工作量少，质量高”。展览调查公司的调查显示，展会上接触到一个合格的客户后，平均只需给对方打0.8个电话就可以做成买卖。相比之下，平时的典型业务销售方式却需要3.7个电话才能完成。特别是调查显示，展会具有“手把手教客户试用产品”的便利条件，更符合商品营销的特殊需要。

一、会展营销的内涵

会展营销是指研究如何在满足展会参加者的利益的基础上，刺激和调控参展者的需求，会展主办单位和承办单位根据社会环境和企业条件，在一定的营销观念的指导下，对会展项目和会展服务的策划、设计、定价、招展、展后服务的计划和执行过程。会展营销是随着会展业和服务营销的发展而逐步发展起来的。

二、会展营销的特点

1. 营销主体的综合性

会展营销的主体十分复杂，大到一个国家或城市，小到每个会展企业甚至是一次具体的会议或展览会。每个主体的营销目的不一样，营销内容的侧重点也存在明显差异。一次展览会可能要涉及众多的组织和企业，大型的国际性展览会可能由当地政府主办，由一家或者几家展览公司承办，其中个别较复杂的活动则由具体的项目去承担。换句话说，一个展会由几方共同操作，且各自承担的工作在深度与广度上有所不同，但进程必须保持一致，合作也必须紧密有效。

2. 营销内容的整体性

展览会的举办时间、地点、主题及内容等都是参展商所关心的。因此，会展营销的内容必须具有整体性，既包括举办会展的外部环境，如城市的安全状况、旅游综合接待能力等，又包括会展的创新之处，能够给观众带来独特利益以及配套服务项目水平等。这一切都会影响参展商的购买行为。

3. 营销手段的多样性

会展营销的主体复杂和内容广泛决定了展览会必须综合利用各种手段来开展宣传，以达到预期的营销目的。从传统的广播、电视、报纸，到各类行业杂志、专业会展杂志，到面向大众的路牌广告、地铁或出租车以及已渗透到各行各业的互联网，会展营销主体以平面或立体的方式，将大量的信息以最快、最直接的方式传递给大众。

4. 营销对象的参与性

在许多时候，会展活动的主办者虽然熟悉策划并操作会展，但对行业的认知程度可能并不深刻，因而在整个过程中必须广泛听取与会者和参展商的意见，根据自身能力结合与会者和参展商的要求尽可能地调整营销内容，以更好地满足与会者和参展商的需要。另外，在会展活动中，与会者和参展商的参与性都很强，主办者必须与其实现互动，才能提高与会者和参展商的满意程度。

三、会展营销的功能

1. 信息传递功能

会展活动，通过集体性的物质、文化交流，其中的每一参与方都能不同程度地共享某些物质、文化交流信息，调整企业行为以适应不断变化的市场环境，达到预期的经营目标。会展的信息传递功能，有以下几个特点。

① 及时性，是指信息反馈得及时，通过会展活动，人类社会经济活动的各种信息都能得到及时反馈，纠正信息控制过程中的偏差，提高管理效能，促进人类进步。信息反馈的及时性，有利于提高人类社会经济活动的节奏和效率，加速向信息化社会迈进的步伐。企业通过及时的信息反馈，可以调整经营方针，以顺应时代潮流的发展。

② 便利性，是指信息获取的便利，这里应了解企业的信息收集成本，它是指信息产品在其生产、流通过程中所投入的实物和信息价值消费的总和。在特定时间、地域空间的会展活动，由于每一个参与者都必须带来本企业或本地区的信息，因此，会展活动对于每一个参与的个人或团体，都会本能地提供低成本的信息资源，信息收集起来既准确又迅速。

③ 快速性，是指信息发散快速，某一信息一旦在会展活动中出现，就能被会展活动的参与者及时而大面积、大规模地发散和分享，发挥信息的最大化效用，提高信息资源的开发与利用效能。

④ 市场性，信息作为一种重要的经济资源，具有使用价值和价值。信息价值的实现，需要一定的市场条件。会展活动正好满足了这一需要，因为它能为信息市场交易互换活动提供时间、空间的便利条件。信息市场交易的完成，标志着信息价值的实现。同时，会展活动也是检验信息的重要过滤器，通过过滤，一些有价值的信息得到识别和应用，有利于企业经营的发展。

⑤ 真实性，是指信息的中转环节少，信息真实程度高。信息的传递需要一定的渠道和环节，会展活动能减少信息的中转环节，增多信息传递渠道，使信息传递速度加快、费用减低。同时，中转环节的减少，有利于降低信息传递误差，减少信息失真情况，提高信息质量，降低信息失误造成的风险，给企业决策提供真实而可靠的信息资源。

⑥ 创造性，是指信息的创造性。因为会展活动本身具有信息生成功能，会展活动的时间、地点、规模、特点及发展变动趋势，都对社会经济生活产生重要影响，其本身就是一个信息源。

2．供给调节功能

会展活动为产品需求方提供了需求的新机会，使一些潜在的或处于闲置状态的供给能力得到实现，从而实现创造供给。在较为发达的经济环境中，仍然存在着许多未能实现的供给，而一些需求却得不到满足，通过会展活动，为两者结合提供了机会和信息，实现了供与求之间的调节。

会展活动能降低产品的供给成本，有利于供给创造。大型的集体性物质文化交流活动，在特定时间、特定地域空间，各个企业集中到一起，可大大节约产品供给的运输成本、营销成本，从而使供给成本与市场交易成本降低，进一步影响到产品供给的市场价格，提高产品供给量。这样，新的供给将被创造出来。

会展活动为产品价值的实现提供了新机会，使产品供给量增加。产品生产的重要目的是实现产品价值，获得价值增值。如果价值不能实现，即市场交易不能完成，则生产目的不可能达到，从而影响供给方的供给积极性和供给量。会展活动能为产品供给者提供展示产品性能的机会，比较不同产品的价格差异，测算市场供给方面的竞争态势，为企业的市场供给决策提供依据。这些都是促进有效供给增长的经济因素。

会展活动促进了信息资源的开发和利用，使产品供给方能获得较为全面而充分的信息，实行科学决策，迅速提高产品的市场供给能力和供给水平。同时，有利于改善产品的供给结构和供给内容，提高有效供给能力，创造新的供给。

会展活动促进生产技术交流，为产品生产提供新技术，降低生产成本，从而提高产品供给能力，有利于供给创造。产品供给能力的大小，主要受制于企业的生产技术、生产规模和企业数量。会展活动为高新生产技术的市场交易提供了条件。同时，也为生产能力、生产要素的优化组合与配置提供了条件。

会展活动能增加不同文化背景、不同传统习俗的市场参与方间的相互交流与了解，扩大彼此间的共识，消除沟通障碍，为产品的跨区域、跨民族、跨环节流通创造更加宽松的环境，有利于供给实现和供给创造。

3. 刺激需求功能

会展产品的需求是指消费者购买会展产品的劳务和欲望的能力，在市场经济环境中，消费者在各种可能的市场价格下愿意并且能够购买的会展产品的数量种类，就是对该会展产品的需求。会展产品需求可以分为个人需求与市场需求。会展产品需求受多种因素的影响，主要有会展产品的市场价格及形成机制，消费者对会展产品的需求偏好及预期，消费者的收入能力和相关会展或非会展产品的价格，社会经济体制及制度环境。作为政府应把会展看成刺激需求的工具，企业要把会展看成是产品信息收集的极好机会，要充分研究影响产品的各项因素，为企业做好产品决策奠定基础。

4. 营销整合功能

整合营销理论认为，在营销可控因素中，价格、渠道等营销变数是可以被竞争者仿效或超越的，唯独产品和品牌的价值难以替代。而产品与品牌的价值与消费者的认可程度有关，即在消费者心目中如何看待企业产品及品牌。因此，整合营销的关键在于真正重视消费者的行为反映，进行双向沟通，建立长久的一对一的关系营销，从而提高顾客对品牌的忠诚度，提高企业的市场份额。因此，这里所说的整合营销功能就是指的三维促销的融合，即会展报纸、杂志、广播、电视、户外广告、实体展览等各种营销方式的综合。这一营销整合功能的实现有利于企业与顾客的交流，加强了顾客对企业产品及品牌的认同度，极大地促进了企业产品销售和经营发展。

四、会展营销创新策略

营销创新就是根据营销环境的改变，或者根据预见的将会发生的变化，结合企业自身的资源条件和经营特色，寻求营销要素某一面或某一系列的变革或突破，且这些变革和突破是竞争者从未使用过的或在特定市场中是崭新的，能否最终实现营销目标是衡量会展营销创新成功与否的标准。可以预测，在 21 世纪初期的很长一段时间内，会展营销创新将主要表现在 4 大方面——理念创新、主体创新、手段创新和内容创新。这 4 个方面是相辅相成的。其中，理念创新是基础，手段创新是关键。

1. 营销理念创新

没有创新理念的指导，营销活动就可能仍然追求传统的、不适应新的环境的模式。展览企业只有把营销创新提上日程，才能使企业在变化中成长。

（1）从服务参展商到服务观众

展览会存在的意义是为参展商和专业观众创造一个良好的交流平台，因此，能否同时为参展商和买家提供优质服务决定了一个展览会是否能取得成功。然而长期以来，展览公司都只把服务好参展商看作头等大事，而对那些专业观众就不太重视。但事实上，参展商的参展目的就是把自己的产品拿出来给观众，并在展览会上找到合适的买家，但如果专业观众因对服务质量不满意不来参展，就可能会出现整个场馆只有参展商的现象。

（2）从国内营销到全球营销

目前，国内的许多展览会存在这样一种情况：海外参展商不少，甚至不乏国际巨头参展，但绝大部分的观众仍来自本地和国内。国内展览公司在营销过程中，往往把招徕国内观者作为目标且已经形成了固定的思维模式，从而忽略了国际专业买家的巨大空间。因此，国内展览企业必须树立全球营销的理念，把自己成熟的展会品牌拿到世界上专业观众更多的地方举办，以开拓新的市场。但要做到这一点，国内展览公司还有很长的路要走。

国外的绝大多数知名展览会（如德国汉诺威展览公司的 CeBIT Asia，亚洲国际信息及通信技术展览会；意大利的 MAC，即国际化工仪器、分析化验、研究、监控仪器及生物技术展，是欧洲本行业最重要的展览会之一；法国的 AERONAUTIQU，巴黎航空航天展，展览面积一般在 15～20 万平方米之间等）在展会举办前，都要组团到国外招展，积极开展海外促销。常用的方式有召开新闻发布会、赞助公益性的活动，或者在当地媒体上刊登广告等，目的是引起海外参展商的注意。例如，德国的展览会主办方在 100 多个国家设有代办处，这些机构不仅能为当地企业参展提供一系列便捷的信息咨询服务，还可以以较低的成本策划和组织一些宣传活动。

其次，实现公司的全球扩张。作为法国第一大展览公司和世界第四大私营展览公司，爱博展览集团是法国国际专业展促进会的成员，该公司每年举办 60 多个国际性展会，参展商达 17 000 家，参观者超过 150 万。爱博集团总部设在法国，但同时在美国、拉丁美洲、英国、西班牙、意大利、比利时、荷兰、新加坡和中国建立了 10 个独家代理公司，并在世界上 50 多个国家设有代表处。强大的促销网络使参展商和参观者的数量和质量大幅度提高。

（3）从大众营销到品牌营销

长期以来，国内大多数展览公司追求的是单纯的人气，而忽视了品牌所蕴含的巨大宣传效应。这种理念在营销活动中的表现就是广告宣传没有明确的营销对象，不管专业买家有多少、质量如何，来的人越多就越好，展览会现场越热闹就越好。因此，在营销过程中，展览公司必须注重展览会品牌所代表的主题和特色，以品牌为指向，招徕特定的参展商和专业买家。换句话说，展览公司的营销目标是招徕更多的参展商和专业观众，而不是简单的招来更多的人。

享有良好市场盛誉的品牌展览会无疑能给宣传促销带来许多便利。随着展览业的竞争日益加剧，几乎所有的展览公司都已认识到打造品牌展览会的重要性和迫切性。品牌展览会是指具有一定规模，能反映某种类型展览会的发展动态及趋势，能对此类展览活动起指导作用并具有较大影响力的展览会。

德国展览公司在创建强有力的会展品牌时，主要遵循以下 7 个标准：权威协会和代表企业的坚强支持；努力寻求规模效应；代表行业的发展方向；提供专业的展览服务；获得 UFI 的资格认可；媒体合作和品牌宣传；长期规划，不急功近利。

2．营销主体创新

随着中国展览市场的逐步放开，国内展览企业将面临巨大的威胁。从营销主体的角度来看，创新主要体现在 3 个方面。

① 随着世界展览业竞争的日益加剧，各个国家和地区特别是展览业落后的国家和地区

将出现更多专门的展览营销组织或推广机构，这些机构可采取紧密型的董事形式或采取松散型的联合形式。

② 大力宣传自身的办展环境，从而吸引更多的国际会议或展览会，城市甚至全国性的展览整体营销活动将大量涌现。

③ 在营销观念上，人们对展览营销主体的认识将更加深入，即除了传统意义的会议或展览会外，还包括展览城市、展览企业整体和专业媒体等。

3. 营销手段创新

在各种营销要素中，最富活力的莫过于营销手段了，它不仅具有很强的灵活性，而且对具体营销活动的成败起着决定性的作用。只有不断创新，采取一些新颖的营销方法，才能吸引那些早已对常见的营销手段司空见惯的受众。为此，展览营销主体可以从两个方面去努力。

① 要积极运用各种新技术和新的理论研究成果，如网络营销、目的地营销、整合营销、一对一营销等。其中，网络营销将在信息时代的展览营销活动中占有主导地位，互联网将被各种展览营销主体广泛应用。

人类社会已经迈入网络经济时代，随着互联网的日益普及，它在扩大展览会影响甚至改变展览会格局方面起着越来越重要的作用。网络也成为国外诸多展览公司的主要营销手段之一。这些公司在举办展览会时，往往利用互联网和参展商、专业观众进行互动式交流，以期及时发现服务中的缺陷并迅速改进，同时将下一届展览会的举办日期和地点放在网页上，以便参展商在制订今后的参展计划时把本展览会也考虑进去。概括而言，国外展览公司网络营销的工作重点有以下 4 个方面。

a. 通过 Internet 在世界范围内查找相关专业展会的信息及其网址，并想方设法将自身展览会的有关内容贴到这些网站上；在主要客户所在地的门户网站上刊登广告，为展览会宣传造势。

b. 建设自己的展览会网站，并将详细的观众招揽计划公布于众。同时，建立与参展商及其所在行业品牌网站、协会网址之间的链接，以互相促进网站点击率的提高。

c. 努力创造展览会的独特销售点，以增强展会的吸引力，如展会期间举办高峰论坛，邀请知名人士演讲等。还有一点很重要——在网页上列出重要参展商的名单，因为对于想参展的企业和专业观众来说，他们很重视本行业内将有些什么样的厂商参加。

d. 开辟网上展览业务，为参展商和专业观众的洽谈、交易提供全天候的纽带服务。

② 要创造性地运用常见的营销手段。例如，展览公司招徕观众的常用办法是发邀请函给相关专业领域内的人士，或刊登广告吸引普通观众。但是要有所创新，展览公司不妨和旅行社、体育场等合作，以商务旅游作为卖点，在邀请函中附加特别内容，以求抵消远途劳顿的负面效应，从而达到提高观众前来观展的兴趣。

国外会展公司的营销途径可谓多姿多彩。除了传统的广告、邮寄、E-mail 等手段外，还有如在国外设立代表处或寻求代理商，为展览会组织各种形式的促进活动；组织专门人员到国外招展，拜访重要客户或召开新闻发布会等；就连展览会的宣传材料也尽可能发挥至最大效能。

4. 营销内容创新

与灵活多样的营销手段相比，营销内容显得更为实在。实施营销内容创新，展览营销主体可考虑从以下 3 个方面入手。

（1）强调服务

对于会议和展览会而言，一个定位明确的主题固然重要，但其根本仍然是完善并富有人性化的配套服务。服务是展览会的主要竞争力要素之一，它直接影响着参展商和专业观众对展览会的印象，并决定了一个展览会是否能发展成为世界知名的品牌展。

（2）主题创新

这一点是针对具体的会议或展览会而言的。从总体上看，中国展览业刚步入发展阶段，还存在着许多有待改进的地方。只有策划和宣传鲜明的主题并提供个性化的服务，才能吸引某一类观众的眼球，进而达到预期的营销目的。

（3）产品创新

产品是市场营销的核心要素。展览公司的产品是会议或展览会，而要想新办一个会议或展览会，就必须紧跟市场需求。因此，展览企业必须精心策划并适时推出新的产品和服务，这是营销成功的基本前提。事实证明，创新并关注市场需要的展览会永远都是受欢迎的。世博会成功举办了 100 多年就是一个很好的例子。

展览会的成功与否在很大程度上取决于对营销策略运用的好坏。任何一种产品需要有效地销售出去，必须运用合适的、有效的营销方法和策略，才能更好地宣传自身的产品，尤其是特殊的服务产品。因为服务产品具有许多特性，使得在营销中需要运用相应的服务营销技巧。而在会展营销这项特殊的服务产品中，营销策略应不断创新，以适应会展经济的发展。

五、国际会展营销中存在的问题及对策

1．存在的问题

随着国际会展业的发展，越来越多的中国企业力求借助国际大型会展来打开海外市场，实现企业的国际化目标。由此可见，会展在企业的国际市场营销战略中占据着越来越重要的地位。但是很多中国企业在运用国际会展进行营销时存在一些问题，主要表现如下。

（1）缺乏对目标市场的调研

展会的目标市场包括举办展会的机构、参与展会的相关企业、展会的观众等。中国企业在参加展会之前往往不愿花费时间去详细调查展会主办商的声誉和影响力，特别是当企业要到国外去参加会展时，由于地理距离的限制和其他一些主客观的原因，企业通常是在没有亲自调查的情况下，仅凭客户的介绍或者直接是在其他企业的带动下就去参加国际性的会展，这样就使得企业失去了主动权。同时，对即将参加会展的企业和展会的观众的调研也非常重要，这有助于企业了解相关竞争对手和目标顾客的信息，做到知己知彼，有的放矢。

（2）对会展营销缺乏战略性的规划

很多中国企业，包括一些大型的知名企业，在开展会展营销时仍然抱有比较陈旧的观念。这些企业并没有根据本企业自身的特点和企业未来发展的需要来选择适合本企业产品或服务的相应的国际展会，而是采取跟风策略，盲目地追求大型、豪华的展会，这样不仅不能获得良好的营销效果，反而大大增加了企业的成本，是一种得不偿失的错误做法。再者，有些中国企业把会展营销看作是一种事务性的工作，认为会展营销主要是会展商的事，本企业只

要把待展出的产品提供给会展商就可以高枕无忧了。这些企业并没有把会展看作是本企业内部营销战略中的一部分，企业内部决策层与执行层之间、本企业与会展商之问缺乏有效的沟通，这种放任自流的做法最终会导致会展的失败。

（3）不够重视展前宣传的重要性

随着市场竞争的日趋激烈，展前宣传在整个展会营销战略中变得越来越重要，其效果也更显突出。一个策划良好的展前宣传能够像广告一样达到很好的传播效应，增大参展企业在展会期间受关注的力度。然而，中国企业却很少积极进行展前宣传，或者即使是做了展前宣传，但却没有把握好宣传的力度和手段。

（4）多个企业联合使用大型展位

在参加国际会展时，很多中国企业为了节省资金而采取多个企业联合使用一个大型展位的做法。这种方式虽然降低了企业的成本，但是其致命的缺陷就是：很多个企业在同一展区内展示比较相近的产品，而国外的消费者可能对这些具有中国特色的产品根本不具备分辨力，面对众多产品，观众可能会眼花缭乱，无从选择，这样就导致本企业的产品失去了特色，而且也增加了目标顾客的搜寻成本。

（5）忽略了国外市场的文化与语言差异

不同文化背景的目标顾客对会展的展出形式会有不同的要求。如果企业所采用的展出形式不当，可能会遭到观众的强烈排斥和不满。这不仅使得整个会展活动归于失败，还损害了本企业在目标顾客心目中的形象。因此，展出的形式在很大程度上也是决定会展能否获得良好效应的关键因素之一。此外，中国企业到国外去参加会展没有注重采用当地语言，广告宣传和产品信息大多只是翻译成英语，这给观众造成了理解上的困难。

2．对中国企业参与国际会展提出的建议

（1）全面调查市场、充分掌握信息

通过行业协会和行业杂志等渠道研究行业动向，了解国内外相关企业参展的信息，在此基础上初步拟定出可能参加的展会名单。列出拟参加的展会名单之后，比较各展会举办的时间、地点和展位费用，结合企业的整体市场营销计划与费用预算，进一步筛选出适合本企业的展会。在最后确定企业欲参加的展会时，尽量采取各种可能的方式与前一步筛选出来的各展会经理洽谈，了解前几届展会的观众数量、职业分布、地理分布和交易类型以及往届参展商的数量、企业类型和参展力度，同时，应根据了解到的这些信息制作详细的有关展会商、参展企业与展会受众的资料分析报告，为企业的下一步行动服务。

（2）制订合理的国际会展营销规划、注重内外配合

根据企业未来发展的需要及市场营销战略，对企业的优势资源（产品、信息、技术、服务）或需求进行分析，之后再选出适时对路的展会推广，最后再从策划的角度考虑资源如何出奇制胜。德国展览协会根据市场营销理论将参展目标归纳为：基本目标、产品目标、价格目标、宣传目标和销售目标5类。企业应根据顾客需求来细分市场并适应这些变化的需求，制订恰当的展会营销策略。同时，制订的展会计划实施组织工作要有弹性，包括对未来变化与竞争的思考，有必要的反馈与调整机制。再者，参展企业还应注意制订严格的参展流程与职责分工并派专人负责参展项目，在保证企业内部决策层与执行层之间良好的配合外，还要协调好本企业与会展商的配合，做到上下沟通、内外沟通，及时反馈、及时应对。

（3）充分发挥展前宣传的作用

一般的展前宣传计划有：直接邮寄、媒体宣传、派送展位赠品等形式。直接邮寄就是在展会前通过电子邀请、邮寄宣传材料等方式，使得本企业的合作伙伴和潜在的客户知道企业即将参加的展会时间和具体摊位号等，在运用直接邮寄方式时应注意把握好直接邮寄的时间与形式；媒体宣传即通过报纸、行业刊物或者电视、广播等媒介传递企业的参展信息和参展动向；恰当的展位赠品会给企业的展位带来活力，有助于品牌认知度的建立和招揽更多的潜在目标客户。具体采用哪种展前宣传方式，应根据企业的参展目标、产品特点和成本预算来决定，同时，企业也可以综合运用上述展前宣传计划，以达到更好的宣传效果。

（4）选择恰当的展区，凸显企业特色

参展企业不能一味只追求展会营销成本的降低，而选择与其他企业共租一个大型展位。这种方式虽然能够大大节省费用，但是其突出的缺点就是使企业的产品失去特色。企业应该在控制成本的同时，设置独立的展示空间。一方面，独立的展示空间只展示给一些有意向的客户，不仅能够凸显本企业产品或服务的特色，还可以让目标受众有被重视的感觉，促成交易的达成。另一方面，设置独立的展示空间还能够防止本企业关键技术和设计泄露给竞争对手。

（5）切合受众特点，关注客户需求

为了获得更好的展会宣传效果，参展企业应根据目标受众的文化背景和喜好等采用合适的展会形式。研究发现，在亚洲，绚丽夸张的展览方式比较受观众的欢迎，然而在文化差异较大的欧洲，人们更喜欢高贵文雅的展出方式。此外，为顾客提供足够的信息材料也相当重要，如果资料翻译得难以理解，不仅会给顾客带来不便，也会使展会的效果大打折扣。所有的广告宣传和产品信息都至少应翻译成英语，如果可能的话，还应译成主办国语言。即使有专业的翻译人员协助工作，企业也应该配备一名主办国的人士专门朗读文稿。如此全面地考虑到顾客的需求，才能在给目标顾客留下好印象的同时，提高企业的知名度。

思考题

1. 选择题

（1）被誉为“中国第一展”的是（　　）。

A. 上海世博会　　B. 广州中国出口商品交易会

C. 大连服装展　　D. 北京国际汽车展

（2）会展在城市经济的发展中起着重要作用。会展活动拉动经济的比为（　　）。

A. 1∶2　　B. 1∶5　　C. 1∶8　　D. 1∶10

（3）有“世界展览王国”之称的是（　　）。

A. 法国　　B. 德国　　C. 美国　　D. 日本

（4）我国企业到国外参展，最理想的选择之一是去（　　）。

A. 欧洲　　B. 北美洲　　C. 亚洲其他国家　　D. 非洲

（5）根据 UFI 报道，我国会展加入国际展览联盟数量增加迅速，目前为止为（　　）个。

A. 10　　B. 9　　C. 19　　D. 28

（6）大多数国际展览是（　　）的，是针对某一时间国际市场、国际科技、国际社会所关心的热点问题而举办的。

A. 定期 B. 不定期 C. 临时 D. 长期

（7）在会展营销创新中，（ ）是基础，（ ）是关键。

A. 理念创新 B. 主体创新 C. 手段创新 D. 内容创新

（8）（ ）被认为是进行展览市场细分的最佳起点。

A. 参展动机 B. 购买动机 C. 购买状态 D. 对展览会的态度

（9）展览营销主体是（ ）。

A. 会议或展览会 B. 展览城市

C. 展览企业 D. 专业媒体 E. 以上都包括

2. 判断题

（1）专业性国际展览有利于不同行业之间沟通信息和相互促进。（ ）

（2）汉诺威工业博览会、广交会等，都是定期、定点的国际展览。（ ）

（3）政府主办的展览会、公益性质的展览会和商贸展览会在具体操作模式和策略的制订上有很大区别。（ ）

（4）为了节省资金而采取多个企业联合使用一个大型展位的做法是可取的。（ ）

（5）一般的展前宣传计划有：直接邮寄、媒体宣传、派送展位赠品等形式。（ ）

（6）被誉为“中国第一展”的广州中国出口商品交易会，自 1957 年创办至今，每年举办一次。（ ）

（7）非商业性的国际展览对企业来讲没有利用价值。（ ）

3. 问答题

（1）简述会展策划的基本流程。

（2）简述会展策划书的主要内容。

（3）会展营销的特点有哪些?

（4）简述会展营销存在的主要问题及对策。

案例分析

’99 昆明世界园艺博览会宣传工作方案

1. 国内宣传

① 充分利用通信站、报刊、广播、电视等新闻媒体，宣传我国政府主办世博会的目的、意义和有关情况。

② 选择适当时机，在北京、上海、广州等城市举办’99 昆明世博会宣传周活动。在云南，为使世博会家喻户晓，要举办形式多样的园艺、文化和宣传活动。

③ 重视世博会的环境宣传，选择适当时机张贴、散发世博会宣传画和宣传品，并做好公益广告的宣传。

④ 中央及各地新闻单位根据自己的特点，在’99 昆明世博会开幕前 200 天、100 天、50 天时进行较为集中的宣传，形成迎接世博会的热烈气氛；世博会期间，开辟专栏、制作专题节目，报道世博会情况。

⑤ 中央新闻单位根据自己的实际情况，制订相应的宣传报道计划；各省、自治区、直辖市的主要新闻单位也可以派记者采访报道世博会。

⑥《人民日报》、《光明日报》、《经济日报》和《云南日报》等报刊在’99昆明世博会开、闭幕当天发表社论或评论；中央电视台、中央人民广播电台、中国国际广播电台现场直播开幕式，并对开幕式当晚的大型文艺晚会和闭幕式安排录像或制作专题节目播出。

云南省从1998年1月1日启动世博会倒计时（485天）宣传活动，并在昆明东风广场设立倒计时钟，各有关部门分别举办迎接世博会演讲比赛、知识竞赛和专题文艺晚会等活动。中央电视台自1998年7月5日起开始世博会300天倒计时宣传和世博会公益广告播出。国内各主要报刊相继以专版、专栏形式开展对’99昆明世博会的全方位报道，组委会和云南省政府先后在北京、上海举办宣传周活动，形成立体交叉、有密度、有深度、有力度的宣传格局，使’99昆明世博会逐步为社会各界和广大群众所知晓、了解，达到较好的宣传效果。

2. 对外宣传

① 利用世博会的机会，通过各种方式大力宣传介绍改革开放以来我国经济建设取得的巨大成就以及社会各方面发生的重大变化，反映我国社会文明程度和国民素质不断提高的情况。

② 围绕“人与自然—迈向21世纪”这一主题，积极宣传我国可持续发展战略和根据这一战略而高度重视保护自然环境，以及为保护环境付出的艰巨努力并取得的显著成效，宣示21世纪中国将更加美好。

③ 宣传我国政府和社会各界对’99昆明世博会的高度重视，世博会各项筹备工作顺利进行，介绍世博会场馆建设、布展、绿化、环境整治方面的进展。

④ 宣传我国历史悠久、博大精深的园林园艺文化，及其在改革开放新的历史条件下得以发扬光大的情况。

对外宣传工作分以下3个阶段组织实施。

① 第一阶段，从1998年7月上旬至10月中旬。

由云南省委外宣办同中央电视台、中国国际广播电台、《人民日报》海外版协商，建议在中央电视台第四套节目中开办宣传报道世博会的专题节目，在中国国际广播电台开辟世博会专题报道，在《人民日报》海外版开辟世博会专栏。同时，请新华社、中新社和《中国日报》、《北京周报》、《今日中国》和《中国画报》等对外宣传媒体加强对世博会的宣传报道，使对外宣传工作形成一定的声势。

由中国国际广播电台举办世博会环球知识问答活动。

由国务院新闻办协调，利用我国在海外的典论阵地、外宣窗口开展世博会的宣传工作。

② 第二阶段，从1998年10月中旬至1999年1月下旬。

由有关部门组织宣传小组赴西欧、美国、日本等国家和地区举办中国’99昆明世博会宣传周活动。

邀请外国常驻中国记者赴滇考察采访世博会准备情况。

请外交部、文化部在我国主要驻外使领馆积极开展对世博会的宣传工作。

③ 第三阶段，从1999年1月下旬至4月底。

请中国国际广播电台举行环球知识问答评选授奖活动，并请中央电视台第四套节目播出活动情况。

向各国常驻北京、上海新闻机构，国外主要新闻媒体发出参加采访’99昆明世博会的邀请函。

④ 第四阶段，从 1999 年 5 月 1 日至 10 月 31 日。

中央电视台第四套节目、中国国际广播电台向海外直播世博会开幕式和大型迎宾文艺晚会盛况。

邀请中央对外新闻宣传单位记者、国外记者等报道世博会开幕式及各项重大活动。

请中央对外新闻宣传单位在开幕式期间组织记者采写一批各参展国和参展国际组织的专稿，通过我国对外宣传媒体向国外播发。

搞好世博会会期各项活动、闭幕活动以及世博会取得成功的新闻发布会的对外宣传报道。

（资料来源：’99 昆明世博会组委会，有修改）

问题：（1）试具体分析’99 昆明世博会“立体交叉、有密度、有深度、有力度”的宣传。

（2）从整合传播的角度，论述’99 昆明世博会宣传策略上的长期效应观点。

第十二章 国际网络营销

【引导案例】

“贝塔斯曼”为何败走中国

2008 年 7 月初，上海市福州路 400 号上的贝塔斯曼会员中心，依然有一些顾客在选书。当天，“贝塔斯曼中国”宣布终止其中国书友会，即上海贝塔斯曼文化实业有限公司的全部业务，并且从 7 月 7 日起将不再接受新的订单，网上订购及目录订购也将停止。

就在 20 天前，北京贝塔斯曼 21 世纪图书连锁有限公司才刚刚宣布其在中国 18 个城市的 36 家门店将于 7 月 31 日前全部关闭。此次终止中国书友会的决定是“贝塔斯曼集团在重新评估其在中国的各项业务后作出战略调整的一项决定”。

1995 年 2 月，德国贝塔斯曼公司和中国科技图书公司合资建立上海贝塔斯曼文化实业有限公司。1997 年，他们在上海建立了中国第一个合资书友会，首次将风行全球的贝塔斯曼书友会的经营理念带到中国。会员制、精美的印刷邮册、买书折扣、邮购……这些都让当时习惯了在新华书店买书的中国读者感到很新鲜。2000 年，贝塔斯曼宣布中国书友会会员数已达到 150 万人。

然而好景不长，从 2004 年开始，贝塔斯曼的销售额开始急速下降，贝塔斯曼在中国的发展模式也遭到了全面质疑。

在上海一家外企工作的刘琦早在 1998 年就加入了贝塔斯曼书友会，当时还在上大学的她在《读者》上看到了贝塔斯曼的广告：“每次收到他们的书单都很兴奋地在上面选书，同学们还都挺羡慕的呢。”但不到一年，刘琦发现贝塔斯曼成了累赘：“每个季度至少要买一本书，但订书单上并不一定就有自己喜欢的书，而且还得到邮局汇款。另外，虽然书本身有一些折扣，但加上邮费实际上比原价还要贵。”

像刘琦这样的“贝友”还有很多。在 20 世纪 90 年代，网络尚未普及，贝塔斯曼的购书方式确实吸引了一大批年轻读者特别是大中学生。但新鲜过后，“贝友”们也逐渐发现贝塔斯曼“毛病多多”。

仅强制消费一项就使贝塔斯曼流失了很多读者。贝塔斯曼规定，会员每季度必须至少买一本书，如果过了该季度一半的时间仍未购书，会收到一封提醒信。半个月内再不购书，即发送一本当季的“主要推荐书”，且书到必须付款，否则将自动失去会员资格和会员费。贝塔斯曼的另一个致命问题是图书定位狭窄，大多是《心灵鸡汤》式励志书和青春言情小说等“畅销书”。

价格高也是贝塔斯曼的另一大弊病。书友刚入会时能以非常低的价格甚至是零价格选择一至两本图书，但此后的新书一般只打 9 折左右，再加上每单 5～7 元的邮费，实际价格甚至会高于原书价格。贝塔斯曼在送货方式和收费上也逊色于当当网和卓越网。

败于互联网，是当当网联合总裁李国庆对贝塔斯曼失败原因的另一个判断。

“依靠目录卖书实际上就是一种赌博”，李国庆说。据了解，贝塔斯曼每月仅邮册一项就要耗资300万元人民币。黄育海也证实，长期以来，贝塔斯曼一直处于高成本运营状态，直接导致了巨额亏损。例如，为招募会员，贝塔斯曼长期在大众期刊上刊登广告，每年广告费约在四五百万元。

由于贝塔斯曼书友会在网络平台之外的维护投入，使得其虽然坐拥低至4折的进价，可在给读者的价格方面依然没什么优势可言，许多书友都选择“邮册上选书，当当或卓越上购买”。

路金波认为，贝塔斯曼没有在2002年大力推广电子商务业务，使其以后在网络销售上遭遇了当当、卓越等网上书店的强大冲击。

也有出版界业内人士认为，贝塔斯曼来中国开设的零售书店以经营失败告终，折射出当前国内传统形式的实体书店普遍遭遇的困境。网络书店不断蚕食着实体书店的市场份额。近年来，房租等运营成本的大幅上升，把实体书店的利润空间挤压得十分厉害，贝塔斯曼当初进入中国市场时只有“书友会”，图书发售渠道太少，因而于2003年年底收购北京21世纪锦绣图书连锁有限公司40%的股份，获得了做实体门店业务的资格。连锁店开业后，业务支出猛增，导致入不敷出。

不过，黄育海指出，国外的实体书店和书友会及网络书店两种形式一般各占50%左右，“谁都不会取代谁”，在书店有淘书的乐趣。黄育海认为，卓越、当当、99这几家网络书店的市场空间还很大。”

（资料来源：中国站长站 http://www.chinaz.com/News/Biz/0G132R92008.html，2008-07-11，有修改）

随着互联网技术的发展、网民数量的激增，网络在人们的日常生活中扮演着越来越重要的角色；同时，网络营销也凭借其诸多优点正在逐渐成为最重要、最有效的营销方式。随着网络影响的进一步扩大，随着人们对于网络营销理解的进一步加深以及越来越多出现的网络营销的成功案例，人们已经开始意识到网络营销的诸多优点并越来越多的通过网络进行营销推广。

第一节 国际网络营销概述

一、国际网络营销的定义

网络营销就是以国际互联网络为基础，利用数字化的信息和网络媒体的交互性来辅助营销目标实现的一种新型的市场营销方式。简单地说，网络营销就是以互联网为主要手段进行的，为达到一定营销目的的营销活动。

网络营销按区域范围分类可划分为地区性网络营销、国内网络营销和国际网络营销。国际网络营销（International Online Marketing）是指以国际互联网为基础，通过应用全球性的社会化媒体进行营销，以达到国际性的营销目的的一种新型营销方式。国内营销主要是针对国内市场，而国际网络营销是把全球不同国家网民定位目标客户，包括B2B（网络批发，贸易）及B2C（网络零售）等模式。

网络营销都是通过社会化媒体进行的，国际网络营销需要用的平台有 Google、Yahoo、MSN，Facebook，Youtube 及其他国际平台，而国内通常使用的平台则有百度，谷歌、淘宝、阿里巴巴、优酷等。

国际网络营销面向全球市场，企业可以通过各种营销方式方便快捷地进入任何一国市场。国内网络营销的市场定位是国内市场，面对的是国内的客户。

二、网络营销发展现状

在我国，网络营销起步较晚，到 1996 年才开始被我国企业尝试。

1997～2000 年是我国网络营销的起始阶段，电子商务快速发展，越来越多的企业开始注重网络营销。

2000 年至今，网络营销进入应用和发展阶段，网络营销服务市场初步形成：企业网站建设迅速发展；网络广告不断创新；营销工具与手段不断涌现和发展。

到 2008 年 6 月底，中国网民高达 2.53 亿，居世界第一位，网购人数达 6 329 万人。

到 2009 年年底，中国网民高达近 4 亿，居全球第一。

到 2010 年 6 月，总体网民规模达到 4.2 亿。

截至 2011 年 6 月底，我国网民总数达到 4.85 亿，互联网普及率为 36.2%，较 2010 年年底提高 1.9 个百分点。

在欧美国家，90%以上的企业都建立了自己的网站。通过 NNT 流量网络寻找自己的客户、寻找需要的产品，这已经成为了习惯。如果企业想购买些什么，特别是首次购买时，会先在网上进行初步的查找和选择，再进一步与供应者取得联系。据统计，在国外，80%的个人和企业都选择网络媒介进行营销推广，并从中获得了极好的效果。而在中国，虽然选择“网络营销”的人只有 7%～8%，不到国外的 1/10，但仅仅在这个选择了网络营销的“1/10”中，就有多半的公司、个人因为网络营销的强大力量，得以在与对手的竞争中崭露头角、赢得商机。

目前，网络调研、网络广告、网络分销、网络服务、网上销售等网络营销活动，正异常活跃地介入到企业的生产经营中。

三、国际网络营销的特点

1．跨时空

营销的最终目的是占有市场份额，由于互联网能够超越时间约束和空间限制进行信息交换，使得营销脱离时空限制进行交易变成可能，企业有了更多时间和更大的空间进行营销，可每周 7 天，每天 24 小时随时随地的提供全球性营销服务。

2．多媒体

互联网被设计成可以传输多种媒体的信息，如文字、声音、图像等信息，使得为达成交易进行的信息交换能以多种形式存在和交换，可以充分发挥营销人员的创造性和能动性。

3．交互式

互联网通过展示商品图像，商品信息资料库提供有关的查询，来实现供需互动与双向沟通。还可以进行产品测试与消费者满意调查等活动。互联网为产品联合设计、商品信息发布、以及各项技术服务提供最佳工具。

4. 个性化

互联网上的促销是一对一的、理性的、消费者主导的、非强迫性的、循序渐进式的，而且是一种低成本与人性化的促销，避免推销员强势推销的干扰，并通过信息提供与交互式交谈，与消费者建立长期良好的关系。

5. 成长性

互联网使用者数量快速成长并遍及全球，使用者多属年轻、中产阶级、高教育水准，由于这部分群体购买力强而且具有很强市场影响力，因此是一项极具开发潜力的市场渠道。

6. 整合性

互联网上的营销可由商品信息至收款、售后服务一气呵成，因此也是一种全程的营销渠道。另一方面，企业可以借助互联网将不同的传播营销活动进行统一设计规划和协调实施，以统一的传播资讯向消费者传达信息，避免不同传播中不一致性产生的消极影响。

7. 超前性

互联网是一种功能最强大的营销工具，它同时兼具渠道、促销、电子交易、互动顾客服务以及市场信息分析与提供的多种功能。它所具备的一对一营销能力，正是符合定制营销与直复营销的未来趋势。

8. 高效性

计算机可储存大量的信息，代消费者查询，可传送的信息数量与精确度，远超过其他媒体，并能适应市场需求，及时更新产品或调整价格，因此能及时有效了解并满足顾客的需求。

9. 经济性

通过互联网进行信息交换，代替以前的实物交换，一方面可以减少印刷与邮递成本，可以无店面销售，免交租金，节约水电与人工成本；另一方面可以减少由于迂回多次交换带来的损耗。

10. 技术性

网络营销是建立在以高技术为支撑的互联网的基础上的，企业实施网络营销必须有一定的技术投入和技术支持，改变传统的组织形态，提升信息管理部门的功能，引进懂营销与计算机技术的复合型人才，这样才能具备市场竞争优势。

四、国际网络营销的内容

1. 网上市场调查

网络营销主要利用互联网交互式的信息沟通渠道来实施调研活动，包括直接在网上通过问卷调查获得第一手资料和收集第二手资料。利用网上调研工具可以提高调查效率和调查效果，而且只需少量的人力、财力便可得到准确的需求信息，但网上调研难以获得真实的个人资料。因此，有效的市场营销调研方式应该是将传统调研方式和网上调研方式结合使用。首先，利用网上调研得到的准确的消费者需求信息，制订出生产计划，使企业用较少的成本获取大量的信息。然后，通过传统的调研方式得到准顾客的个人资料以减少信息误差，为企业准确分析市场提供保证。营销调研对于计划在国外发展业务的公司而言具有比单纯服务于国内市场的公司更重要的意义，原因如下。

① 国外市场跟公司所在国市场可能存在着巨大差异，营销者难以通过经验或者直觉来推断国外市场的情况。

② 在国外市场发展业务需要投入更大的资源，也存在着更大的风险。

③ 对国外市场进行调研的手段比较有限，并且耗资更大，需要更周密的安排。

因此，利用互联网对国外市场展开调研就成了企业必然的选择。

2．网络顾客的行为分析

网络顾客是一个特殊群体，与传统市场的顾客群体有着截然不同的特征，企业必须深入了解全球网络顾客群体的需求特征、购买动机和购买行为模式，才能开展有效的国际网络营销活动。在网络营销中，企业需要通过分析网络营销调研获得的资料，了解网络顾客的需求、收集信息的途径、做出购买决策的方式及如何进行产品评价和信息反馈等，为企业制订营销策略提供依据。

3．网络营销策略的制订

企业在采取网络营销实现企业营销目标时，必须制订与企业相适应的营销策略，因为不同的企业在市场中所处的地位是不同的。企业实施网络营销需要进行投入，并且也会有一定的风险，因此，企业在制订本企业的网络营销策略时，应该考虑各种因素对网络营销策略制订的影响。例如，产品周期对网络营销策略的影响。

4．网络产品策略

网络作为有效的信息沟通渠道，改变了传统产品的营销策略，特别是营销渠道的选择。在网上进行产品和服务营销，必须结合网络特点重新考虑对产品的设计、开发、包装和品牌的产品策略研究，因为有不少传统的优势品牌在网络市场上并不一定是优势品牌。

5．网络价格营销策略

作为一种新的信息交流和传播工具，Internet 从诞生开始就实行自由、平等和信息基本免费的策略，因此，在网络市场上推出的价格策略大多采取免费或者低价策略。所以，制订网上价格营销策略时，必须考虑到 Internet 对企业产品的定价影响和 Internet 本身独特的免费特征。

6．网络渠道选择与直销

Internet 对企业营销活动影响最大的是企业的营销渠道。通过网络营销获得巨大成功和巨额利润的 Dell 公司，借助 Internet 交易双方可以直接互动的特性建立了网上直销的销售模式，改变了传统渠道中的多层次选择和管理与控制的问题，最大限度地降低了营销渠道中的营销费用。但是企业在建设自己的网上直销渠道时必须在前期进行一定的投入，同时还要结合网络直销的特点改变本企业传统的经营管理模式。

7．网络促销与网络广告

Internet 具有双向的信息、沟通渠道的特点，可以使沟通的双方突破时空限制进行直接的交流，操作简单、高效，并且费用低廉。Internet 的这一特点使得在网上开展促销活动十分有效，但是在网上开展促销活动必须遵循在网上进行信息交流与沟通的规则，特别是遵守一些虚拟社区的礼仪。网络广告是进行网络营销最重要的促销工具，网络广告作为新兴的产业已经得到了迅猛的发展。网络广告作为在第 4 类媒体上发布的广告，其交互性和直接性的特点具有在报刊杂志、无线电广播和电视等传统媒体上发布广告所无法比拟的优势。

8. 售后服务与信息反馈

在激烈的国际市场竞争中，售后服务是企业营销成败的关键环节，而及时准确地获得消费者的反馈信息是进行售后服务的前提。企业可以通过互联网随时发布、保存、收集市场信息，获得顾客的反馈信息，掌握市场发展趋势和了解消费需求，从而及时为顾客提供产品报价、咨询等服务。在企业网站上可以建立信息反馈系统、信息查询系统和咨询服务系统，及时收集顾客对产品的意见、要求和建议，使提出意见的顾客能够及时得到回应，甚至就有关产品和服务问题进行协商，从而提高顾客的满意度。网络查询系统和服务系统能够帮助顾客查寻商品、获得技术指导和搜集相关信息，从而及时解决顾客遇到的各种问题，提升企业的服务质量。

9. 网络营销的管理与控制

企业开展网络营销活动会遇到许多传统营销活动中所没有的新问题，如网络产品质量保证、交货时间及时、消费者隐私的保护、网络安全管理、信息安全与保护及病毒预防与查杀等问题。如果这些问题得不到足够的重视和有效的控制，就会影响网络营销的效果，甚至给企业和顾客造成严重的损失。同时，企业必须制订网络营销控制程序，对营销计划的执行情况、营销效果进行审计，查找和分析原因，并根据企业制定的绩效标准进行营销控制。

第二节 国际网络营销站点

一个企业要在互联网上开展营销活动，要想在网上取得成功，除产品和服务外，其营销站点本身的设计和定位合理与否也是一个十分重要的因素。

一、网络营销站点分类与功能

1. 网络营销站点分类

目前，对网络营销站点的分类各有其说，但根据站点营销效率的高低，可将企业的网络营销站点分为信息手册型、娱乐驱动型、在线销售型和销售服务型站点。在各种不同类型的网络营销站点中，它们都各具有独到之处，各显特色，正是这些特性将它们与其他的类型区分开来。但是，在现实应用过程中不少网站结合其他网站的优点，而形成一种功能齐全的综合型网站。

（1）信息手册型站点

信息手册型站点一般只提供公司情况、公司产品、公司提供的服务等静态信息。该类站点远远没有发挥 Web 网站作为一种互动性媒体的特性和优势，是一种网络营销应用初级时期出现的最初级类型的网站，可称为最基本的网络营销站点、从某种意义上讲，这类网站是公司印制型宣传材料的翻版，将原来印刷在纸张上的商品介绍，更改媒体而放到了互联网上。

拥有这类网站的企业，往往是公司初用 Internet，想尝试一下利用互联网络来扩大公司的影响，加大公司的宣传力度，扩展公司产品在突破地域限制上的市场宣传。

（2）娱乐驱动型站点

娱乐驱动型网站的特点在于营销者希望通过提供网上游戏、趣闻轶事、幽默戏说等公众喜爱的娱乐性服务，来吸引更多的消费者光顾的网站，以达到扩大和加深企业在线品牌影响面的目的。

索尼公司的总裁早在建站初期的 1995 年就制订了“将公司网站建设成全球性的在线娱乐场”的网络战略宏旨，声称：“我们的目标是要创造一个能为顾客提供新型娱乐场所，……索尼公司将努力实现数字时代的梦想。”数字化、娱乐化和寻求梦幻境界的技术、产品及软件为索尼公司网站的定位。索尼音乐栏目取得巨大的成功，吸引了众多音乐爱好者和歌迷们上网驻足浏览，每周有 80 多万访问者进入索尼音乐网。

（3）在线销售型站点

一个进行产品销售的在线型网站实质上是一个电子版的网上商场或商店。这些虚拟的“商店”通过精心编制的图片和文字来描述和展示他们所提供的商品，并标明商品的规格、价格等来进行网上的促销活动。这一类网站通常都采取用户会员制方式，以便于商家将商品送货上门以及网上交易完成后的售后服务问题的处理。这类网站通常都提供操作简便的网上“购物车”系统，当网上消费者挑选了所需的商品后，就可方便地将商品放入“购物车”内。这类网站通常还都设有网上结算系统，提供多种付款方式供用户自由选择。一旦商品被购买了，该网络营销商就得根据消费者的要求，安排商品销售的执行，包括商品的准备及运送安装等。商品销售的执行过程可以由网络营销商自己的货物配送部门来进行，也可以直接由生产厂家通过特定的配送机制来进行，还可以由网络营销商所委托的专业货运公司来完成。这类站点的主要销售特征是：它们尽量进行一次结清的交易，而少产生或最好不产生后续的纠葛。

（4）销售服务型站点

销售服务型网站通常是指那些能给访问者提供交互性信息服务的站点。互联网络作为一种有效的信息沟通工具，使消费者与营销商之间能进行及时地沟通，消费者可及时地通过互联网得到有关的技术支持与售后服务。

最典型的是联邦快递公司（FedEx）的站点，该公司在其营销网站上向用户提供包裹运输服务和包裹跟踪查询功能。从 1994 年开始，该公司就通过网站向用户提供跟踪包裹传递状态的服务，1996 年 FedEx 又为用户增加了货物有序化服务，允许用户存储基本的账户信息，如包裹的起始和到达地址以及账单信息等。现在，在联邦快递公司的全部业务中，已有 2/3 的用户联系是通过电子手段解决的，除了电话预约安排货物，更多的用户是通过 FedEx 的网站来跟踪包裹、安排货物和确定传递。

二、企业网络营销站点的功能

一个结构完善的、设计合理的网络营销站点可以方便客户通过企业营销站点获取信息、订购产品和寻求售后服务。在规划企业网络营销站点结构时，除应具备一般站点应具有的站点结构位图、站点导航、联系方式等基本功能外，还应该结合企业的网络营销目标进行综合设计。

1. 企业信息发布

这部分属于站点的最基础内容，它主要包括企业新闻，企业经营活动，重大事件信息发布，企业的概况，企业产品信息等。如金山网站中的栏目：产品介绍、公司简介、文摘报道、新闻、搜索等栏目。

2. 信息交流沟通

互联网最大的特点是可以进行双向沟通，一个友好的人性化网站一般都要提供顾客直接与企业进行沟通的渠道。如金山网站中的栏目：新闻组、论坛、注册和反馈，这些都是金山公司的用户或者业务伙伴与金山公司进行交流和沟通的有效渠道，同时，他们也是金山公司软件用户之间交流的虚拟社区。

3. 网上销售

利用互联网进行网上销售既可以减少交易费用，又可以直接与消费者进行沟通，有利于完善软件和产品功能。提供网上销售功能时，还要考虑提供功能类型，如果只是有订货功能实现起来比较简单；如果是具有网上交易功能的，则网站还要提供网上支付功能。

4. 售后服务

售后服务是企业网站上经常提供的功能，设计时可以根据企业实际情况有选择性提供网上售后服务。如金山公司的网站提供了很强的网上售后服务，如栏目：技术支持、授权培训，提供了消费者需要的有关技术资料信息和操作培训信息。

5. 个性化服务

为方便和吸引更多网民访问公司网站，更好为企业的顾客服务，还可以建设一些子站点为顾客提供更差异化的满足顾客个性化需求的网站。如金山公司专门针对公司的产品文字处理软件、游戏软件、词霸等设有专门网站，同时为拓展新的业务，金山公司还建立了提供计算机资讯的金山卓越网站。

三、企业网络营销站点规划与建设

1. 网络营销站点的规划

企业建设网络营销系统是一项系统性工程，它涉及企业管理各个层面，包括企业高层的战略决策方面、中层的业务管理和低层的业务执行。在进行企业网络营销站点规划时，要考虑结合企业的管理和执行层面，将它们整合在一起运行。

（1）确定企业网站的目标

首先要考虑的问题是企业打算利用网站进行哪些活动，常见的网站目标如下。

① 为用户提供了良好的用户服务渠道。

② 销售更多的产品和提供更多的服务。

③ 向有兴趣的来访者展示一些信息。

（2）确定访问者

在确定站点的目标后，在规划的初始阶段，就应该尝试划定访问者范围，分析时要考虑访问者的以下条件。

① 预期网站的主要目标受众在哪些地区，何种人口结构。

② 访问者接入互联网的带宽有多大，能否快速访问到网站内容。

③ 谁会使用你的网络页面。

（3）确定网站提供信息和服务

在考虑站点的目标和服务对象后，根据访问者的需求规划站点的结构和设计信息内容，规划设计时应考虑以下方面。

① 按照访问者习惯规划站点的结构。

② 结合企业经营目标和访问者兴趣，规划网站信息内容和服务。

③ 整合企业的形象规划设计站点主页风格。

(4) 组织建设网站

在分析站点的战略影响，规划好站点的经营目标和服务对象后，就要规划如何组织建设网站了。规划建设网站时，应该考虑以下 4 方面问题。

① 是否要建立自己的网站或网页空间，还是采取其他方式（如委托建设）。

② 为网上营销方案预计投入多少资金。

③ 如何组织人员和有关部门参与网站建设。

④ 如何维护管理企业网络营销网站。

企业网络营销站点建设的目的有着很大不同，并非所有的企业都是直接靠网络营销站点去赢利，绝大多数传统行业企业只是把网络营销站点当作一种宣传、广告、公关和销售补充工具而已。但也有一部分企业依靠建立网络营销站点，发展特殊网络营销赢利业务。

2．网络营销站点的建设

企业做好了网络营销站点的规划后，就要着手进行网络营销站点的建设。总的来讲包括站点域名的申请、站点建设的准备、站点的设计与开发、站点的推广与维护等方面。

(1) 站点域名的申请

站点域名的申请主要要考虑 3 个方面。

① 首先选择是自己注册还是委托注册。对于注册国际域名（注册.com_net.org）一般需要委托注册。对于国内域名注册，可以直接到 CNNIC（http://www. cnnic. net. en）进行注册，也可以委托其他专业公司注册。

② 选择域名，最好是选择多个。域名必须选择国外人熟悉的英文单词，例如一家小型铜业公司，域名中用 ty 代表铜业，那么就不如用 copper 表示。域名要与公司的品牌英文缩写相关，例如沃尔玛拥有的 3 个域名（walmart、wal-mart、wal-martchina）都和公司英文商标密切有关。域名不要太长，太长不容易让顾客记忆。由于域名在全球具有唯一性，不会重复，所以中小公司要尽快为自己的公司注册国际英文域名。

③ 目前域名的国际抢注问题严重，及早占领全球网络制高点，保护公司的网络品牌，是中国公司最紧迫的问题。

(2) 站点建设的准备

企业网络营销站点建设的准备工作可以从 3 方面人手：Web 服务器建设、准备站点资料、选择站点开发工具。

① Web 服务器建设

企业建设自己的 Web 服务器时需要投入很大资金，包括架设网络、安装服务器，运转时需要投入很大资金租用通信网络。因此，一般企业建设 Web 服务器时，都是采取服务器托管、虚拟主机、租用网页空间、委托网络服务公司代理等方式进行的。对于一些目前没有条件或暂时没有建立网站的企业也可以马上开展网络营销。

要尽量选择访问速度快的国外虚拟主机。我们国内很多公司租用了中国本土便宜的主机，管理者自己在公司访问网站时，网站反应速度很快。但是国际客户访问中国地区的网络的时候就存在问题，由于国际输出带宽限制，必然造成网站访问问题。这也是绝大多数公司忽略的。

② 准备站点资料

当 Web 服务器选择好后，网络营销站点建设的重点是根据站点规划设计 Web 主页（用 HTML 语言设计的包含多媒体信息的页面）。如果建设一个能提供在线销售、产品或服务的网上推广、发布企业最新信息、提供客户技术支持等功能的网络营销站点，需要准备以下一些资料：首先，要策划网站的整体形象，要统筹安排网页的风格和内容；其次，公司的简介、产品的资料、图片、价格等需要反映在网上的信息；第三，准备一些公司提供增值服务的信息资料，如相关产品技术资料、市场行情信息等。准备资料时，要注意到网站上的网页是多媒体，它可以包含文字、图像、动画、声音、影视等信息。

③ 选择站点开发工具

自行开发设计网站时，必须准备相关工具软件进行开发设计。一般说来，需要这样几种工具软件：主页设计工具软件，如微软公司的 FrontPage 软件；图像处理软件，如 Adobe 公司的 Photoshop 软件；声音、影视处理软件；交互式页面程序设计软件，如微软公司的 ASP 开发系统、支持 CGI 的 Pert 开发系统等。对于一些具有交互功能的（动态主页，即具有能接收数据和读写数据库等数据处理功能）主页设计，最好是请专业计算机人员开发设计；而对于一些简单的提供静态信息的 Web 页，在有规定好的模式的情况下，可以由企业内部员工通过培训来设计。

（3）站点的设计与开发

这部分包括网络营销站点的设计与开发内容、网站模式设计、网站内容设计、网站管理系统开发等。

网站的设计和开发包括 3 个层次的内容：模式设计、内容设计、网站管理系统。模式设计主要是结合网站规划统一设计风格和模式，主要内容包括导航支持、主页规划、模板设计和搜索引擎设置等。内容设计是网站设计的关键，它包括与模式设计不同的挂在网页上的实实在在的信息和资料文章，还有其他用来交流的多媒体形式的内容。网站管理系统主要是针对网站的目标开发出一些辅助管理系统，如数据库管理、网站内容维护与更新管理等。

面向国际市场的企业在建立网站时首先面临的一个问题就是建立多语言站点的问题。最经常使用的 3 种国际语言是英语、法语和西班牙语，但是考虑到特定目标市场的语言环境，有时候网站还需要提供其他语言的版本，如德语、日语等。

建立多语言站点的首要问题是外语使用的规范性，不规范的语言会给访问者留下不专业的印象，影响潜在用户对企业的信任水平，有时候甚至还会引起误解或者成为笑柄。另外，语言水平的稳定性也是影响访问者体验的重要因素，这要求不论是主页的内容还是深层页面的内容都要有同等水准的翻译质量，对于次要的内容宁可不在多语言文本中提供，也不可草率行事。对于一次性的内容，公司很容易委托给专业的翻译公司来完成外语版的文本内容，但对于经常要更新的项目，公司就要考虑聘用语言方面的专家来完成这一任务。

企业在提供多语言站点时，要尽可能地通过自动识别用户的 IP 地址来向访问者展示特定语言的页面，其次，可以考虑使用英语等国际语言的文本来提供语言选项。

要尽量避免使用国旗标志来作为选择语言的按钮，因为国旗并不严格对应语言，南美许多使用西班牙语的国家的访问者未必会熟悉西班牙的国旗图案，非洲广大使用法语的国家的网络用户也未必都熟悉法国的国旗。

建立国际站点还需要考虑目标市场用户的上网习惯，例如，企业在建设日语站点时必须考虑到站点对于无线上网设备的友好性，因为日本的无线上网比世界其他地区发达，许多企业管理人员习惯于在通勤火车上上网。

除此之外，建立国际站点可能还要考虑网站的风格是否适合目标市场的文化特征，例如，人们发现，不同的颜色在不同的文化中可能代表不同的含义，因此，国际网站的主色调可能就要选择与国内网站不同的主色调。入乡随俗在这里仍然具有指导意义，选择网站色调可以从研究目标市场国同类网站的色调开始。

面向国外市场的站点需要经过更严格的测试，特别要注意测试站点对目标市场上访问者的下载速度，国外市场不仅会有不同的互联网基础设施，而且，网站在国外的下载速度还取决于两国之间的连接带宽，两国的时差等因素，因此，最好的方法是邀请目标市场上的准用户对网站下载速度进行 BETA 测试，然后，根据测试结果采取相应的措施，例如，在下载速度过慢的时候，可以考虑减少网站上的多媒体元素，也可以考虑把国际网站放在目标国的服务器上。

四、网络营销站点运作和管理

网络营销站点开发成功以后，就可以开始让网站投入正常运行，而网站的日常管理工作也跟随着可以开展了。网站的运作和管理通常包括站点的推广和网站的维护工作。

1. 网络营销站点的推广

网络营销站点是企业在网上进行营销活动的阵地，站点能否吸引大量的网上用户是企业开展网络营销成功的关键。站点推广就是通过对企业站点的宣传来吸引用户的访问，同时也是树立企业网上品牌形象，为实现企业的营销目标打下坚实基础。

（1）利用搜索引擎

搜索引擎是一个非常有效的网络站点推广工具，几乎每一个在网上要查询信息的人都要使用搜索引擎，因此，在著名的搜索引擎上进行注册是非常必要的，而且在有些搜索引擎上进行注册往往是免费的。

在全球范围做搜索引擎优化时要注意以下几点。

首先，要了解目标国使用搜索引擎的习惯以及主要搜索引擎在目标国的市场占有率情况。虽然 Google、Yahoo 是全球性的搜索引擎，但在一些市场上，一些地方性的搜索引擎也不容忽视。例如，搜索汉语时百度的市场份额不容忽视，很多法国人习惯使用 Voila.fr 来搜索，而在搜索德语网页方面，Web.de、Abacho.de 和 FireBall.de 的市场份额不容忽视。在日本，Dragon.co.jp、Goo.ne.jp 和 navi.ocn.ne.jp 是很重要的搜索引擎。

有些地方性的搜索引擎在收录一个网站前需要人工审核，要保证网站被这些搜索引擎收录，就需要手工提交网站，这时最好委托当地的专业人士来提交网站，因为手工提交网站需要一定的技巧，至少，当地的专业人士不会在提交网站摘要时犯语法错误。

（2）建立链接

互联网的其中一个特点就是通过链接将所有的网页连接在一起。国外有学者经过大量的统计分析发现，两个不同的网页通过多次的链接点击，可以从一个网页找到另一网页。因此，与不同站点的建立链接，可以缩短网页之间的距离，提高站点的被访问概率。

（3）发送电子邮件

通过电子邮件来宣传和推广网站，这是不少企业网站所用的方式。在国外市场上使用电子邮件营销，企业不仅要将邮件内容翻译成目标国的语言，更重要的还要了解当地对电子邮件营销的法律规定和礼仪习惯，否则很难收到预期的效果。在国外开展电子邮件营销时，一定要确保地址列表来源的合法性，在一些市场经济不是很发达的国家，市面上会有一些很便宜的邮件地址，这些地址非常可能是以不道德的甚至是违法的方式获得的，使用这些邮件地址，不仅无法获得预期的效果，还可能因为垃圾邮件问题而使企业信誉受损。一种比较安全的方法是通过电子杂志广告来建立自己的列表，电子杂志广告最好委托目标市场所在国的专业人员来创作，并且还要准备好电子杂志广告中链接指向页面的多语言版本，将广告点击最大程度地转化为顾客基础。 在日本开展电子邮件营销时，还要考虑到邮件内容对移动设备的友好性，因为大量的日本用户通过移动设备来接收电子邮件。

（4）发布新闻

企业要及时掌握具有新闻性的事件（如网站开通或某项新业务的推广），将新闻发送到企业的行业站点或在其他新闻媒体上进行网站推广，也可以在网上的公告栏或新闻组中加以推广。

（5）提供免费的服务

在网上提供免费的资源服务，其时间和精力的代价是较昂贵的，但可在增加站点流量的功效上得到回报。但是，企业所提供的免费服务应与企业所经营的产品比较相关，这样在吸引来访者的同时，也可以使其成为良好的业务对象。

（6）利用传统媒体

为快速、广泛地宣传和推广企业网站，通常也可以借助传统的宣传媒体如电视、电台、报纸及户外广告等形式，但宣传成本较高。

2. 网站的维护

作为一个网络营销网站，在网站开通后的日常运行时间内，要定期地更新网站的内容，倘若企业的网站内容长时期不做更新，则浏览企业网站的用户将一定会越来越少，因此，网站的日常维护是一件关系网站生存的重要工作。通常的网站维护工作如下。

（1）企业信息的定期更新

根据企业网上经营商品的实际情况，来确定网上信息的更新周期，有些企业网站的信息则需要每天即时地更新，而多数的企业则不需要那么频繁，但是也必须定期更新。

（2）网站页面的更新

作为一个企业的门户网站，其网站页面的格式和版面也不能一成不变，因为人们不免总有一种喜新感，倘若企业的网站形象长时期做更新，也会丢失一部分用户。

（3）有效链接的维护

在现今的互联网上，每天都有新的站点在产生，每天也有生存不下去的站点在消失，由此产生的是不少原来有的链接，现在变得失效了。若不经常维护这些已失效的链接，人们会对该网站产生抱怨，因此，企业要经常及时地维护这些已失效的链接。

（4）网站的完善性维护

在一个企业的网站建设好并正式投入运行后，网站建设工作并没有完成，还需要日后的不断修改完善。一个成功的网站也不是在刚建立时就成功了，而是通过企业的网站工作人员长期的努力，在实际工作中进行长期积累、总结经验、不断创新等工作后才取得的。

第三节　国际网络营销组合策略

网络营销是企业利用互联网技术，围绕企业的网络营销环境，通过创建、运营自己的网站，达到满足消费者和经销商需求的过程。市场营销组合由传统的 4P 营销组合（即产品 Product、价格 Price、地点 Place、促销 Promotion）转变为 4C 营销组合（即客户的欲望和需求 Customer、满足需求的成本 Cost、方便的购买环境 Convenience、定时的双向沟通 Communication），并成为独特的网络营销组合策略。

一、产品营销策略

网络营销的迅速发展使消费者和经销商与生产者之间的方便和直接联系成为现实，消费个性化受到生产者的重视，在网络营销中产品呈现出众多的新特色，因此，企业在制订产品策略时，应从网络营销环境出发，满足顾客的需求。

企业应通过分析网上消费者的总体特征来确定最适合在网上销售的产品品种和服务，以及最适合的网上销售和宣传方式。网络营销活动中的产品通常可分为核心利益或服务、有形产品、期望产品、延伸产品、潜在产品 5 个层次。其中，核心利益或服务是产品最基本的层次，是顾客要购买的实质性的内容；有形产品是产品在网络营销市场上出现的具体物质形态，如产品的质量水平、特色、品牌和包装等；期望产品是指在网络营销中顾客消费需求呈现个性化的特征，不同的消费者根据自己的需要提出不同的要求，生产者根据顾客需要进行产品开发，提供能满足顾客个性化消费需求的产品；延伸产品是指顾客在购买产品时所得到的附加服务或利益，主要是帮助顾客如何更好地获得和使用核心利益与服务，如提供技术培训、技术指导、信贷、质量保证、售后服务等；潜在产品是由企业提供的能满足顾客潜在需求的产品，主要是指产品的增值服务，即根据网络营销获取的顾客需求信息，分析和发现顾客潜在需求的利益或服务，从而满足顾客对产品的潜在需求。企业根据产品在网络市场上的营销状况，确定本企业产品所处的市场生命周期阶段，并制订相应的营销策略，开发产品的新用途，研发新品种，满足不同地区、不同时期、不同顾客对产品的不同需要。

二、产品定价策略

产品的网络营销价格是指企业在网络营销活动过程中买卖双方成交的价格。网络营销价格的形成受生产成本、运输成本、储藏成本、网络宣传成本、市场供求状况、竞争状况、顾客需求状况等多种因素的影响和制约。企业可采用的网络营销定价策略主要有以下几种。

1．免费价格策略

免费价格策略是常用的营销策略，它主要用于促销和推广产品。一般是短期的和临时性的。在网络营销中，免费不仅仅是一种促销策略，还是一种有效的产品和服务定价策略。免费的目的一是让用户免费使用习惯后，再开始收费；一是想发掘后续商业价值。

2．定制定价策略

在企业能实行定制生产的基础上，利用网络技术和辅助设计软件，帮助消费者选择配置或自行设计能满足自己需求的个性化产品，同时承担自己愿意付出的价格成本。

3．拍卖竞价策略

网上拍卖是目前发展比较快的领域。经济学认为市场要形成最合理价格，拍卖竞价是最合理的方式。消费者通过互联网轮流公开竞价，在规定时间内价高者赢得。目前，国外比较有名的拍卖站点是：ebay.com。网上拍卖竞价方式主要有竞价拍卖、竞价拍买、集体议价。

4．声誉定价策略

营销企业的形象和声誉也是影响产品价格形成的重要因素。顾客对网上购物和订货往往存在许多疑虑，如果企业的网上商店店号或网址在消费者心中享有声望，则其所出售的产品价格就比一般其他企业的产品价格高些，销售业绩也会比只具有一般声望的企业好。

5．技术性能定价策略

技术性能定价策略指企业根据所提供产品的技术的先进程度，制订的高于一般产品价格的策略。由于互联网具有迅速、准确、直观、高效和低成本的特点，从而使企业的新产品在最短的时间内推向市场、面向顾客成为可能，并可获得市场技术领先者的高利润。

企业在国际网络营销中随时要以不同国家的货币报价，并且从包括价格在内的其他营销策略上来应对国内的价格法律或禁止折扣。就如同 Amazon. com 在法国遭遇到 5% 的书价折扣时它选择的是服务、可选择性、速度和可信度上来竞争。在法国本部的分销中心，只要是在网站上登记购买的商品，保证 48 小时内免费送到。

三、产品促销策略

在网络营销的整体活动中，促销是其中极为重要的一项内容。网上促销在产品的宣传推广中应用广泛，尤其是网络广告最受欢迎。网络促销的目的是利用网络特征实现与顾客的沟通，从而发掘潜在的顾客。网络促销策略主要有以下几种方式。

1．网络广告促销

网络广告可以充分发挥多媒体声光功能、三维动画等特性，诱导顾客做出购买决策，并达到尽可能开发潜在市场的目的。

网络广告的兴起和发展，根本上是由于这种广告有着自己独特的特点。如可以通过互联网平台进入更广阔的宣传范围，也可以更精确地锁定目标群体。得益于软件技术的发展，网络广告其实已经兼具了不同种类传统媒体广告的优点。这些特点都使网络广告有更好的宣传效果，并拥有更广阔的发展前景。

（1）网络广告成本低，投资回报诱人

企业做广告的目的是为了促销产品，而促销产品的最终目标是为了获取商业利益。商品广告的价格不断增长，已对很多企业构成一种负担，而网络广告的价格较其他形式广告价格要便宜很多。可以说，网络广告的出现为企业提供了一种新的宣传促销手段。

（2）网络广告跨越地域和时空，宣传范围广泛

网络广告可以跨越地域和时空，进入世界各地的千家万户。网络广告可以不受电视广告

的时间限制，也不受报纸广告的版面限制。电视广告大家都争夺所谓的黄金时间，由于这样的时段有限，商家不得不为竞争付出更高的广告费，而网络广告却没有时间之分。商家在传统媒介上做广告，篇幅有限，只能长话短说。网站广告则不然，网站上可以宣传公司简介、历史、职员情况、产品等相关信息，可以把这些信息放到广告的站点，也可以链接到商家站点，感兴趣的客户可以做深入和全面地了解。这样有利于树立公司的整体形象，提高品牌知名度。

（3）网络广告表现形式灵活，交互界面用户喜爱

运用计算机多媒体技术，电子广告以图、文、声、像等多种形式，将产品的形状、用途、使用方法、价格、购买方法等信息展示在用户面前。而随着 Java 语言的出现，更使网络广告锦上添花。此外，交互式界面可以使用户对网络广告的阅读层次化，除了产品的概况介绍之外，感兴趣的用户还可以有选择地阅读有关详细资料。而且借助于电子邮件等先进的技术手段，广告阅读者还可以很方便地向厂家请求特殊咨询服务。

（4）网络广告便于检索，直接反馈

由于各种形式的广告信息充斥耳目，因此，方便查找就变得极为重要。互联网提供极方便的信息检索工具，例如，用户通过使用网上的搜索引擎，可以方便、快捷地检索到所需网站及其广告产品，使得客户都能很容易地从网站获得许多数据。由于互联网中放的广告首先以图形品牌的形式显示，所以即便用户不点击你的广告，也已经看到所宣传的品牌。

在线广告由于能够提供庞大的用户跟踪信息库，从中商家可以找到很多有用的反馈信息，网络广告能够直接反馈。不论是销售产品还是推广企业形象，可以发现哪些广告备受关注，而哪些广告根本就没人注意。这些信息都有益于捕捉商机。

2．网上折价促销

折价亦称打折、折扣，是目前网上最常用的一种促销方式。因为目前网民在网上购物的热情远低于商场超市等传统购物场所，因此，网上商品的价格一般都要比传统方式销售时要低，以吸引人们购买。由于网上销售商品不能给人全面、直观的印象、也不可试用、触摸等原因，再加上配送成本和付款方式的复杂性，造成网上购物和订货的积极性下降。而幅度比较大的折扣可以促使消费者进行网上购物的尝试并做出购买决定。目前，大部分网上销售商品都有不同程度的价格折扣。

3．网上抽奖促销

抽奖促销是网上应用较广泛的促销形式之一，是大部分网站乐意采用的促销方式。抽奖促销是以一个人或数人获得超出参加活动成本的奖品为手段进行商品或服务的促销，网上抽奖活动主要附加于调查、产品销售、扩大用户群、庆典、推广某项活动等。消费者或访问者通过填写问卷、注册、购买产品或参加网上活动等方式获得抽奖机会。

4．积分促销

积分促销在网络上的应用比起传统营销方式要简单和易操作。网上积分活动很容易通过编程和数据库等来实现，并且结果可信度很高，操作起来相对较为简便。积分促销一般设置价值较高的奖品，消费者通过多次购买或多次参加某项活动来增加积分以获得奖品。积分促销可以增加上网者访问网站和参加某项活动的次数；可以增加上网者对网站的忠诚度；可以提高活动的知名度等。

5．网络文化促销

借助网络文化的特点来吸引客户，如实行会员制、组建顾客俱乐部、留言板、电子信箱等方式，在潜移默化中进行促销活动，以吸引大批的网友顾客参与、交流和沟通，实现企业网络文化传播的目的。

四、产品渠道策略

网络将企业和顾客连在一起，给企业提供了一种全新的销售渠道，网络营销渠道缩短了企业与顾客的距离，方便了双方信息的交流和沟通，而且集售前、售中、售后服务及产品宣传与提供顾客咨询服务于一体，因此具有很大的优势。企业只要不断完善网络营销渠道，就可吸引更多的顾客。

1．网上联合渠道

营销企业与经销商实现网络信息共享，互通产品和服务信息，使顾客可以随时搜索和查询企业产品的供求信息，实现就近联系经销商，获得技术指导、技术咨询及安装和维修服务，从而促进产品的销售。

2．网站直销渠道

通过在企业网站开展在线销售，创建优良的网上购物环境，针对不同国家和地区的消费者偏好、消费水平和消费习惯等开展各种新奇的、个性化的促销活动。可 24 小时营业，服务于全球顾客，并设网上导购员回答专业性问题，这一优势是一般商店所不能比的。

3．电子支付渠道

顾客在做出购买决策后，可直接利用在线支付方式进行网上购买，也可通过划拨电汇付款，然后由企业通过快递服务、邮局邮寄或送货上门等形式进行产品交割，从而实现产品销售快速、准确的服务，使顾客可以足不出户即可实现购买行为。

很多大公司的网站，都建立了先进的在线采购系统、销售系统、在线支付系统等，方便了企业与企业之间的交易，降低了交易成本，也大大促进了国际贸易的开展。

企业在制订产品营销策略时，可以根据市场竞争状况，结合本企业的营销现状，灵活运用以上营销策略，并因时、因地制宜地确定营销策略组合，确保企业产品和服务吸引更多的顾客。

第四节 国际网络营销常用方法

目前，企业应用于网络营销的方法和技巧有很多种。常用的方法主要有搜索引擎营销、交换链接营销、电子书营销等。随着网络技术的不断发展，网络工具的进一步开发利用，又出现了新形式的营销手段，如网络事件营销、网络视频营销、论坛营销、SNS 营销、博客营销等。

一、搜索引擎营销

SEM 是 Search Engine Marketing 的缩写，中文意思是搜索引擎营销。SEM 是一种新的网络营销形式。SEM 所做的就是全面而有效的利用搜索引擎来进行网络营销和推广。SEM

追求最高的性价比，以最小的投入，获得最大的来自搜索引擎的访问量，并产生商业价值。

竞价推广是把企业的产品、服务等通过以关键词的形式在搜索引擎平台上作推广，它是一种按效果付费的新型而成熟的搜索引擎广告。用少量的投入就可以给企业带来大量潜在客户，有效提升企业销售额。竞价排名是一种按效果付费的网络推广方式，由百度在国内率先推出。企业在购买该项服务后，通过注册一定数量的关键词，其推广信息就会率先出现在网民相应的搜索结果中。

搜索工具是目前最流行的一种方法，baidu.com 只是中国人用得多，如果做国际网络营销，必须用英文搜索工具。除了 google、msn、yahoo 公司等搜索型网站以外，还有我们国内人不熟悉但是国际上很知名的 lycos.com、go.com、search.com 等十几个网站。

二、交换链接营销

交换链接或称互换链接，它具有一定的互补优势，是两个网站之间简单的合作方式，即分别在自己的网站首页或者内页放上对方网站的 LOGO 或关键词并设置对方网站的超级链接，使得用户可以从对方合作的网站中看到自己的网站，达到互相推广的目的。交换链接主要有几个作用，即可以获得访问量、增加用户浏览时的印象、在搜索引擎排名中增加优势、通过合作网站的推荐增加访问者的可信度等。更值得一提的是，交换链接的意义已经超出了是否可以增加访问量，比直接效果更重要的在于业内的认知和认可。

三、会员制营销

会员制营销已经被证实为电子商务网站的有效营销手段，国外许多网上零售型网站都实施了会员制计划，几乎已经覆盖了所有行业，国内的会员制营销还处在发展初期，不过已经看出电子商务企业对此表现出的浓厚兴趣和旺盛的发展势头。

四、病毒性营销

病毒性营销并非真的以传播病毒的方式开展营销，而是通过用户的口碑宣传网络，信息像病毒一样传播和扩散，利用快速复制的方式传向数以千计、数以百万计的受众。病毒性营销的经典范例是，现在几乎所有的免费电子邮件提供商都采取类似的推广方法。

五、电子书营销

从理论上讲，电子书广告应用起来很简单：在制作电子书时，将广告信息合理地安排到电子书中，例如，书的首页、内容中的页眉或者页脚，或者在正文中的合适位置插入一定量的广告信息，让读者在阅读免费电子书的同时，接受到一定量的广告信息。

eBook 广告可以拥有网络广告的所有优点。例如，可以准确地测量每本书下载的次数，并可记录下载者来自哪个 IP 地址，同时比一般的网络广告具有更多的优势，如下载后可以通过各种阅读设备离线浏览，而一本好书往往会得到读者的重复阅读，并可能在多人之间传播，这样，同样数量的点击（对于 eBook 点击的表现形式为下载），明显会比普通的在线广告有更多的浏览数，读者对广告的印象自然也会加深。

六、IM 工具营销

IM 工具营销一般是指通过 QQ、MSN、旺旺等即时通信软件来实现营销的目的，常用方法一般为群发消息，利用弹出窗口弹出信息，或者采用工具皮肤内嵌广告的形式。国内用 QQ 比较多，国际上只是使用 MSN、ICQ、雅虎通等英文 IM 工具。

七、网络事件营销

网络事件营销（Internet Event Marketing），是事件营销的一个专业分支，是指企业通过策划、组织和利用具有新闻价值、社会影响以及名人效应的人物或事件，以网络为传播载体，吸引媒体、社会团体和消费者的兴趣与关注，以求建立、提高企业或产品的知名度、美誉度，树立良好品牌形象，并最终促成产品或服务的销售的手段和方式。

由于网络事件营销这种营销方式具有受众面广、突发性强，在短时间内能使信息达到最大、最优传播的效果，为企业节约大量的宣传成本等特点，近年来越来越成为国内外十分流行的一种公关传播与市场推广手段。这种方式集新闻效应、广告效应、公共关系、形象传播、客户关系于一体，并为新产品推介、品牌展示创造机会、建立品牌识别和品牌定位，能够快速提升品牌的知名度与美誉度。

【小资料 12-1： 王老吉的事件营销】

汶川大地震发生后不久，中央电视台举办了一场赈灾捐款晚会。晚会上，广东加多宝集团宣布向灾区捐款 1 亿元，此举让含着眼泪收看晚会的全国电视观众赞叹不已，一个民营企业能这样慷慨实属不易。就在褒奖之声不绝于耳的时候，一个倡议“封杀王老吉”（王老吉是加多宝旗下饮料品牌）的帖子突然出现在某知名论坛，引起轩然大波。可是，当网友们满腔怒火地准备斥责帖主时，却发现该帖的内容是正话反说：“一下就捐款一个亿，真够狠的!网友一致认为：不能再让王老吉出现在超市的货架上，见一罐买一罐，坚决买空王老吉的凉茶!让他们着急去吧!”网友们破怒为笑，马上热情回帖。于是，在极短的时间内，“封杀帖”几乎遍及国内所有知名网站、社区和论坛。该帖巨大的煽动力直接鼓动起了网民对于王老吉的购买热情，一时间，王老吉在多个城市的终端都出现了断货的情况。事实上，从“封杀王老吉”所产生的实际效果看，它有效运用了互联网所具有的强大力量，将席卷其中的人们变成他们的顾客。这就是网络时代事件营销的威力。

八、网络视频营销

“网络视频营销”指的是企业将各种视频短片以各种形式放到互联网上，达到一定宣传目的的营销手段。网络视频广告的形式类似于电视视频短片，平台却在互联网上。“视频”与“互联网”的结合，让这种创新营销形式具备了两者的优点：它具有电视短片的种种特征，如感染力强、形式内容多样、肆意创意等，又具有互联网营销的优势，如互动性、主动传播性、传播速度快、成本低廉等。

【小资料 12-2： 网络视频的影响】

视频营销的传播速度非常快。例如，在 2006 年 8 月，美国弗吉尼亚州的共和党参议员候选人乔治·艾伦在一次演讲中发现台下有一名印度裔的听众，结果无意之间称呼这位听众“非洲短尾猿”，这种说法带有很强的种族歧视色彩，这段视频被传到 YouTube 上，在非常短的时间内被愤怒的网民们复制粘贴、快速传播，导致艾伦的名声在几个月的时间快速下降，最终落选。

【小资料 12-3：百事的视频营销】

2006 年百事打造了“百事我创 · 周杰伦广告创意征集活动”。百事把下一个视频广告的创意权交到消费者手中，让用户自创广告内容，并由周杰伦担任主角进行拍摄，最终网友的参与程度非常高，最终入围的作品甚至由作者把平面的动画都描绘出来。截至当年 7 月 10 日，已经收到接近 3 万个富有创意的广告剧本，共计 597 973 人参与对作品的评论，1 070 340 人次参与对作品打分，平均每分钟最高 4 000 多人次在线浏览作品。最终，《贸易起源篇》广告脚本以 335 447 的最高得票数获胜。不仅如此，广告中的两名配角也由全体网民推荐并投票产生。评选过后，中国第一支网友创造的视频广告开拍，百事不断将拍摄视频花絮上传网络。通过前期的长期预热，加上“周杰伦百事我创”视频广告上线倒数活动的开展，可以想见，当这支广告一经发布，立刻引起互联网上广泛转载，影响巨大。

九、论坛营销

论坛营销是以论坛为媒介，通过策划话题或事件，引导网民参与论坛互动，建立企业的知名度和权威度并推广企业产品或服务的新营销过程。论坛营销的优势主要如下。

1. 费用低廉

除了人工费用之外基本上不需要其他任何费用了，因为在公共网络论坛上发言不需要任何费用，这样就缓解了中小企业资金不足的压力。

2. 互动性强

在网络论坛上企业以及企业的员工可以直接地和客户交流，对于商品和服务存在的问题双方可以即时地交流和沟通。

3. 操作性强

对于中小企业来说只需要安排部分员工在上班时访问一些公众论坛，与其他网友交流关于自己企业的商品和服务即可，一方面宣传了本企业的商品和服务，另一方面还不会耽误其他的日常工作。

4. 具有很强的隐蔽性

中小企业可以组织自己的员工以各种不同的身份甚至游客身份访问这些公众论坛，在论坛上发表观点，增强其他网友的关注度，增加自己观点的说服力。

5. 定位明确

论坛内容都是按照主题分类，产品与用户定位明确，因而在产品对应论坛开展营销可提高营销效率与转化率。

【小资料 12-4：最美 iphone 中国女孩】

最美 iphone 中国女孩通过论坛传播，红遍全球只用了 6 天。该原创帖子 2008 年 8 月 20 日在苹果手机论坛发表后，当即被国外博客收录；21 日，被中国的个人博客“月光博客”摘录；同日，国内的 IT 导航网站“酷勤网”收入月光这篇博客；22 日，网易科技、太平洋计算机网等国内网站开始转发；24 日，新浪科技转发，此后，其他网站和论坛也纷纷转发；26 日后，广东《南方都市报》等传统纸媒陆续报道。在各大论坛，关于“最美 iphone 中国女孩”的帖子比比皆是，引起网民强烈回应。从传播的路径看，这是由论坛到博客再到门户网站，然后再到传统媒体的；与此相伴的不仅是网民的各种感叹和引发的相关争论，也使大众开始了解、熟悉这款手机及iphone。这一系列历程，正体现了论坛营销的作用，也显示了以互动为主要特点的论坛营销传播能力的扩展。

十、SNS营销

SNS简称社会化网络服务，专指旨在帮助人们建立社会性网络的互联网应用服务。SNS的另一种解释，则是指社交网站（Social Network Site）。以人人网（校内网）、开心网、酒尊圈圈这3个SNS平台为代表。SNS营销就是利用SNS网站的分享和共享功能，在六维理论的基础上实现的一种营销。通过病毒式传播的手段，让产品被更多的人知道。SNS营销不是简单地指利用SNS网站平台向SNS网站的用户进行营销，而是指利用SNS网站的社会化网络属性进行的一种突破常规的交互式营销方式。

以Facebook为代表的新一代SNS，带来了以人际关系、口碑传播、连锁互动为主的社会媒体营销模式，除采用传统的条幅展示广告，还可以通过好友动态、热点动态、分享、应用插件等形式巧妙植入品牌信息，实现对用户定向精准投放触发口碑效应，并根据实际投放效果让广告主付费。2007年12月4日，我国香港地区首富李嘉诚向美国社交网站Facebook“砸”下6 000万美元的重金，最近，SNS网站Facebook刚刚获得了微软2.4亿美元的投资。

SNS营销的特点如下。

1．资源丰富

无论是综合的SNS还是垂直的SNS，现在都没有特定的用户群体，其中的人员分布很广泛，全国各地的、各行各业的都有，所以，这就给SNS网站以无限的资源，由广大用户在使用中慢慢的帮助SNS网站积累了资源。其实用户就是资源。

2．用户依赖性高

由于SNS网站积累了较多的资源，所以，SNS用户可以更容易的在网站上找到自己想要的。例如，有些人希望找老乡、找些自己喜欢的东西。通过其他用户提供的资源可以解决这个问题。又如，在SNS认识了一些志同道合的人，所以每天都想上去交流一番。逐渐地形成了一定的用户群体，并有较高的用户黏度。

3．互动性极强

SNS网站虽然不是即时通信工具，但是它的即时通信效果也是很好的。还有可以写一些消息发给好友，这是极其方便的工具。在SNS网站人们可以就自己喜欢的、当下热点的话题进行讨论。可以发起一些投票，发出一些问题，调动所有人的智慧。

由于SNS掌握用户的年龄、性别、地区、受教育程度、兴趣爱好等个人信息，使广告主有可能更加精确地定位自己的目标受众群体。例如，Facebook和MySpace都拥有让广告主进行自助投放的广告平台。

十一、博客营销

博客即网络日记，这种网络日记的内容通常是公开的。自己可以发表自己的网络日记，也可以阅读别人的网络日记，因此，可以理解为一种个人思想、观点、知识等在互联网上的共享。 博客营销就是利用博客这种网络应用形式开展网络营销。博客具有知识性、自主性、共享性等基本特征。正是博客的这种性质，决定了博客营销是一种基于个人对某一领域知识资源的网络信息传递形式。

据中国互联网中心调查，截至2009年6月，拥有个人博客的用户超过1.81亿，比去年增长了12%；更新博客比较频繁的用户所占比例为62.7%，博客读者也十分活跃，每周浏览博客的人数占总读者的72.4%。企博网是目前全球第一企业博客网站，建立于2005年10月21日，该网站的影响力位居同类网站之首。截至2009年7月19日，在该网站注册的企业博客94 650家，产品219 378个，求购信息36 592条，涵盖61个行业。可见，我国企业博客发展势头良好，发展速度十分迅猛，博客的数量、行业均有扩展，更多的企业看到了企业博客对企业营销的优势及价值，纷纷建立企业博客。

事实上，博客营销的思路是："不向你推销产品，但却能通过影响你的思想来影响你的购买行为。"

应用最多的是利用第三方博客平台开展的博客营销。利用第三方博客平台的博客营销可以归纳为5个基本步骤：选择博客托管网站、制订博客营销计划、坚持博客写作、综合利用博客资源与其他营销资源、对博客营销的效果进行评估。国际上常用的有 blogger.tom、xanga.com 著名网站提供的平台。

以上是常用的一些营销工具。在国际营销中，我们要将多种网络营销方法、工具整合使用。同时，积极参与各种国际网络商务平台，例如 Ebay、Alibaba 等。国际上的 B2B 平台非常多，基本上都是免费的，我们可以充分发挥这些平台的重要作用，管理好产品的信息发布和更新工作。

思考题

1．选择题

(1) 免费是网络企业广泛采用的产品和服务定价策略，大多数企业采取免费价格策略的主要目的是（　　）。

A. 吸引注意力　　B. 促销

C. 加强公益性宣传　　D. 顾客服务

(2) 在第三方平台上建立电子商务网站，第一步是（　　）。

A. 确定网站风格　　B.添加网站基本信息

C. 确定网站 LOGO　　D.域名注册

(3) 最经典、最常用的网站推广手段方式是（　　）。

A. 在搜索引擎上注册　　B. 建立关键词列表

C. 充分利用交换链接　　D. 在媒体上做广告

(4) 以下网络促销形式中主要的也是企业首选的促销形式是（　　）。

A. 销售促进　　B. 网络广告

C. 站点推广　　D. 关系营销

(5) 关于网络营销和传统营销的说法准确的是（　　）。

A. 网络营销暂时还是一种不可实现的营销方式

B. 网络营销不可能冲击传统营销方式

C. 网络营销最终将和传统营销相结合

D. 网络营销将完全取代传统营销的一切方式

（6）以下属于网络广告优势的是（　　）。

A. 网络广告的效果评估困难

B. 网络广告表现形式灵活，界面具有交互性

C. 可供选择的广告位置有限

D. 网络广告的创意困难

（7）“企业可以向客户展示商品和服务信息；而用户也可以通过网络查询相关商品的详细信息” 这体现了网络营销的（　　）特点。

A. 互动性　　B. 整合性　　C. 跨时空性　　D. 成长性

（8）网络营销的本质是（　　）。

A. 抓住客户，满足客户　　B. 网上拍卖

C. 销售产品　　D. 建立网络渠道

（9）以下哪一项不属于网络营销定价的特点（　　）？

A. 固定商品配置定价　　B. 全球性

C. 低价位定价　　D. 顾客主导定价

（10）在网站内容的合理定位中，首要任务是（　　）。

A. 为顾客提供服务　　B. 取得更大利润

C. 以产品为中心设计网页　　D. 提高服务质量

2. 名词解释

国际网络营销　网络广告　搜索引擎营销　网络事件营销　论坛营销　SNS 营销　博客营销　4C 策略

3. 问答题

（1）网络营销的特点和内容是什么?

（2）简述网络营销站点的类型。

（3）简述网络营销站点规划和建设的步骤。

（4）4C 和 4P 策略的区别在哪里?

案例分析

Dior 巧借网络圈地中国潜在高端受众

拥有近 60 年历史的 Dior，品牌调性雅致而奢华。如何在保持其高端品牌形象的基础上，为品牌增添年轻活力，成为 Dior 圈地中国市场面临的一大难题。

2007 年上半年，我国内地网民总人数超过 1.62 亿，涵盖了众多高端品牌的主要目标受众。而腾讯覆盖了 95%以上的中国网民，其用户个性时尚、喜欢购买奢侈品，多为冲动型消费，成为 Dior 圈地中国潜在受众的首选平台。正是基于此，Dior 推出了全新水动力莹润防晒系列产品，利用 QQ 平台的人际优势，举办了“奢华水护养动力之旅”的主题活动，引导潜在受众对“年轻的奢华”的向往和追求。

2007 年的春夏，“裸妆”、“自然美”备受推崇。拥有自然、健康、白皙水嫩的肌肤，塑造低调而优雅的贵族气质，受到都市女性的垂青。Dior 水动力产品的推出，迎合了年轻受众

对“清水出芙蓉，天然去雕饰”般美的追求。出色的产品已经具备，只欠网络营销东风。腾讯QQ空间平台，注册用户超过2亿，单天活跃用户超过1 100万。那么，如何借助QQ空间平台在众多的用户中锁定高端目标受众，准确地向年轻用户展现Dior水动力产品“年轻的奢华”；如何有效刺激目标受众对于护肤品话题的讨论和活动参与，并最终产生对Dior水动力产品的消费欲望成为此次网络营销战役的主要目标。为此，腾讯结合自身特点制订了专门的营销策略。

此次“奢华水护养动力之旅”活动的主题空间，由QQ空间自主设计，出水芙蓉、晶莹水珠、蛊惑美女与Dior水动力产品、品牌的格调浑然天成。精致的页面设计，在炎炎夏日带给网友一种清新、自然、水润之感，吸引了白领和时尚女性的高度关注，为活动的开展打下了良好的基础。Dior“奢华水护养动力之旅”活动分白领、学生、模特3个组，网友根据自身的实际情况选择组别参赛。选手以个人QQ空间形式报名，创立美容日志后，即可在自己的QQ空间以文字、图片或视频等丰富的形式介绍护肤心得，分享美容护肤的经验和诀窍。网友以Q币的方式为支持的选手投票，每周评选一次。一周中，人气投票最高的22位选手获得入围，然后由Dior护肤专家根据网友美容护肤观点的专业性、经验的实用性、作品的原创性、对Dior水动力产品的了解度等方面，从入围的前5位选手中评选出两名优胜者，成为Dior水动力产品的意见领袖。活动的最终优胜者将获得参加奢华水护养动力之旅的最终大奖——免费参与意大利“爱兰格纳”号油轮假期，同时，也辅以Dior水动力产品的免费体验作为对其他参赛者的鼓励。

每一位参与活动的QQ空间用户，都会在其Qzone页面上出现参赛的挂件和内容更新信息，无形中成为Dior水动力主题活动新的传播载体，吸引更多同类消费群体的关注和回应。同时，大赛的优胜者凭借自身的实力成为了Dior水动力产品的意见领袖，其Qzone也演变为水动力产品病毒式营销的传播源。口口相传的人际传播令Dior水动力的品牌信息、活动信息在短短一个月时间内加倍放大，活动日志回应率超出客户预期，最终大规模激发受众对Dior水动力产品的消费欲望。

为进一步挖掘潜在目标受众，此次活动调动了QQ会员俱乐部和QQ群的数据库资料。通过高级搜索，锁定符合Dior要求的高价值潜在目标，协助寻找有高级美容经验及有Dior品牌消费经验的用户，用Tips主动向她们发送邀请，进行一对一的精准营销。另外，活动还利用产品试用、公关软文、明星博客等方式，树立产品的口碑，直接拉动了网上促销礼包订购和整体销售额的直线增长。据Dior的销售数据表明，Dior水动力系列产品2007年7月销售额较去年同期呈现了大幅度增长。而同时启动的娱乐频道、女性频道、时尚频道等页面画中画广告、all in one弹出15秒视频广告等网络广告的配合，也获得了极高的曝光度和点击率，为活动聚拢了大量的人气。据统计，短短一个月，活动主题页面总浏览数超过380多万次，参赛人数高达25 000人，20～30岁用户占注册用户总数的83%，借助互联网，以女性关注的美丽、护肤话题，引发消费者与品牌的互动，Dior的品牌知名度得到层层扩散。

（资料来源：http://www.wm23.com/wiki/47060.htm，有修改）

问题：（1）Dior利用了哪些网络营销工具?

（2）Dior如何进行目标群体锁定的?

参考文献

[1] 万成林. 国际营销管理. 天津：天津大学出版社，2004.

[2] 徐子健，朱明侠. 国际营销学. 北京：对外经济贸易大学出版社，2002.

[3] 王纪忠，方真. 国际市场营销. 北京：清华大学出版社，2005.

[4] 陈祝平. 国际营销理论与实务. 上海：立信会计出版社，2006.

[5] 陈虹，邓新明. 国际商务营销. 武汉：武汉大学出版社，2010.

[6]（美）Dana-Nicoleta Lascu. 国际市场营销学. 北京：机械工业出版社，2010

[7] 郭国庆.《国际营销学》学习指导书. 北京：中国人民出版社，2008.

[8] 崔新健，孙国辉. 国际市场营销学. 北京：经济科学出版社，2008.

[9] 瞿彭志. 网络营销. 北京：高等教育出版社，2008.

[10] 孔伟成，陈水芬. 网络营销. 北京：高等教育出版社，2005.

[11] 刘向晖. 网络营销导论. 北京：清华大学出版社，2005.

[12] 陈鲁梅. 会展策划与管理. 北京：化学工业出版社，2009.

[13] 许传宏. 会展策划. 上海：复旦大学出版社，2010.

[14] 周钰婷. 国际会展营销在企业国际化进程中运用分析. 现代商贸工业，2009（16）.

[15] 梁东. 会展营销的功能分析. 经济师，2002（9）.

[16] 卢向南，李小东，汤兵勇. 网络企业管理. 北京：高等教育出版社，2006.

[17] 吴志刚. 营销控制的影响因素及类型选择. 煤炭经济研究，2003（8）.

[18] 幸倞. 营销审计：企业现代营销的新举措. 上海商业，2004（4）.

[19] 陈建林. 中小企业国际网络营销策略. 湖南大众传媒职业技术学院学报，2006（5）.

[20] 章家清，程文娟. 中国农产品贸易结构变化的成因分析，经济纵横，2007.

[21] 王云峰，国际市场营销学，天津：天津大学出版社，1995.

[22] 李贯岐，丛颖超. 国际市场营销学，北京：中共中央党校，1995.

[23] 万成林，国际市场营销学，天津：天津大学出版社，2004.

[24] 甘碧群，彭星闾. 国际市场营销学. 北京：高等教育出版社，2006.